音樂教學法
含中國音樂課程標準

雍敦全 著

崧燁文化

作者簡介

雍敦全，教授

出版專著《奧福音樂教育體系及其運用》《音樂教學法》《中外音樂教育之比較》等 4 部。參編著作《綜合藝術課程與教學》《音樂教學論》等 8 部。發表論文《"先鋒派"音樂及中國專業音樂教育發展的思考》《合格音樂教師的基本條件》《論全面綜合的音樂教育》《體態律動及其在音樂課中的運用》《高師聲樂教學改革的幾點設想》等 56 篇。

目　錄

第一章　音樂教學法的性質和研究物件 1
　第一節　音樂教學法發展簡況 1
　第二節　音樂教學法的性質和研究範圍 2
　第三節　音樂教學法課程的任務 3
　第四節　音樂教學法的學習和研究方法 3
　第五節　新課程改革與中國音樂課程標準 6

第二章　音樂教育對培養全面發展創新人才的重要意義 15
　第一節　知識經濟時代培養創新人才的重要意義 15
　第二節　如何在音樂教育中培養學生的創新能力 16
　第三節　音樂的社會、審美、認識、教育和娛樂功能 18

第三章　音樂教育簡史 33
　第一節　中國音樂教育史略 33
　第二節　西方音樂教育史略 41

第四章　音樂學習心理 47
　第一節　青少年生理、心理發育特點 47
　第二節　青少年音樂心理的主要特徵 51
　第三節　影響音樂學習的基本因素 59

第五章　音樂教學原則 67
　第一節　音樂教學原則的意義 67
　第二節　音樂教學原則的內容 68

第六章　音樂教學的主要領域及教學法 73
　第一節　音樂感受與欣賞教學法 73
　第二節　音樂表現教學法 81
　第三節　音樂創造教學法 99
　第四節　音樂與相關文化教學法 111

第七章　音樂教學的組織工作 125
　第一節　音樂教學過程的基本特點 125
　第二節　音樂教學方法的選擇與運用 128
　第三節　音樂教學計畫的制訂 135
　第四節　課堂音樂教學藝術的設計 139
　第五節　課堂音樂教學的組織藝術 143

第八章　課外音樂活動 150
　第一節　課外音樂活動的意義和任務 150
　第二節　課外音樂活動的組織與輔導 151

第九章　音樂學習成績評定 158
　第一節　音樂學習成績考核的範圍與內容 158
　第二節　音樂學習成績考核命題設計 159

第十章　音樂教師和音樂教學評價 165
　第一節　合格音樂教師的基本條件 165
　第二節　音樂教學評價 171

第十一章　音樂教學設備 176
　第一節　音樂教學常用設備 177
　第二節　音樂教學設備的管理 178
　第三節　現代音樂教學設備 178

第十二章　音樂教育研究 182
　第一節　常用的音樂教育研究方法 183
　第二節　音樂教育實驗報告、調查報告的寫作 185
　第三節　音樂教育論文寫作 187

第十三章　國外著名音樂教育體系和教學法簡介 192
　第一節　(瑞士)達爾克羅茲音樂教育體系 192
　第二節　(匈牙利)柯大宜音樂教育體系 197
　第三節　(德國)奧福音樂教育體系 202
　第四節　(日本)鈴木音樂教學法簡介 210
　第五節　其他音樂教學法 212

附錄一：教學案例 …………………………………………………………… 215
　　一、《音的強弱》………………………………………………………… 215
　　二、《火車開啦》………………………………………………………… 217
　　三、《東北好》…………………………………………………………… 220
　　四、《擊鼓傳樂》………………………………………………………… 222
　　五、《合唱與合奏的音色》……………………………………………… 224
　　六、《走進曲藝音樂》…………………………………………………… 225
　　七、《豐富多彩的進行曲》……………………………………………… 230
　　八、《神奇的音樂要素——〈瑤族舞曲〉》…………………………… 233
　　九、《永遠的莫札特》…………………………………………………… 236
　　十、《爵士樂》…………………………………………………………… 238
　　十一、《鼓樂鏗鏘》……………………………………………………… 242
　　十二、《歡樂頌》………………………………………………………… 244

第一章　音樂教學法的性質和研究物件

音樂教學法課程的學科性質和研究物件是什麼？《中國大百科全書·教育》對什麼是教學法做了注釋："教學法又稱教學論、教學理論，過去曾稱為教授學，是研究教學的一般規律的科學，屬於教育學的一個分支。在當代，隨著教育學科的發展，它已形成相對獨立的學科。"這段文字包含了三層意思：其一，說明瞭教學法名稱的沿革；其二，揭示了教學法的學科性質和研究的範疇；其三，指出了當代教學法發展的現狀與趨勢。

第一節　音樂教學法發展簡況

中國音樂教育的發展歷史悠久，源遠流長。但是，伴隨著新學制而產生的音樂學科教育研究則是近代的事情。中國的新學制發端於19世紀末。1897年，清政府創辦了南洋公學師範院，首開"教授法"課程。1904年，清政府明令規定師範生要學習"教育法"和"各科教授法"。1907年，中小學正式設置了音樂課程，定名為"樂歌"課或"唱歌"課。

五四運動前後，中國各科的教學法課程建設均得到了發展。蔡元培先生的"五育並重""美育救國"等主張，推動和促進了藝術教育的發展。1922年的"壬戌學制"，採納了陶行知先生以"教學法"代替"教授法"的主張，一字之變，說明瞭學科教育研究注意到了"教"與"學"的雙邊關係，標誌著學科教育研究的內涵產生了質的飛躍。當時，中國一些師範院校設置了藝術教育課程，其中包括"音樂教育法"課程。僅1923年、1932年教育部先後頒佈的《小學音樂課程綱要》《初級中學音樂課程綱要》等就可以看出當時音樂教育法研究的水準。例如《初級中學音樂課程綱要》規定的目標就很具體：（1）發展學生音樂之才能與興趣；（2）使學生能唱普通單複音歌曲；（3）訓練聽覺，使學生有欣賞普通歌曲之能力；（4）涵養美的情感及融和樂群奮發進取之精神。再如1950年頒佈的《小學音樂課程暫行標準（草案）》第四款中規定的"教學方法要點"就有23條之多，從中可以看到當時對音樂教學方法的研究是相當重視的。

1939年中國教育部頒發了《師範學院分系必修及選修科目表施行要點》，正式將"教學法"改名為"教材及教學法"。教材是學校進行教學活動的基本工具之一，針對教材進行學科教育研究，說明教學的指向性更強了。當時，中國一些音樂教育家相繼編輯出版了一些音樂教育論著和音樂教育刊物。

1950年，中國人民政府教育部頒佈的《小學音樂課程暫行標準（草案）》和《中學暫行教學計畫（草案）》中規定"中學教材教法"為公共必修課。此外，還在其他檔中規定中師必須開設"小學音樂教材教法"課程。1957年，教育部下達的文件中對教材教法的內容做出了具體的規定："瞭解中小學教材內容和編寫原則，熟悉基本的教學方法，對使用教材過程中的經驗與問題進行研究。"當時中國引進了蘇聯的音樂教育理論和方法，受其影響較大，如音樂教育主要是對歌唱教學的方法的研究，強調教師的主導作用，以傳授知識技能為主要教學任務，以及程式化的五段教學模式等。從理論研究的角度看，這一段的音樂學科教育研究偏重於具體教學經驗的介紹或資訊的傳播，其研究領域偏於狹窄。

中共十一屆三中全會後，中國迎來了音樂教育的春天，音樂學科教育研究蓬勃開展起來。國務院學位委員會在教育學門類下將"教育法"研究定為二級學科，確定了學科教育研究的地位。1979年6月，教育部頒發了《全日制十年制學校中小學音樂教學大綱（試行草案）》，同年12月在高師藝術專業教學座談會上確定高師開設"中學音樂教材教法"課程。此後，陸續出版了一些研究中小學音樂教育的著作。

1986年底，中國中國教委副主任柳斌指出："我們不但要建立自己的教育學，還要建立自己的學科教育學。"翌年，國務院學位委員會將"教材教法研究"更名為"學科教學論"。1986年，中國中國教委藝術教育處和藝術教育委員會成立，隨後制定了《全國學校藝術教育總體規劃（1989～2000年）》，這為中國音樂學科教育研究邁上新臺階打下了基礎。這一時期音樂學科教育研究的專著、論文、譯作像雨後春筍般湧現出來，據1995年統計，中國自1984年起正式出版的有關音樂學科教育研究的著作近50部，每年正式發表的有關論文300餘篇，內容涉及中小學音樂教學論、普通學校音樂教育學等多方面。這些論著，在不同程度上突破了以往教材教法研究範疇的局限，在繼承中國優秀樂教傳統的基礎上，廣泛地吸收借鑒全球音樂學科教育研究的成果，拓寬和深化了音樂學科教育研究的內涵，著力探索音樂教育活動對人的全面發展的影響及其規律。

第二節　音樂教學法的性質和研究範圍

音樂教學法是中國高等師範院校音樂教育專業教學計畫中設置的必修課程，也是在職音樂教師參加繼續教育、進修高等師範音樂專業的必修課程。

音樂教學法作為一門相對獨立的學科，所要揭示的是音樂教育教學中的一般規律。就學科性質來說，它屬於教育學分科教學理論，是整個音樂教育學科中的一個相對獨立的分支。

音樂教學法研究的範圍包括：中學音樂教育的地位、作用、目的和任務，中學音樂教學的領域過程、原則、手段和方法、組織形式以及教學效果的評價與學習成績的考查評定等。它以教育學、教育心理學的基本理論為依據，以《全國學校藝術教育總體規劃（1989~2000年）》及《中學音樂課程標準》為指導，突出音樂審美教育的特點，總結與繼承中國音樂教育的優良傳統，學習與借鑒全球音樂教育成功的經驗與做法，緊密聯繫中國基礎音樂教學實際，力圖在理論與實際結合上說明一些問題。

當代音樂教學法研究的發展趨勢是越來越重視研究物件——學生在教學中的地位和作用，重視研究學生在音樂教育影響下，思想情感、道德品質、個性的形成過程，以及學習音樂過程中的心理發展變化的規律，從而掌握學生生理、心理發展特徵，採取相應的教育方法，促進音樂教育方法的科學化。因此，音樂教育心理研究在教學法中佔有重要位置。與此同時，音樂課程與教材的改革力度加大，促進了教學內容的現代化、民族化，強調在教學中發展學生健康的審美情趣，重視對學生的音樂興趣愛好、實踐能力和創造能力的培養。同時，教學手段的現代化，使音樂教學內容和形式趨於多樣化。

新時期的音樂教學法較之過去的音樂教學法具有更集中、更概括、更典型的特點，它是音樂學科教育學的一個重要組成部分。

第三節　音樂教學法課程的任務

音樂教學法課程是培養學生音樂教育能力和提供實踐能力理論基礎的一門課程，具體的任務有以下幾點：

（1）使學生瞭解音樂教育在學校教育中的地位和作用，瞭解音樂教學的目的、任務和要求，熱愛音樂教育事業，提高其從事學校音樂教育工作的責任感，為人師表，積極創造條件把音樂教育工作做好。

（2）使學生能夠掌握音樂教學的一般規律。如根據教與學兩方面的原理、心理、原則，分析不同形式、不同內容的音樂教學的特點，找出規律性的東西等。

（3）使學生熟悉音樂學科教學過程、教學原則、教學內容、教學領域和教學方法，並用於指導音樂教學實踐，能夠獨立設計安排各種類型的音樂課。

（4）使學生瞭解音樂學科教育理論研究的發展趨勢，瞭解近現代國外著名的音樂教育體系和教學方法，瞭解國內音樂教育教學的成功經驗。拓展音樂教育理論研究的視野，為學習總結借鑒其他先進教學體系和學習理論，創造中國獨具特色的音樂教育教學體系打下良好的基礎。

（5）使學生掌握進行音樂教學工作及進一步從事音樂教學研究所需要的音樂教育基礎理論知識，具備音樂教學的基本教學實踐能力。

通過以上幾點，逐步培養學生成為一名合格的具備綜合能力的音樂教師。

第四節　音樂教學法的學習和研究方法

學習和研究音樂教學法，應注意做到三個結合。

一、理論與實踐相結合

理論聯繫實踐，是教學基本原則之一，它要求教師在理論與實踐結合中傳授學生基礎知識，引導學生學習，並將所學知識應用於實踐，培養學生分析問題和解決問題的能力，包括手腦並用的操作能力。毫無疑問，學習音樂教學法，必須貫徹這一原則。

音樂教學法是一門實踐性很強的學科，學習它，必須堅持實踐的觀點。一方面，要學習並掌握理論，使學生在學習音樂教學應如何進行的同時，能領會為什麼這樣進行，"知其然，並知其所以然"，提高學生運用科學方法的自覺性、創造性。另一方面，盡可能創造條件使學生有目的地深入音樂教育環境中去，瞭解音樂教育的現狀，瞭解音樂教學過程，豐富感性認識和理性認識，總結經驗教訓，在理論與實踐結合的高度上說明問題，找到理論與實踐的結合點。

學習音樂教學法，堅持理論與實踐相結合，要注意：第一，堅持按需施教，教學內容緊密聯繫音樂教學的實際，既考慮現實情況，又考慮未來的發展。

第二，引導學生邊用邊學，學用結合。使學生深刻理解所學內容並培養其解決教學問題的基本能力。

第三，加強實踐性教學環節，如見習、實習、調查、專題報告、類型分析、示範教學、教育實習等。

第四，正確處理學用一致性和知識系統性之間的關係。在教學過程中，把教學的學用一致性納入知識的系統性之中，使二者有機結合、辯證統一。

二、學習與研究相結合

學習音樂教學法應當堅持發展的觀點，把學習與研究結合起來，把握探索發展的趨勢。學習和研究音樂教學，通常採取文獻法、實驗法、實習法、觀察法、調查法、比較法、移植法等方法。

文獻法是運用文獻資料進行學習研究的方法。通過分析、研究、學習過去豐富的音樂教學實踐和理論，認識音樂教育教學的原則、內容和方法的演變發展的規律，繼承前人創造的經驗和成就。

實驗法是一種最客觀、最有價值的研究教育科學的方法。實驗法的目的在於通過對音樂教育中的特定現象進行觀察瞭解，搞清它的狀況，研究現象發生的原因。此外，還可以提出假設並通過實驗加以驗證。中國音樂教學學習研究中應提倡實驗的方法，使學生在學習與實踐的過程中不斷積累經驗。

實習法是在教師的組織指導下，學生從事一定的實習工作，藉以掌握一定的技能和有關的知識或綜合運用知識進行實踐的方法。音樂教育實習，被列為高等師範院校音樂教育專業教學計劃中最重要的教學實踐環節，體現出實習法對於培養未來的音樂教師的重要作用。這種方法能體現理論聯繫實際的原則，有利於促進學生深入掌握知識和提高實際工作能力。

觀察法是按照一定的計畫對研究物件——音樂教學的全面情況，或某一方面情況進行系統的、細緻的觀察的方法。學生應深入音樂教育環境中去，以便全面地、正確地掌握材料，作為學習、研究和判斷的依據。

　　調查法是通過談話、問卷、開調查會、分析書面材料等手段，有計劃地、嚴密地瞭解音樂教學工作的實際情況，弄清成績和問題、經驗和教訓，採取解剖麻雀的方法，總結發展趨勢，概括出音樂教學的規律。

　　比較法是將當今世界上著名的音樂教育教學體系和教學方法進行分析和比較，總結出適合國情、校情的帶有規律性的教學思想，以便洋為中用。

　　移植法是從其他學科的教學中吸收適合於基礎音樂教育教學的原則和方法。

三、自學與面授相結合

　　研究學生怎樣學習、教師怎樣指導學生學習是現代教學論的一個重要研究課題，也是現代教學論的發展趨勢之一。

　　學習音樂教學法，採取自學與面授相結合的方法，就是在教學過程中，合理地安排自學與面授的比例，使學生將教師指導下的自學與教師精講多練的面授有機結合起來，以取得教學的最佳效果。

　　採取這種學習方法要注意以下幾方面：

　　第一，要充分調動學生的自學積極性。教師要教育學生明確學習的目的、任務和自學的重要性，並注意引導學生進行有效的自學和培養學生的自學能力。

　　第二，正確處理自學與面授的關係。我們講的自學與一般泛講的"個人自學"有本質的不同。我們講的自學是在教師指導下，有計劃、有目的地完成一定的學習任務，達到一定要求的自學，而並非那種個人自發地確定學習目的和學習內容的自學。在教學中，必須做到兩者的有機結合，否則，脫離了面授指導的自學和脫離了自學的面授，都不能收到良好的教學效果。

　　第三，培養學生的自學能力。包括教師指導學生查找閱讀資料和參考書，形成良好的按時完成課內外作業的習慣，指導學生學會做筆記、積累資料，培養學生正確思考問題的方法和學會自我獲取知識的能力等。

　　第四，面授要加強指導性。教師要注意指導學生自學，培養學生自學的能力；要注意概括性，體現少而精的原則，在把握教材的重點、難點的基礎上，把問題講透講清楚；要加強針對性，針對學生的特點，密切聯繫學生的實際進行教學，並注意使講課的內容與學生參加的音樂教學實踐活動結合起來。

　　需要指出的是，音樂教學工作是錯綜複雜的，因此，音樂教學法不能僅僅依靠某一種方法進行學習研究，而是需要幾種方法的配合，相互補充、相互協同，才能揭示其本質，認識其規律性。只有善於根據具體情況、任務、要求和條件，把各種學習和研究方法結合起來，取長補短，才能較為順利地達到目的，取得更好的學習和研究的成果。

第五節　新課程改革與中國音樂課程標準

一、中國進行基礎音樂教育課程改革與《音樂課程標準》的研製背景

　　中國自改革開放以來，基礎教育的改革與發展取得舉世矚目的偉大成就，基礎教育課程體系隨著社會的進步在不斷發展。當前，科學技術迅猛發展，國際競爭日趨激烈，資訊技術廣泛應用，均對教育提出了前所未有的挑戰。現行課程已出現許多不能完全適應時代發展的問題：課程過於注重知識傳授；課程結構過於強調學科本位，門類過多，缺乏整合性、綜合性和選擇性；課程內容繁、難、多、舊，偏重書本知識，脫離學生生活及社會發展；教學方法過於強調接受學習、死記硬背和機械訓練；評價方式過於注重甄別、選拔和淘汰；等等。面對挑戰，基礎教育必須通過深化改革的方式做出回答，而素質教育的提出便順理成章地引起人們的廣泛關注與認同。

　　音樂課程作為基礎教育的組成部分和必修學科，多年來在取得長足發展的同時，也存在著諸多不適應時代發展的問題，尤其是音樂課程是整個基礎教育中的薄弱環節，沒有得到根本性的改變，離素質教育的要求還有一定的距離，還難以跟上21世紀社會經濟和教育發展的步伐。因此，在音樂教育面臨發展機遇和嚴峻挑戰的今天，如何加強音樂教育自身的建設，完善音樂課程體系，推進美育的發展，已成為擺在音樂教育工作者面前的一個十分重要和緊迫的課題。

　　《義務教育音樂課程標準》和《普通高中音樂課程標準》的研製正是在這樣一個大的改革背景下進行的，是適應當前基礎教育整體改革和音樂教育自身發展的一大舉措。《音樂課程標準》的研製力求體現深化教育改革，全面推進素質教育的基本精神，體現《中國基礎教育課程改革指導綱要》的指導思想，在認真總結和充分吸收全球音樂教育理論與實踐經驗的基礎上力求超前與創新，在立足中國教育發展水準的基礎上力求面向世界，為中國基礎音樂教育的改革與發展奠定良好的基礎。

二、中國基礎音樂教育的現狀以及存在的主要問題

　　隨著基礎教育的改革與發展，特別是隨著素質教育的不斷向前推進，近年來基礎音樂教育也取得了有目共睹的成績：中國各級教育行政部門初步建立起了中小學音樂教育的管理、諮詢、教研機構，改變了過去一直無專門機構和無專人管理音樂教育的狀態；制定了一系列指導中小學音樂教育教學工作的法規和檔，改變了音樂教育無法可依的渙散局面；中小學音樂課程開課率穩步上升，改變了音樂教育長期存在著大面積缺課的狀況；引進了多種國外著名音樂教學法，教學水準有了明顯提高；開展了一系列豐富多彩的課外校外音樂活動，有效地推動

了整個學校音樂教育事業的發展。此外,音樂教材建設、教學器材配備以及音樂教育科研等方面也取得了許多成果。可以說,當前是中國基礎音樂教育歷史上最好的發展時期。

但是,我們也應清醒地認識到,目前中國基礎教育課程體系所存在的諸多不適應時代發展的問題在音樂學科中不僅同樣存在,而且還面臨自身體系不適應時代發展的一些問題。其主要的、突出的問題有以下兩個方面:

(1) 片面理解音樂課程的價值與目標,導致音樂教育的非藝術化傾向。

由於歷史的原因,長期以來美育在學校全面發展教育中的地位問題,以及美育與其他方面特別是與德育的關係問題一直都得不到很好的解決,這就必然使得人們對音樂課程的價值與目標的理解產生嚴重偏差。具體表現為:只關注音樂課程的外在價值,特別是輔德價值,而忽視音樂課程的內在和本質價值——審美價值;只注重非審美體驗(知識、技術、歷史、思辨)而忽視審美體驗(聯想、想像、創造、情感);漠視音樂教育在開發潛能、培養創造力、完善人格、美化人生等諸多方面的獨特作用;習慣於把其他課程的教育目標簡單地移植為音樂課程的目標,而忽視音樂教育自身的審美育人目標;只注重音樂知識技能的傳授與訓練,而忽視學生在音樂方面可持續發展的決定性因素——音樂興趣愛好的培養。上述認識上的種種誤區必然導致在音樂教育教學實踐中,音樂課程審美性、藝術性的嚴重喪失。

(2) 違背普通音樂教育的規律,導致音樂教育的專業化傾向。

不顧中小學生身心發展規律和音樂審美教育特點,在教學內容、要求及教育形式等方面,均存在著較為嚴重的專業化傾向,這是目前中國中小學音樂教育存在的一個十分突出的問題。總體上講,現行中小學音樂教學大綱及據此編寫的多種版本的音樂教材,無論在內容、體例上,還是在要求上,受專業音樂藝術院校的相關影響比較深:內容與要求追求全面、系統、高難度,既超出中小學生的現有水準和接受能力,也超出中小學生在音樂方面發展的需要;而在體例安排上,各類音樂知識往往呈條塊分割狀態,學生接觸到的只是一些孤立的知識點而不是真正的、完整的音樂。同時,教材編排過分強調自身嚴密的邏輯體系及時序安排,封閉單一,死板不活潑,沒有給教師和學生留下創造的空間,與音樂學科本身的創造性格嚴重相悖。在教學形式和教學方法上,重教師的講授,輕學生的主動參與;重知識技能的訓練,輕對音樂的表現與鑒賞;重教學的結果,輕教學的愉悅過程。這種具有專業化傾向的教學模式,不可能實現普通音樂課程的自身價值與目標。

除了以上問題外,尚未建立健全科學的基礎教育音樂課程評價制度,學校音樂教育與社會、家庭音樂教育脫節,音樂教育與其他學科教育分離,學習國外音樂教育理論不能與中國具體實踐相結合等問題也不同程度地存在。

三、在國際視野中 音樂教育的改革與發展的特點對我們的參考與借鑒意義

20世紀80年代以來,世界各國教育改革浪潮迭起,形成了一場歷史上影響最廣泛、最深刻、全方位、大動作的世界性教育改革運動。其實質是努力構建適應21世紀國際競爭和本國經濟及社會發展的新教育體系。各國學校音樂教育順應這一教育改革的大潮,也不

再局限於音樂學科內部某些方面的小修小改，而是進行系統的、整體性的改革，包括重新認識音樂課程的價值與性質、研制新的課程標准、設計新的教學體系、開拓新的教學方法等。綜觀各國學校音樂教育改革的最新動向，我們可以看出當今世界音樂教育改革與發展的幾個特徵。

（1）重新審視音樂課程的價值。國際音樂教育學會（ISME）認為：音樂教育能有效開發個體潛能，激發創造活力，昇華精神境界，提高生活品質；世界音樂的豐富多樣性給國際理解、合作與和平帶來機遇。美國《藝術教育中國標準》認為：音樂教育能夠培養完整的人，在發展個體直覺、推理、想像以及表達和交流能力等方面具有獨特的作用；音樂藝術是人類文化的濃縮與人類文明的結晶，音樂藝術為其他學科的學習注入激情，沒有音樂藝術的教育是不完整的教育；音樂藝術本身就是一種強大的經濟力量，有助於生機勃勃的藝術社會的建設。蘇聯音樂教育工作者更是對音樂教育的價值做了精闢的概括：音樂教育不是培養音樂家，首先是培養人。

（2）制定音樂課程標準。為實現音樂課程的價值與確保音樂課程的地位，許多中國都意識到了制定或重新制定音樂課程標準的重要性與緊迫性。1994 年，美國制定了該國有史以來第一套由聯邦政府直接干預下產生的《藝術教育中國標準》。日本從昭和 33 年（1958 年）以來，已進行了 4 次《中小學音樂學習指導要領》的修訂。此外，英國、俄羅斯等許多中國，香港和臺灣地區也相繼制定了各具特色的《中小學音樂教學大綱》或《中小學音樂課程綱要》。

（3）確立新的音樂課程目標。對於音樂課程目標的確立，許多中國和地區都摒棄了以往把音樂知識技能作為音樂課程首要目標的做法，而是強調音樂興趣愛好與音樂審美能力的培養，強調通過音樂教育開發創造潛能，培養全面、和諧、充分發展的個體。如美國強調"開發人的潛能，提供創造和自我表現並享受成功的機會"；德國強調"音樂面向每個學生，人的所有能力都必須得到發展"；日本強調"培養學生愛好音樂的情趣和豐富的感受音樂的能力，陶冶高尚情操"；英國強調"發展學生對音樂的理解能力和欣賞能力"；俄羅斯強調"培養個性，促進智力發展"；中國香港地區強調"培養喜愛音樂及學習音樂的興趣和對音樂的理解能力，並提高兒童自律、表達、專注和協調的能力"。

（4）注重多元文化與本土文化的結合。目前各發達中國音樂教育大都摒棄了對西方音樂的盲目推崇或對本民族音樂的故步自封，一致認為音樂教育必須融合多元文化與本土文化。像日本音樂教育就較好地融合了東、西方文化；美國《藝術教育中國標準》所規定的九項音樂學習領域中也特別包括了"理解世界各類音樂"；澳大利亞音樂教育中，英國文化的主導地位已被多元文化所取代。一些發展中國也意識到了這一問題的重要性，如南非認為，其音樂課程必須擺脫以歐洲為核心的傳統模式；韓國音樂教育也意識到音樂教育迫切需要逐步引導學生將正宗的韓國音樂與西方音樂及其他文化的音樂融會貫通。

（5）不同音樂教學體系走向融合。半個多世紀以來，多種著名的音樂教學體系相繼創立並得到推廣普及，包括奧福教學法（德國）、柯大宜教學法（匈牙利）、達爾克羅茲教學法（瑞士）、卡巴列夫斯基教學法（蘇聯）、鈴木教學法（日本）以及綜合音樂教學法（美國）等。這些教學法對世界音樂教育的發展均產生了積極的推動作用。但由於它們往往是強調音樂教學的某一方面，解決的只是一些局部問題，因此，在推廣普及的過程中也暴露出了諸多局限性。為此，上述各種教學法體系都在努力完善自身，正是這種自我完善導致了不同教學法之間尋求互補、走向融合的趨勢。它們都重視學生的教學主體地位，重視現代化教學手段在教學中的運用，強調通過親身參與音樂活動來加強音樂體驗，強調通過創造性的教學來開發學生音樂潛能，強調教學必須以激發音樂興趣與培養良好態度為基點，並視之為學生在音樂方面可持續發展的決定因素等。這些教學法無疑將是今後音樂教學發展的基本方向。

四、基礎音樂教育是一種什麼性質的教育？

古希臘大哲學家蘇格拉底有句名言："認識你自己。"人類的明智就在於認識作為個體的自我和作為群體的人類。那麼，創造了音樂藝術的人類必然想要知道：音樂，到底是什麼？音樂與人生究竟有什麼關係？人的成長和發展為什麼需要同音樂聯繫在一起？沿著這個思路探求下去，我們就會進一步聯想到：音樂教育是什麼？它們對於人和人生具有何種意義？等等這樣一系列重要的問題。

"音樂與人"的問題的提出，使我們有可能站在更高的層次上研究和探索音樂教育的奧秘。因為人與音樂的關係實在是太密切了。人類全部歷史的經驗表明，無論哪一種社會，哪一正常個人都不能沒有音樂。音樂在客觀上是人們必不可缺的，也就是說人類有對音樂的需求。在人類歷史發展的長河中，音樂以其特有的方式在社會發展、個體發展以及教育發展中發揮著十分重要的作用。音樂把人類社會的發展歷史融進一個個音符之中，記載和傳承著人類的燦爛文明。音樂擔負著探索人生要義的使命，也承擔著指導人生道路的責任。音樂把一切在人類心靈中佔據一定地位的東西都拿出來，提供給我們感性和情感，讓人深刻體驗到審美的愉悅。音樂給人的想像插上高飛的翅膀，給人的思維注入形象的因數，使人的創造性充滿了活力，使人的潛能得到了充分的開發。總之，人類生活如果沒有音樂是不可想像的，尤其是對於人的情感世界來說，音樂無異於空氣和水一般重要。真正的音樂一定是最貼近生命本質的聲音。音樂之所以能打動人心，完全在於對生命的那種真誠和執著。音樂就是這樣與人和人生緊密聯繫著，以人的生存意識為中心，反映人的本質，展示人的心態，塑造人格。

在這種認識的基礎上來探究音樂教育的真正含義，會給我們增添許多有益的啟示，據此，我們可以認為：音樂教育——從本質上來說是一項塑造"人"的工程，它具有喚醒、聯繫和整合人格的力量，它通過對人審美能力的發掘和培養，通過建構人的審美心理結構達到陶冶情操和塑造人格的效果。

人需要音樂，培養人的教育也同樣需要音樂。人的全面發展內涵之一就是理性與感性或理智與情感的協調發展。個體的發展不是單向的，而是多向的，理智成熟是個體發展的重要方面，但不是唯一方面，感知、情感、想像等感性方面的成長也是個體發展的一個重要方面，沒有這方面的發展就難有人的全面發展。因此，只重理性發展而不重感性發展的教育不能算是全面的教育。音樂教育作為對學生進行情感教育的重要內容和途徑，能有效地豐富學生的精神生活，促進學生感知、情感、想像等感性方面的健康成長。

　　基礎音樂教育作為廣義的音樂教育的基礎部分，有其特定的含義和界定。這首先表現為：它比任何一種形式的音樂教育都更能體現音樂教育的本質。它堅定不移地將其目標投向對"人"的塑造方面，"育人"而不是單純的"育才"是其最為顯著的特徵。蘇霍姆林斯基多次表明了這樣的觀念："音樂教育並不是音樂家的教育，而首先是人的教育。"這種表述明確地提出，基礎音樂教育不是專業教育或職業教育，不以造就音樂家為己任（但尊重每個孩子都有成為音樂家的這種可能），它的基本目標是育人。這種教育思想，不僅揭示了基礎音樂教育的本質，同時也間接地闡明了基礎音樂教育與其他形式音樂教育之間的辯證關係。

　　基礎音樂教育要實現"育人"的目的，需要解決一個重要的觀念問題：真正把美育作為目標，體現以審美為核心。音樂教育的"育人"目的是通過美育的方式實現的，因此，音樂教育的全部過程應是一種自覺的審美過程，應包含所有的審美因素，並應以美感的發生為根本內容。這樣，在長期的、多次的美感發生和發展中，音樂教育才會影響學生的情感狀態和意向，形成審美情操，從而完善人格發展。對於音樂教師來說，最重要的工作是在教學過程中不斷地幫助學生發現美感。對於中小學生來說，音樂教育的魅力並不在於知識、技能的傳授，而是表現在啟迪、激勵、喚醒、感染和淨化等效應上。所以我們說，基礎教育階段的音樂課，是人文學科的一個重要領域，是實施美育的主要途徑之一。

五、新課程帶給學生音樂學習方式上的哪些變化？

　　新課程給音樂教育帶來的最根本的變化將是學生音樂學習方式的變化，這一點，也正是音樂課程改革所追求的主要目標之一。在新課程建設中，新課程改革的目標為：基礎教育課程改革要以"教育要面向現代化，面向世界，面向未來"和"三個代表"的重要思想及科學發展觀為指導，全面推進素質教育。新課程的培養目標應體現時代的要求。要使學生成為具有愛國主義、集體主義精神，熱愛社會主義，繼承和發揚中華民族的優秀傳統和革命傳統，具有社會責任感，努力為人民服務，具有初步的創新精神、實踐能力、科學素質和人文素質以及環境意識，具有紀律性的一代新人。課程設計的取向發生了一些積極的變化，"以學生發展為本，培養創新精神和實踐能力"成為中國和地方共同選擇的課程設計理念，形成了在社會宏觀背景下，一種以學生發展為本的價值取向。

　　新課程改革以學生發展為本，培養創新精神和實踐能力，具體表現在以下幾個方面：

　　（1）改變課程過於注重知識傳授的傾向，強調形成積極主動的學習態度，使獲得基礎知識與基本技能的過程同時成為學生學會學習和形成正確價值觀的過程。

　　（2）改變課程結構過於強調學科本位、科目過多和缺乏整合的現狀，可設置九年一貫的課程門類和課程比例，設置綜合課程，以適應不同地區和學生發展的需要，體現課程結構的均衡性、綜合性和選擇性。

（3）改變課程內容"繁、難、偏、舊"和過於注重書本知識的現狀，加強課程內容與學生生活以及現代社會和科技發展的聯繫，關注學生的學習興趣和經驗，精選終身學習必備的基礎知識和技能。

（4）改變課程實施過程中過於強調接受式學習、死記硬背、機械訓練的現狀，宣導學生主動參與、樂於探究、勤於動手，培養學生收集和處理資訊的能力、獲取新知識的能力、分析和解決問題的能力以及交流與合作的能力。

（5）改變課程評價過分強調甄別與選拔的功能，發揮評價促進學生發展、教師提高和改進教學實踐的功能。

（6）改變課程管理過於集中的狀況，實行中國、地方、學校三級課程管理，增強課程對地方、學校及學生的適應性。

以學生發展為本，培養創新精神和實踐能力成為課程設計的理念。以學生的發展為本，以創新精神和實踐能力培養為重點，構建新的學習觀。"以學生發展為本"是基礎教育本質的體現，是學生發展與社會進步需要在根本利益和價值體系上的統一。

新課程宣導學習者是整個課程的核心。這種"人本位"的課程觀不同於"學科本位"課程觀強調課程本身的嚴密、完整、系統和權威性，忽視學習者的實際學習經驗和學習過程，而是從學習者的角度出發。這種建立在學習者本身的基礎上，以學習者為學習之本，關注學習者的興趣、需要和態度，突出學習活動的整體性和綜合性，重視學習過程與個人經驗相聯繫，強調學習者與課程各因素之間的關係的課程觀，不僅是對傳統課程的批判與反思，更是一種課程理論與實踐的建設成果，值得每一個教育工作者認真學習和研究。

這種"人本位"的課程觀在《義務教育音樂課程標準》（以下簡稱《標準》）中得到了鮮明而充分的反映。對人的關注，對學生發展的關注，是《標準》的基本精神之一。如《標準》在"課程性質"定位上所表述的："對音樂的感悟、表現和創造，是人類素質和能力的一種反映。"因而，"音樂課是人文學科的一個重要領域，是實施美育的主要途徑之一，是基礎教育階段的一門必修課"。《標準》所闡述的十個基本理念，更是從"以人為本"的觀念出發，在不同的側面上，均體現出鮮明的人文精神：

培養學生美好情操和健全人格——以音樂審美為核心；

發展學生音樂興趣，終生享受音樂——以興趣愛好為動力；

使每一個學生的音樂潛能得到開發並從音樂中受益——面向全體學生；

讓每一個學生運用自己獨特的方式學習音樂——注重個性發展；

增強學生表現音樂的自信心——重視音樂實踐；

培養學生的創造意識和想像力——鼓勵音樂創造；

開闊學生的音樂視野——提倡學科綜合；

增進學生的愛國主義情懷——弘揚民族音樂；

使學生樹立平等的多元文化價值觀——理解文化多樣性；

讓學生有健康的心理承受能力——完善評價機制。

六、中國音樂課程標準框架

(一)中國音樂課程標準

1.課程標準的概念

中國教育行政部門制定的闡明音樂課程性質、價值、內容、標准及實施原則的指令性檔，是學校音樂教育教學工作的基本依據，也是中國對新一代公民音樂相關素質要求的一種體現。

2.《義務教育音樂課程標準（2011年版）》的主要內容框架

第一部分 前言
課程性質、課程基本理念、課程設計思路
第二部分 課程目標
總目標、學段目標
第三部分 課程內容
感受與欣賞、表現、創造、音樂與相關文化
第四部分 實施建議
教學建議、評價建議、教材編寫建議、課程資源開發與利用建議

3.《普通高中音樂課程標準（實驗）》的基本框架

第一部分 前言
課程性質、課程的基本理念、課程設計思路
第二部分 課程目標
情感態度與價值觀、過程與方法、知識與技能
第三部分 內容標準
音樂鑒賞、歌唱、演奏、創作、音樂與舞蹈、音樂與戲劇表演
第四部分 實施建議
教學建議、評價建議、教科書編寫建議、課程資源的利用與開發建議

七、音樂新課程的特點

中共中央國務院頒佈的《關於深化教育改革，全面推進素質教育的決定》把美育正式列入教育方針，從而明確了美育在學校教育中的地位。這對於作為實施美育重要途徑的音樂教育，無異於撲面而來的春風。它的重要意義在於，將極大地提高音樂教育實施美育的主動性、自覺性，有利於音樂教育真正地實現以審美為核心。

在大力推進素質教育的今天，人們越來越深刻地感受到音樂教育的重要性。音樂課程改革，將給中國中小學音樂教育帶來全新面貌。然而，有了合理的課程設置，還需要教師教育觀念的轉變及教學方法的改革，才能達到音樂課程改革的目的。

音樂課程主要有幾大變化：一是重視學生對音樂的興趣，開闢了學生主動參與和探索發展的園地；二是突出音樂的藝術規律，將發展學生音樂聽覺放在重要位置；三是不再將識譜和視唱作

為孤立的知識點，而是通過聽、唱熟悉樂譜，降低了教材的難度；四是重教材與相關文化的融合，教學內容包括歌、舞、樂、戲、畫等。

音樂課不單純是教學生唱歌，學生還要看、聽、動，要讓學生充分感受音樂、鑒賞音樂、表現音樂、創造音樂。為了實現這一目的，新教材突出了師生互動，學生自主學習，重視音樂實踐活動和音樂創造。新教材注重從學生興趣出發，開闢了讓學生主動參與和探索發現的園地，如"誰的歌兒多""歡樂的遊樂園""遊戲宮""音樂夏令營""音樂擂臺"等，教師要改變過去在音樂教學法課上的以教師、課堂、書本為主體的方式，代之以學生的豐富實踐活動為主體。教師要鼓勵學生大膽參與，破除學生對音樂的神秘感，使學生對音樂感到十分親切，在多聽、多唱、多想、多做、多動中進行音樂的學習和創造。

在新課程裡，轉變教學方式是關鍵，要讓學生成為學習的主體，就要為學生提供感受音樂、鑒賞音樂、表現音樂、創造音樂的廣闊天地。比如以唱歌為主的課，不光是教師教一句，學生唱一句，學生還可以自主地選唱歌曲，並有當眾表演的機會，有時甚至是以學生選唱為主；樂器演奏則強調學生體驗、參與、探索的樂趣；聽賞課曲目的選擇則要為學生提供多聽、反復聽、對比聽的可能。還有，新材料中出現了一種新穎的教學活動形式——綜合表演，小學低年級主要安排了"歌表演""隨著音樂表演""音樂網頁"等欄目，為學生提供了歌舞、情景劇等活動形式，教師則在具體環節上給予指導。教學中要注意培養學生演唱、演奏能力及綜合藝術表演能力。

音樂教育的本質是審美教育。音樂教育應該是師生共同體驗、發現、創造、表現和享受音樂美的過程。在教學中，要強調學生的情感體驗，把音樂基礎知識和音樂技能的學習，有機地滲透在音樂藝術的審美體驗之中。此次教材的編寫，摒棄了以音樂學科知識為體系的傳統做法，不再以唱歌、樂器、欣賞、識譜與視唱為教學單元，而是以引導學生感受、表現、欣賞、創造音樂美的實踐活動為主線，設置了情景主題活動領域，將音樂知識整合融會於其中，將多種不同的音樂表現形式集中呈現出來。

新課程從學生實際出發，吸收了現實生活中新穎的音樂場景，構建了豐富的教學形式，教材匯集了許多新資訊、新設想。新教材還設計了學生進行音樂創造的主動情景，如"做一做""敲一敲""流動的音符""農場的早晨"等，教師要利用教材創設的情景，讓學生體驗感受音樂。比如"農場的早晨"一課，以音樂故事的形式出現，先將農場裡小羊、小雞、小鴨的叫聲轉化為節奏練習，接著以詼諧歌曲《小黑豬》來表現其滑稽、幽默的動作，最後以欣賞童聲齊唱《請來看看我們的村莊》結束全課。這樣的課寓音樂教育於活動之中，讓學生在愉快的遊戲中感受、鑒賞、表現音樂。教師在授課時，應當儘量讓學生參與，置身於具體情景之中。

新教材的另一個特點是，注重音樂與相關文化的聯繫，力求做到歌、舞、樂、戲、畫的結合，激發學生的興趣，教學中，教師要注意綜合多種藝術。比如教材中《金色的秋天》選擇了與秋天有關的音樂、攝影、美術作品。這些配畫是不能忽視的，教師在教學中不能只關注音樂知識，應當利用與主題相關的方方面面的材料，為學生展現一個完整的主題，促進學生對音樂的體驗與感受，提高學生音樂鑒賞、表現、創造以及藝術審美的能力，這一領域教學目標的實現，應通過具體的音樂作品和生動的音樂實踐活動來完成。

新教材還有一個特點——開放式，給教師和學生很大的創造空間。在呈現方式上，教科書只提供了適合學生興趣愛好的內容和活動領域，附以啟發性、提示性文字及插圖，給學生和教師留出足夠的自由表達和靈活發揮的空間，教師要很好地把握，力求在創設新的教學環境和思維空間上有所突破。除了教材，教師還可以因時、因地制宜，結合本民族、本地區的特點挖掘同類教材，以充實教學容量，擴大學生視野。

　　音樂課程標準和新教材，明確了評價內容，改革了評價方式，每冊教材後面都附有"音樂小花在開放""音樂伴隨我成長""音樂網頁"等記錄表，教師要更多地關注學生對音樂的興趣、愛好、情感、參與態度與程度，用發展的眼光看學生，對學生多鼓勵、讚賞，激發學生的興趣和積極性，促進學生音樂藝術素養的發展。

第二章　音樂教育對培養全面發展創新人才的重要意義

第一節　知識經濟時代培養創新人才的重要意義

一、激烈的國際競爭與培養創新人才的緊迫性

21世紀將是人類全面依靠知識創新的可持續發展的世紀，世界已進入全球化知識經濟時代。展望新的世紀，世界競爭將越來越激烈。世界各國之間的競爭是綜合國力的競爭，綜合國力的競爭又體現為經濟的競爭，而經濟競爭力的大小又取決於知識創新能力和技術創新能力的大小，說到底是創新人才的競爭。在這個激烈競爭的時代，必然形成對人才，尤其是對創新人才的巨大需求，人才的競爭將會異常激烈。誰擁有知識和人才，誰就具有發展知識經濟的巨大潛能。相反，誰缺少創新人才，誰就會失去知識經濟帶來的巨大機遇。

美國重視創造性人才的培養始於1950年代末，原因是原蘇聯的人造衛星上天，使美國意識到其科技和軍事受到威脅，應奮起直追，其途徑就是大力培養創新人才，結果湧現出一大批以人才為核心的世界級公司如美國微軟公司，現有固定資產5000億美元，相當於美國500家大型企業的固定資產總和。它主要靠的是知識創新，擁有大批創新型人才。

日本在20世紀80年代初提出要重視創造性的研究，並把從小培養學生的創造性作為國策而確定下來。德國近20年來不僅完成了一系列創造性測量表的編制，而且深入研究了創造性的性別差異。英國是創造性研究的發源地，近20年來對創造性的研究十分重視，並深入探討了創造性與智力、個性（即高素質）的關係問題。

韓國在1995年發表的題為《建立主導世界化、資訊化時代新教育體制的教育改革》的教育改革方案要求將以知識記憶為主的教育向以培養創造力為重點的教育轉變。

二、培養創新人才對教育的新要求

面對知識經濟的發展，教育必須做出必要的反應，必須把素質教育與通才教育結合起來，培養複合型人才，要對學生進行良好的心理素質的培養，以適應千變萬化的社會生活，要加大對學生創造能力的培養，培養有創新能力的人才。

創新有兩層意思，一是發明創新，前所未有；二是引入新方法，在革新之處產生新的效益。美國心理學家吉爾福特將創新能力解析為敏感、流暢性、靈活性、獨創性、再定義性和洞察性。

人的創新素質結構包括創新意識、創新思維、創新能力、創新勇氣、創新意志、創新精

神等幾個方面。

素質教育的目標應定位在培養高素質的創新人才上，要圍繞培養高素質創新人才，確定素質教育的內容和教學形式，要建立充分體現創新的素質教育評估體系，要造就一支勇於創新的教師隊伍。總之，素質教育的實質就是培養學生的創新能力。

要培養創新能力，需要使學生具有紮實的知識基礎、合理的能力結構、健全的人格特徵和靈活的思維方式。合理的能力結構包括發現問題、明確問題、組織和分析問題以及解決問題的能力。

三、音樂教育為什麼能促進創新人才的培養

人的呼吸、心跳、血液迴圈、皮膚觸覺、肌肉張弛、腦能量等與音樂的速度、音的高低、音量的大小等有著密切的關係。音樂教育是開發人腦、發展人的完整思維能力所不可缺少的手段。從哲學層次說，音樂教育首先是人自身發展，完善為"完整的人"的需要；從腦科學的角度說，是開發大腦的需要；從思維學的角度說，是挖掘直覺思維進而增強抽象思維（又稱邏輯思維）能力的需要；從心理學的角度說，是開發感性，陶冶情操，培養豐富的審美想像力的需要。

音樂教育可以激發和強化人的創造衝動，培養和發展人的直覺和想像力。很多科學家都指出，科學研究中新的發現不是靠邏輯推理，而是靠一種直覺和想像力。愛因斯坦說："想像力比知識更重要。"法國數學家彭加勒指出："邏輯是證明的工具，直覺是發現的工具。"而直覺和想像力的培養主要靠美育，特別是音樂教育。智育發展人的邏輯思維（和大腦左半球有關），而音樂教育則培養人的想像力和發展能力，即形象思維（和大腦右半球有關）。隨著思維科學的發展，科學家們日益認識到：人的創造性思維的形成，正是建立在邏輯思維與形象思維統一的基礎上。

音樂是一種非語義的資訊，是一種非具象的藝術。音樂的這種自由性、模糊性和不確定性特徵給人們對音樂的理解與演繹提供了想像、聯想的廣闊空間。音樂藝術的創作、表演、欣賞等各個環節均體現了鮮明的創造意識並伴隨著獨特的創造行為，因此，音樂是創造性最強的藝術之一。音樂藝術的這一特質使音樂教育在發展學生的創造力方面表現出了極大的優勢，這無疑為學生發散性思維和創新能力的培養提供了良好的心理基礎。

第二節　如何在音樂教育中培養學生的創新能力

一、建立以學生為主體的創新教學觀念

傳統教學中，我們的教師習慣於把學生當作教學的物件，當作知識的承載體。為了在有限的教學時間內向學生灌輸盡可能多的知識資訊，增大課堂容量，"填鴨式"的教學方法幾乎成了唯一的教學方法。實際上教師成了教學中的主體，忽略了教師的主"導"作用。在音樂教學中過分強調對學生進行枯燥的技能訓練，大量的講解和要求學生背誦音樂知識、作品背景等，在歌唱、

欣賞、器樂教學中採用超量的重複練習，而且要求學生絕對按照教師對歌（樂）曲的處理進行，極大地傷害了學生的主觀能動性和創造積極性。

音樂教育作為素質教育的有機組成部分，應以提高國民素質為根本目標，以培養學生的創新精神和實踐能力為重點，以造就德、智、體、美等方面全面發展的現代化建設者和接班人為最終目的，使音樂教育真正成為培養創新人才的有效途徑。

音樂教育也是藝術教育的重要組成部分，藝術的本質是審美，審美是一個個性化特徵很突出的過程。審美教育應該是在教師的組織和引導下，讓學生充分地投入各種審美活動中去，盡可能多地給他們提供個性化體驗、自由嘗試和充分表現自我的條件，並對每個學生的個性予以充分的尊重。

學生應是教學的主體，是學習的主人，是教師服務的物件。教師應將教育的重點放在喚醒學生的主體意識、指導和培養學生的主動性和創造性上。教師有義務、有責任根據學生的不同發展情況、興趣愛好提供或選擇適合發展需求的機會、手段和方法等。教師應該是學生的組織者、合作者、幫助者和引路人，即起所謂的"主導作用"，而不只是好與差、對與錯的簡單評判人。以學生為主體有利於學生在民主、安全的環境中發展他們的創新精神和創新能力。

我們的音樂教師可一改過去居高臨下的做法，與學生談心，與學生打成一片，瞭解他們的思維特徵、興趣，甚至家庭情況、個人愛好等情況，在教學中採用鼓勵語言，營造和諧、民主的教學氛圍。教師應保護學生的創造欲望，並激發他們的創造衝動。

二、改進音樂教學方法 重視創造性的音樂教學活動

音樂實踐活動三部曲即創作、表演和欣賞都十分強調想像和創造。曲調是創造的，它稱為一度創造，表演中的演唱演奏也有創造，稱為二度創造，音樂欣賞稱為三度創造，它們都需要豐富的聯想和想像。音樂教學也主要是實踐音樂的這幾個方面。

要使學生會創新，就必須說明他們儲存豐富的基礎知識，掌握必要的基本技能，養成多向可變的思維習慣，學會基本的創新方法。世界上所有的發明創造都與已知的資訊量相聯系，都是建立在舊知識的基礎之上。實行創造性的教育不等於可以降低對學生基礎知識和基本技能方面的要求。從某種意義上說，進行創造性的教育對學生的基礎知識和基本技能方面的要求將會更高。

課堂教學是培養學生創新實踐能力的主要陣地，教師能否採用恰當的教學方法合理地組織課堂教學，將直接影響教學效果和制約學生思維的發展。為了培養學生的想像力和創造力，我們首先應該摒棄"注入式"的教學模式而改用"啟發式"，靈活選用討論、議論、示範演示、實驗教學等方法，利用插圖、圖片、圖表、掛圖、略圖、圖形等圖示教學法，提問、設問、疑問、留問等問答教學法以及講授教學法等教學方法，並根據不同的學生、不同的教學內容變換教學方法。

創造性的音樂教學活動包括音樂創作教學和創造性的音樂活動教學兩大部分。

音樂創作教學是指學生在教師的指導下學習作曲知識和作曲技能技巧的教學活動。教師要求學生把自己對客觀事物的體驗，特別是情感體驗轉變成音樂語言的形式並用樂譜記錄下來。創作教學可由淺入深用循序漸進的方法進行教學，可先採用節奏和曲調的即興創作，如節奏和曲調的問答，節奏和曲調的填空，根據"主題"變奏，即興的"迴旋曲"，樂句、樂

段旋律的填空、改變等,選用適當的旋律樂器和節奏樂器編配伴奏,為歌詞譜曲、命題創作歌曲、器樂曲等。

創造性的音樂活動是指在歌唱、音樂欣賞等音樂實踐活動中,或者結合音樂實踐活動進行創造性的(以即興為主的、綜合性、多樣化的音樂)再創造活動。

創造性的歌唱。在歌唱教學中,歌曲唱會後,學生在教師引導下,據自己的想像,用不同的方法處理歌曲,選擇不同的歌唱形式或伴奏形式,或邊歌邊律動、邊歌邊舞蹈,或根據歌曲內容進行戲劇表演,或為歌曲重新填詞,或將歌曲旋律加以變化與原曲進行對比等,充分發揮學生的想像力。

創造性的音樂欣賞。音樂欣賞教學要求學生通過感知音樂作品的音響,去辨認它的音樂語言(旋律、節奏、和聲、調式、織體等),體驗其情感,產生聯想與想像,進而理解音樂作品的內容、形式、表現手段及審美價值。教學中可讓學生邊聽邊用體態律動及動作表現自己的感受,可讓他們嘗試把自己對音樂的感受用文字或語言表達出來,也可以要求學生畫一幅畫來表現音樂的意境,還可以讓學生邊聽邊用節奏樂器或曲調樂器甚至自製的樂器模仿或變奏,或邊聽邊配以詩歌、散文表現其意境。

在音樂教學中可讓學生探索綜合性地將音樂、戲劇、舞蹈、繪畫等藝術形式結合起來,也可將演唱、演奏、欣賞、身體活動等結合起來進行綜合的音樂創造活動,還可利用各種樂器或自然音響給詩或詞、散文或某一個情節配上即興的音響進行創作遊戲。

總之,只要我們認識到了音樂教育對創新人才的促進作用,音樂教師再採用民主的以學生為主體的教學方法在具體的音樂教學過程中實施創新教學思想,我們將培養出更多更好的為現代化事業做出重大貢獻的創新人才。

第三節　音樂的社會 審美 認識 教育和娛樂功能

一、音樂的社會功能

著名音樂家瓦格納曾說:"音樂用理想的紐帶把人類結合在一起。"我們所生活的世界是一個充滿了音樂的世界。人們在生產、鬥爭、生活的漫漫長路上與音樂結成了親密的伴侶。音樂無時無刻不在包圍著我們,無論在勞動中、旅途中、歡慶中還是悲痛中。可以毫不誇張地說,世界不能沒有音樂,人們離不開音樂。音樂是有著深遠意義和明確目的的實踐活動,因此,它在漫長的歷史長河中有了高度的發展,也在廣闊的社會活動中起了多方面的作用。音樂是人類共有的精神食糧。古代《晉書·樂志》說:"是以聞其宮聲,使人溫良而寬大;聞其商聲,使人方廉而好義;聞其角聲,使人傾隱而仁愛;聞其徵聲,使人樂養而好使;聞其羽聲,使人恭儉而好禮。"說明音樂中的"五音"可以把握人的性格與行為。

德國偉大的音樂家貝多芬認為:"音樂是比一切智慧、一切哲學更高的啟示……誰能說透音樂的意義,便能超脫常人無法自拔的苦難。"這說明音樂具有感化人、塑造人、拯救人的作用。人們在進行強體力勞動時,為了減輕精神上的負擔,發出"吭唷!嗨唷!"的聲音,特別是在集體勞動時,還會用歌唱的節奏來統一步伐和著力點。勞動號子就是這樣產生的。另如持續時間較長的重複性勞動，為避免單調及精神上的疲勞，人們也會自然地發出種種歌聲來調節精神。如採茶、放牧、搖船、插秧等，雖節奏並不一定與勞動動作合拍，但有了歌唱的調節，就會使人感到輕鬆和減少寂寞感、枯燥感。

當我們在非常愉快的時候，會一面唱著歌，一面手舞足蹈。當我們在非常鬱悶時，忽然一支優美動聽的旋律飄至耳畔，煩惱、不快便會立刻煙消雲散。

當男女之間欲表達愛慕之情的時候，會發自內心地歌唱。例如中中國喻戶曉的提琴協奏曲《梁山伯與祝英台》，以"相愛"為內容的第一樂章，給人留下了深刻的印象，獨奏的長笛在輕柔的弦樂背景上奏出明亮、秀美的曲調，雙簧管奏出優美迷人的旋律，顯示出一派風和日麗、鳥語花香、春光明媚的江南景色。這一樂章以愛情為主題，它美麗動人，表現了梁山伯與祝英台真摯、純樸的愛情，大提琴與小提琴的真誠對答，描述了草橋結拜的情景。之後，樂隊和小提琴相互補充，使愛情主題更加熱烈、歡快。這是熱情的、真摯的、誠懇的、發自內心的愛情之歌。

當自己的親人、朋友遠離身邊的時候，出於誠摯的想念以及期望重逢的心情，會寄情於歌，這又是大多數抒情歌曲產生的由來。例如中國著名詞曲家王立平先生的《駝鈴》，運用音樂的素材把壓抑、深情、欲說又止的送戰友踏征途的依依惜別之情描寫得淋漓盡致，同時又表達出"當心夜半北風寒，一路多保重"的戰友深情和革命友誼。

在人們的生活中，常有集會活動，如示威遊行、列隊行進、集體操等，這時，大家唱著節奏鮮明、音調雄健有力的歌曲，以壯聲勢，並寄於感情。這又是軍歌、進行曲以及佇列歌曲產生的由來。

人們為了調節精神，在吃飯、飲茶、休息之時常會聽輕鬆愉快的音樂，能令精神爽健，增加愉快情緒。這又是古代宴樂和今日餐吧、酒吧、咖啡吧音樂產生的原因之一。即使是在喪失親人、摯友或失去心愛的東西時，在悲痛欲絕的情況下，也會連哭帶唱地、情不自禁地歌唱。這又是悲歌、悼歌、葬歌、哀歌產生的由來。

人們為陳說某個故事或某個生動情節，常常以夾唱、夾白、夾抒、夾敘的方式來表達。這又是長篇敘事歌以及曲藝音樂產生的由來。

當人們的感情不能用歌唱來表達的時候，可以用各種不同樂器的音色、音域、演奏手法等來超脫人聲的限制，同時運用獨奏、合奏、協奏等形式來表現。這就是一切器樂曲產生的緣由。

以上實例說明，人們生活中需要有音樂來陪伴，而音樂又是人們生活中不可缺少的精神調劑品，以及人們寄託思想感情的藝術品，更是人類精神文明的組成部分之一。所以說，"哪裡有人類的足跡，哪裡就有音樂"。它既可以自娛，也可以娛人，更可以通過音樂音響的資訊，來傳達交流人與人之間的思想感情，古今中外無不如此。特別是人類越進化、越發展，音樂的複雜性、細緻性、多樣性越明顯，並且大部分音樂超越了中華民族、人種的界限，以人類共同的感情語言特性來進行相互間的感情交流，特別是器樂曲更是如此。喜、怒、哀、樂、憂、思、苦這些感情屬性，只要是人類，都會有相同的感知，至於其深度如何，那倒要視具體作品來定了。即使是不同民族的音樂語言，其音調雖有所同異，而感情、氣質的屬性，仍然是相同的。

再從目前社會上人才的培養來看，音樂還有促進人們智力發展的作用。它的主要作用是通過音樂來豐富人們的想像力，促進思維能力的發展，使五官四肢靈敏協調，在熟練遷移、觸類旁通的作用下，對音樂以外的其他學科的感知和研究，也有著促進功能。就音樂欣賞來說，也能不同程度地促進智力的發展，而且是在愉快輕鬆的氣氛下自然而然地獲得智力的發展。因為聽音樂時，大腦不會是空白的，必有種種多變的活動形象出現在腦海裡。有時還會隨著音樂讓人宛臨其境，甚至內心的種種喜怒哀樂的感情細流也會泛上心頭。這種藝術的感情語言是非常微妙的，它是無法用文字語言形容的。它可以根據一星半點的標題啟示，進行豐富的生活聯想，並循標題啟示，用更擴大、更延伸的再造想像因素來"自圓其說"。這種從一點而至多點、從一線而至多線的想像，也是音樂欣賞時的創造性思維，並且是形象思維與邏輯思維相結合的，是多路思維、立體思維、美感思維相交叉在一起的，也是一種高級的思維活動。當聆聽一曲、十曲、百曲甚至更多之後，人們的想像力增強了，思維方式活躍了，思維反應靈敏了，這樣不是使人聰明起來了嗎？正如當代傑出的科學家愛因斯坦所說："想像比知識更重要，因為知識是有限的，而想像力概括著世界上的一切，推動著進步，並且是知識進化的源泉。"

中外許多著名的學者，也大多是音樂愛好者，或是兼有音樂家的才華，音樂藝術對他們取得科學上、學術上的成就，有著一定程度的影響。如天王星發現者英國天文學家威廉·赫歇爾，就常常在巴黎聖母院舉行音樂會。法國思想家盧梭編寫了符號譜及音樂辭典，他說："我在科學上的成就，很多是由音樂啟發的。"愛因斯坦還是小提琴演奏家。

音樂對人們道德、意志、品格、情操的培養也會有"隨風潛入夜，潤物細無聲"的影響。雖然不能完全像中國古代儒家那樣，把音樂藝術對道德的作用擴大到相當巨大的程度，正所謂"樂者，德之華也""審音而知樂，審樂而知政"等，但多聽高尚的音樂，確實會使人們的情趣高雅起來，多聽鏗鏘雄壯的聲音，也會使人們的意志堅強起來，情緒高昂起來。因為音樂是人們精神狀態的一種反映，當然，黃色的、低級趣味的、庸俗的音樂，也同樣會在潛移默化的過程中，使人意志衰退、情趣低俗，甚至陷入想入非非的魔怔之中。

對於世界各國的音樂，應該均有所了解，以開闊視野，增進知識。特別是歐洲文藝復興後逐漸發展起來的西洋音樂，在題材上、創作方法上、形式上、體裁上的豐富性和嚴密性都已達到相當完美的境地，在技法理論的建設上也確實具有相當的科學性和系統性，應作為人類共同的文化遺產來看待。對此，絕不可輕視。例如：歌曲《重歸蘇蓮托》《魔王》《鱒魚》《跳蚤之歌》《北國之春》《伏爾加船夫曲》；鋼琴曲貝多芬《悲愴》《月光》、舒伯特《圓舞曲》、蕭邦《波蘭舞曲》、李斯特《匈牙利狂想曲》；管弦樂，約翰·斯特勞斯《藍色多瑙河》、聖-桑《動物狂歡節》、普羅高菲夫《彼得和狼》；交響樂，貝多芬《英雄》《命運》《田園》、海頓《D大調第104號交響曲》、舒伯特《第八未完成交響曲》；歌劇、舞劇，莫札特《費加多的婚禮》、威爾第《茶花女》、比才《卡門》、柴可夫斯基《天鵝湖》。這些都是流芳百世、膾炙人口的音樂華章，曾經激勵感動過多少代人！每位音樂愛好者都有一個共同的體會，那就是：每次聆聽都會有不同的感受。這正是這些優秀作品極富生命力和感染力，成為不朽之作的原因所在。

作為中國人，更應該對自己的民族音樂、民間音樂有更深的感情和廣泛的瞭解。中國是具有五千年歷史的文化古國，有五十六個民族長期耕耘在這塊土地上，各自創造了燦爛的文化。因此，我們必須在平時多多接觸一些自己民族的音樂藝術，並且從教育自己的下一代開始，讓其從幼年開始就在民族音樂的薰陶下成長。這就是具體意義上的愛國主義教育，使他們能夠感受到祖國母親文化的偉大深厚。

近百年來，經過許多音樂家的努力，中國的民族民間音樂中出現了不少優秀、喜聞樂見的作品。因此，在欣賞音樂時，應中西兼聽，既不能認為外國的音樂都好，也不能認為外國的音樂都不好，崇洋媚外主義及國粹主義均是片面的。但對自己民族的音樂藝術更加重視一些，也是情理之中的事情。

在中國古代的人民音樂生活中，通俗性音樂總是大量地存在著。古代稱"時尚小曲"或"時尚小令"，今日稱"流行音樂"或"通俗音樂"，例如《十五的月亮》《太陽島上》《軍港之夜》《蒙古人》《燭光裡的媽媽》《奉獻》《五星紅旗》《霧裡看花》《濤聲依舊》《榕樹下》等，以及各種流行樂隊組合，如"零點樂隊""舞人製造""阿裡郎組合""羽泉""黑鴨子樂隊""黑豹"等。更有風靡世界的現代音樂，理查的現代鋼琴音樂等，黑人歌手傑克森，瘋狂歌手瑪丹娜、布蘭妮等，都成為廣大人民群眾非常喜愛的音樂人。流行音樂通俗易懂，短小精悍，輕鬆愉快，它給人以娛樂、消遣，對人們精神上的調劑作用是相當突出的。它可分為兩大類：一類是通俗的，一類是庸俗的。缺少藝術修養和音樂基礎知識的人們可能會一時難以對其進行優劣辨別，庸俗音樂的炮製者也利用此來牟取利益。我們只有加強音樂教育、家庭教育、社會教育，才能逐步提高人們的審美情趣。它的方法是循循善誘，因勢利導，用健康的代替庸俗的，但最根本的還是要給人們以美和愉快的享受。人們是為了追求美的享受才來聽音樂的。

音樂藝術跟其他藝術一樣，是人類社會發展的產物。音樂藝術從它誕生之日起，就一直發揮著巨大的社會作用。

音樂藝術可以以一種特殊的形式促進中國安定團結和繁榮富強。它的社會作用是重要的，在各種文藝形式中，音樂藝術因其形式多樣，內容豐富，雅俗共賞，從而成為最能打動人的一種藝術形式，也是與人民群眾聯繫最廣泛，與時代聯繫最密切的藝術形式。在社會實踐中，我們可以看到音樂藝術的社會作用是不可估量的。

音樂藝術反映了社會演變，體現了世紀風貌，產生了巨大的社會影響。如 20 世紀上半葉從江西民歌《八一起義》到《義勇軍進行曲》《在太行山上》《黃河大合唱》，再到陝北民歌《繡金匾》《團結就是力量》《新民主主義進行曲》等，生動地展示了中國人民為了推翻帝國主義、封建主義和官僚資本主義的黑暗統治而進行的資產階級民主革命和新民主主義革命，抒發了人民在鬥爭中強烈的呼聲和願望，從而真切、深刻地反映了中華民族的愛國主義情懷，激勵全國人民英勇鬥爭，發揮了其無與倫比的時代作用。20 世紀下半葉從《我的祖國》《九九豔陽天》，再到《在希望的田野上》《春天的故事》《走進新時代》等，都展示了中國人民對祖國新生的歡呼，歌頌整個神州大地的新的騰飛，唱出了中國人民走向未來的心聲，用音樂的形式記錄了以經濟建設為中心給整個中國帶來的巨大變化，其社會作用是直接的、強烈的。

在人生道路中，每個人都離不開真摯的親情、鄉情、友情、愛情，而音樂藝術則豐富、昇華了人們對美好人生的嚮往和追求。如《父老鄉親》以平實無華的語言、山東民間音樂的音調，以敘事風格回顧了父母的養育之恩，故土的培養之情，表達了"樹高千尺也忘不了根"的情意，在海內外華人華僑中激起層層漣漪；《同一首歌》則用詩一樣聖潔而優美的童聲合唱傾訴了人們對和平、友誼的渴望，渲染了一個純潔的信念：把同樣的渴望和歡樂匯成"同一首歌"；又如《愛的奉獻》《長大後我就成了你》，讚美無怨無悔的奉獻精神，呼喚人與人之間的愛；《吐魯番的葡萄熟了》運用比喻與襯托的手法，含蓄動聽的曲調，如詩如夢的音樂色彩，巧妙地把對祖國、對生活和對情人的愛融合在一起。這些音樂作品都以其鮮明的主題思想，弘揚人們對美好情感、美好人生的嚮往與追求，其社會作用是潛移默化而深入人心的。

音樂藝術可以更好地促進中國安定團結和為經濟建設服務。20世紀對中國來說，既是一個充滿苦難的世紀，也是一個奮勇拼搏的世紀，是從希望的田野上走來，描繪春天的故事，是闊步走進新時代，走向輝煌。伴隨著世紀的前進，中國的詞、曲作家以他們對祖國和人民的忠誠，對音樂事業的熱愛，創作了大量感人肺腑的優秀音樂作品，其中，佔主要地位的、與社會生活和時代精神緊密相連的聲樂作品，經歌唱家演唱和億萬群眾傳唱，成為時代的號角，在人民大眾的內心留下極深的影響，發揮著推動歷史車輪前進的巨大作用。

音樂藝術要更好地、更廣泛地為經濟建設、安定團結服務，還應做好兩方面工作。一是普及，二是提高。首先是要普及，使人們廣泛地接觸音樂，這就需要社會各組織做大量工作。

二、音樂的審美功能

音樂的審美功能表現為可以使人們感到身心愉快，從而陶冶性情，提高審美能力和審美趣味。其一，淨化心靈的作用。音樂藝術用音響的魔力作用於人的情感，引起人們的聯想、想象、激動和共鳴，以潛移默化的方式使人接受某種道德情操、精神品質、意識觀念的薰陶滲透，從而使人們達到崇高的思想境界。

古希臘哲學家柏拉圖在《中國篇》中說過："節奏與音調用最強烈的力量浸潤心靈的最深處。如果教育的方式適合，它們就會拿美來浸潤心靈，使它也就因而美化；如果沒有這種適當的教育，心靈也就因而醜化。"音樂家李斯特在《論柏遼茲與舒曼》中說："音樂是不假任何外力，直接沁人心脾的最純的感情與火焰；它是從口吸入的空氣，它是生命的血管中流淌著的血液。"高爾基在長篇小說《母親》中有一段描寫母親欣賞音樂的情景：母親雖然並不知道她聽的是什麼音樂，但她因正在演奏的樂曲激動起來。她"坐在那裡聽著，想著自己的心事……"她"漸漸喜歡起音樂來。她聽著，就會感到一陣陣溫暖的浪潮在胸中激蕩，注入心房，仿佛心跳得更均勻，心中思潮好比撒在水分充足、深耕細作的沃土裡的種子，迅速地蓬勃生長，被音樂魅力激起千言萬語，宛如美麗的鮮花，歡暢地朵朵怒放"

其二，調節情感的作用。音樂對人的情感作用比較直接迅速。這是因為音樂通過中樞神經作用於人體時，這一結構在情緒的反應、體驗中起重要作用。同時，音樂的運動模式與人類情感運動模式有異質同構關係，使人們易於把握音樂所比擬的情感內涵。

音樂可以誘發人的內在感情，觸發人們內心積極性情感（如喜愛、快樂、興趣等），使消極性情感（如悲痛、厭惡、憤怒等）得到宣洩。音樂可以使對立兩極的感情相互轉化，如通過積極的感情內涵作用於人的動聽的旋律、輕鬆的節奏、悅耳的和聲、豐富的音色，可以使人的情緒得到調節，使人身心愉快、精神協調、心境良好。好的音樂，可以使人們處在積極性情感狀況下，並能使這種情感更為強化、豐富、充實，使人們在實踐活動中擁有強大的精神力量。當你欣賞貝多芬的《第五交響曲》時，便會覺得自己充滿了與命運拼搏的力量；當你欣賞貝多芬的《第九交響曲》時，你又會覺得自己的胸懷仿佛容得下整個世界。

其三，提高審美能力和情趣的作用。通過感知音響，體驗情感，培養人具有"音樂的耳朵"，可以使人從音樂中得到審美的情趣，提高審美能力。音樂是人類精神世界中極為重要的部分，人們的生活離不開音樂。"七弦為益友，兩耳是知音。"通過聆聽音樂，人們的"音樂的耳"能對大千世界有敏銳的感受力、觀察力，甚至具有對聲音選擇、篩選的能力。它可以感受大自然中森林"交響曲"，感受暴風雨的驚心動魄的力度、速度，更可以享受浩瀚音樂作品海洋中的"玉液瓊漿"。在聆聽音樂中不斷把握音樂的分寸感，獲得對音樂藝術的體驗，從而使自己在聲音世界中進入更高的精神境界。

三、音樂的認識功能

人們通過音樂藝術可以認識現實。音樂家在作品中將現實加以選擇，以自己的情感和體驗對它進行加工，通過象徵、模擬、暗示、抽象、概括等方法間接顯示現實，以期讓人們理解音樂所反映的現實。

其一，"超越現實"的作用。音樂藝術不僅是社會生活的反映，也是人類理想的體現。因此，音樂不僅有反映現實的功能，而且具有超越現實的特徵。協調集體勞動工作，消除疲勞，是人類早期在生產實踐中發現的音樂功能。從體驗生活到參與實踐，再到超越現實，正是音樂超越現實作用的體現。這種超越精神，不但能使我們在困難時想到勝利，在失敗時想到成功，而且會喚起願望，使我們的現實生活變得更加美好。

其二，振奮精神的作用。音樂藝術是社會生活的反映，但是這種反映較實際生活又具有更高、更強烈、更集中、更典型、更理想的特點，從而超越功利主義的束縛，使心靈純潔化和高尚化。

音樂可以組織和協調社會成員的意志行為，傳達與交流社會成員的思想感情，從政治態度、倫理道德等方面對人產生影響，激發起一種潛移默化的力量，起到"善民心""移風易俗"的教化作用。當音樂使人產生激情時，在條件適合的情況下，就能發揮巨大的作用。例如法國大革命時，革命群眾高唱《馬賽曲》向巴士底獄進軍。這說明音樂具有極為有力的鼓舞力量。優秀的音樂作品是時代的號角、人民的心聲，這些作品通過流暢的旋律、明快的節奏、真摯的情感、洗練的結構、質樸清新的音樂風格，塑造出動人的藝術形象，具有激動人心的感召力，對人們有很深的教育意義。列寧在聽了貝多芬的《熱情奏鳴曲》後說："這是絕妙的，人間所沒有的音樂。我總是帶著也許是幼稚的誇耀在想：人類能創造怎樣的奇跡啊！"他在革命活動中，特別愛唱《同志們，勇敢地前進》，他把戰鬥的革命歌曲，看成是人們滿懷信心走向勝利的力量源泉。

其三，信號象徵作用。某些音樂作品由於政治或其他社會原因，在固定場合、固定情況下反覆使用，使人們產生了心理定式，其自身變成具有一定社會意義的信號，具有某種特定的象徵意義。

如各國的國歌所造就的那種代表一個中國尊嚴及情感象徵的意義，是很明確的。從電視中，我們常常看到，運動員為國爭光，站在最高領獎臺上，聽到奏響自己祖國的象徵——國歌時，熱淚盈眶的場景。這裡，國歌已成為祖國的化身與象徵，祖國就在他們心中。

軍歌、校歌、班歌、會歌也是如此。類似這種情況與特定的政治內容或社會內容結合的，還有在宗教儀式、中國典禮、民間婚喪喜事、隊伍行進等集體活動中使用的音樂作品，這時，音樂的社會價值由於與外部因素的結合得到了充分發揮。

四、音樂的教育功能

重視發揮音樂的教育功能，自古而然。《樂記》記載："樂也者，施也。"又說："先王之為樂也，以法治也，善則行象德誅。"音樂藝術給人以積極向上，奮發進取的精神力量。這種教育與影響，不是生吞活剝式的灌輸，也不是強迫他們接受，而是採取融藝術性與思想性為一體的方式進行的。這種影響與教育，是長期感染、潛移默化的，"隨風潛入夜，潤物細無聲"，使人們受教育於不知不覺中。

第一，在生理上有健全大腦的作用。心理、生理學家研究發現了大腦左右兩半球功能的差異。大腦左半球通常承擔處理語言、數學和其他分析功能等抽象思維的任務，習慣上稱為"數學腦"；大腦右半球通常承擔處理空間圖形，識別形象、音樂、環境等直覺和藝術方面的資訊等形象思維任務，習慣上稱為"模擬腦"。有的實驗表明，這種分工不是絕對的，兩半球的機制是相互聯繫相互補充的。腦神經細胞活動時，處於興奮狀態，不活動時就處於抑制狀態。興奮與抑制作用，缺一不可。合理地使用和鍛煉大腦，符合其客觀規律，刺激大腦右半球活動，才能更好地發揮大腦的作用。

音樂藝術對促進大腦健康發育、成長和保護大腦健康，以及全面開發大腦的潛能等方面有積極的作用。例如視奏，兩眼要視譜，兩手十指要有不同的動作，兩耳要校正音準、節奏、速度與力度，大腦還要分析樂曲所表達的感情並加以處理，在瞬息間取得動作的協調與統一。這種音樂訓練開發智力的作用，已得到社會的公認。

第二，健康心理的作用。音樂藝術對於聆聽者的心理健康，有著重要的意義和積極的作用。

其一，音樂能夠促進人的感知、想像、知覺和思維能力的發展。聆聽者通過多樣化訓練聽覺的實踐，大大提高了聽覺能力。

音樂藝術，不論是演唱、演奏還是欣賞，均要求人們精神專注，而且還能引起記憶、想像思維等一系列心理反應。音樂結構的對稱性、旋律的流暢性、節奏的規律性、音色的可感性、內容的情感性和隨意性,可以有效地啟發和鍛煉人的感知能力和思維想像能力。

其二,音樂能夠培養人的情感體驗調節能力、情感調節能力和情感傳遞能力。情感是人的"知、情、意"三維心理結構中不可或缺的有機組成部分。情感對於人的認識和行動,對於人的整個社會生活都有著極為重要的意義。由於音樂作為與人類情感息息相關的一種精神活動,充分地體現了情感和體驗性、調節性和傳達性,因而音樂實踐活動必然使人們的體驗能力、調節能力和傳達能力得到培養、提高和發展。情感是必須調節的,情感失控、失調就會引起心理上失常。音樂藝術,恰恰具有情感的調節功能。對於旅居異國他鄉的海外赤子,一曲思鄉曲,寄託了對祖國的無限眷戀之情,能起到情感調節的作用。

綜上所述,一個有較強的感知、想像、直覺思維能力的人是聰慧的,一個既有上述諸能力又有情感的體驗、調節和傳達能力的人則不光是聰慧的,而且是健全的。許多世界名人與音樂結下不解之緣。馬克思、恩格斯、列寧精通音樂,在論著中有許多涉及音樂的精闢論述;大文豪高爾基年輕時在歌劇院參加過合唱,他在小說中引用了許多民歌;羅曼·羅蘭既是作家又是音樂家;印度詩人泰戈爾是印度國歌的曲作者,也是一位作曲家;俄國作曲家鮑羅廷還是化學家;愛因斯坦是物理學家也是小提琴家;朱載堉是數學家也是音樂學家。可見音樂藝術對開啟人們智慧,培養健康的心理有著巨大的作用。

第三,人際關係和諧化的作用。人際關係,是人文環境中最重要的組成部分。由於人是群居的,所以自然地傾向於同社會同他人取得和諧;但由於人有自我保護和無限發展的欲望,因此,又潛伏著同社會、同他人的矛盾衝突。音樂藝術以溝通交流的方式,起聚合作用,推動了人際關係趨向和諧。

例如大家都非常熟悉的蘇格蘭民歌《過去的好時光》就是表現社會交往的一個範例。民歌的作者用這首歌曲,寄託對朋友的思念之情,當這首歌曲廣為流傳後,這位作者已經同人民進行了精神的交流和思想的溝通。電影《魂斷藍橋》用它做了主題歌,使這首歌曲更風靡世界,這首歌曲在中國被譯為《一路平安》,其旋律也成了離情別意的情感象徵。在大學畢業的聯歡會上,在朋友的餞行告別會上,這個旋律總會引出人們滾滾的淚花。人與人之間在這種場合下的精神交流,音樂起到了推波助瀾的強化作用。音樂加強了人與人之間的情感交流,增強了人的群眾意識和認同傾向;音樂又教會了人掌握和運用這種最廣泛最普遍的交流手段;音樂能使人的交際活動藝術化和美感化。

音樂活動有利於培養人的整體意識和協作關系。歌詠活動、合奏都是以集體的面貌出現,大家都非常懂得協作配合的重要性。即使是獨唱獨奏,也有與伴奏合作的關系,與觀眾上下呼應的關系。如合唱隊,更能體現社會化的團結,許多人聯合起來做一個人單獨所不能做的事。在這方面,每個參加音樂活動的人,通過音樂實踐活動,訓練節奏的統一,聲音的和諧,音高的准確,聲部的均衡,情緒速度的一致,都要自覺地維護合唱、合奏中的旋律、節奏、情緒等方面的統一要求,這樣有利於形成統一意志和具有共同感情的群體。

音樂教育功能是音樂社會功能在教育上的具體體現,上述音樂的社會功能,都能在音樂教育方面找到它的實證。二者既密切聯繫,又有明顯的區別。音樂教育的功能包含更明確的目的性、計劃性、有序性,其教育效果比自發的音樂活動有明顯的增值效應。

(一)音樂教育的主體效應

音樂教育的主體效應體現在審美教育的功能上。中國教委在《全國學校藝術教育總體規劃》中明確指出：藝術教育是學校實施美育的主要內容和途徑，也是加強社會主義精神文明建設，潛移默化地提高學生道德水準，陶冶高尚的情操，促進智力和身心健康發展的有力手段，藝術教育作為學校教育的重要組成部分，具有其他學科教育所不可替代的特殊作用。

第一，音樂教育是學校實施美育的主要內容和途徑。

藝術教育包括音樂、繪畫、舞蹈、電影、電視、戲劇等各種藝術形式，它們的表現手段、傳播途徑和存在的方式不盡相同，但都是實施美育的重要內容和途徑。其根據有二：一方面審美教育是藝術教育的核心內容；另一方面是由藝術的本質特徵所決定的。如果把學校藝術教育看成是一個多因素、多層次的複雜系統工程，那麼，音樂教育就是構成這一系統工程不可或缺的子系統。

從教育內容看，無論哪一種藝術教育，基本上都包括培養人們感受美、鑒賞美和創造美的能力這三個方面的共同內容，只不過側重點和角度有所不同而已。音樂教育，以音響為表現手段，構建成富有動力性結構的審美形式，通過"訴諸心靈的精神、洋溢的情感以及聲音所顯示出這種內容精華的表現"，來培養受教育者對音樂的感受、理解、鑒賞、表現和創造等能力，來完成對學生的審美教育，這種審美教育有著豐富的內涵。如對情感的理性塑造和控制，對意志的理性引導和調整，對感知、想像等能力的理性滲透和昇華等，構成情感、意志、認知三個系統之間相互滲透、交融的教育，從而達到完善的審美心理結構。從教育過程看，前面講過完整的教育的過程包括"認知—邏輯""情感—體驗"兩個層面及其活動。"對教育要做完整的理解，不能回避、抽離情感層面。離開情感層面，教育就不可能鑄造個人精神、個人的經驗世界，不能發揮大腦的完整功能，不能保持道德的追求，也不能反映人類的人文文化世界。"音樂教育以情感教育見長，其主要的教育過程是"情感—體驗"的過程，在構建完整的教育過程上音樂有其獨特的作用。

從教育任務看，美育的任務，就是構建人的審美的心理結構。音樂藝術是人類審美意識的物件化，是人們不同時代的審美意識和審美經驗的積澱和物態化。因此，人們經過音樂藝術教育，可以接受不同時代的審美意識、審美經驗，並使之納入審美心理結構的構建中去。這種審美心理的構建，實際上是培養人的一種有機的和整體的反應方式。在審美活動中，主體之所以感到審美愉快，是因為他們把握到了一種具有節奏性、平衡性和有機統一性的完整形式，這種形式積澱了人的情感和理想，具有特定的社會內容，所以會同時作用於人的感知、想像、情感、理解等諸種心理能力，使它們處於一種極其自由和諧的狀態。在這種自由氛圍中，各種能力就像是做了一場富有意義的演習。它們既能共存，又能互相配合，每一種能力都得到了最大限度的發揮，但又兼顧到整體，以不損害整體有機統一為限。音樂藝術教育對於構建這樣的一種審美心理結構，有其特殊的作用。

第二，音樂教育是學校實施美育的最佳方式。綜前所述，音樂教育集情感性、形象性、愉悅性、主體性四大特徵於一身，比實際生活的

美具有更高、更強烈、更集中、更典型、更精粹、更理想的特點。因此，音樂教育是學校實施美育的最佳方式。具體表現在四個方面：

一是最理想的方式。中國第一部美學專著《樂記》，系統地闡述了音樂教育，它提出藝術的育人功能為"和同"，即情感的和諧與協調。音樂教育以音樂為仲介，它是長於表現或傳達情感的，有著強烈的感染表現力。它採取有組織的音響運動，通過巧妙的、經常更換的、層出不窮的結合，通過多樣化、混合、提高、降低、跳躍、停頓、加速、力量變化、簡單和複雜的進行、緩和、抑制以及數以千計的其他手法，不但可以直接表現人類各種細緻複雜的情感、情緒，而且可以直接抵達人的心靈最深處，激發和宣洩人的激情。

正如匈牙利著名音樂家李斯特所說："如果說音樂被人稱為最崇高的藝術，被唯靈論者提高到上界，認為唯有音樂才配做天上的藝術，那主要是因為音樂是不假任何外力，直接沁人心脾的最純的感情的火焰；它是從口吸入的空氣，它是生命的血管中流通著的血液。""感情在音樂中的獨立存在、放射光芒，既不憑藉比喻的外殼，也不依靠情節和思想的媒介。"音樂的不具象性，留給欣賞者（受教育者）一定的空間，他們必須通過聯想、想像，用全部身心去體驗作品所表現的最複雜、深刻、細緻的內心情感，使音樂滲入人心，與主體合而為一。這種審美的方式，應該說是最理想的。

二是最方便的方式。音樂教育的形象性、可感性特徵說明它是最方便的一種教育形式。人們在學習、生活的漫漫長路上與音樂結成了親密的伴侶。音樂無時無刻不在包圍我們，無論在工作中、旅途中、歡慶中還是悲痛之中。可以毫不誇張地說，世界不能沒有音樂，人們離不開音樂。我們曾在北京市城鄉 22 所中小學 960 人中做過音樂心理問卷調查，調查結果表明，音樂課程是學生最喜歡的課程之一，喜歡這門課程的人數佔調查總數 35.3%，居第三位；而在"你喜歡音樂的程度"一項調查中，喜歡和非常喜歡音樂的佔調查總數的 71.4%。從滿足和提高青少年審美需要的角度來看，音樂教育無疑是最為方便的。

三是最自然的方式。音樂教育的愉悅性特徵，使音樂教育過程充滿了愉悅，可寓教於樂，使人賞心悅耳，在潛移默化中接受教育。長期在美的薰陶感染下不僅能使人在精神上得到愉悅和滋養，而且有助於提高感受、表現、創造、鑒賞美的能力，培養健康的審美情操，使人的精神世界更豐富、更和諧、更完美。這種渾然天成的教育形式，是最為自然的。

四是最富有創造性的方式。音樂教育的主體性特徵決定了這種教育形式是最富有創造性的。音樂的不確定性、多義性、朦朧性，既是它的局限性，又是它的長處。它為欣賞者（受教育者）留下了更廣闊的自由空間，調動了他們的審美感受力，讓他們用全部身心去體驗、去聯想和想像（也是一種創造）、去理解。培養受教育者"音樂的耳朵"，實際上這是一個不斷學習、不斷體驗和不斷創造的過程。對受教育者來說，這是最富有創造性的一種教育形式。

第三，音樂教育是學校實施美育的有效手段。

音樂教育是學校實施美育的有效手段，可以從兩個方面說明：

一方面，音樂教育過程的審美化。音樂教育是一種有目的、有計劃、有指導的，通過音樂培養受教育者的實踐活動的過程。整個教育過程始終面向全體學生，把增進受教育者對音樂美的感受、表現、理解、鑒賞和創造能力放在首位。音樂教育的目的對教育任務的明確、教育制度的建立、教育內容的選擇，以及全部教育過程都起著指導作用。音樂教育有指導教學的指導性文件——音樂教學大綱，有可供選擇的經過專家編審的音樂教材，有熱愛教育事業、基本能滿足教學需要的師資隊伍，從而保證音樂教育有目的性、計劃性、指導性地實施。音樂教育尊重受教育者的個性人格，鼓勵受教育者積極主動地創造，使其在自由、解放、愉悅的心境中發展自己的個性，滿足個人審美情感的需求，提高自己作為人的全面素質。

另一方面，音樂教育方法的多樣化。音樂教育學習領域非常廣泛，如唱歌、器樂、律動、欣賞、創作以及音樂基本知識和技能訓練等。以"情感—體驗"層面及其活動為主，教育方法靈活多樣，並符合受教育者音樂心理發展特徵的需求。如果說教育應是一門藝術的話，那麼音樂教育就是藝術中的藝術。它克服了呆板、填鴨、居高臨下的教育方式，使整個音樂教育充滿了生機和活力，向教育藝術化方向邁進。同時，普通學校音樂教育擁有一定數量的音樂教學設備，有的還在向現代化技術方向發展，對於豐富音樂教育手段起到如虎添翼的作用。

(二)音樂教育的協同效應

德國著名物理學家 H.哈肯創立了協同學理論。他認為在系統內部，協同導致有序。系統內的各個子系統既有獨立運行，又有關聯運動。而只有當關聯運動佔主導地位時，各個子系統之間才會產生協同效應，提高整體功能。反之，如果子系統的獨立運行佔主導地位，關聯運動減少，就會產生內耗，降低整體功能。同理，全面素質教育也是一樣，德、智、體、美育各個子系統，不僅要有獨立運行，還要有關聯運動。因此，作為美育主要內容、途徑、手段的音樂藝術教育與德育、智育、體育之間存在著協調、同步、合作、互補的關係。這就是音樂教育的協同效應。

一是輔德，即音樂教育的道德教化功能。音樂教育對培養青少年一代全面和諧發展，提高他們的精神境界，激勵和鼓舞他們為祖國社會主義現代化事業而獻身，建設社會主義精神文明，造就一代新人具有重要作用。

重視發揮音樂的教育作用，自古而然。《樂記》記載："樂也者，聖人之所樂也，而可以善民心。其感人深，其移風易俗，故先王著其教焉。"在當前，我們也應當發揮音樂"善民心""移風易俗"的教化作用。通過音樂藝術魅力表現革命的理想，給人以積極向上、奮發進取的精神力量。這種教育與影響，是採取藝術性與思想性融為一體的方式進行的，是潛移默化的，"潤物細無聲"，使人們受教育於不知不覺中。

音樂教育有利於向學生進行愛國主義教育。優秀的音樂作品是時代的號角、人民的心聲，這些音樂作品，通過流暢優美的旋律，明快完整的節奏，真摯樸實的情感，嚴整洗練的結構，清新質樸的音樂風格，塑造出動人的音樂藝術形象，具有激動人心的感召力，對人們有很好的教育作用。優秀的民族、民間音樂作品加深了學生對祖國大好河山的熱愛，對祖國悠久文化歷史的瞭解，對現實生活的讚美及對美好理想的嚮往，極大地豐富了學生的精神世界，從而有效地進行愛國主義的思想教育。

音樂教育有利於培養學生的整體意識與協作關係，有利於進行集體主義教育。無論是合唱、合奏還是獨唱、獨奏，都有與別人協作的問題，與觀眾共同合作的問題。通過音樂藝術的實踐活動，有利於形成具有統一意識和共同情感的、團結的學生集體，他們會自覺自願地接受規範紀律的約束，從而有利於培養青少年遵守紀律、協調一致的集體主義精神。

二是益智，即音樂教育能補益智育發展，對發展學生的智力起積極作用。雨果說："開啟人類智慧的寶庫有三把鑰匙，一把是數字，一把是文字，再一把就是音符。"音樂教育不僅對開發右腦潛力起作用，而且對促進大腦左右半球的均衡發育有明顯的協調作用。因此，音樂教育是"複腦教育"（相對"單腦"而言）。音樂教育對豐富與發展人的感知、情感的全過程起著重要的作用。音樂以高低不同、長短不同、強弱不同、音色不同的音響有機地、藝術地組織在一起，音響之間關係微妙，它們之間的協調與對抗，追逐與遇合，跳躍與停頓，飛躍與消逝等變化無窮的方式構成具有自由流暢的旋律，明快複雜的節奏，繁複的和聲和轉調等八音協美的世界，對於訓練培養學生"分辨音律的耳朵"，有取之不盡、用之不竭的寶藏。音樂教育通過行之有效的訓練，使學生感知覺能力得到積極的發展。當然，音樂的注意力、記憶力、想象力、思維能力與科學的注意力、記憶力、想象力、思維能力是有區別的。以音樂思維為例，科學思維是認識的、理性的、邏輯的思維，而音樂思維是審美的、情感的、形象的思維。音樂思維是以審美感知為起點，經聯想、想像形成審美意象，從中獲得審美愉悅或以外化動作展現內心體驗的心理過程。在這個過程中，形象思維始終伴隨著強烈的情感活動。形象思維與抽象思維並非截然對立、毫無關係，它們是心理功能的不同表現，突出不同的側面，二者是相輔相成、相得益彰的，達到透過事物的表象而把握事物本質的目的。

三是健體，即音樂教育能促進體育的發展，對學生身心健康協調發展起積極作用。

美是心靈上的體操，體育是健與美結合的"藝術"。音樂教育與體育無論在歷史淵源上，還是在培養全面發展的人上，在具有節奏、和諧等形式上，都是靈犀相通、密切相關的。體育中很多專案與音樂是形影不離的，自由體操、藝術體操、廣播體操、花式滑冰、花式游泳、跳水、武術等運動都是在音樂聲中進行的。動人的音樂旋律、節奏與體形、線條、技巧融為一體，塑造出優美動人的藝術形象。此外，音樂教育中有些內容與身體運動有直接的聯繫。如瑞士作曲家、音樂教育家達爾克羅茲首創"體態律動學"，以身體為樂器，通過身體動作體驗音樂節奏的速度、力度、時值等變化，"借助節奏來引起大腦與身體之間迅速而有規律的交流"。它使學生在心理上處於高度的注意狀態，在"音樂節奏—聽音樂的耳與視譜的眼—運動著的身體—迅速反應的大腦意識"之間建立起一種交流、分析的密切聯繫，通過反復運動，不斷改進糾正，完善自身對音樂的感受和理解，使聽覺、運動覺、感受、情緒的訓練與大腦的機能協調起來。又如唱歌、演奏樂器、指揮等，不僅需要氣息的調整，也是一種全身心的運動。

音樂教育有怡情健身的作用。一方面，音樂教育可以使人心曠神怡，有一種愉悅性情的心理感覺，可以促進身心和諧健康。另一方面，音樂能調節人的情感，使人得到積極的休息。

綜上所述，正是由於全面素質教育各系統之間存在著協調效應的關係，1980年代以來，世界各國的教育逐漸發展為融合式教育，進行了綜合式教育或融合式教育的實驗或設想。這種融合式教育包括各科的融合、教學中本國語言和外國語言的融合、美學與其他各科的融合，將教育看成一個整體，各科融合、交叉，以達到整體效果。經過這種融合之後，各科之間不再有明顯的界限，但沒有抹殺各科的個性和側重點。

(三)音樂教育的文化效應

音樂教育的文化效應，即音樂教育的文化功能。文化是人類歷史的產物，是人類在改造自然社會和自我過程中所創造的精神財富（包括已經由物品和文字等承載或表現的那部分精神財富）的總和。

音樂是一種文化現象，教育也是一種文化現象，它們都是整個人類文化的有機組成部分。其中教育在整個文化現象中又有其獨特的價值,它既構成了文化本體,又起著傳遞和深化文化的作用。音樂教育也是一樣,具有傳遞、選擇、改造和創新音樂文化的作用。

音樂教育具有傳遞音樂文化的作用。傳承傳統音樂文化是音樂教育的主要任務之一。

音樂文化和其他文化一樣,具有一個共同的重要特徵,那就是只能學而知之,而不能生而知之。這就決定了音樂教育與傳承音樂文化有著不可分割的關係。從這個意義上講,音樂教育是人類音樂文化的傳遞、保存和延續的過程。從最初的音樂文化憑著口傳心授世代相傳開始,到形成學校教育後,音樂教育在保存和傳遞音樂文化上的作用更為突出。即使在高科技發展的今天,高科技為我們提供了保存音樂文化的各種手段,但是音樂教育在培養具有音樂文化素質的人和掌握音樂語言工具等方面,為傳遞和保存音樂文化所起到的關鍵作用是不容忽視的。因此,對音樂教育要進行文化的理解,而不僅是科學的理解,這才是音樂教育走向創造實現價值的依據。

國民音樂教育是音樂文化的搖籃。當今世界上許多中國都在國民音樂教育中把傳承民族音樂文化擺在十分重要的地位。世界上有很多著名音樂教育家都主張兒童學習音樂與學習語言一樣,應當用本民族的母語唱歌,以培養兒童對民族音樂文化的深厚情感。匈牙利著名音樂教育家柯大宜認為音樂教育是通向民歌最短的一條道路,他系統地採用以匈牙利民歌為主的五聲調式音樂為教材,通過以民族基調為課程內容的音樂教育培養理解匈牙利人民、理解匈牙利文化的新一代。德國著名音樂教育家奧福主張每個民族甚至每個地區須主要基於自己的民族、童謠和方言去學習音樂並自編音樂教材,做到以學習自己的母語、自己固有的音樂語言及舞蹈語言去說(朗誦)、唱、奏、跳,去進行音樂教育。還有很多中國,如日本、英國、美國、俄羅斯、印度等,都在學校音樂教育中採取一系列措施,保護和發展自己的民族音樂文化。在中國音樂教育界,有識之士越來越重視音樂教育在傳承民族音樂文化上的重要作用,他們認為弘揚民族音樂文化,必須以傳統音樂文化為"根",從教育入手,從基礎教育起步。1995年12月,中國第六屆國民音樂教育改革研討會就以"以中華文化為母語,充分發揮音樂教育在國民素質教育中的積極作用"為主題,對這一問題展開了深入的探索和研究。這次會議起了導向的作用,為加強學校民族音樂教育,使中華民族本土的音樂文化後繼有人,能夠真正得到傳承、弘揚和發展,對逐步形成具有中國特色的音樂教育體系,都起了積極的推動作用。

音樂教育具有選擇音樂文化的作用。一切文化的傳承都是有選擇的。在歷史長河裡,包括音樂藝術在內的各種文化產品和活動,經過實踐和時間的檢驗,對社會生活有效用的文化逐漸積澱下來並逐代相傳,反之漸次淘汰遺失。隨著人類文化發展速度的加快,各種文化之間的交往更加頻繁和廣泛,對音樂文化選擇的要求也就更高。音樂教育選擇音樂文化的作用主要體現在,一是可以精心選擇音樂教育的內容,從浩如煙海的音樂藝術寶庫中雖然僅僅選用了為數不多的一些音樂作品,但代表了音樂文化絢麗多姿的風貌以及源遠流長的特徵,說明受教育者深刻認識歷史和現實;二是可以精心選擇音樂教師,逐步形成一批高品質、高水準的音樂師資隊伍;三是可以精心選擇音樂教育的方式和方法。通過上述三方面,音樂教育就能發揮其在選擇音樂文化上的優勢,就能選擇社會主流音樂文化的基本要素和基本精神,就能選擇促使受教育者德、智、體、美諸方面都獲得發展的基本文化要素,選擇那些有利於科學進步、生產發展和生活品質提高,實際應用率較高的文化因素。

音樂教育具有整理音樂文化的作用。一方面，音樂文化要保存和發展，要有一個去粗取精的整理過程。音樂文化本身浩大繁雜和受教育者身心發展的特點決定了只有經過精心整理的音樂文化才易於被受教育者理解與接受。因此，音樂教育本身有整理音樂文化的迫切要求。另一方面，學校音樂教育具有整理文化的能力。學校的音樂教師不僅有淵博的知識，而且懂得人類掌握音樂文化的基本特點並瞭解受教育者。他們整理過的音樂文化更易於被受教育者所認識和掌握，使音樂文化的基本特點與人的觀念、智慧、意識、情感建立起聯繫，使音樂審美情趣成為豐富受教育者生活的內容和方式。音樂教師雖然也在不斷地創造音樂文化，但更主要的是整理和選擇音樂文化並把它們傳遞給下一代。

　　音樂教育具有發展音樂文化的作用。任何民族文化藝術都在不停地運動、不斷地發展之中。民族音樂文化也是一樣，它的發展過程是一個新陳代謝的過程。周蔭昌先生曾說過，普通學校裡強調"以中華文化為母語"的音樂教育，"在本質上它絕不是要帶著青少年們走向過去，而是理解過去，繼承和發展傳統，走向未來"。他又說："橫向上，在切實重視和搞好本土、本民族文化的保存、開發工作的同時，自覺地推進本土文化與外來文化及本國各民族文化的結合；縱向上，進一步搞好傳統文化與現代文化的結合，是 21 世紀人類文化發展的共同趨勢。"在當前東西方文化撞擊、交流、融會的形勢下，音樂文化的發展不能離開人類文明的共同成果，要堅持"以我為主，為我所用"的原則，開展多種形式的對外音樂文化建設活動。博采各國音樂文化之長，向世界展示中國音樂文化建設的成就。例如，當今世界上有很多著名的先進音樂教育體系，前一階段引進、學習是必要的，但是真正的學習，還必須結合國情、民情，使這些先進的內容，紮根在中華民族文化的沃土之中，形成有我們自己特色的東西。

　　音樂教育之所以具有發展音樂文化的作用，一是因為社會音樂文化的不斷更新發展提供了大量具有創造力的人；二是因為學校集聚著一批有創造力的人，他們是音樂文化更新發展的主力軍。

五、音樂的娛樂功能

　　音樂本身就具有使人愉悅的屬性。音樂可以提供有教養的娛樂，有文化的休息，通過松弛的審美享受來積蓄精神的素養和活力。人們在緊張的學習和工作之餘，從事音樂審美活動可以轉化一下興奮中心，從而消釋勞累，解脫煩慮，弛懈精神，使身體和心理得到休息。音樂的娛樂功能體現在愉悅養性作用、怡情健身作用、參與自娛作用等方面。

　　第一，愉悅養性作用。荀子在《樂論》中說："夫樂者樂也，人情之所必不免也，故人不能無樂。"這是認為音樂使人"快樂"，是滿足感情的需要所不可缺少的。人的心情愉快了，人的機體內生理化學變化便暢通無阻，就會產生增力的感覺，人的精神面貌會表現出積極的情緒，煥發出神采。從原始氏族的集體歌舞，到各民族現存的集體歌舞，群眾聚會上表演的歌舞節目，乃至兒童的唱遊活動，都具有這樣的功能。通俗輕鬆的娛樂音樂在古代社會中常作為宴飲音樂出現，在現代文明的背景下，則常作為餐廳、茶座、商場、候車室及其他休息場所的背景音樂來播放，以增強日常生活中的某種情趣。當然，音樂審美活動帶來的快樂，不只是簡單的生理上的滿足，而是精神上的愉悅、心理上的平衡，進而昇華為一種高尚的情操，促使人們的精神世界更加充實、和諧。人們用"人生的最大快樂""生活中的一股清泉"、"陶冶性情的熔爐"來說明音樂的這種社會功能是很恰當的。因此，從這種社會功能的反面表現來講，娛樂音樂中格調低下、趣味庸俗的部分，可能對人們的精神生活產生消極影響和腐蝕作用，這是必須抵制和克服的。

　　第二，怡情健身作用。音樂傳入人的耳膜，刺激中樞神經，使人身體分泌多種有益的生化物質，如激素、酶等，產生抗疲勞、助消化、降血壓、調節神經等作用。真可謂："一聲來耳裡，萬事離心中。清暢堪消疾，怡和好養蒙。"清暢怡和的音樂既可解除疾病又可保養心性，有益於身體健康。第二次世界大戰後，國外盛行的音樂療法，對音樂給人們造成的生理—心理反應所做的研究和探索是很有意義的。

　　音樂能使人得到積極休息。"不會休息的人就不會工作。"工作久了免不了疲勞而需要休息。休息有多種方式。結合自己愛好的音樂，做有興趣的活動，就是一種積極的休息。科學家愛因斯坦關於休息有一段逸事。愛因斯坦中年任教於荷蘭萊頓大學。他常在緊張的腦力勞動之餘和他的同道埃倫菲斯特一起演奏名曲。他的小提琴與埃倫菲斯特的鋼琴配合默契，緩解了他們的疲勞。有時愛因斯坦會突然中斷演奏，用琴弓敲著鋼琴，和好友一起討論起學術問題。積極休息之後，新的思潮湧來，難題也迎刃而解。這種張弛交替的休息是大腦再創造的開始，而音樂是調劑鍛煉大腦最好的工具之一。清華大學理工科學生總結出這樣一個公式：8-1>8，即從學生每天 8 小時學習時間中抽出 1 小時進行音樂等文體活動，其效果大於單純的 8 小時學習。

　　第三，參與自娛作用。音樂除了可以借助於客觀音樂表演來聆聽欣賞外，還能通過審美主體自身的音樂實踐活動來達到自娛的目的。自娛形式雖不是音樂藝術所特有的，但是音樂的自娛活動，比起其他藝術形式來說，要方便簡捷得多，頗具群眾性。哼唱一支自己喜愛的歌曲，不受任何條件的限制；用熟悉的樂器演奏一兩首樂曲，對不少人來說，也是頗有趣味的。KTV 的發展更使得不少音樂愛好者由鑒賞型轉向參與型，一展歌喉、過把癮的大有人在。KTV 的日趨普及，使得音樂"自娛"的形式和娛樂功能價值更充分了。

　　以上，我們敘述了音樂具有社會、審美、認識、教育、娛樂五大社會功能，展開講，音樂具有淨化心靈的作用、調節情感的作用、提高審美能力和情趣的作用、"超越現實"的作用、振奮精神的作用、信號象徵作用、在生理上健全大腦的作用、健康心理的作用、人際關係和諧化的作用、愉悅養性的作用、怡情健身的作用以及參與自娛的作用十二個方面的作用。我們對五種社會功能的劃分只是相對的，在實際情況中，五者難解難分，互相滲透。

　　同時必須指出音樂的社會功能是雙向的。好的音樂作品具有積極向上的社會功能，也有些不健康的音樂可能起消極和反面的社會作用。我們應該最充分地發揮音樂藝術廣闊的社會功能，並採取措施，保證人民群眾正常的音樂審美生活不受干擾和污染。

第三章 音樂教育簡史

第一節 中國音樂教育史略

一、古代音樂教育史略

(一)基本概況

中國為禮樂之邦,音樂審美教育源遠流長。《周禮》《禮記》所述"成均"為學校的名稱,以樂教為主的"成均"之學無疑對古代音樂教育的發展具有一定影響。

周代的音樂教育機構設有大司樂,人數達 1463 人,學制 7 年,教學內容有音樂學思想、演唱、舞蹈。這個機關分三部分:行政、教學和表演。培養對象主要是世子和國子,其學習的進度也有一定規定。《禮記·內則》說:"十有三年,學樂、誦詩、舞'勺';成童(15 歲)舞象,學射禦;二十而冠,始學禮,可以衣裘帛,舞'大夏'。"其教育目的也說得很清楚:"施十有二教焉,以樂教和,則民不乖,以六樂防萬民之情,而教之和。"說明音樂教育是為政治服務,以達到國泰民安的目的,用中國的力量提高音樂水準,從老百姓中選拔人才,這些人才為音樂注入了新鮮的血液。到了"官無常貴,民無終賤"的社會變化之時,他們為文化下移普及音樂教育承擔了重要工作,促進了音樂及音樂教育的發展。可以說,周代的音樂教育機構是世界上最早的音樂學校。

孔子是最早的音樂教育家,他"以詩、書、禮、樂教弟子,蓋三千焉,身通六藝者,七十有二人"。孔子是私人講學的祖師,被稱為"萬世師表",他授徒講學,有教無類,使本來是貴族專利的教育在當時的情況下得到了普及。他所設的六門功課稱"六藝",即禮、樂、射、禦、書、數,"樂"居第二位。孔子認為"移風易俗,莫善於樂,安上治民,莫善於禮",這種禮樂並重的音樂審美教育思想及實踐影響到古代音樂教育思想的形成與發展。

先秦時期諸子百家爭鳴,學術氛圍異常活躍,如孟子、荀子、墨子、莊子等人從不同角度闡述了不同的音樂教育的主張,其中最有影響的是儒家的音樂教育思想。

漢代是中國封建社會教育制度的初建時期。西漢樂府作為最重要的音樂教育機構,興建於西元前 112 年,其任務是教學、演出、創作和收集民歌,音樂教育家李延年是傑出的代表。

魏晉南北朝由於玄學、道教、佛教廣為流傳,社會動盪,儒家經學退居次要地位,發達的"私學"也較少涉及音樂,而在宗教領域,音樂教育得到了發展。

到了唐朝,隨著封建文化發展的鼎盛,音樂教育也高度興盛。當時的唐都長安成為中國文化、教育交流的中心,唐朝設有太樂署、教坊、梨園、小部音聲等。其中梨園、小部音聲是以音樂教學為主的教育機構,梨園傳習法曲,其學生稱"皇帝梨園弟子",這是因為統治唐朝44

年之久的唐玄宗親自在梨園執教之故,這在音樂教育史上是罕見的事例。小部音聲乃早期啟蒙音樂教育的幼少班。唐代的音樂教育機構已自成體系,是中國古代音樂教育中成就最輝煌的年代。

宋元時代由於科學技術的進步,音樂書譜得以刊行,音樂理論、樂律理論的完善和樂器製作水準的提高,逐步推動音樂教育向科學化方向發展。明清的文化教育出現停滯不前的局面,音樂教育不但得不到重視,而且受到排擠和削弱。音樂審美教育思想方面亦沒有超出儒家音樂教育思想的範疇。

(二)音樂審美教育思想

廣義上的教育在中國很早就出現了,如傳授生產經驗和宗法禮儀等起於夏商周三代的學校教育,"夏日校,殷日序,周日庠,學則三代共之,皆所以明倫也"(《孟子·滕文公上》:"古代教民,口耳相傳,故重聲教。而以聲感人莫善於樂。")。所以"聲教為教民之本",樂教的目的在於"防萬民之情而教之和"。中國古代音樂審美教育沿上述思想發展,而系統地提出音樂審美教育思想則起於先秦諸子。儒家學派的創始人孔子提出仁學教育,他主張培養個體內在文化心理結構以適應社會外在禮儀制度,"克己復禮為仁""仁者,人也",以仁為核心的教育著重於人性以及人與人的關係的培養、鍛煉,成為"志士仁人"。孔子的仁學教育實質上是奴隸制的政治倫理教育,它包括了音樂審美教育。"人而不仁,如禮何?人而不仁,如樂何?"強調禮教、樂教,"興於詩,立於禮,成於樂""樂可修內,禮可修外",故禮樂應並重。他聽《韶樂》竟三月不知肉味,說《韶樂》盡善盡美,說明音樂教育具有審美功能。他又始終把這種美感享受放在"仁禮"的教育之下,依附於仁的審美教育,影響其"三千弟子"。孔子的音樂審美教育思想對於中國古代音樂審美教育思想的形成和發展有著重要的影響和作用。

孔子的仁學音樂審美教育觀,在孟子那裡得到發揚光大,且更趨向內在人性的塑造,達到完整人格的建立。孟子說:"仁,人心也。""人之初,性本善。"從人性善的觀點出發,認為人性必須加以教育。"與民同樂",君子與小人共用美感而獲得審美教育。

荀子從另一方面擴展了孔子的仁學審美教育,但與孟子重在內心的"仁"的培養不同,他重在外在規範的"禮"的教育。提出"人之初,性本惡"的主張,認為要把人改變成善和美的,使人具有"全""粹"的美德,就必須通過教育去實現,進行這種審美教育的手段,就是《詩》《書》《禮》《樂》《春秋》這類儒家經典,"夫樂者,樂也""人情之所以不能免也,故人不能無樂"。音樂"以道制欲",具有"化性起偽,化惡為善"的審美教育作用,用"禮樂"來教育人民是符合自然規律的。

儘管孔子、孟子、荀子的儒家學派的審美教育思想有所區別,但也有共性,都重功利,服從功利。

墨子與儒家對立,從根本上否定審美和藝術的社會價值和教育作用,提出"非樂"的主張,提出"兼相愛、交相利"的社會思想和教育觀,絕口不談審美教育。他認為,在人民不得衣食、不得溫飽的情況下,沒有享樂條件,審美教育和音樂活動是多餘的,儒家宣導的審美教育就沒有使用價值。墨子的"非樂"觀點,雖然在否定審美教育方面過於偏激,但從另一方面揭示了審美教育必須和一定社會物質生活聯繫在一起,起碼的生活改善,是實施審美教育的基本條件的道理。

老子是道家學派的創始人，他否定任何功利，以"無為而無不為"的哲學原則，即"道"取代之，包含了深刻的美學思想。老子認為，人們不要刻意追求美，而是順其自然達到精神上的自由和美的境界。

莊子是老子的繼承者，他卻十分重視個人的審美修養。他根據老子的思想，提出了"天地有大美而不言"的美學命題，認為美是超功利的，在於自然無為，即無目的而有目的，合目的而又合規律，得到了自無為的"道"，也就行到"至美"。因而，人想達到美的境界，就必須超越一切利害得失，順應自然，就"備於天地之美"了。達到這種審美境界不是靠審美教育，而是憑藉個人的審美修養，即"心齋"和"坐忘"。莊子所論的審美觀點和審美修養看似很神秘，卻講到了審美觀點和審美修養的超然態度。

綜觀先秦儒道兩學派對峙的審美教育觀，儒家強調功利的審美教育，道家主張超功利的審美修養，它們既片面又互補，對漢以後的封建制度下的審美教育產生了深遠的影響。

漢儒董仲舒以"天人合一"的哲學觀點，相應提出了"仁之美者在於天"的美學觀點以及"教化成善"的教育觀。主張以儒家的六藝進行教化，"《詩》《書》序其志；《禮》《樂》純其美；《易》《春秋》明其知。六學皆大，而各有所長。"認為"樂者，所以變民風民俗也，其變民也易，其化人而著"。他把音樂審美教育視為施行"王者"和"教化"的工具，忽視審美教育的獨特功能，是對先秦學派審美思想的一種倒退。

漢代的音樂審美教育思想一方面強化了禮的規範作用，另一方面繼承發揮了儒家思想，但又淡化了音樂審美教育的特殊功能，遜於先秦儒家的審美教育觀點。

唐代的教育家韓愈以儒家正統自居，把道統、人性、教育結合起來，他認為教化的目的在於"明先王之教"，教育內容不外乎"仁、義、道、德"，教師就是"傳道授業解惑"，重在使學生聞道，這一教育觀，完全排除了審美教育，沒有給審美教育以應有的地位。

宋代的王安石之後，宋明理學大都圍繞主體人性論教育，與唐代重在先王之道論教育大有不同，因而涉及審美教育。

朱熹主張建立理論、排除感性的教育，也談不上審美教育。倒是王陽明提出"心即性"的主觀唯心主義世界觀，強調"六經"（"六藝"），其中包括《詩》《樂》，比較重視音樂審美教育，提出以審美教育導向禮法教育的觀點，通過兒童感性活動以"順其志意，調理其性情"，達到潛移默化之效果，他的這一強調感性活動的審美教育觀點，是儒家學派審美教育思想的發展。

以上幾位思想家的教育思想或多或少地涉及審美教育的理論和實踐，但不具備近代形態，沒有突破儒家學派的傳統界限。其重感性、情感的思想，又不同於先秦的重理性思想。

綜上所述，中國古代的音樂審美教育思想沒有獨立分化出來，所以難以形成體系，只是作為政治、藝術、倫理、智力教育的一種工具、手段被論及，常與哲學、藝術、倫理規範混為一體。他們著眼於現有秩序、禮儀規範、倫理綱常的維護，把審美強制納入服從政治、道德、知識教育的軌道，強調功利性，較少涉及審美教育的特殊功能。當時人們對人性結構的誤解，以及科學的心理學、教育學、美學尚未形成，都是產生上述現象的原因之一。

二、近現代音樂教育史略

(一)基本概況

1840年,鴉片戰爭敲開了清政府閉關自守的大門,洋務運動的政治革新運動使教育發生了重大變化,廢除科舉制度興辦學堂,出現學堂樂歌是中國近現代音樂教育興起的重要標誌。1903年,清政府頒布了《奏定蒙養院章程及家庭教育法章程》,重視幼兒的唱歌教育。1907年,清政府在《奏定初等小學堂章程》中,正式將音樂列為學校的必修科目,翻開了音樂教育嶄新的一頁。推進教育改革的代表洋務派的奕訢、李鴻章,維新派的康有為、梁啟超,還有為學堂樂歌植根發展做出貢獻的音樂教育家沈心工、李叔同等,都為音樂的發展做出過貢獻。

1912年以後,國民政府教育部頒布了下列法規:《1912年9月小學校教則及課程表》《1912年12月中學校令實施綱則》《師範教育令》《國民學校令實行細則》等,小學、中學、師範都將音樂課作為必修課。其間出現了一大批音樂家、教育家與進步文人,以發展學校音樂教育為宗旨開展了大量的實踐活動。當時最傑出的代表是民主主義革命家、教育家蔡元培先生,他擔任"中華民國"教育總長,提出了"五育並重""美育代宗教""使美育報國"的創見,美育在學校教育中受到前所未有的重視。

1923年,將"樂歌課"更名為"音樂課"。1934年"教育部"成立了音樂教育委員會,《音樂教育》雜誌1933年問世,學校教材和音樂作品得到發展。蕭友梅、趙元任、黎錦暉是這一時期的代表人物。

1941年,"教育部"公佈了音樂師範科課程設置及計畫,指定各省師範設音樂師資班,由吳夢非等人籌辦的上海專科師範學校是較早成立且正規的學校。1940年代,師範音樂教育迅猛發展,成為中國國民音樂教育師資補充的生力軍。當時一大批師範院校設立了音樂系科。主要有北京女子師範大學、河北女子師範學院、國立中央大學女子師範學院、國立女子北平師範大學、江西省立體育師範專科學校、國立北京師範大學、國立重慶師範大學等。

1927年,中國第一所專業音樂院校——上海國立音樂學院正式成立,蕭友梅為該校的建立與發展做出重要貢獻,他是中國現代音樂教育的奠基人之一。其前,一大批音樂社團紛紛建立,如北大音樂研究會(蔡元培親任會長,蕭友梅、楊仲子、王露等為導師)、中華美育會、中華音樂會等,還有一批設有音樂學科的高校,如以傳授西洋音樂知識和技能為主,參照歐美音樂教育體制的北大音樂傳習所、國立北京藝專、燕京大學、滬江大專等,為專業音樂學校的建立和發展起到重要推動作用。

上海音樂學院在1929年增設音樂師範系,為專業音樂學校首開先河,為國民音樂教育的推進起到關鍵作用。在音樂家們的努力參與下,當時"教育部"規定小學音樂教學一律使用五線譜和固定唱名法,強調音樂教育的正規化和民族音樂教育。

1935年以後,由於日本帝國主義入侵,導致社會動盪,音樂教育發展緩慢,聶耳、冼星海、任光、張曙、麥新等音樂家的抗日救亡群眾歌詠作品,有力配合政治形式需要,激發了人民的抗日愛國激情,擔負了具有歷史使命的宣傳和激發鬥志的任務。

1938 年,在毛澤東、周恩來的宣導下成立了延安魯迅藝術學院,次年成立了音樂系,呂驥、冼星海先後任系主任,培養了大量的革命音樂家和音樂工作者。1942 年,毛澤東發表《在延安文藝座談會上的講話》。

1949 年新中國成立以後,中國的教育事業獲得空前發展。音樂教育作為精神文明建設的領域,與經濟建設、改革開放同步前進,其發展速度迅速引起世人的矚目。

首先建立的新的教育體制確立了美育和音樂教育在全面發展中的地位。新中國成立初期,中國提倡學習蘇聯的音樂教育體系,其音樂教育理論和教法對中國音樂教育產生了重要的影響。

1952 年,教育部頒行了教學計畫,規定音樂為中、小學校的必修課,指出學校教育是美育和全面發展教育的一個有機組成部分。

1956 年,中國第一所藝術師範學院在北京成立。之後,相繼成立了 9 所音樂學院,有幾所師範院校設立了音樂系科。

當時的教育特點是音樂教育緊密與政治活動相聯繫,極易走極左之路使音樂教育的美育功能受到忽視。

1966 年起,"文化大革命"十年,是音樂教育受到嚴重摧殘、音樂教育以政治為中心走向極端化、根本上違背美育宗旨的十年。在這十年中,音樂的正常教學實際上已被取消,元氣大傷。

1978 年以後,十一屆三中全會撥亂反正,中國施行改革開放政策,經濟繁榮、思想解放,在一大批音樂家和音樂教育工作者的推動和宣導下,80 年代中期以來,音樂教育的地位得到提高,學校的音樂教育發展迅速,主要表現在以下幾方面。

1.音樂教育日益受到政府和社會重視

1986 年 4 月,第六屆中共全國人民代表大會第四次會議通過了《中華人民共和國國民經濟和社會發展第七個五年計劃》,報告中明確把德育、智育、體育和美育列入中國的教育方針,同時中國教委設立了藝術教育處,成立了藝術教育委員會作為政府的諮詢機構,成立了中國級刊物《中國音樂教育》《中國美術教育》。在中國教委機關中,這是第一次為某一學科辦刊。足見政府對藝術教育的重視程度。

1989 年,中共中國教委又設立了社會科學研究與藝術教育司,全國學校的音樂教育有了歸口管理的教育職能機構,地方教育部門相繼設立了藝術教育的專門管理機構,成立了藝術教育委員會,形成多層次的藝術教育管理網路。

1988 年,中共中國教委頒發了劃時代的《全國學校藝術教育總體規劃(1989~2000 年)》,這是音樂教育史上第一部有關學校藝術教育的重要文獻,為音樂的發展指明了方向,是學校藝術教育改革與發展的藍圖。1995 年,中國教委又頒發了《關於發展與改革藝術師範教育的若干意見》,這是師範院校藝術教育發展的綱領性檔,表明中國對音樂教育的基礎建設高度重視。

2.學校音樂教育步入正常發展的軌道學校的音樂課比例逐年增加,開課率增加。如教學計畫規定小學低年級每週三節音樂課,小學中、高年級和初中每週一節音樂課;1994 年又規定高中開設藝術選修課。據統計,城市的小學音樂課時佔總課時的 9.6%,居所有課程的第三位,全國已有一批大學開設音樂選修課,如清華大學、北京大學、上海交通大學等都有穩定的音樂選修課程和專業教師。

3.師範音樂教育迅猛發展

改革開放前，全國只有 40 所高等師範院校設有音樂系，到 1990 年底，中國 257 所高等師範院校中有 129 所設有音樂和美術專業，加上一些綜合大學也設有音樂專業，全國共有 164 所高校設有音樂和美術專業，其中音樂教育專業點 111 個，全日制在校生達 1.6 萬人，是新中成立初期的 8 倍，是 1979 年的 4 倍。此外還有夜校、函授大學、電視師院音樂教育專業等多管道、多層次的辦學方式，加快了中學音樂師資的培養速度。

4.音樂教育理論研究空前活躍

1986~1993 年，中國音樂家協會音樂教育委員會召開了五屆"國民音樂教育改革研討會"，1995 年召開第六屆，這對國民音樂教育的改革和發展產生了積極而深遠的影響。各類音樂教育理論與實踐研究的學術團體紛紛湧現，如中國音樂家協會音樂教育委員會、中國教育學會音樂教育研究會、中國音樂教育學會，以及各類音樂學科的學術研究組織，如作曲、鋼琴合唱、基本樂科、奧福、柯大宜等學會。這些社會學術團體對音樂教育的理論研究與實踐的介紹、傳播、交流起到了重要作用。

1980 年代末至 90 年代初是新中國成立以來音樂教育及審美教育理論研究最活躍的時期，各種研究專著、論文紛紛出版，研究面大大拓寬，如音樂教育學、音樂學科教學法、音樂教學法、音樂教育心理學、音樂比較教育學、音樂審美教育學等，已經有了初步成果。學者各抒己見，音樂教育思想空前活躍。

(二)音樂審美教育思想

1.近代審美教育理論的啟蒙近代中國由於西學的傳入和中國社會資本主義生產的發展，思想文化發生了一定的變化，一些傳統思想有了近代科學的解釋，這是中國近代音樂審美教育理論逐步深化的歷史文化背景。

為近代審美教育理論的啟蒙做出貢獻的代表人物有梁啟超、王國維等，尤以梁啟超為突出。

梁啟超是引進西方美學並把它與中國傳統美學思想結合起來的嘗試者之一，他強調"維新"，提出新教育觀念，第一次提出"趣味教育"，即審美教育，他認為"趣味是生活的原動力，趣味喪失掉，生活成了無"。在西方美學中，趣味就是指審美鑒賞力、審美需要、審美感受，是一種情感、情趣。梁啟超認為"趣味"有高低之分，高等趣味就是審美趣味，是對美的追求。因之"趣味教育"實質上是情感教育和審美教育，於是他認為，"情感教育的最大武器，就是藝術"，因為音樂、美術、文學是"情感秘密的鑰匙"。這種解釋已接近審美教育的實質。

2.近代審美教育理論的深化

蔡元培是在近代審美教育理論的深化和完善方面做出傑出貢獻的教育家和美學家。

蔡元培稱審美教育為美感教育情感陶冶。他認為："美育者，應用美學之理論於教育，以培養感情為目的者也。"可見，審美教育是以審美物件為工具去陶冶、培養人的感情，是美學理論借助審美對象去實施教育的情感教育。這種強調應用性的美學理論十分接近現代的審美教育，這是他超出前人的地方。

蔡元培在審美教育學說中最主要的貢獻，是他提出了"美育代宗教"的學說。王國維受西方思想的影響，曾提出美育與宗教並列的主張。但蔡元培認為，隨著社會文明的進步，德育、智育、體育都從宗教的束縛中解放出來，"奧秘的音樂，無論其屬於何教，而異教的或反對宗教的人，決不能抹殺其美的價值"。因而不能以宗教代美育，只能"以美育代宗教"。這是因為"美育是自由的，而宗教是強制的，美育是進步的，而宗教則是保守的，美育是無限的，而宗教是有限的"。蔡元培這一觀點通過了歷史的考察和分析，是歷史之必然。

蔡元培認為審美教育的範圍應以音樂和美術為主，但也不應局限於藝術，他首次提出了家庭教育、學校教育、社會美育的概念。

近代審美教育理論遠遠超越了古代，經梁啟超的啟蒙，蔡元培的深化和完善，已具有科學體系的雛形。但當時的音樂審美教育理論是和美術、文學審美教育理論一起敘述的，所以難以成為體系。但其中有創見的藝術審美教育思想，對於中國音樂審美教育理論的形成是有一定影響的。

3.現代音樂審美教育思想

新中國成立之初，儘管在教育方針中提倡把審美教育納入社會教育的體系中，但由於受到教育為政治服務的極左思想的影響，尤其是十年動亂，將美育湮沒在德育、智育、體育之中，使音樂教育走入"死胡同"。美育實際上被取消，"文化大革命"中人們談美色變。十一屆三中全會後，產生過音樂教育的目的是以"開發智力"為主的觀點，以此來引起國人的注意，以合乎國人的"口味"，達到發展藝術教育的目的。這種做法在當時的歷史背景下是起到了一定作用的，也是一種必要的手段。經過多年的實踐、探索、研究和爭論，第二屆國民音樂教育改革研討會上提出了沒有美育的教育是不完全的教育的觀點，各種音樂審美思想紛紛呈現，大多數人所持的觀點是：音樂作為一種聽覺藝術，在學校中的作用應該是執行美育任務。

以具有審美價值的音樂作品為媒介，以美育為核心，積極地潛移默化地影響青少年的德、智、體幾方面，使之和諧、完善地發展，確立了音樂審美教育具有素質教育特徵和功能的觀點，這種教育以全面提高人的素質為己任。

通過審美教育的多次爭論，以及對審美教育理論和實踐的總結和研究，審美教育以前所未有的廣度和深度進行著，且成果顯著，豐富了中國審美教育的理論。

李澤厚提出應把審美教育學建立在歷史唯物主義基礎之上，從自然人化這個哲學命題出發，把內在心理結構的塑造作為與外在生產結構的建設相對應的問題，放在人類未來發展遠景即共產主義新人的形成和塑造的戰略高度來研究，其研究物件應是個體審美心理結構的塑造問題。他把審美教育當作應用美學之一，為中國現代審美教育學提供了一個理論體系框架，是現代中國審美教育學的最新成果。

趙宋光稱審美教育為"立美教育"。他在《論美育的功能》一文中認為，人類既按美的規律塑造物體，也按照美的法則塑造自己，前者屬於立美活動，後者屬於立美教育，即審美發現，對照美的形式，對美的形式實現自由享受，在享受中塑造審美心理結構，這就是立美教育。他認為審美教育的任務在於取得自由，即培養教育者對自由運用規律造福社會的形式的濃厚興趣。利用審美教育媒介使受教育者的目的性活動具有合乎規律的形式，這就是"以美引真"的方法。他認為進行審美教育的途徑是很多的，主要是利用現實事物引導受教育者注意事物存在的造型和運動形式，利用美景引導受教育者對自然規律性形式產生熱愛，及擬人化的聯想並加以觀賞；特別是通過藝術品的欣賞、表演和創作來發展主體審美能力，尤其是擬人化類比聯想能力。在音樂教育的研究方面，他擔任星海音樂學院院長時除教授學院音樂專業課外，還直接參加中小學及幼稚園音樂教學實踐，總結了一套有特色的音樂教學方法。

滕守堯在《審美心理描述》一書中對審美教育理論中的基本問題做出了比較系統的展開性的論述，他認為審美教育"最終落實為審美心理結構的成熟"，不僅涉及美的領域，而且使智力道德的形成發展產生深遠的影響。他認為審美教育任務有二：一為審美形態教育，一為美感教育。最終落實某種敏銳的審美知覺和對美的欣賞力和創造力，審美教育不僅是普通教育的一部分，而且是整個教育的基礎，是教育改革的突破口。

曹理在《普通學校音樂教育學》一書中認為音樂教育最基本的特徵是審美性，這種審美性質是以音響為表現手段，構建成富有動力性結構的審美形式來實現其自身價值的。作者在普通學校音樂教育學學科研究中總結了一套符合中國國情的音樂審美教育的實踐方法，開闢了一條音樂審美教育理論與實踐相聯繫的研究途徑。

1993年，人民音樂出版社出版了廖家驊的《音樂審美教育》，這是中國第一部音樂審美教育學科的學術著作。他認為："音樂的社會功能是以審美作為核心的，如果音樂失去美學品格，其他各種功能也就不復存在了。"他還認為，音樂的"雙基訓練"只能是一個基礎的初級層次，是表現音樂的一種手段，而不是目的，雖然音樂技能訓練有很多純操作性的技術，但也有很多音樂審美因素。如視唱練習中的旋律美、音色美等也包括美的發現、體驗和表達，一切音樂活動都包含審美的因素，所以"審美教育應該成為音樂教育的核心"。他認為音樂審美教育的心理結構由施教者、受教者、音樂作品組成，施教者是先導，受教者是接受主體。音樂活動的價值與效應，決定著音樂教育的品質和層次，所以音樂教師必須具備高尚的審美思想、良好的審美趣味、敏銳的審美知覺、全面的審美能力。

近幾年來，大批音樂美學研究者、音樂教育理論和實踐的研究者，大批音樂家、教育家，如趙渢、李凌、姚思源、張肖虎等，積極參與和指導音樂審美教育活動，推動了音樂審美教育理論的研究和發展。而眾多的大學、中學、小學的音樂審美教師也積極實踐，總結音樂教學的經驗，為審美教育理論體系的建設提供了最基礎的音樂審美教育的方法、審美教育效應等第一手資料，極大豐富和充實了音樂審美教育理論與實踐的內容，推動了音樂審美教育理論走向科學的進程。"眾人拾柴火焰高"，具有社會主義特色的音樂審美教育理論體系將逐步得到深入的發展。

2001年和2005年中國分別頒布了《義務教育音樂課程標準》和《普通高中音樂課程標准（實驗）》。

第二節　西方音樂教育史略

一、古希臘和中世紀音樂教育史略

(一)基本概況

西元前 8 世紀至 6 世紀古希臘的斯巴達克設立了學校，以將奴隸主階級的子弟培養成為有修養的、堅強的、有節制的鬥士和領導者為目的。學校將宗教性的舞蹈和軍事訓練結合，教育內容反映了斯巴達克民族的"守紀律和服從"的嚴肅精神。

古希臘的城邦之一的雅內也十分重視音樂教育，規定男孩 7 歲就要在文法學校學習方法，在旋琴學校（即音樂學校）學習唱歌、樂器和吟詩（《荷馬史詩》），於是出現聲樂與器樂兩種基本形態的教學。

西歐中世紀早期學校以七種主要學科為教學內容，稱"七種自由藝術"，即語法、修辭學、辯證法、算術、幾何學、天文、音樂，其中音樂學科為主要課程。

古羅馬時期（西元四世紀中葉），並不像希臘時代那樣為了人的教育而設立音樂學科，而是以宗教為目的，音樂服務於宗教，出現了專門培養演唱聖歌者的學校，這成為中世紀最早的、較專門化的、通過基督教會的音樂學校。

格雷哥利組織編纂了歌曲集《贊美詩唱和集》，成為歐洲歷史上第一本規範化的音樂教科書。於是，意、英、法、德等中國先後開始了以"基督典禮音樂"為中心內容的音樂教育。11 世紀至 13 世紀的騎士教育把世俗的詩和歌曲與馬術、劍道並列。代表人物是圭多·阿雷佐（Guidod'Arezzo，約 997~1050 年），他創始了唱名法、改良記譜法，並在歌唱教學上做出了巨大貢獻。

(二)音樂審美教育思想

這一時期的音樂審美教育觀，以追求人的身心美的協調發展為目的，體現了信仰理性、追求知識、確立道德的以理性為中心的精神。

思想家畢達哥拉斯首先提出了音樂的"淨化"作用，他認為不同的音樂風格可以使審美主題產生相應的美感活動而引起性格上的變化，使人擁有恢復內心和諧的能力，達到教育的目的。

這一時代的另外兩個代表是柏拉圖及亞里斯多德，他們的音樂審美教育思想對歐洲音樂教育的發展產生了巨大影響。柏拉圖指出："音樂教育比其他教育重要得多。"所以作為未來的統治者的兒童，無論男女，十七八歲以前都得致力於體育與音樂，作為幼年時期的基礎因素，隨後是算術、幾何、天文及音聲學（即音樂的理論），用文學向他們介紹人類偉大的業績，用音樂揭示他們想像中的美與善的真諦，使他們的生活像音樂一樣有"節奏"和"旋律"，充滿和諧。"音樂形成其精神，給人以溫和、柔軟，體育形成其肉體，給人以勇氣和抵抗力"，這二者的結合，就帶來性格的調和。

柏拉圖還明確指出："音樂教育除了非常注重道德和社會目的以外，必須把美的東西作為自己的目的來探求，把人教育成美和善的。如果教育的方式合適，它們就會拿出美來浸潤心靈，它也就因而美化；如果沒有這種適合的教育，心靈也就因而醜化。"他強調音樂教育的美感作用，這種音樂審美教育思想，體現了對音樂社會功能的重視。

亞里斯多德是柏拉圖的學生，他認為教育的目的在於培養非功利的道德，所以體操和音樂具有重要性。他提出音樂教育的目的有三：教育、淨化、知識的娛樂。他認為："音樂確能改變靈魂的品質，既然它具有這種力量，我們就一定用來培養青年一代依靠音樂所產生的力量使他們心裡鎮靜或產生興奮力量，並影響到民族道德。"這一音樂教育觀成為實施審美教育的理論基礎。

關於音樂中曲調的特殊功能，音樂在教育中的特殊意義，亞里斯多德則提出了音樂審美教育的許多核心問題，如音樂對於人的性格的影響。他說："音樂對人的性格有顯著的影響，所以應該列入青年的教育課程裡，音樂教學是適應這種年齡的，因為青年人不會自願地努力學習不能引起快感的東西，而音樂本質上是令人愉快的，在和諧的樂調和節奏中，仿佛存在著一種和人類心靈的契合或血緣關係，所以有些哲學家說心靈就是和諧，另一些哲學家說心靈具有和諧。"音樂之所以列入教育課程，"也正是因為使自由的人可以在閒暇中享受精神方面的樂趣"。

中世紀，羅馬基督教神學家奧古斯丁指出："音樂是和運動有關的，是研究優美運動的一門科學，是以數學為基礎的科學，因此必須通過教育去探索、學習。"

中世紀的音樂教育蒙上了一層神秘的宗教色彩。以羅馬國教——基督教為主的宗教思想文化與古希臘文化並列成為西洋文化的基礎。宗教音樂開始成為大眾學習的內容，不僅為神服務，而且成為西洋音樂文化的基礎，這得益於宗教的影響。這一時期的教育思想帶有濃鬱的宗教色彩，音樂教育也是一種通過教會來進行的教育。其目的是誘導、感化群眾接受宗教信仰，使音樂審美教育淪為宗教奴僕。如羅馬教皇約翰二十二世發佈的教皇聖諭，禁止教會音樂做任何改進，以確保宗教的"純淨"。

英國哲學家羅吉爾·培根認為，音樂、舞蹈、詩歌相結合才能產生完全的享受。他指出："音樂中有和感性感受的東西打交道，和聲音與發音的運動有聯繫，舞蹈的彎曲歸結為姿勢，姿勢是音樂的根，因為姿勢靠著適當的運動和必需的外形的佈置而與聲音處於一致之中。如果樂器的藝術、歌唱、韻律、節奏不同時包含姿勢、舞蹈、身體的彎曲，就不能達到充分的可以感受的享受。"由上可知，培根的音樂思想對當今西方音樂教學體系的思想有相當的影響。如體態律動教學法、奧福教學法，都強調音樂與動作、音樂與舞蹈的內在關係，通過動作去體驗音樂的情感，感受音樂美的力量。

綜觀古希臘中世紀的音樂審美教育，儘管沒有明確音樂審美教育這一概念，但是，古希臘音樂教育以追求人的自身完美諧和，與天地共一體為目的，體現了以理性為中心，確立高尚道德的精神，涉及音樂教育的核心本質問題，成為音樂審美教育理論的基礎，對中世紀、文藝復興乃至近現代的音樂審美教育具有一定影響。

二、文藝復興時期至 18 世紀音樂教育史略

(一)基本概況

文藝復興時期的音樂教育繼承了古希臘、古羅馬的教育，並做了改革：音樂教育內容不以宗教為中心，形式上出現多樣化、自由化，逐漸走向專業分工的趨勢。

經過巴羅克時期和古典時期音樂的發展，隨著科學文化的深化，18 世紀建立了美學學科，席勒首次提出審美教育的理論概念。

(二)音樂審美教育思想

文藝復興時期以後音樂審美教育開始逐漸脫離宗教思想的束縛，各種音樂審美教育的學說、理論紛呈，審美教育思想空前活躍。

16 世紀義大利音樂理論家、作曲家紫爾林諾認為，世界創造出了和諧，"沒有一件好東西不包含音樂構造，誰如果從音樂中得不到愉悅，他就是天生沒有和諧。如果誰不喜歡音樂的和諧，那麼他就是在某種程度上缺乏和諧，並且在和諧方面是一個無知的人"。德國的音樂家亞當認為音樂的社會功能是強大的，"音樂能驅散人的悲哀和憂愁。憂鬱會引起世界上的偉大人物（皇帝、王公、統治者）走向暴虐和絕望"，所以要進行音樂審美教育。德國偉大的宗教改革家馬丁·路德重視音樂教育的關鍵——師資問題，他認為要進行宗教改革，"音樂是和魔鬼進行鬥爭的最有效的方法"，實施音樂審美教育，教師首先應掌握一定的技能。他認為："音樂是萬德胚胎的源泉。不為音樂所動的人，我必定把他比作木石。假使身為教師而不會唱歌，那簡直沒有為人師的資格。"

17 世紀捷克教育家誇美紐斯的《大教學論》標誌著教育學科的形成，這部近代最早的系統的教育學著作，從理論上把美育思想融於教育學中，重視音樂的審美教育作用。他把音樂看作是有益健康的活動，認為音樂能使兒童胸懷開闊，擺脫奢望雜念，到了大學也應學音樂，以音樂為正業或副業都可以。

18 世紀法國思想家、教育家盧梭，將他的自然教育和感覺教育與音樂美學思想相結合，提出了一系列音樂審美教育的主張。他認為人有三種聲音：說話的聲音，唱歌的聲音，傷感和高昂的聲音。而完美的音樂是這三種聲音的有機結合，只有通過音樂學習才能獲得。他還主張兒童作曲"，不做荒誕的歌"，以培養正確的聲音美的概念。

18 世紀美學研究發展到一個新階段，德國啟蒙時期的美學家鮑姆嘉通在美學史上第一次把美學規定為研究感性知識的科學，標誌著這一學科的形成。

哲學家、美學家康得取代鮑姆嘉通的單純的感性認識論，提出審美的判斷力，即想像力和理解力，是人從自然必然走向道德自由的橋樑的理論。由於十七八世紀教育學、美學研究的進展及哲學的影響，終於使審美教育學的研究跨上了新臺階。

在以上社會背景下，德國偉大的詩人、劇作家席勒認為藝術的完美境界是："音樂到了具有最高度的說服力時，就必須變成形象，以古典藝術（指希臘雕刻藝術）的靜穆的力量來影響我們；造型藝術到了最高完美時，就必須成為音樂，以直接感覺性的生動性感動我們；詩發展到最完美的境界時，必須一方面像音樂一樣對我們有強烈的感動力，另一方面又像雕刻那樣把我們擺在平靜而爽朗的氣氛中。"席勒通過概括音樂審美的特性揭示了音樂審美活動的教

育價值。他在他著名的《審美教育書簡》中第一次提出了他的審美教育學說，著重探索了審美教育學的實質以及審美教育的廣泛而深刻的社會意義。《審美教育書簡》要探索的基本問題是，如何解決由資本主義制度造成的人性分裂、走向人性的完整和自由的問題，如何由人性的完整去改革中國，取得政治自由的問題。席勒提出要解決這些問題，首先不是靠社會政治經濟革命，而是依靠審美教育，去實現人格的完整和人性的自由，審美教育是人實現人性完整自由的根本途徑。席勒的審美教育學說把審美教育同社會改造、改革聯繫起來了，擴大了研究的領域，又從人性自由的高度去探討審美教育的實質和功能，深化了審美教育的理論。他強調審美教育不是以理性消滅感性，也不是使感性情欲放縱，而是強調感性和理性的結合、協調、統一，劃清了審美教育與道德教育、智力教育的界限。這是席勒對審美教育的巨大貢獻。近代西方，席勒的審美教育思想還沒有人超越。他對音樂審美教育也做了精闢的論述，為近代音樂審美教育的發展奠定了良好的基礎。

三 近現代和當代音樂審美教育

(一)基本概況

歐洲中世紀封建制度崩潰後，經過以義大利為中心的文藝復興，以德國為中心的宗教改革後，歐洲的教育制度逐漸形成、完善。自19世紀後，歐洲才真正形成近代教育。

德國是世界音樂發展的中心，同時也是音樂教育發達的中國。德國率先在17世紀和18世紀實行義務教育。

受法國革命的影響，19世紀的德國音樂教育以大眾教育為宗旨，增加了"學習民歌"的內容，提出了"大眾音樂教育"的觀點。德國的通才學校的音樂課規定為文科中學的必修課。卡爾·奧福（1895～1982年）是德國當代最傑出的作曲家、音樂教育家。奧福投身於兒童音樂教育活動，創造出新的"元素性音樂教育"體系，舉辦了長達5年的兒童音樂講座，出版了五卷兒童音樂教材。1961年在奧地利薩爾斯堡市的莫札特音樂學院成立了奧福教師培訓中心（即奧福學院），該中心的建立使奧福教育思想傳播到全世界，使德國的普通音樂教育走在世界的前列。1985年，奧福教育思想和方法體系首次被介紹、引入中國音樂教育界。

美國是世界音樂教育的先進中國。第二次世界大戰後，音樂教育發展較快。1870年，哈佛學院正式把音樂課列入教學計劃，1875年創辦了第一個音樂系。於是全美有千餘所綜合大學紛紛成立了音樂學院或藝術學院或音樂系。1965～1968年，美國制定了《曼哈頓維爾音樂教育大綱》，包括音樂素質的培養、教師進修等內容，對美國的音樂教育有較大影響。

1988年，美國的一批藝術教育家、學者、教師提出了《走向文明——關於藝術教育的報告》，指出20世紀的目標是："文明的音樂，音樂的文明。"杜威（1859～1952年）是美國的哲學家和教育家，他尊重實用，宣導實用主義，注重"做中學"，其教育思想成為美國新教育的主流。在音樂教育中重視欣賞，對過去以視唱、讀譜訓練為中心的音樂教育加以否定，提倡適應兒童個性、擴展創造性經驗的教育。

日本在第二次世界大戰後重視教育，引入了歐洲的教育體制，1872 年以後確立近代學校的教育制度。1872～1907 年為學校音樂教育的創建期，其小學學校法令上將唱歌列入必修科目，儘管學制上已設置，但實際上沒實行。在教學內容和方法上受到美國的影響。1907～1947 年為學校音樂教育的確定期，日本的學習指導要領明確地指出音樂教育的根本目標學。1947 年的小學學校指導要領為："通過進行音樂美的感受和理解，培養豐富的情操。" 1951 年的小學學校指導要領為："通過音樂實踐，培養深厚的美的情操和豐富的人性，以求發展圓滿的人格，提高作為社會中一員的人的教養。" 1958 年的小學學校指導要領為："豐富音樂經驗，在發展音樂感覺的同時培養美的情操。" 1968 年的小學學校指導要領為："在培養音樂能力、提高情操的同時，培養豐富的創造性。" 1977 年小學學校學習指導要領為："通過表現及鑒賞活動，在培養音樂能力的同時，養成愛好音樂的心情，培養豐富的情操。"

現代日本的中小學音樂教育發展迅猛，音樂教學設備先進，音樂師資水準日趨提高，日本的中小學音樂教師學歷必須是獲得學士、碩士學位的大學本科生、研究生。中小學音樂課為必修課，高中為選修課，其發展是與日本的經濟飛躍發展相聯繫的。

蘇聯為世界音樂教育做出了重要貢獻。第二次世界大戰後的代表人物卡巴列夫斯基，是蘇聯一大批世界一流的音樂家和音樂教育家中的一個。他為兒童作曲寫書，從事普通學校的音樂教育工作，主持編寫新的音樂教學大綱。蘇聯有 8387 所七年制兒童音樂學校，260 所音樂、藝術中專，20 所音樂學院，9 所藝術學院和 50 所師範院校設有音樂系，在專業音樂教育上形成金字塔式的完整音樂教育體系結構。

(二)音樂審美教育思想

近現代音樂教育思想受到近代文明的強烈影響，科學技術、政治、經濟都有驚人進步，首先表現為教育的社會性及科技的發展。

19 世紀末 20 世紀初，開展了以德國為中心的藝術教育運動。1905 年在漢堡召開的第三次藝術教育會議指出："通過欣賞教育培養感受藝術美的能力，以此為目的實施藝術教育，把培養人的創造性提到一定的高度。" 20 世紀初以來對世界音樂教育具有重大影響的，是國外著名的幾個音樂教育體系，主要的有瑞士的達爾克羅茲教學法、德國的奧福教學法、匈牙利的柯大宜教學法、美國的綜合音樂感教學法、日本的鈴木鎮一小提琴教學法、蘇聯的卡巴列夫斯基的音樂教學大綱等。

瑞士音樂教育家達爾克羅茲提出了"體態律動"的學說，從理論到實踐確立了身體運動反應在音樂教育中的地位，其目的在於訓練學生有效地利用聽覺與動作去感受、理解、表現音樂，以身體運動與個人內心對音樂的獨特情感反應緊密結合來進行學習。其內容包括體態律動、視唱練耳、即興演奏。

德國作曲家、音樂家卡爾·奧福創立了以其教育改革思想為主體的音樂教育體系，其教育思想的核心是基於他的"元素性"思想。他指出："這體系絕不是單純音樂的形式，它是運動、言語和音樂的一體化。兒童在其中不是被動的聽眾，而是音樂創造的積極參與者。" "元素性"在德語中具有原始的、原本的、基礎的、初級的、元素性的、自然的、富有生命力的等多種含義，在奧福的教學體系中，各課程設置及教材、教法無不具有這一特徵。為發展兒童個性、社會性，以自然的方式學習音樂、獲得更多的關於交流、分享、創造愉快的體驗，開創了一條新的道路。其內容有噪音造型、動作造型、聲音造型等。

匈牙利作曲家、音樂教育家柯大宜的教學體系創立於 20 世紀初，其教育思想的基本點是：發展民族文化，普及和提高本民族的音樂水準，弘揚匈牙利的民族音樂。他編寫的獨具風格的音樂教材、獨特的教法獲得巨大成功，創造了一種立足於本國國情的音樂教育體系和方法，是普及、提高本民族的音樂素質的主要方法，其內容包括以合唱為主的合唱訓練、以匈牙利本民族的優秀音樂為主要的教材、以兒童自然發展法則來安排課程和教法的"首調唱名體系""柯爾文"手勢等。

日本小提琴家、音樂教育家鈴木鎮一從 20 世紀 30 年代開始從事幼兒期的音樂教育，領導日本"才能教育運動"。其教學體系的基本思想是："才能是通過後天的有效教育發展起來的。無論每一個兒童先天情況如何，只要他獲得了良好的教育環境，就可以成長為有才能的人才。"他認為音樂教師良好的榜樣、真摯的愛心和嚴格的要求，能培養兒童遵守紀律，使其具有堅強意志，這也是音樂教育不可缺少的因素。他提出了幼兒音樂教育的四個條件：教育環境、大量練習、兒童音樂學習的積極情感、傾聽習慣與技能。鈴木的教學體系特點是：堅持孩子一出生就開始早期教育，選擇最優秀的教師，聆聽和學習最優秀的作品，使用音質好音準好的樂器，並要求家長參與學習，主張兒童每天反復傾聽正在學習的樂曲，以追求更完美的演奏效果。

綜觀近現代和當代音樂審美教育，其迅猛發展與現代科技、經濟發展相伴隨，世界各國音樂教育體系紛紛湧現，世界音樂教育文化的大交流、大融合，體現了音樂審美教育以培養國民的素質為終極目的，將使兒童獲得個性和諧發展的教育思想，它與遠古的某種音樂審美教育思想觀相契合，對傳統的理性的教育大膽的突破，探索普及大眾化的國民音樂教育思想及教法，將音樂審美教育置於重要的位置，使當今音樂審美教育的實踐和理論更加充滿希望和生機。

第四章　音樂學習心理

一個人從出生到成年，從天真、幼稚到基本成熟，需要一個較為漫長、連續發展的過程，這個過程大約要經歷十八年，可大致分為以下幾個階段：

乳兒期（零歲至一歲）；
嬰兒期（一歲至三歲）；
幼兒期（三歲至六七歲）；
童年期（六七歲至十一二歲，相當於小學學習階段）；
少年期（十一二歲至十四五歲，相當於初中學習階段）；
青年初期（十四五歲至十七八歲，相當於高中學習階段）。

通常童年期是小學學習階段或稱學齡初期；少年期是初中學習階段，或稱學齡中期；青年初期是高中學習階段、大學低年級階段，或稱學齡晚期。

第一節　青少年生理、心理發育特點

一、童年期生理、心理發育特點

(一)童年期生理發育特點

童年期，從六七歲至十一二歲，相當於小學階段，是兒童長身體、長知識的重要時期。其生理發育的主要特點是身體內部發育基本成熟，身體變得較為結實。神經系統進一步發展完善，腦重量由六七歲時平均 1280 克，到 12 歲時達到平均 1400 克，接近成年人水準，此後腦功能迅速發展，到十三四歲時趨向成熟。小學階段學習即將結束時，有些學生步入人生生長的第二高峰。

(二)童年期心理發育特點

第一，童年期認知活動由不隨意性、不自覺性向隨意性、自覺性發展，認識水準從以具體形象為主要形式向抽象概括過渡。

童年期的感知得到迅速發展。研究表明，兒童視覺敏銳度 7 歲時增長速度最快。他們的聽覺能力已有較高水準，能區別本民族語言中語音的細微差別。聲音的聽覺敏銳度在 13 歲前比成人略低。他們的注意力得到發展，小學生的無意注意仍起重要作用，隨著學習自覺性提高，隨意注意逐漸發展完善起來，但還不善於分配自己的注意力。他們的記憶力得到發展，小學生無意識記憶仍佔主導地位，有意識記憶逐漸增強。低年級學生擅長具體形象記憶，高年級學生對抽象材料識記的能力比對具體形象材料識記增長更快。機械識記仍佔主導地位，理解識記發揮著越來越重要的作用。

童年期的思維從具體形象思維向抽象思維過渡。但他們的抽象思維在很大程度上仍然是直接與感性經驗相聯繫，具有較大比例的具體形象性。

他們的想像力得到發展。小學低年級學生的想像具有模仿和簡單再現的特點。隨著年齡增長，在再造想像的基礎上創造想像日益加強。小學高年級學生能自編故事，把事物描繪得非常生動形象。

第二，兒童的情感意志不斷得到發展。

兒童的情感方面不斷擴大豐富，社會情感不斷增加。道德感、理智感、美感等高級情感隨年齡增加而發展起來。他們富於表情，並能初步控制自己的情感，使自己處於比較平靜、持久穩定的愉快心境和朝氣蓬勃的情緒之中。但是小學低年級有時情緒還極不穩定，情感帶有短促和爆發性的特點，易於轉換。

他們意志的主動性和獨立性逐漸發展起來，按預定的目的克服困難完成任務的能力逐漸提高。但他們自控能力較弱，隨意性較強，容易受外界干擾而分散注意力，小學中高年級的自控力有所提高。

第三，兒童的個性不斷得到發展。

在童年期，兒童的自我意識逐漸發展起來。從低年級自我評價、獨立性很差逐步學會獨立地把自己的行為與別人的行為進行比較評價，自我評價的批判性有了發展。從小學二年級開始他們的自我評價具有明顯的批判性，不僅能評價優點也能評價缺點。

這時兒童的道德意識也在發展，從只注意行為效果逐漸發展到注意行為的動機。

二、少年期生理、心理發育特點

(一)少年期生理發育特點

少年期，十一二歲至十四五歲，即初中學習階段，是學生生長發育的高峰之一。這一時期學生生理發育的突出特點表現為以下三個方面：

第一，生長發育形態最顯著的變化是身高、體重、胸圍的急劇增加。肌肉、骨骼發育很快，但脊柱、胸廓、骨盆和四肢尚未完成骨化過程。少年期學生生理機能的各個方面都逐步建立。腦的發育已基本成熟，各種感覺器官，包括與音樂學習有密切關係的聽覺器官都已發育成熟。

第二，從少年期進入青春期，性的發育開始變得迅速，出現"第二性徵"。這一時期的初中學生意識到自己在由童年向青年過渡，其情緒、情感的發展有一定變化。這一時期也是神經系統生長發育的高峰期。但在神經結構方面，由於性激素的產生和增加，反過來增加了腦垂體以下皮層下中樞（丘腦）的興奮性，使皮下中樞與表層之間力量一時難以平衡，降低了高級中樞神經對行為的調節作用，表現為神經系統的興奮過程強於抑制過程。

第三，伴隨著生理的發育，初中學生開始經歷變聲期。變聲期是由於發聲器官的發育引起的聲音（音色、音質）的改變，是生理變化的正常過程。男生比女生更明顯。變聲前的少年兒童發聲器官較為纖弱，聲帶長度一般在 10 公釐左右，肺活量較小，音色屬於童聲（男女聲音色相近）。變聲期，男生的喉結增大，聲帶增長近一倍，女生的聲帶長度增加甚微。

由於男生聲帶明顯增長、變寬、變厚，因而其聲音由明亮、清脆變得低沉、渾厚。音域比童聲幾乎降低了一個八度。同時，由於發聲器官的迅速發育，血液供給顯著增加卻又不能很快消散，導致多人聲帶閉合不好，音質沙啞，嚴重的甚至可能失聲。女生在這些方面的表現雖不很明顯，但在月經期間，她們的聲帶及口、鼻、咽腔的黏膜也常伴有充血現象。在變聲期階段，初中學生的音域較窄，大約在 $b-c^2$ 左右。此外，由於中學生的身體尚未完全發育成熟，故其發聲器官較成年人容易疲勞。

據調查，初中一年級約有一半的學生進入變聲期，初中二年級約有四分之一的學生已處於變聲後期。變聲後期，喉部組織結構發育完成，男生喉結明顯突出，說話和唱歌已接近成人的聲音。

(二)少年期心理發育特點

各國心理學家對少年期心理發育的特點，有過許多大致相同的描述。

蘇聯學者彼得羅夫斯基在論述少年心理特點時指出，他們是"過渡期""困難期""危機期"；他們渴求建立和成人及同齡人的和諧關係，從而評價和指導自身；少年身上同時存在"孩子氣"和"成人氣"的特性；同一年齡的人在向成人化發展的進程中，個別差異很大；少年的興趣和態度的改變常具有躍進式、暴風雨般的性質；少年表現出強烈的獨立性，不願接受成人的影響等。他在談到青年初期學生的特點時指出，他們要求自尊、自治，在生活中表現出相當強的獨立性，同時又對父母有一定的依賴性；青年有價值、有目的的活動急劇地活躍起來，並特別關心別人對自己的評價，渴望知道自己的價值；青年初期是形成世界觀的決定時期。

中國心理學家朱智賢在《兒童心理學》中指出，少年期是一個半幼稚、半成熟的時期，是獨立性和依賴性、自覺性和幼稚性錯綜複雜的時期。林崇德在《中學生心理學》中將中學生（包括初、高中學生）的主要心理特點概括為"過渡性""閉鎖性""社會性"和"動盪性"四點。心理學家們所論述的內容有許多共同之處。少年期心理活動的發展，有如下幾個較為突出的特點。

1.邏輯思維能力迅速發展，學習的主動性、自覺性增強

這是由於進入中學後，學習內容和方法發生了很大變化。中學課程教材的內容與小學相比，已經接近較理性的科學體系。為了掌握這些科學知識，他們必須學會從具體事實和表象中，概括出抽象的定義、定理和法則等。學習內容的深化和學習性質的改變，要求他們具有更高的獨立思考能力，善於從具體引向抽象，並從抽象回到具體。因而，他們的抽象邏輯思維及學習的能力必然得到發展。

2.情緒、情感日益豐富，但同時又缺乏穩定性

隨著身體的迅猛發育和對主、客觀世界認識水準的提高，中學生在情緒、情感方面表現

出了充滿活力、有熱情、重感情的特點。以初中學生來說,他們對事物的情緒、情感的反應比小學生要敏捷、豐富和強烈得多。教師節到了,他們會自發組織起來看望小學時的老師;有感於中學緊張的學習氛圍,他們會發出"太累了"的抱怨和"多給我們一些休息時間"的呼聲;遇到高興的事他們會歡呼、跳躍,遇到氣憤的事他們又會爭吵不休,甚至控制不住自己的情緒而導致衝動和魯莽的行為。

3. 產生"成人感"或者"成人意識"

他們希望老師、家長視自己為大人,自尊心日益增強。在集體活動中,他們常表現出更強的獨立性,遇事不願附和別人的看法,樂於表達自己獨特的見解,但同時又擺脫不了心理上對成人的依賴。如徵求他們對音樂課的希望,他們會圍繞教學內容提出各自不同的想法,言語之中不乏希冀得到老師的理解和支援。

4. 自我意識的增強

隨著年齡的增長,中學生考慮個人問題的興趣有上升的趨勢。他們思考問題時往往與自己當前的學習與集體生活,甚至與未來的工作和生活相聯繫,並學會權衡其中的利弊。在人際關係上,他們更加關心別人對自己的評價,希望別人尊重自己,承認自己的社會價值。同時,他們自我評價的能力也有提高,但概括水準有限,故在評價中常常有一定的具體形象性和情景性。

三、青年初期生理、心理發育特點

(一)青年初期生理發育特點

青年初期為十四五歲至十七八歲。這一時期他們的身體發育進入比較平穩的階段,身高、體重、胸圍接近成人水準。

他們的骨化基本完成,骨骼變得粗壯,韌帶強化,體力顯著增強。身體各個器官的結構與功能接近成人水準。

青年初期的學生其性腺機能已基本成熟,第二性徵基本穩定。由於性激素作用,體態上表現出明顯的兩性差異,且均衡、豐滿、健美。

他們的神經系統已經發育完善,大腦皮層結構已達到成人水準。神經系統活動的興奮和抑制過程已趨於平衡,且帶有很強的意識。

(二)青年初期心理發育特點

青年初期是人生最寶貴的黃金時期,在這一時期,他們在生理和心理方面已較為成熟。國外有心理學家把這個時期看作心理性"斷乳期",即擺脫過去那種對父母的依賴關係,是他們要求獨立自主的活動,完成個體社會化的時期。

這一時期他們的心理發育主要有以下幾個特點:

第一,抽象邏輯思維能力急劇增強。他們思維的概括性與組織能力有了進一步的提高,對事物本質關係的認識不斷深化,注意力有較好的發展。

第二,情感更加豐富多彩,逐步趨向深刻而穩定。他們的情感感受和情緒體驗強烈,兩極化比較明顯。他們對生活充滿激情，朝氣蓬勃，善於在明辨是非的基礎上使情緒受到意志的控制，往往表現出藏而不露的一面。但同時也有盲目、狂熱、衝動、不考慮後果的一面。他們的情緒有較強的爆發性，來得快也平息得快。

第三，自我意識逐漸增強並趨於成熟。這一時期學生的社會生活內容日益豐富，要求參加各種群體慶功活動。獨立性和自製力明顯增強，遇事有自己的見解，少盲目性，自覺性較強。有些青年人往往把自己的內心世界、自己的情緒體驗對老師、家人隱蔽起來，帶有閉鎖性。他們要求別人關心、瞭解自己的成長，敏感地關注別人對自己的議論和態度，自我評價變得比過去更現實、更客觀、更全面。

第四，青年初期是人的世界觀與人生觀形成的重要時期。在少年的理想中，具體形象的內容多一些，而青年的理想比較現實，嚮往未來，從而將眼前的學習與未來的生活道路的選擇聯繫起來。但青年初期的世界觀只是初步形成，還不夠成熟、不太穩定，有些對未來的理想還帶有一定的模糊性。

第二節　青少年音樂心理的主要特徵

為了探究兒童的音樂感知等能力的發展，我們引用舒特-戴森和加布裡埃爾 1981 年關於各年齡段音樂發展的主要特徵的研究成果，並歸納如下表所示。

表 1　音樂發展主要特徵

年齡(歲)	特徵
0~1	對聲音做出各種反應
1~2	自發地、本能地"創作"並唱歌
2~3	能把聽到的歌曲片斷模仿唱出
3~4	能感知旋律輪廓 如此時開始學習演奏某些樂器，可以培養絕對音高感
4~5	能辨識高音區 能重複簡單的節奏
5~6	能理解分辨響亮之聲與柔和之聲 能從一些簡單的旋律或節奏模仿中辨認出相同的部分
6~7	在歌唱的音高方面已較為準確 明白有調性的音樂比不成調的堆砌好聽
7~8	有鑒賞協和與不協和音的能力
8~9	在歌唱及演奏樂器時 節奏感比過去好 對音樂節奏和旋律可以通過身體動作做出反應
9~10	節奏、旋律的記憶改善了 逐步具有韻律感 能感知兩聲部旋律
10~11	初步建立和聲觀念 對音樂的優美特徵已有一定程度的感知和判斷能力
12~17	欣賞、認識和情感反應能力均逐年提高

我們還可舉出 1922 年漢克（Haecker）和茲亨（Ziehen）關於發現音樂才能的年齡的一項研究成果，如下表所示。

表2 發現音樂才能的年齡表

年齡	2~5歲	6~10歲	11~15歲	16~20歲	合計
男	131	106	38	9	284
	46.1%	37.3%	13.4%	3.2%	
女	74	68	13	2	157
	47.1%	43.3%	8.3%	1.3%	

另一調查也發現，最早表現出音樂能力的年齡比例如下表：

表3 最早表現音樂才能的年齡

年齡＼性別	3歲前	3~5歲	6~8歲	9~11歲	12~14歲	15~17歲	18歲及以上
男	22.4	27.3	19.5	10.7	2.4	1.2	1.2
女	31.5	21.8	19.1	6.5	6.5	1.0	0.5

音樂心理發展包括諸多內容，如音樂感知、音樂想像、音樂聯想、音樂情感、音樂評價、音樂表現、音樂創造力、音樂個性特點等方面。

一、兒童期音樂心理和音樂教育特點

(一)兒童期音樂心理的發展

在葉朗主編的《現代美學體系》一書中，揭示了審美心理的某些帶有普遍性的現象。書中認為：四至七歲的兒童一般都尚未形成審美態度，他們往往是以實用而不是審美的態度來對待客體，在審美與非審美之間不能做出正確的區分；七至九歲的兒童處在"寫實階段"的高峰，他們對任何藝術作品都以像或不像的刻板標準來評價；而到了九至十三歲，他們才能逐步學會以審美的態度對待音樂作品。

四至七歲的兒童對音樂作品往往是以好玩、新鮮、有趣為出發點，他們很難用審美標準對音樂作品的優劣做出選擇，對音樂表演的好壞做出判斷。幾乎每個小孩都是音樂活動的參與者，他們愛唱、愛跳、愛敲打樂器，而不顧別人的目光和掌聲盡興地參加各種表演。他們參與音樂是為了自我滿足，但他們的注意力與興趣極易轉移，往往不能持久。這一時期是兒童聽覺最敏感的時期，他們對聲音的辨別力發展非常迅速。

七至九歲的兒童對音樂的審美態度處在"寫實階段"。他們挑選喜歡與不喜歡作品的標準是像不像某類作品。如他們喜歡的歌曲多是以擬人化手法寫動物、植物的，寫人和事也是貼近自己生活的。他們喜愛的樂曲像《龜兔賽跑》也是由於其形象鮮明而使他們興高采烈、手舞足蹈。至於對歌唱、律動、音樂遊戲等的要求，也是以模仿教師或某一物件作為評價優劣的標準。低年級小學生在校內往往以教師對教材的選擇為喜歡的標準，很少有異議。只要教師教得好，學生都會以積極的、高興的態度對待所學的內容。

九至十三歲及以上的學生逐步學會以審美的態度和標準來對待音樂作品，並逐漸形成自己的個性特點。他們對教材中的歌曲或樂曲能逐漸表示出自己的意見，如"好聽"或"不好聽""",願意學"或"不願意學"。在對聲音的辨別力方面,八至十歲達到高峰。

(二)音樂才能的發展

童年期是音樂才能迅速發展的時期,在良好的音樂教育下,兒童的音樂才能可以達到極高水準。

在節奏感方面,隨著速度和節拍感覺的發展,逐漸能夠識別不同的速度和節拍,能夠保持節奏速度的一致性。這種速度一致性的發展,起初依靠身體的外顯動作,以後過渡到靠身體內在的動覺來保持。隨著速度一致性的發展,節奏表現能力得到發展。

在旋律感發展方面,小學生逐漸能夠識別音階的音高、跳進的音高、簡單和絃的音高變化,並且能夠理解有組織的音響,能夠意識調性和旋律的行進方式、方向。在節奏表像和調性表像發展的基礎上,音樂表像能力高度發展,音樂想像能力也逐漸豐富,這為發展識譜、演奏及欣賞活動提供了基礎。此外,小學生的歌唱能力也有發展,歌唱音域由低年級的 C1-d2（大九度）擴展到 a-e^2（大十二度）;歌唱的音高逐漸準確。

(三)音樂教育的特點

童年期是音樂才能及智力高速發展時期,因此,在此時期給予適當的音樂教育,會使學生的音樂才能在幼兒的基礎上得到高度發展,並且學生能夠理解一些淺顯的基礎知識。

小學生的音樂教育仍以發展音樂感知為主,在感知發展的基礎上理解音樂的知識。在學習方式上,小學生則以遊戲活動為主轉入以學習活動為主,這就需要一個過渡階段。因此,小學低年級的音樂教學要生動活潑,適當結合遊戲、律動等活動培養學生的學習興趣。由於小學生的思維正處於從具體向抽象的形式過渡階段,因此,教學中也應從具象概念著手逐漸向抽象概念發展。隨著兒童注意力和記憶力的增強以及創造性想像能力的豐富,可以適當進行音樂欣賞教學,從而提高兒童的音樂敏感性。

在節奏學習方面,兒童在發展對速度一致性的理解過程中,可從簡單的身體活動,如走、敲擊等,發展到複雜的身體活動,如律動、指揮等。也就是說,在這一階段的音樂學習中,身體動作的介入是十分必要的。演奏樂器,可從敲打簡單的節奏樂器開始,如鈴鼓、三角鐵等,逐步發展到演奏簡易樂器,如奧福樂器以及民族樂器和吉他、鋼琴等。這樣,兒童在身體活動與音樂音響的結合中,發展對速度、力度和節拍的進一步理解。

在旋律學習方面,當兒童的音高識別能力得到發展之後,便可在聽和唱的過程中,繼續發展旋律感,包括對大調和小調調式、調性的初步理解。音樂欣賞的曲目應以節奏和音色鮮明的短小樂曲為主,包括一些描寫性的標題樂曲。

由於歌唱音域的擴展和旋律與和聲感知能力的發展,小學生可進行歌唱訓練,包括多聲部合唱的訓練。在歌唱訓練中可繼續發展旋律與和聲感知能力。由於歌唱是發展節奏、旋律與和聲感知能力的良好途徑,因此,注重歌唱教學是小學音樂教育的一個主要方面。

隨著節奏感、旋律感、和聲感和音樂表像能力的發展,可以開始進行基礎音樂知識和創作能力的教學。在教學中應以直覺的感性認識為主,逐漸發展理性的認識。小學時期的基礎知識和讀譜學習可為中學進一步學習打下基礎。

二 青少年音樂心理和音樂教育特點

青少年期的中學生（尤其是初中學生）由於生理方面的迅猛變化，情緒的發展處於極不穩定的過程中，在許多方面會呈現出矛盾交錯的狀態。他們的音樂心理往往也帶有過渡、動盪的特點。其主要的特徵可以從三個方面進行探討：第一，音樂的感知發展；第二，音樂的情感發展；第三，音樂的個性心理發展。

(一)音樂的感知發展與音樂教育特點

青少年期的中學生其音樂感知處於從幼稚向成熟的發展之中。相對小學階段的學生而言，他們感知的機能有了長足的進步；而與成人相比，他們的感知水準是不高的，常常帶有表面性和片面性。

依照資訊理論的觀點來看，在音樂學習中，一定的冗餘度是接受音樂資訊的條件。小學六年的音樂課實踐，使學生對音樂有了不同程度的感性積累和理性認識，這些正是學習音樂的冗餘度，是中學階段音樂認知比小學階段能有更大發展的基礎所在。進入中學，學生結識了新的老師、同學，增加了許多新的學科，隨著生活接觸面的擴大，他們接觸音樂的機會更多，內容更廣，加之理解能力和邏輯思維能力明顯增強，這些都成為音樂認識進步的潛能。

美國哈佛大學的加德納曾做過音樂風格敏感性發展的試驗。他選擇巴羅克、古典、浪漫和現代四個時期各兩位元元作曲家的作品，然後任意組合其中的兩個片斷（可能選自同一首作品或不同的作品），讓被試判斷是否出自同一作品，目的是測驗不同年齡被試對音樂風格整體的模糊認識水準。結果表明，在三個試驗組中，十一至十四歲組和十八至十九歲組的成績顯著優於六至八歲組，而前兩組之間並沒有明顯差異。三個組做出反應的語言符號不同：六至八歲被試多用非音樂的比喻（如"像馬在跑"）；十一至十四歲被試常用音樂本身來做出反應（如說明樂器的種類，或音樂的節奏）；十八至十九歲被試則能使用更為抽象的音樂術語（如巴羅克、爵士樂等）。該試驗說明人們對音樂風格的反應經歷了由主觀的經驗式的感受向客觀的分析發展的過程。這在一定意義上也表明中學生的音樂認識正處於從不成熟向成熟這一進程之中。

中學生比小學生更易於接受音樂理論知識。在教師的引導下，學生可以通過分析得出結論，一般來說能夠舉一反三，觸類旁通，達到學習的遷移，他們對於作曲家、演奏家、作品的時代前景等表現出了濃厚的學習興趣，能從旋律、節拍、曲式結構、風格等多方面綜合地理解並感受音樂作品。這些都體現了中學生的進步。又如欣賞教學，小學階段學生比較喜歡帶有趣味性的或擬人化的歌曲和有簡單故事情節的樂曲，欣賞教學主要是發展小學生對音樂的注意力、想象力、感受力。而到中學，音樂欣賞活動更多側重於培養學生對音樂的理解力和鑒賞力，可以增加情節複雜、含有哲理的音樂內容，使學生的形象思維與邏輯思維同時發展。

但是，中學生的年齡和知識水準畢竟有限，故他們對於音樂的認識還是比較膚淺的，常常受到社會環境的影響。如對於音樂美的認知，他們衡量的標準多與主觀的好惡聯繫。他們簡單地以為好聽就是美，否則就是不美。什麼樣的歌是好歌，許多學生不十分清楚。在流行歌曲、搖滾樂的潮流迅速而猛烈的衝擊下，很多學生對流行歌曲、搖滾樂津津樂道，一味贊揚，甚至要求教師在音樂課上也欣賞這一內容。這在一定程度上反映了中學生對音樂發展的瞭解和認識的片面性。

(二)音樂的情感發展與音樂教育特點

中學生情感的發展受到身心發展的制約。在此階段，他們生長發育迅猛，認知水準提高，活動領域擴展，社會交往加深，成年意識、自我意識增強。這些因素促使其生理上的需要和社會性的需要明顯增多，從而使情感活動也日益豐富而強烈。總的來說，這一時期他們情感的發展處在動盪而不穩定的狀態。

中學生普遍喜歡唱歌，但初中階段由於進入變聲期，許多學生的歌聲不如童聲甜美、明亮。特別是變聲期的男生，音高不准、音色混沌，個別學生聲帶損傷、聲音沙啞。當他們聽到別人悅耳的歌聲時，不免產生焦慮、自卑的情緒。在課堂上，他們不大願意唱，或寧願大家一起唱，以免顯露自己的"不足"。這種心理特點應該得到教師的理解和保護。當過了變聲期之後，這種情緒自然就會消失。

再以音樂偏好為例，偏好是個體對音樂物件的一種選擇傾向。一般來說，相當多的初中學生對通俗歌曲較為熱衷，究其原因是多方面的。生理上的急劇變化促使其尋求滿足心理發展需要的途徑。他們需要表達感情，需要表現自己的成人意識，需要與夥伴交流，通俗歌曲在某種程度上滿足了他們心理的需求。

(三)音樂的個性心理發展

個性心理發展可以劃分為兩部分：一部分是個性的傾向性，包括興趣、動機、理想、品德、自我意識、世界觀等；另一部分是個性心理特徵，包括能力、氣質、性格等。中學生在這兩方面都表現出一定的差異性。下面就幾個問題談談中學生在音樂的個性心理發展方面的特徵。

1. 音樂興趣的不穩定性

隨著中學學科的增加和分化，中學生對各科學習的興趣也產生分化。對於音樂來說，中學階段可能是建立音樂興趣的時期，也可能是轉移興趣的時期。如果音樂課的教學內容新穎有趣，教師的講授生動、唱奏優美，學生不但能通過努力取得音樂課的好成績，還可以在教師引導下積極參與課餘音樂活動，並學有所獲。這種情況下，學生對音樂的興趣就可能日漸濃厚。

2. 音樂能力的差異性

中學生音樂能力的差異性，一是指不同能力發展的差異，如有觀點認為，中學生對音樂要素的理解力增強，但聽覺記憶、視覺記憶的能力沒有明顯發展。二是指在不同個體上表現出來的差異。這種差異在音樂課上可以很清楚地看到，不同的物件，無論是演唱、演奏能力，還是對音樂的想像力、理解力，都有明顯的優劣之分。至於差異形成的原因則是多方面的，其中有個人天賦的不同，有環境和教育狀況的不同，也有接受教育的主動性不同等。

3. 自我意識的表現

青少年走向成熟的標誌之一即是"自我的發現"，他們能夠把探索的視線對著自己。中學生已經具備這種意識，自己的一舉一動將會產生什麼後果，別人如何看待、評價自己，都會引起他們的關注。一些人在確認某個機會對顯示自己的才能有益時會大膽地表現自我，使別人瞭解自己、理解自己；另一些人卻不大願意當眾表現自己，而顯現一定的"閉鎖性"。以課堂回答問題為例，小學生對老師的提問，一般總是積極舉手，毫無顧慮；中學生則不是如此，在自己沒有把握時往往不舉手，原因之一就是擔心答錯後被同學笑話，有損自己的形象。另一個例子是，小學生對音樂課堂上的律動一般較感興趣，擊掌、拍腿動作表現出興致高，也比較協調；而中學生則表現出不愛動或不屑於做。這是因為中學階段學生身體迅速發育，他們的生長速度和動作協調能力的發展暫時失去了平衡，因而動作協調性差，顯得比較笨拙。他們怕做出不好看的動作，影響別人對自己的評價。不屑於做的背後，實際是一種羞怯心理，這種羞怯心理帶有一定的普遍性。中學生一方面較為注意別人對自己的評價及自我的評價，但另一方面又不會全面地衡量自己，不能正確看待自己的長處與短處，因此常表現出開朗與憂愁、大膽與怯懦、自尊與自卑交織並存的矛盾心理。

三、中學音樂教學的主要特點

研究音樂教學特點，不能脫離音樂教學的任務、規律，音樂藝術的特殊性及中學生年齡和心理特徵等幾個方面。中學音樂教學主要有以下幾個特點。

(一)綜合性

音樂教學的內容包括歌唱教學、欣賞教學、基本樂理和視唱練耳教學、器樂教學等諸方面。一般來說，這些內容總以綜合的形式交織在一起進行，即使是單一內容的教學，在具體實施中也要涉及綜合性的問題。例如歌唱教學，學習歌唱及演唱歌曲的過程，就是欣賞音樂作品、理解音樂作品的過程，就是學習樂理知識、識譜的過程，就是學習用歌唱手段感染、教育自己感染、教育他人的過程。

綜合並不意味著雜亂無章，綜合應該體現充實性和條理性。要體現充實性，必須深入挖掘教材的內涵。中學生的認知水平比小學生高許多，他們獲取知識的能力或對美感的期望值也遠遠高於小學生。因此，課堂教學的容量和難度要得當，不可過少、過易。同時，教師必須下功夫挖掘教材的深度，調動各種教學手段，使單一素材在眾多方面發揮"效益"，更充分地體現綜合性並滿足學生的需要。要體現條理性，這就要求教學設計必須注意結構佈局合理，環節銜接緊湊。在教學計畫的制訂過程中，重要的問題是兼顧到不同內容的輕重緩急、先後順序，不同環節之間的過渡與穿插安排。如果能用前一環節的內容為後一環節做好鋪墊，讓後一環節的內容在前面的基礎上有新的發展，那麼，就能使新內容的呈示不會顯得生僻和突然，舊內容的再現也不會顯得乏味和重複，就能保證既充實豐富又井然有序。

(二)感受性

音樂通過有組織的聲音塑造音樂形象、抒發情感，並以此感染聽眾、教育聽眾。音樂教學與其他學科教學的不同之處在於強調感性的參與，強調感受、體驗。在一般的文理科教學中，儘管也是從感性階段開始進入理性階段，但感性活動的參與只是一種準備，是為了更快、更順利地進入理性的抽象，以發展學生的邏輯思維。而音樂教學不然，它的目標就是要通過知識、技能的傳授過程，使學生感受到音樂作品的藝術形象，體驗音樂作品抒發的情感，體驗到美。因此，感性活動一定要重視，學生感受得越全面、越深刻，體驗得越充分、越準確，教學就越成功。

音樂教學的每一環節，都要有學生的興趣參與，並貫穿於教學過程的始終。如歌唱教學，從教師的範唱開始，學生通過聽覺來瞭解歌曲的內容和曲調的風格，獲得直接感受的"第一印象"，隨後通過視唱、聽唱、學習識譜，瞭解旋律和節奏的特點，還可以在教師的引導下，用拍手或敲擊等動作感受某種特殊的節奏。在曲譜和歌詞基本掌握之後，教師要組織學生投入對歌曲藝術形象和感情表達的分析和體會中，最後以齊唱、合唱甚至載歌載舞的形式把切身感受抒發出來。只有在積極參與的基礎上，才能保證音樂感受的產生和鞏固。

學生是參與的主體，在教學過程中，學生不是觀眾，不是聽眾，而是表演者、欣賞者、創作者、評論者。參與的形式多種多樣，可以動口、動手、動眼、動耳、動腦、動身。教師是學生參與的指導者，不應代替學生的參與，而應創造盡可能多的機會，吸引學生參與，幫助學生實現感受。課堂上，教師通過生動的範唱、範奏或播放錄音，給予學生聆聽的機會，組織課堂練習、提問或開展討論、評價等活動，促使學生開動腦筋、發表見解、參與實踐；在條件允許的情況下，將器樂教學活動引入課堂，讓學生直接動手、動耳，感受樂器的性能、演奏方法和豐富的表現力。總之，要讓學生通過聽覺的感受、視覺的感受和發聲及其他器官感受音樂。

學生對音樂的感受是不斷積累、逐步深化的，這個過程正是音樂認知發展的過程。它的實現需要理性認知的輔佐，使感受得到不斷的修正和補充，從而更加深刻和全面。如歌曲的藝術處理，在學習曲譜、歌詞的過程中，學生對歌曲已有了初步體驗，但歌曲究竟表達了什麼情感，以何種速度、力度、音色演唱最為恰當，仍需要學生的親身感受。教師必須進一步引導學生通過分析、對比等手法探討、認識旋律的風格、節奏的特點、結構的形成及情緒的變化，然後由學生提出對歌曲演唱速度、音量、音色等方面的設想。教師不妨按照學生的設想進行教唱，如果設想正確，學生就積累了一次正確的經驗；如果設想不恰當，資訊就會回饋回來，表明原有的感受是不正確或不準確的，必須加以修正、調整，才能達到較為理想的效果。這樣，通過對音量、速度、音色等要素及歌曲情緒的逐漸準確把握，學生音樂體驗的程度就不斷深入，對音樂形象的感受也就更加細緻。

注重感受性有助於發展學生對音樂的觀察能力、想像能力、思維能力和表達能力，有助於音樂形象的經驗材料的積累，有助於鑒賞水準的提高，也符合中學階段學生從具體形象思維逐漸向抽象邏輯思維發展的趨勢。

(三)情趣性

音樂教育是實施美育的重要途徑，音樂教學的情趣性就體現了這一點。通過教學的內容和過程，培養學生的高尚情趣，完成美感的實現，是音樂教學的重要特點。中學階段正是學生情感日益豐富的時期，出色的教學，可以展示音樂的極大魅力，激發學生認識美、創造美的欲望使他們的性情受到陶冶，從而培育和增進對音樂的感情。

提高情趣性，重要的是培養學生對音樂學習的興趣。對中小學生來說興趣是學習活動中非常活躍的因素，但學習興趣又需要引導和誘發。中學生與小學生的年齡不同，在培養興趣的手段上也應有所區別。小學階段主要是通過遊戲的形式，使學生在生動活潑的遊戲中學習，興趣也在歡樂中高漲。中學階段雖然也可以適當地採用遊戲、競賽等形式，但更主要的是靠精心選擇的教學內容和新穎變化的教學方法來激發學生的學習興趣。這是因為中學生比小學生的興趣發展更為深刻。小學生的學習興趣大多是被教學活動外在形式的變化所激發，如唱歌結合了圖畫、故事、童謠、遊戲等不同的形式；中學生則不然，他們除了對生動多樣的教學形式感興趣外，更注意到教學活動的結果，即通過學習得到了什麼。如果學習的內容和成果能夠滿足個體在生活、工作或情感上的需求，學生感到有所收穫，他們就容易產生興趣。因此，教學內容應該選擇融高度的思想性和藝術性於一體、學生喜聞樂見的音樂作品。在浩瀚的音樂作品海洋中，有中國優秀的民族、民間音樂作品，有世界著名的音樂作品，還有當代作曲家們創作的大量歌曲、器樂曲和其他音樂作品，內容紛繁，體裁各異，關鍵是要進行恰當的挑選。

靈活多樣的教學方法對激發學生的學習興趣同樣也很重要。如果各種形式的音樂欣賞教學都能受到應有的重視，那麼不僅能擴大學生的音樂視野，還能提高其審美的水準。可以借鑒全球先進的教學方法，使學生在課上有唱、有奏、有表演、有議論，動靜結合，體驗成功的喜悅；在有準備的情況下，可以採取小音樂會的形式，調動全班同學參加；還可以由學生演唱、演奏，教師進行分析講演；等等。總之，如果教師引導學生全身心地投入表演、創作、欣賞，就必然使他們產生濃厚的興趣和極大的快樂，體會音樂所帶來的情趣。

總之，激發學生的情趣，一定要通過寓教於樂的形式，達到潛移默化的作用，而不是靠空洞的說教來實現。

(四)課內外互補性

所謂"互補性"，是說課內教學與課外活動在音樂教育中的作用是相互補充的。學校的音樂教育應當包括課堂教學和課外活動，只有將課內音樂教學與課外音樂活動結合起來，才是完整的音樂教學。目前，不少學校從自身條件出發，開展了內容豐富、形式靈活的課外音樂活動，這對全面落實學校的音樂教育、教學任務起到了十分突出的促進作用。

中學生正處在生理、心理急劇發展變化和學習壓力越來越重的時期，他們需要有多彩的生活，需要有感情的交流，需要解脫精神的重負，而不是僅限於讀書、學習之中。因此，課外音樂活動絕不是額外的負擔，也不是可有可無的，相反，恰恰適應了他們的發展需要。對學生來說，課外音樂活動使他們的音樂才能得以發揮，使他們的精神世界更加充實，也是他們享受歡愉、享受美感的極好時機。因此，為保證學生德、智、體、美、勞的全面發展，課外音樂活動這一環是不可忽視的。

在課外音樂活動中，學生運用並鞏固了課堂上所學習的音樂知識，各種訓練使他們的音樂技能、技巧趨於熟練和完善。由於置身於美的創造和美的欣賞之中，他們的審美能力也隨之增長。此外，課堂音樂活動對於學生思想品格的成長和錘煉有著深刻的意義。它有助於學生集體觀念和紀律觀念的培養，有助於學生意志、品格的鍛煉，有利於激勵學生的集體榮譽感。課外音樂活動開展得好，可以促進課堂教學。凡是課外音樂活動較為普及的學校，課堂教學往往也比較順利，水準較高，而課外音樂活動中的積極分子，往往也是課堂上與教師密切配合的骨幹。一些學生由於長期的訓練和薰陶，在音樂的技能、技巧方面有較大的發展，以後可能會走上專業學習的道路。

課外音樂活動開展得較好的學校，一般都表現出以下特點：

1. 教師的高度責任感

課外音樂活動是利用課餘時間開展的，從人員編組、場地安排到制訂活動計畫、聯繫輔導老師，從選擇教材、購置樂器直至組織演出，事無巨細，都要由教師去付諸實施。為了提高活動品質，教師不但要不斷探索指導課外活動的規律，還要提高自身的業務素質和藝術修養。對於教師來說，這些工作無疑會增加許多精神上的壓力和身體上的負擔，但是在教師身上卻體現了高度的奉獻精神。

2. 周密細緻的組織工作

課外音樂活動是學校教育工作的組成部分，需要學校領導的支援和其他教師的協助。取得領導的關心幫助，與班主任及其他教師溝通聯繫，是不可忽略的一步。課外音樂活動的種類、規模、時間、內容、實施步驟都要有合理而嚴密的計畫。在各項活動的組織中，既要注意活動的歡愉性，使學生樂於參加，又要注意形成認真、守紀律的良好風氣，發揮學生骨幹的作用。

3. 選材的高品質

課外音樂活動能否吸引學生，能否經久不衰，選材的優劣是很關鍵的一環。無論作品難易，都應堅持在藝術性、思想性和情趣性上的高標準。同時，各個學校應有自己的傳統或優勢，或合唱，或民樂，或管樂，在選擇材料時可以統籌考慮。總之，課內音樂教學為課外活動奠定了必要的基礎，課外音樂活動又推進了課內教學，兩者相互配合、相得益彰。

第三節　影響音樂學習的基本因素

一切教育都是學習的問題，因此音樂學習問題在音樂教育中有十分重要的地位。當我們培養對一個特定的音型、音名、節奏、旋律或和聲序列的聽辨能力和理解能力，或演唱、演奏的能力時，我們都會遇到這個學習問題；當我們培養對整個音樂作品的一種有欣賞力的理解和一種細緻而精確的感覺，或演奏、演唱它的能力時，我們會遇到這個學習問題；當我們培養對不同音和不同和絃的結合及其關係的原理的理解能力時，我們會遇到這個問題；當我們培養對譜上所記的一個短句或一個旋律的識別能力，或培養對譜表記譜法的一般掌握能力時，我們會遇到這個學習問題；當我們正在獲得一個特定的音樂作品所要求的特定的運動神經控制力，或當我們正在努力培養對發聲機構的某些樂器所要求的肌肉和神經的相互配合時，我們會遇到這個學習問題；當我們力圖建立音樂家所需要的一般的能力和掌握力時，我們也會遇到這個學習問題。所以，學習過程滲透到了音樂教育的每個細節。有時一項學習只需幾分鐘，但有時它也可能需要幾年才能完成。無論何時何地，當我們想提高能力時，我們就在同學習打交道，它的一般特點總是相同的。

在整個音樂教學活動中，教和學是最重要的兩個方面。教的目的是使學生的音樂學習達到學習的目標。在整個音樂教學過程中，教師只起引導作用，而學生才是音樂教學中的主體。通常的教學研究大多是研究教師如何教，而較少研究學生怎麼學，從而使學生的學習屢屢出現偏差，達不到音樂教學的最終目的，可謂失敗的教學。因此，研究音樂學習的問題是非常必要的。

音樂學習的成功與否受多種因素制約。本節主要從環境、遺傳、教育、音樂學習的態度、音樂學習的方法等幾個方面加以論述。

一、環境

人的心理活動是人腦在各種現實的作用下產生的，人的才能也是在客觀環境的影響下發展的。客觀現實包括自然和社會兩個方面。家庭教育和社會生活無不對人的才能發展起著重要作用。一個人若生下來就與世隔絕，智力就會很低，如印度的狼孩現象。相反，如果處於良好的家庭教育環境下，智力就可能較高。良好的音樂環境，對於音樂才能的發展影響很大。一般的兒童，若是生活在音樂家庭裡，社會音樂生活很豐富，又自幼受到音樂的薰陶，其音樂才能水平就可能較高。如果再加上良好的音樂教育，音樂才能應會向更高水平發展。日本的鈴木教學法就認為，音樂才能教育借鑒祖國民族母語的學習方法，所有的孩子都可以學好音樂。

當我們每天毫不費力地用自己的母語，如中國人使用的漢語，聊天、問好、研究及爭吵的時候，我們很難察覺到自己是以多麼高超的能力在駕馭著一套非常複雜的語言符號系統。對外國人來說，漢語學習的難度非常大，而我們國人甚至三歲兒童都能熟練地掌握和運用。受此啟發，日本的鈴木鎮一對兒童的學習能力有了全新的看法：連語言這樣複雜的東西在良好的學習環境中都能學會，兒童還有什麼東西學不會呢？於是他通過多年的理論和實踐總結，創建了自己的"才能教育"思想方法和體系。他認為，雖然先天遺傳因素對人的生理現象有一定影響，但人的智力是由後天環境影響而形成、提高的，沒有天生的"天才"。天賦再好也受後天環境制約，因此，只要後天具有良好的客觀環境，加上正確的教育方法，每一個人都能有大的成就。他的教學法適用於多種形式的教育，如他在日本教授兒童們學習演奏小提琴、大提琴和長笛等，在全世界影響較大。由此可見環境對音樂教育的影響很大。

良好的音樂環境包括良好的社會音樂環境、家庭音樂環境和音樂教育環境。

社會音樂環境具有靈活多樣的特點。良好的社會音樂環境如各類音樂文化單位、音協、音樂院校開辦的業餘音樂學校、音樂訓練班、音樂競賽、音樂定級考試等。另外，還有社會上的宣傳部門，如廣播電臺的音樂節目、音樂錄音錄影帶的銷售等；電視、電影中的音樂節目和音樂故事；社會上舉辦的各類合唱團、樂隊和音樂會等活動；各類演出單位舉辦的各種形式的音樂會、音樂演出，報刊上的音樂講座等。這些豐富、全面的社會音樂環境對音樂學習者的影響之大是可想而知的。在發達中國，以上這些社會音樂環境都是非常良好的。發達中國不僅音樂水準很高，而且也將音樂對創新人才培養的認識提到了很高的地位。

家庭是進行早期音樂教育的最好課堂。如給胎兒聽優美的旋律，或給嬰幼兒欣賞悅耳的音樂，或安排學齡前兒童學習器樂等，良好的家庭音樂環境可以熏陶幼苗、培養音樂人才。它也是學校音樂教育的基礎和重要補充。許多音樂大師就是在幼兒時期便接受了良好的家庭音樂教育，如巴哈、莫札特、貝多芬、蕭邦等。

家長應明確對子女進行音樂教育是為了孩子的身心健康發展和思想品格的完善，至於是否可以培養孩子成為音樂家則要視具體情況而定。

鈴木教學法就特別注重強調家長在兒童學習音樂時的參與。該教學法強調父母和孩子一起學習音樂，並以自己對學習活動的熱情參與態度和認真努力的實際行動來充當激勵兒童的榜樣，以自己隨時學到的知識和技能來充當兒童課外練習的指導，以父母的特殊身份和親近關係來影響激勵兒童，使他們不斷從父母的肯定態度中看到自己的成功從而增強學習的信心。同時父母每天在家中播放正在學習的音樂錄影和錄音以及其他優秀的音樂錄音或錄影。可以肯定地說，良好的家庭音樂環境也是影響音樂學習的重要原因之一。

音樂教育環境主要是指學校音樂環境，如學校良好的課堂音樂教學和開展豐富的課外音樂活動、音樂教師高水準的教學，甚至包括音樂教室環境的佈置、色彩、燈光等，這些因素也易對學生學習音樂的激情產生影響。這個問題後面還將專門闡述。

二、遺傳

遺傳在音樂學習上究竟有多大的影響，這個問題至今也沒有準確的答案。雖然沒有任何確切的證據說明音樂才能像人的頭髮、皮膚的顏色、疾病，甚至五官和身高那樣被遺傳下來，但某些研究報告可以給我們很多啟示。

遺傳學常從解剖、家系調查和孿生子三個方面進行研究。據解剖研究報告，人群中大腦左側顳葉較大者佔人口總數的 65%，右側較大者佔 11%，兩側相等者佔 24%。右側顳葉增大被認為是具有音樂能力的物質基礎。值得注意的是，兩側顳葉的差異在出生時就存在。那些右側顳葉較大者較大可能遺傳給下一代音樂才能。此種情況說明音樂才能與遺傳有一定關係。

在家系調查中，受遺傳影響最大的是巴哈家族。在 1580~1845 年約六代人中，巴哈家族中出現了約 60 位音樂家，其中 38 位成就顯赫。當然，巴哈家族反過來也能作為環境影響因素的範例，因為以音樂家為職業是巴哈家族的傳統。當然，有些家庭因為父母不從事音樂職業，所以他們孩子的音樂潛能有可能受多種因素影響而被埋沒。調查也發現，假如父母都是有音樂感的人，或有一個是有音樂感的人，他們的子女通常也有音樂感。假如父母都沒有音樂感，孩子中有音樂感的仍多於沒有音樂感的。從家系調查的綜合因素來看，子女的音樂感與父母的音樂才能有密切關係的佔大多數。

又據孿生子研究發現，單卵孿生子之間的音樂才能水準比較接近，而雙卵孿生子之間的音樂才能水平稍遠一些。由於單卵孿生子遺傳上的一致，他們的音樂才能水平也較為一致。雙卵孿生子遺傳上不很一致，因而他們的音樂才能水準也不很一致。

當然，以上這些研究都不能準確地證明音樂才能主要是由遺傳決定的，只能說明遺傳因素在音樂學習中起一定的作用。

三、教育

在教育中，能夠影響音樂學習過程的因素有許多方面，包括教材的選擇、教師素質、教學過程、教學方法的選擇等因素。美國教育家認為以下七個方面將影響學生的音樂學習水平。第一，文化背景：包括民族的和社區的諸多因素。第二，當前學校背景：包括學校的文化、班級的價值取向、學校所在地。第三，學校特徵或班級特徵：包括學校的規模，學生的數量、年齡和性別，教師的數量、年齡和性別，物理環境（如開放式建築等）。第四，學校組織或班級組織：包括權力關係、決策模式、交流方式、職員組織形式、教師之間和學生之間的關係、同伴的影響等。第五，教師的個人特徵：包括與教學有關的教師特徵，如人格結構、宗教信仰、人生態度、生活哲學等。第六，與學生有關的教師態度：包括教育目的，教師角色和學生角色的觀念，教學態度，對學生的容納和排斥等。第七，教師行為：包括教學實踐、具體的教學態度，對學生行為的反應、教師策略的變化等。教育研究者應該試圖從上述的每一個變數的角度來研究影響學生音樂學習成就的諸多因素。

在眾多影響音樂學習的因素中，教師的教學是重要因素。教師選用什麼樣的教材，教師本人素質如何，以及所選用的教學方法、所進行的教學過程等都對學生音樂學習產生較大影響。教師也應該與家長合作對孩子進行教育。

1. 音樂教育應儘早進行

從嬰兒出生的第一天起就應當讓他聆聽最美好的、最高尚的音樂，使兒童聽音樂就像聽母親的講話一樣，將音樂教育與嬰兒、幼兒的語言學習同步進行。雖然嬰兒期可以不進行系統的學習和訓練，但音樂聽覺的培養、美好音樂的薰陶，能為以後的音樂能力發展打下良好的基礎。因此，越早對小孩進行音樂教育越好，甚至還在胎兒的時候就應當進行。

2. 高品質的教材

教材是學生獲得審美教育的源泉。優秀的音樂教材能提供豐富的營養，相反，低品質的教材則會貽誤學生成長的時機。因此，應當精心選擇思想性和藝術性較強、適合學生年齡特點和接受能力並受到學生喜愛的教材。宜選用古今中外公認的優秀音樂作品，選材時應注意題材廣泛，形式、體裁和風格應多種多樣。

通過富於藝術感染力的優秀音樂小品和世界名曲的主題、片斷來發展初學者的音樂技能，要讓他們學習各國的民歌、童謠和各個時代的著名作品，而不讓他們接觸格調不高的音樂，目的是提高兒童的音樂學習趣味。

3. 高水準的教師

音樂教師應當既是音樂專家又是教育專家。高水準的音樂教師既應該掌握音樂表演和音樂教育專業的多種理論知識，又應該面對學生進行音樂教學實踐。因此，音樂學、教學法、心理學、社會科學和自然科學知識、人際關系學、教學藝術等都交叉地集中於教師一人身上。他每時每刻都在進行創造性的和多變性的勞動。

一個音樂教師在教學雙邊活動中起引導作用，而學生才是音樂學習活動中的主體，教師必須了解學生的音樂心理，要分析學生為什麼今天沒上好課、學生想學什麼、學到了什麼等問題；必須具備對學生的極大愛心和耐心。教師應具備高尚的情操、良好的職業道德修養、淵博的知識、精湛的音樂專業技能、深厚的音樂理論知識和嚴格認真的作風以及較強的教學能力。

音樂教師的教學能力是影響學生音樂學習的重要組成部分。出色的教學具有形式新穎、活潑，教學方法引人入勝的特點。

4．靈活運用的教學方法

教學方法是完成教學任務所使用的工作方法。它是為了達到教學目標，完成教學任務所採用的教學技術總稱。

決定教學方法的基本要素是教學目的、教學物件和教學內容。三者之中教學對象處於中心地位，也即學生的實際情況是三者中最重要的因素。

音樂教學方法主要可採用講授法、談話法、討論法、直觀演示法、欣賞法、參見法、練習法等。教學中應採用啟發式教學，避免採用強制性的注入式教學方法。

全世界還有各種各樣的教學方法，不計其數，但教學應該選用什麼方法，教師應該視學生的民族、家庭、個人等諸多外在的和內在的因素而綜合考慮，如個人的性格、成長經歷等因素。良好的教學應使學生感到"這節課咋這麼短""好期待上音樂課"等心理狀況。這種期盼的心情和願望，正是學生學好音樂的先決條件。

5．用聽覺引導音樂學習

正如每個人學習自己的母語是由"聽"開始的一樣，學習音樂也必須從傾聽優秀的音樂音響開始，而不僅僅是從辨別音樂符號和學習概念開始。可以說哪一門學科的學習都是從模仿開始，通過多次重複練習然後再創造而得。幼兒具有極強的模仿能力，可通過對音樂音響和對教師的模仿，大量的練習，培養學生對音樂的敏感度和良好的音樂記憶。聽的方式可以是聽唱片、聽錄音、聽 CD、聽電臺或電視臺的音樂節目、聽看音樂錄影帶，還可以是到音樂廳聽音樂會等。

聽力訓練除了聽大師的演唱或演奏音響外，還應聽同伴或別人的演唱或演奏。學習樂器的應聽其他的樂器演奏，再聽他人的演奏。反之，學習演唱也應聽樂器的演奏，除了聽自己聲部的演唱外，還要多聽其他聲部的演唱。聽其他的演唱演奏能鍛煉我們的音樂想像力。

6．加強集體教學和對學習熱情的激勵

在音樂教學中，有些技巧學習常常採用個別教學，如樂器學習和聲樂學習。這可能導致在樂隊合奏或合唱以及演出、考試中出現合作上的問題或怯場等現象，如果每週一次或每兩週一次進行集體教學，效果會好得多。

在集體教學中，學生之間可以獲取更接近於自身水平的技術榜樣和態度榜樣。適當的競爭也會激勵更強的上進心。在集體教學中，同學之間可以相互取長補短，獲取更多的學習經驗以及糾正不正確的音樂學習方法，也可增強他們當眾表演的信心。對學習熱情的激勵也很重要。在學生真正把學習音樂看作自己的需求之前，要不斷激發兒童的學習興趣。在長時間的反復練習過程中不斷保持這種興趣是一件十分困難的事情，因此，應當適時地鼓勵和讚揚。針對不同的兒童予以不同的指導、說明，這都需要教師和家長花費不少精力去做。

在上課進行中或當學生彈或唱完一曲後，教師首先應當讚揚，然後再糾正錯誤，多說鼓勵的話語。對年紀小的學生最好讓教師示範以及叫學生模仿，對年紀大的學生要多做口頭解釋。我們有些教師往往過分要求學生，動不動就採用訓斥的口氣，這容易影響學生的學習熱情，取得相反的效果。

四、音樂學習的態度

音樂教育的目標之一是培養學生對音樂的積極態度。

如果我們在音樂學習中只是學會了音樂認識方面的知識以及聽賞技巧，而儘量逃避音樂甚至討厭音樂，那我們是無論如何也達不到高層次的音樂修養的。與讀、寫、算等其他學習內容不同的是，學生如果在課後逃避音樂，如表現為不聽音樂會、不買音響資料、不參加其他音樂活動，顯然這樣的學習很難達到效果。

態度是怎樣形成的呢？這個問題有三種觀點。一是通過聯想和強化過程而得。一位獲得小提琴獨奏獎牌的學生比沒有獲得獎牌的學生對於音樂學習的態度會更積極，因為他對小提琴擁有因獲獎而產生的積極態度。二是受群體的影響。如所在的群體對音樂的態度很積極，往往也容易使個體產生積極態度。三是人們在處理他們面臨的事物時，總會尋求某種連續性和一致性。人們喜歡那些他們了解和懂得的東西，不喜歡他們不懂或不了解的東西。比如有些人不喜歡序列音樂，是因為它含有不可歌唱的旋律，不符合他們對音樂的原有理解。

一個人對其祖國的感情的發展可以作為態度形成的範例。兒童從小就在家裡和學校裡學唱的有關祖國的歌曲常常包括諸如"偉大""好""美麗""富饒""遼闊"等詞語。當一個孩子說了讚美祖國的話時，人們通常會微笑並表示同意，說了否定的話則會遭到反對。孩子不久便認識到，父母、教師和朋友都認為祖國好。通過模仿和強化的過程，他逐漸接受了這個觀點。孩子接觸的通常是關於祖國的一致的觀點，他遇到的幾乎所有的人都持這一觀點。這種態度一經形成，關於祖國否定的話語便會受到他的排斥，因為這種否定語言不符合他已經獲得的知識。

對祖國的態度也受所喜歡的人的影響。一位令學生愉快和尊敬的教師在改變學生的態度時比一位脾氣古怪又毫無能力的教師更有效。你所有的朋友都喜歡某一曲音樂，你喜歡它的概率也會大增。

當然，為了在競爭中得到第一名和為了保持第一名而產生的持久性壓力，不利於對音樂的積極態度的形成。

音樂學習態度受音樂學習的動機和音樂學習的興趣的影響也很大。

1. 音樂學習的動機

要想在學習上取得成就，必須在心理活動方面處於積極狀態，有了這種內在的條件，才能把個人的智力激發出來，從而進行有效的學習，這便是學習的動機問題。

民間有句俗話："我們可以將牛拖到水邊，卻不能強迫它喝水。"雖然我們不能強迫牛喝水，但我們卻能誘導牛喝水。教師對學生的學習動機的誘導作用可想而知。

音樂學習動機是制約學生學習積極性的重要心理因素,是學生學習積極性產生的源泉。強烈的音樂學習動機可以使學習者擁有積極的進取態度。

那麼怎樣才能激發強烈的音樂學習動機呢?

首先,應啟動好奇動機。可利用音樂作品最吸引人的部分保持學生的好奇心,並由淺入深地進行探索。

其次,盡可能滿足成就動機。在音樂學習的某個階段前,讓學生定出自己可能達到的目標,如果目標達到了就會產生滿足感,從而產生更強的音樂學習動機。當然也要教育學生理智地面對失敗。

再次,加強交往動機。利用與父母、同伴和教師的交流,學習他們良好的音樂學習經驗,加強自己的音樂學習動機。

最後,提高聲譽動機。在人生的最大滿足中,有許多都是源於自己在他人心目中享有的聲譽地位。很多人想在競爭中超過別人,而更多的人都願為得到贊許和肯定而努力。因此,應讓學生經常參加各種演出和比賽,為可能獲得的贊許和獎勵而努力。

2.音樂學習的興趣

興趣是人們認識某種事物或愛好某種活動的傾向。不同的人對音樂興趣的廣度、興趣的中心和持久性、穩定性以及效能性都不一樣。

由於興趣是未來事業發展的一種積極的準備,並且對於當前的學習具有推動作用,因此,自幼培養兒童對於音樂的興趣是發展音樂才能的重要條件。

興趣的形成是與生活環境密切相關的。培養兒童的音樂興趣應創造一個有利的音樂環境,使學生受到良好的家庭和學校音樂教育。

教師在音樂教學過程中,教材要有趣味性,教學方法要活潑靈活,儘量在教學中採取表揚和鼓勵的方法;要通過有目的的教育,激發學生音樂學習的需要和興趣,通過誘導的方法培養和激發學習興趣;盡可能把學生其他的興趣遷移到音樂學習上來,通過在學習中提出問題的方法來培養和激發學生的學習興趣。

音樂學習興趣受某些條件的影響也是發展變化的。由於這個發展過程比較長,而且影響這個發展過程的因素又十分複雜,所以它也常常變化反復。我們應隨時注意學習興趣的發展歷程,及時採取有效措施促使學生的音樂學習朝正確方向發展。

五、音樂學習的方法

好的學習方法在音樂學習中往往起到事半功倍的效果。學生可以根據自己的智力水平、學科特點、學習環境,根據教師的教學方法等,選擇適合自己的學習方法。當然,適合於各種情況的學習方法是不存在的。

音樂學習的方法有多種多樣,借鑒美國音樂心理學家西修爾總結的學習方法,再結合我們的實際情況,我們可以對以下方法加以選擇運用。

(1)培養堅強的意志:學習音樂要有堅強的意志,不要以為不付出艱辛的勞動就可以學好音樂。學習中要不畏困難,勇於克服困難,同時要善於改正自己的缺點,提高學習成績。

如果看到自己的音樂學習取得了優異成績自然也會增強學習音樂的信心和毅力。

（2）信賴第一次印象：一首歌曲或樂曲，第一次接觸時印象最為鮮明；一個動作或技巧，第一次體驗最為敏銳。在音樂學習中要抓住第一次印象的特點加以思索體會，不要因為反複練習而失去了初次的印象。

（3）善於分析：在音樂學習過程中，遇到困難要通過分析思考加以解決，要在原有知識技能基礎上認真地思索，找到問題的關鍵，這樣困難就容易被克服。

（4）培養聽覺意象：一首歌曲或樂器，無須演奏或演唱就能產生聽覺意象，仿佛聽到它的音響效果。音樂家生活在音樂世界中，這種音樂世界不只是聽和唱（奏），更重要的是生活中無時不在回憶預期的音樂聲響效果。發展聽覺意象是音樂學習的基礎。

（5）採用分習法：將曲子分成若干單元，按單元學習，然後加以歸納複習，匯成一個整體。單元的劃分除了按教材自然結構之外，隨著學習能力的增長，單元的長度也應相應延長。

（6）通過回憶實踐：當你獲得第一次印象之後，就可回憶出行動的意象，並以此來指導實踐活動。

（7）適當休息：人的學習活動不能總是處於緊張狀態，必須進行適當的休息。音樂學習產生的疲勞，不僅是體力的疲勞，更主要的是神經系統、大腦的疲勞。頭昏腦漲的學習肯定不會取得良好的效果。保持大腦清醒，注意力集中，精神飽滿，學習的效果才會顯著。休息時間及間隔的長短，取決於身體狀態以及學習內容的難易程度和單元的長短等因素。休息的方式也多種多樣，比如看看別的科目，閱讀其他內容的報刊或書籍，或進行體育運動等。

（8）善於實踐：音樂學習跟許多其他學科的學習一樣，就是反複實踐。只有不斷地實踐才能掌握所學的知識和技能技巧。

（9）定期複習：任何知識或技能技巧的保持都需要複習，只有不斷地複習才能使學習的內容得以鞏固。通過複習還能發現許多過去沒有發現的問題。一般來說，剛學的東西要及時複習。複習過多次或掌握已久的東西就可以間隔長一些時間再複習。

（10）把新的技巧變成習慣：隨著自身的成熟，人們會獲得更加自主的活動能力。人的音樂活動，尤其是演唱、演奏和指揮，要培養發展為接近自主的習慣動作之後，才稱得上熟練地掌握。

（11）學習應根據自己的水準：音樂學習要集中力量學習那些經過努力就可以達到目標的學習內容，不要不切實際地學習那些較難達到要求的內容，同時也要避免反複學習已經掌握了的學習內容。

總之，影響音樂學習的因素還有很多，除了以上幾方面因素外，音樂學習的方法、一個人的情感經歷、生活閱歷、毅力、意志、自信心、專注力、性格、氣質以及想像和聯想能力，甚至形象、身高都會對音樂學習產生較大的影響，瞭解了哪些因素對我們的音樂學習會產生較大的影響，我們再利用好有利因素，避開有害因素，有針對性地進行學習，我們的音樂學習將取得較大的成功。

第五章　音樂教學原則

第一節　音樂教學原則的意義

一、音樂教學原則的意義

教學原則在教學理論中佔有很重要的地位。它是根據一定的教學目的、任務，以遵循教學過程的規律性認識為基礎而制訂的用以指導教學實體工作的基礎要求，它是指導教學工作的基本準則，是教學經驗的概括和抽象集中。教學原則是在總結教學實踐經驗的基礎上制訂出來的。

當音樂教育學從教育學和音樂學的結合中脫胎而出後，音樂教學論便成為其中的一個部分。當音樂教學論進一步從音樂教育學中獨立出來後，勢必對教育原則的內容及其表述方式提出更新的要求與思路。如果重複引用普及性的教學原則，則不能適應音樂教學的特點。因此，在介紹一般教學原則的基礎上，需要進一步表述音樂教學的若干原則。從操作性這一基本特點出發，對原則的內容加以新的限定，以使原則的內容更集中、更明確、更符合音樂教學法在整個音樂教育理論結構中的層次位置。隨著音樂教學的不斷發展，音樂教師、音樂教研員和音樂教育的主管部門，已不滿足於對教學進行一招一式的評議與研究。在聽課及觀摩等活動之後，如果僅僅就事論事地交流一些感想，都會感到不同程度的欠缺。

近年來，各地陸續總結了不少音樂教師的教學經驗，推廣了一些行之有效的教學方法。尤其是改革開放以來，相繼引進、推廣了國外著名的音樂教育體系。如何科學地分析、認識這些新內容，從而吸收其中的精華，為中國音樂教育所用，已經成了音樂教師亟待解決的實際問題。

進行教學法原則的學習與研究，就是從豐富的實際經驗中，概括並抽象出要點，以理論的形式，普遍地（而不是一個一個地）回答實踐中提出的種種問題，說明音樂教師提高理性認識，從而總結與學習更好的教學法，使教學操作行為更自覺、更明確、更有成效。

音樂教學原則是指運用音樂教學法進行教學，以及評價和構建教學法所必須遵循的基本原理、要點。

二、教學原則是實施教學法的依據

由於學生、教材和自身主觀條件的不同，教師經常選用不同的教學方法進行教學，即使是同一種教學方法，操作起來也會各有不同。這是因為教育是一種複雜的人際間互相影響的過程，而不是人作用於物的單向過程。正是在這一種意義上，人們常說"教無定法"。但是，教學方法實施中的千差萬別，總不能背離其中的基本原理，否則，教學就成了盲目而混亂的隨意行為。所以，一位教學操作自如，並取得良好教學效果的音樂教師，同時必定也是教學法原則的自覺遵循者。優秀的音樂教師，則會更進一步發揮自己的主觀能動性，在自己特定的教學實踐中，不僅會實施這些原則，而且還會豐富和發展這些原則。在這個意義上說，"教有定法"，而且這個"法"本身就是一個不斷發展、充滿活力的概念。

三、教學原則是評價教學法的依據

在評價、認識教學法的過程中，往往因為評價者的自身價值觀和知識結構的不同，評價的內容和角度不同，致使評價的結果相去甚遠，甚至有時各執一端，失之偏頗。這種現象，在評課活動中，在推廣經驗的過程中，經常可以看到。

在評價教學法的時候，必須有一個共同依循的基本原理，作為不同評價者進行評價時共同應用的客觀尺度。這個尺度就是教學法原則。它是基本的、主要的內容，而不是枝節的、次要的內容。依循教學法原則去評價教學，不但可以使評價抓住主要內容，提高評價效率，而且為教師發揮創造性，在具體教學過程中形成特色，從教育理論上預留了廣闊的空間。

四、教學原則是構建新的教學法的依據

首先，構建新的教學法，並不是一件高不可攀的事情。任何一位教師，進行了多次類似的成功實踐之後，都可以在這個基礎上運用科學的方法（如邏輯方法），抽象出其中的一般性操作模式，並和已有的教學方法完成界分。這時，就可以說構建了一種新的教學方法。當然，它還有待進一步經受更大範圍和更長時間的實踐檢驗。在這一系列過程中，運用教學法原則對其進行分析和認識，是一個必不可少的建設過程。如果不符合教學原則，它就不是一個好的教學方法；也許，它還沒有形成為一種教學方法。這一點和教學實踐關係十分密切。在日常的經驗、交流中，經常有這樣一種現象：在羅列教學現象之後，就冠之以"某某教學法"。這是不妥的，因為這起碼缺少了以教學法原則進行分析和整理的過程。而這一程式，正是使教學經驗從感性形式上升為理性形式的必由之路。至於有的時候，教學效果反映良好，但教學操作與已有的教學法原則又不盡吻合，這時，也可能是對教學法原則做出了新的推進與發展，此時尤其有必要進行認真地研究。

綜上所述，從音樂教學法原則概念定義中，已經說明它是音樂教學法理論中的一個基礎概念，和教學實踐具有十分密切的關係。

第二節　音樂教學原則的內容

伴隨著音樂教育歷史的發展，教育學和教學論中的原則條目越來越多了，至今已多達幾十條，內容十分豐富。它們從不同角度出發，揭示了教學的一般規律，使教學原則的理論內容從深度和廣度上都得到了發展。這些原則的確立，提高了教師進行教學操作的自覺性，也

減少了盲目性，從而改善了教學過程。

　　在教學原則的有關內容中，也提出了一些問題。一條教學原則的確立，籠統地說，這種"上升"必須經由怎樣的科學程式？一條教學原則必須具備什麼命題形式？必須蘊含什麼本質內容？也就是說具備什麼條件，才有資格被列為一條教學原則，才能得到廣大教師的公認？這些已是關於教學原則觀的問題，是教育理論的方法論的自身建設問題，有待在今後更為基礎性的學習與研究中去尋求解決。

　　在普通教育學和教學論中，有一些歷經教學實踐檢驗，並且廣被援引的教學原則條目，現選擇列舉如下，作為普遍性指導。為了避免和教育學及教學論的重複，本節中不做展開解釋。如：教學的直觀性原則、教學的自覺性原則、知識的系統性原則、學生掌握知識的鞏固性原則、教學的可接受性原則、以高難度進行教學的原則、以高速度進行教學的原則、理論知識起指導性作用的原則、使學生理解學習過程的原則、使全班學生都得到發展的原則、理論和實際相結合的原則、教師主導作用與學生主動精神相結合的原則、回饋原則、創設最優教學條件的原則、因材施教的原則、循序漸進的原則、教學相長的原則、啟發誘導的原則、管教管導的原則、動機原則、結構原則、程式原則、強化原則等。

　　在上述各項原則的基礎上，加以邏輯結構的整理，使它們成為更為嚴密、完善的原則體系。同時，結合音樂教育的特殊性，尤其是音樂教學法操作的特殊性，可以演繹、派生出下一層次的原則內容。與之對應的是，從音樂教學操作的實踐經驗中，加以抽象、概括、篩選和組織，也可提升出具有一般性的原則內容。

　　音樂教學法的原則主要有：

　　1.操作性和理論性相統一的原則

　　音樂教學法是專門研究師生音樂教學操作行為的分支學科。因此，操作行為是本學科的主要實體內容。它主要包括語言、示譜、視譜、歌唱、演奏、律動、指揮、劃拍、播放音樂、欣賞等，以及一系列智力與非智力的心理活動。這些操作行為的實際過程以及它們的一般模式，是音樂教學法的特定內容。沒有這些，也就稱不上是音樂教學法。

　　但是，音樂教學法中的操作行為，是自覺的教學行為；它們的一般模式，則是一種自覺的理性認識；尤其是各種行為之間的關係，更是一種高層次的理性構建的結果形式。因而，在強調操作性的同時，不但不排斥理論，而且必須援引有關理論來說明為什麼這樣操作。沒有起碼的理論闡述，教學操作講得再多，也僅僅是行為的羅列雜陳，建構不起具有一定結構形式的一般模式，因而也稱不上是教學法。

　　作為音樂教學法，既要具有操作行為模式，又要具有必要的理論說明，這種音樂教學法內容的操作性與理論性的統一，是一條具有前提性的重要原則。

　　2.藝術性和思想性相統一的原則

　　音樂教學是藝術教育學科，必須按照藝術審美教育的途徑實現藝術審美教育的功能。教學內容應該成為學生的審美物件，教學過程中，學生和教學內容應該發生審美關係。因此，教師對於教材、教法、教具等各個環節，都應該進行精心的審美建設，從而啟發學生的審美感知和審美體驗，使藝術審美心理過程實實在在地發生並發展。只有在這一基礎上學生才能得到潛移默化的情感陶冶，品德才能得到昇華。如果沒有充分的藝術審美過程，教育性只是一句無所依憑的空話。

藝術審美的標準和尺度，本身是在實踐的歷史過程中發展和演變的，總是具有一定的時代和社會的特徵。今日中學音樂教學中的審美教育，應該在體現社會主義精神文明、繼承中國音樂文化優良傳統的同時，積極吸收一切外來的、進步的音樂文化。在教學中，應充分注意青少年的生理、心理特點，關注他們身心的健康發展。在藝術教育中堅持思想性和教育性，是藝術審美教育中本身理論包含的基礎性質，是藝術教育內在的組成部分。

每個音樂教師都應自覺堅持藝術審美教育服務於社會主義精神文明建設的政治方向，同時又充分重視音樂這一聽覺藝術審美過程的特殊性，尋求音樂藝術的感人力量，實現藝術性和思想性的統一，從而切實地實現藝術教育的功能。

3. 愉悅性和規範性相統一的原則

在音樂教學中，使學生產生具有音樂文化蘊含和積極意義的愉悅感，使學生實現審美滿足，這可以說是美育課程的一個本質特徵。（當然，這裡所說的愉悅感是一個廣義的概念。）這種特徵，在所有的教學內容和每一個教學階段中，都應該普遍地體現出來。因而，音樂教學法作為藝術教育的實踐活動，本質上應該是快樂和愉悅的教學法，應以學生學習愉悅感的實現作為教學的操作目標。

這種愉悅感，又必須是在音樂規範之內實現的，是指導教學目標，並在教學過程中發生與發展的。首先，這種愉悅感是教材內容所引發的；其次，是從學生的基礎知識與基本技能的學習過程中發生、發展的；最後，這種學習的成功由於得到肯定性評價而達到高潮。愉悅感的發展過程，就是音樂文化規範建立的過程，兩者是一致的。因此，音樂教學要全力引導學生接受這些規範，掌握音樂基礎知識和技能，並得到預期的成功，使學生的耳朵變成"音樂的耳朵"。只有這樣，學生才可能享受到音樂文化所帶來的愉悅。所以，在教學法操作中，對學生的知識與能力的掌握要嚴格要求。如果某種教學法的操作誘發的是欠缺音樂文化規範的愉悅，比如非音樂的嘻嘻哈哈，不講發音技巧的"聲音洪亮"等，那麼，不管課堂氣氛如何活躍，學生如何積極主動，都應被視為一種無意義的教學。

良好的教學法操作重視音樂知識技能的學習和掌握，從本質上說，它應是一個實現愉悅的過程，而不是一個單純痛苦磨煉的過程；在追求並實現這種愉悅的時候，同時又使它發生在音樂學習的過程之中，而不使這種愉悅感泛失於音樂規範之外。音樂教學法尋求的是規範性和愉悅性的統一。有了這種統一性，就可以避免時而片面強調雙基教學時而強調活躍課堂氣氛的盲目性。

4. 直觀性和抽象性相統一的原則

音樂教師在教學中，盡量充分利用範唱、伴奏、播放樂曲音響等方式，通過多種感知途徑，豐富學生的直接審美經驗和感性認識，使學生獲得生動的音樂表象，為深化體驗和提高理性認識建立基礎。這一原則是根據人類認識的客觀規律提出的。教學法應該尋求多種操作行為，使這種聽覺感知充分發生，以使學生獲得更強烈、更深刻、更豐富的聽覺印象。

但是，直覺的感知不是目的，音樂教學不應僅僅停留在這個階段，而應進一步運用教學法，引導學生運用所學過的基礎知識，加深對音樂的理性認識，同時啟發學生進行積極的思考與想像，盡可能使學生對音樂產生更廣闊、更深刻的情感體驗。這些心理活動是抽象的心理過程，學生在積極參與學習，掌握一定的音樂基礎知識和基本技能的條件下才能實現。

沒有充分的聽覺直觀感知，學生的音樂學習心理過程是貧乏的；沒有後繼的抽象的理性認識，學生的音樂學習心理過程是膚淺的。良好的教學法，尋求的是兩者的統一從而使音樂教學變得更為豐富而深刻。

5.總體性和個別性相統一的原則

中國基礎教育的性質和教學大綱的教學目的，都提出了面向全體學生的統一要求，這就決定了音樂教師在選用和實施教學法操作的時候，必須引導全體學生掌握基礎知識和基本技能，並使他們從中受到陶冶，從而爭取使全體學生通過學業成績的考核，完成教學任務。中學音樂教育正是面向全體學生，通過提高他們的藝術素質，從而完善整個人格的素質教育。

由於多種原因，形成了學生之間的個體差異。在音樂學科的教學過程中，這種差異更為明顯。因此，教師應當儘量創造條件，對於不同的教育物件，採取不同的教學方法，進行更有針對性的教育。這是教育學中經常強調的因材施教的原則。對於其中的"材"，我們可以做廣義的理解，可以表述為對於不同學生、不同教材和不同教師的自身特點，都可以而且應該採用不同的方法，這樣才能使教學操作行為更加符合教學的實際情況。但在這樣做的時候又會有很多實際的困難，特別是經濟效益方面的原因，使教學不可能出現更多的一師對一生或一師對幾生的對應過程。因此，在進行教學法操作的時候，既要面向全體學生，又要創造條件，照顧到不同學生的特殊情況，尋求兩者的統一性。

6.基礎性與創造性相統一的原則

21世紀國際的競爭歸根結底是人才的競爭，是創造型人才、創新能力的競爭。面對新世紀的挑戰，如何培養學生的創新意識、創新精神和創新能力，是推進素質教育最重要的一個問題。

音樂教育可以激發和強化人的創造衝動，培養和發展人的直覺和想像力。因為音樂是一種非語義、非具象的藝術，它的這種自由性、模糊性和不確定性特徵給人們對音樂的理解與演繹提供了想像、聯想的廣闊空間。音樂的一切實踐活動從創作、表演到欣賞都離不開創造性思維活動。音樂創作是創造，音樂表演是二度創造，欣賞也是創造（稱為三度創造）。音樂教學通過感人至深的音樂藝術，促進學生的感覺、知覺、注意、記憶、想像、思維等心理過程的發展，比邏輯推理更能深入人們的心靈。

要使學生學會創造就必須說明他們儲存豐富的基礎知識，掌握必要的基礎技能，養成多向可變的思維習慣。世界上幾乎所有的發明創造都與已知的資訊量相聯繫，都是建立在舊知識的基礎之上。實行創造性的教育不能降低對學生基礎知識和基本技能的要求。從某種意義上來說，進行創造性的教育對學生的基礎知識和基本技能方面的要求將會更高。

創造性的音樂教學活動包括音樂創作教學和創造性的音樂活動兩大部分。

　　良好的音樂教學法，首先要求學生要掌握最基礎的音樂知識和最基本的音樂技能，然後立即展開對學生的創造性能力的培養，這就要求教師首先要樹立以學生為中心的教學觀念。創造條件，支持、鼓勵、引導學生積極開展音樂創造性的活動。要充分尊重學生的創造權利，承認學生在音樂個性發展方面的差異。既要鼓勵學生勤於思考敢於發表不同意見，充分發揮他們的想像力和創造力，又要善於誘導，激發學習興趣，引起學生的好奇心、求知欲；鼓勵求異思維，發現並肯定他們與眾不同的地方，幫助他們克服創造中的層層障礙。創造性教學並不是放任學生"隨意自由"發展，而是在教師的引導下去創造。另外也要注意學生重創造輕基礎的傾向，引導學生注重二者的統一。

第六章 音樂教學的主要領域及教學法

第一節 音樂感受與欣賞教學法

在音樂課程中，"感受與欣賞"這一教學領域被視為培養學生音樂審美能力的有效途徑，是因為音樂欣賞具有最直接、最具體的審美教育價值。"它以一定的音樂為審美物件，以參與欣賞活動的人為審美主體，形成一種特殊的審美觀。通過這種對音響的聆聽，實現對音樂美的感受和鑒賞。"其審美教育價值主要體現在：

（1）培養審美感知，包括音樂辨別力、音樂感受力和音樂記憶力，這是音樂審美的基礎。

（2）培養審美情感，包括音樂情感辨別力、音樂情感表現力和音樂情感理解力，這是音樂審美的發展和深化。

中國音樂課程標準在感受與欣賞方面包含四個內容：音樂表現要素、音樂情緒與情感、音樂體裁與形式、音樂風格與流派。

一、音樂表現要素的教學方法

(一)音樂表現要素的基本內容

音樂表現要素所涵蓋的內容歸納起來大致包括四個方面：①對自然界和生活中的各種聲音的感受與體驗；②對人聲（童聲、女聲、男聲等）和樂器聲（常見民族樂器和西洋樂器等）的感受與聽辨；③對力度、速度、音樂、節奏、旋律、和聲等音樂要素的聆聽與體驗；④對音樂結構的感知。

這四個方面的內容的學習，有的具有相對的獨立性（如人聲的分類，各種樂器的介紹等），但更多的內容是交叉在一起的，需要結合音樂實踐和具體音樂作品進行整體性的音樂學習，以益於學生獲得完整的音樂體驗。

音樂以聲音作為基本的表現手段。音樂中的聲音將各種聲音要素（音值、音高、音量、速度等）用音樂的組織手段（旋律、節拍、調式、和聲、複調、曲式、織體等）按音樂形式美的法則（和諧、比例、對稱、調和對比、整齊一律、多樣化統一等）組織在一起。構成音樂的聲音要素與組織手段，我們稱之為"音樂語言"，或稱為"音樂的表現要素"。不瞭解音樂的表現要素，我們就很難理解音樂是如何表情達意、塑造音樂形象的。

音樂中的基本表現要素主要有以下幾個方面：旋律、調式、調性、和聲、節奏、節拍、速度、力度、音色、音區、織體、曲式。

1.旋律

旋律又叫曲調，它是由不同高低、不同長短的音組成的音的線條，或者"有組織的音的橫向進行叫旋律"。旋律本身包含了音高、節奏和節拍三種要素。旋律是最重要的音樂表現要素，我們聽一首曲子，印象最深的就是旋律。所以，旋律是音樂的靈魂，是塑造音樂形象最重要的手段。旋律由各種音程的連續而構成，其進行是多種多樣的，按照音程關係，可以分為級進和跳進，按行進方向可以產生上行、下行、平行的運動。旋律依靠自己的內部邏輯，將不同的行進方式富有個性地綜合在一首作品當中，由音樂所要表達的具體情感內容和需要來決定。一般而言，上行的旋律常用於表現情緒的高漲或興奮；下行的旋律常用於表現情緒的鬆弛或低落；平行的旋律，尤其是波浪狀進行往往表現情緒的安穩平和。

需要明確的是，旋律不是一個脫離於其他表現要素而單獨存在的要素，而是各種表現要素的統一體，它表達作品內容的能力不僅僅是通過音高關係，也是通過各種要素的有機組合、相互作用來實現的，它與其他表現要素的關係是整體與個別的複雜關係。

2. 調式、調性

兩者是音樂表現的重要基礎要素之一。調式是在長期的音樂歷史發展中形成的音高關系的體系，其表現力體現在該體系中的各個音級的運動個性之中，有的音具有活躍而不穩定的性質，如下屬音和導音；有的音具有穩定或較穩定的性質，如主音和屬音。前者在音樂進行中意味著音樂構思的繼續；後者則意味著結束（或暫時的結束）。從不穩定到穩定，又從穩定到不穩定，這種運動的性質便構成了調式在音樂表現中的基礎。調性作為調式的高度，在音樂中的使用往往造成音樂中的新的緊張性和新的矛盾。不同的調性對比能夠造成各種色彩的對比和變化，為音樂的運動增加活力，是推動音樂向前變化發展的重要動力。

3. 和聲

把音程的橫向關係按縱向的方式組織起來，就成為和聲。和聲的出現是人類音樂的一大飛躍，和聲不但能加重旋律的情緒色彩濃度，有時還能改變旋律的情緒色彩，或使旋律的情緒色彩變得複雜豐富。

4. 節奏、節拍

節奏特指音與音之間的長短關係，節拍特指音與音之間的強弱關係，節奏和節拍是音樂中兩個密不可分的要素。節奏存在於節拍之中，節拍也離不開節奏，兩者相輔相成共同構成音樂的骨架，來支撐搏起音樂的律動。不同的節奏和節拍為音樂的表現提供了強烈的動力和感情色彩。例如具有強節奏的進行曲和一些舞曲常用兩拍子，具有舒緩悠長節奏的頌歌和抒情歌曲常採用四拍子，三拍子則成為圓舞曲的典型節拍，具有歡快活潑或抒情的特點。音樂表現不同的審美情感時，會採用相應的節奏節拍，如平靜時，多採用平緩的節奏，長時值的音；激動時多用緊張急促的節奏和強弱交替頻繁的節拍。

5. 速度

音樂作品的表現內容豐富多樣，要求有多種不同的表演速度。速度在音樂中的作用非常明顯，最主要的就是直接形成或影響音樂性格以及音樂的基本形象。一般說來，快的速度通常是和激情、興奮、緊張、恐慌、歡快、活躍等情緒特徵聯繫在一起的；慢的速度則多與安詳、寧靜、沉思、憂愁等情緒情感特徵相關。在音樂表演過程中，速度的適當掌握將有助於增強藝術感染力，但如果採用不恰當的速度，往往會破壞音樂形象。

6. 力度力度越大，越使人感到音樂緊張性的增強；力度越小，則越減輕音樂的緊張性。另外，力度的增大往往伴隨著音響的增強，在通常情況下，旋律上行時伴隨著力度的增強，旋律下行時伴隨著力度的減弱，因此，音樂的高潮往往是在旋律的不斷上行中，伴隨著力度的增強，使音樂緊張度增加而形成的。

7.音色

在音樂表現上，音色是一種表現工具（指人聲、器樂）區別於另一種表現工具的色彩特質。由於音色的不同，各種人聲和樂器的表現呈現出豐富的色彩和巨大的表現力。另外，音色的表現作用還在於其體現出的特殊的民族色彩，如各民族的歌唱和樂器特有的音色，使得音樂的民族風格更為顯著、鮮明，具有強烈的藝術感染力。

8.音區

音區作為一種表現要素，進行音區劃分是由於音列中一部分音的音色相似。一般而言，在不同音列間，音的色彩會給人不同的感覺：高音區的音色明亮悅耳，低音區的音色渾厚暗淡，中音區的音色則往往比較堅實穩重。這種由音區造成的色彩變化，肯定會對音樂形象的塑造和審美情感的體驗產生影響。

9.織體

音樂中的橫向與縱向兩方面的關係稱為織體，織體可以分為單聲織體和多聲織體兩類。一切單聲部的曲調，如許多民歌、單聲歌曲和無伴奏器樂獨奏等，都是以單聲部織體作為其陳述形式的。齊奏（唱）也屬於單聲部織體形式。與單聲織體相對應的概念是多聲織體，它是多個聲部或多個旋律的同時疊置，它的數個聲部有多種結合方式，有時是一條旋律上和聲伴奏，有時則各個聲部都具有個性和獨立意義的旋律。

10.曲式

曲式是音樂過程的結構，是由各種音樂要素所構成的或同或異的音樂事件。在一個有起止的時間過程中按一定的邏輯分佈、組合所形成的整體結構關係，便是音樂作品的曲式。樂曲的曲式形式有樂段、二部曲式、奏鳴曲式等。

在具體的音樂作品中，不同的音樂表現要素往往是綜合交叉在一起的，因此需要結合音樂實踐和具體音樂作品進行整體性的音樂學習，從而獲得完整的音樂體驗。

(二)關於音樂表現要素的教學方法

音樂表現要素的學習是音樂入門的必經過程。一些簡單的要素（比如旋律、節奏、節拍、速度、力度、音色、音區等）的教學在小學甚至幼稚園就要開始，而較複雜的要素（如調式、調性、和聲、織體等）的教學則適合在理解力較強的中學階段開展。下面就音樂的基本要素介紹一些教學方法。

1.發現法

發現法是學生運用教師提供的按發現過程編制的教材或材料進行"再發現"，以掌握知識並發展創造思維與發現能力的一種教學方式。採用發現法，可以加強學生的記憶和解決問題的能力。例如教師提供各種音響材料：颱風、雷鳴、飛機起飛等自然音響，或混聲合唱曲、打擊樂、人聲、水聲、鋼琴、木琴等樂器組合聲等，讓學生識別什麼是音樂，什麼是非音樂。讓學生去發現、去探索要解決的問題，再從實踐到理論去檢驗、證明，這樣通過發現得出結論。

2.練習法

練習法是受教育者在施教者的指導下，運用知識，去反復完成一定的操作訓練，以形成技能技巧的教育教學方法。音樂教學的許多內容，如演唱、演奏、視唱練耳、音樂創作等都屬於技能技巧，因此練習法也是音樂教學中常用的教學方法。

二、音樂情緒與情感的教學方法

(一)音樂情緒與情感在音樂教育、音樂欣賞中的重要意義

音樂的本質，是人類的感受、情緒、思想和意識的一種本能的表現，是一種自然地流露，它是一種用聽覺感受的藝術。作曲家在創作的過程中，總是力圖再現自身內心深處的感受，好的音樂作品也總是強烈、細膩地表達了作曲家內心豐富的情感。因此，去體驗作品所包含的情感，對作品的情感、情緒做出判斷，在音樂教育、音樂欣賞中具有重大意義。

(二)音樂情緒與情感的教學方法

音樂是聽覺的藝術。課堂上，學生利用聽覺器官接受音樂的薰陶，音樂中蘊涵的道德哲理、思想情操和情感體驗，一點一滴地浸潤著學生的心靈，播撒著美的種子。音樂的特殊性決定了人們需要聆聽，而多聽是音樂教學的一種好方法。採用"閉目法"聆聽音樂是提高聽的品質，獲得良好音樂教育效果的可行辦法。

當人們閉上雙眼或身處黑暗中時，視覺暫時失靈。眼睛中斷了接受外界資訊刺激，聽覺神經就特別敏銳，平時在睜眼時難以捕捉到的聲音資訊，都變得清晰可辨。這時，用美妙的音樂去刺激"盲人"的聽覺，讓其以唯一的途徑——耳朵去捕捉每一個音符，從中去感受，去鑑賞，情到極處，往往到了物我兩忘境地。短短幾分鐘的閉目聆聽，能收到事半功倍的教學效果。

在教學中我們還常用到情境法和演示法。

1.情境法

情境法是遵循反映論的原理，充分利用形象，創設具體生動的情景，激起學生的學習情緒的一種教學方法。

在音樂教學中，學生對音樂的感受、理解，往往需要借助情景，如創設圖畫再現情境，扮演角色體會情境，語言描繪情境，音樂渲染情境等。這些情景可使學生產生一定的內心情感體驗和情緒，從而增加對教材的理解，促使他們產生用音樂來表達感情的欲望，同時也受到一定的性情陶冶。

2.演示法

演示法是施教者展示實物、圖片等教具，播放錄音錄影，或進行示範性的演唱、演奏，以使受教育者獲得感性知識的教學方法。演示教學的直觀性強，對於增強受教育者的感性認識，提高學習積極性及培養和發展受教育者的觀察力、想像力和思維能力等都具有重要作用。

三、音樂體裁與形式的教學方法

(一)音樂體裁與形式的定義及種類

音樂體裁指的是音樂的具體類型。音樂體裁種類繁多，由於它是和音樂活動方式及音樂形式密切相關的概念，因此，大致可以從以下五個方面來劃分。

1.按照社會生活使用音樂的不同場合及音樂的社會功能來劃分

和勞動相聯繫的夯歌、漁歌、牧歌、山歌、田歌；和男女交往相聯繫的情歌；和風俗相聯繫的祭祀歌、酒歌、婚嫁歌、喪歌；用於中國典禮的國歌；用於行軍佇列的軍樂；用於娛樂的舞曲；用於宗教活動的經文歌、彌撒曲、頌讚歌。

2.按照音樂與其他藝術門類相結合的方式來劃分

和語言結合的歌曲類；和戲劇表演結合的歌劇、戲曲類和舞蹈結合的舞蹈音樂、舞劇音樂；和電影結合的電影音樂；等等。

3.按照音樂表演形式來劃分

首先可分為聲樂和器樂兩大類。聲樂體裁有獨唱、重唱、齊唱、合唱。大型聲樂體裁有大合唱、康塔塔、清唱劇等。器樂體裁的類別，從單純的演奏形式來劃分，有獨奏、齊奏、協奏與合奏。從器樂的組合來劃分，有小型的組合方式，如小提琴獨奏（往往加鋼琴伴奏）、弦樂四重奏、木管五重奏等，這類小型組合的器樂演奏又統稱為室內樂；大型的器樂體裁則有交響樂、銅管樂、協奏曲等。中國的民族器樂體裁有其獨特的分法，如含各種樂器的器樂獨奏，不同器樂種類組合的器樂合奏有絲竹樂、吹打樂、鑼鼓樂等，這些體裁結合地方特色又形成了種類繁多的樂種，如廣東音樂、江南絲竹、福建南音、河北吹歌、潮州鑼鼓、西安鼓樂等。

4.按照樂曲的結構規模、織體類型、節拍速度、表情性格來劃分

如組曲、變奏曲、迴旋曲、奏鳴曲等都與一定的曲式結構相聯繫；小夜曲、嬉游曲、幻想曲等和樂曲的情緒、情調相聯繫；賦格曲、創意曲、輪唱曲都屬於複調織體類型；而起源於歐洲民間舞蹈音樂，如波爾卡、波洛奈茲、薩拉班德、加沃特，作為獨立的器樂體裁創作，已成為特定的節拍、速度和表情性格的標誌。

5.按照樂曲的民族或地區特點來劃分

這類體裁具有鮮明的風格意味，如同樣是山歌，信天遊屬陝北黃土高原的風格；長調是內蒙古草原風格；花兒則是黃河上游流域的風格。

(二)關於音樂體裁與形式的教學方法

關於音樂的體裁與形式等知識的講解，教師可由淺入深，逐步遞增。比如，在進行中國民歌欣賞時，就可以通過介紹、講解、分析、比較等方法，結合示聽、看等電教手段，並輔以生動範唱，還可以請學生現場介紹和演唱自己家鄉的民歌等，喚起他們對民歌的熱愛，並通過討論對民歌三種不同類型的特點進行對比和總結，為日後弘揚民族音樂文化打下基礎。音樂體裁與形式的教學方法也很多，例如：

1.講授法

講授法是施教者通過口頭語言向受教者傳授知識的教育教學方法，它是音樂教育中最基本的教育教學方法之一。講授法的優點是使施教者有較充分的主動性，易於把握所講內容，能夠使受教者在較短時間內獲得較多、較系統的知識。這種教育教學方法要求施教者要有較強的語言表達能力。

這種教育教學方法適於進行基礎樂理、音樂作品的分析，音樂家介紹，樂器知識講解等內容的教學，在運用這種教育教學方法時要貫徹啟發式教學思想，促進受教者的思維活動；

語言要簡練準確、生動形象，富有藝術性；語調要抑揚頓挫，並注意講話的節奏與速度；還可以適當地輔之以身體動作和手勢，加強語言的表達效果。講授法要與其他教育教學方法相配合，注意不要形成"滿堂灌"的現象。施教者的講授語言還要注意適應不同年齡、不同層次的學習者，使他們能夠聽懂並理解所講授的內容。

2.討論法

討論法是在教師的指導下，學生為解決教學中的某些問題，採用相互啟發，討論辯論，各抒己見的教育教學方法。在音樂教學中，討論法能更好地發揮學生的主動性、積極性，有利於培養學生的獨立思考能力、口頭表達能力和創造能力，能促進學生靈活地運用知識，提高分析問題、解決問題的能力。如對歌曲的演唱的處理分析、音樂欣賞作品的理解、形體動作的動作分析、旋律創作的研究、樂隊的簡單編配等都可以採用討論法。

在諸多教育教學法中，討論法是一種值得提倡、最體現教學民主、最能調動學生思維的方法。一些教師對作者簡介、作品大意、音樂風格、曲式結構進行介紹時，往往喜歡通篇採用講述法，特別是曲式結構更是枯燥乏味，一節課下來學生除了欣賞外，只能被動地聽老師"滿堂灌"。一堂課下來老師講得口乾舌燥，學生聽得暈暈乎乎。

採用討論法，特別是在欣賞課中使用討論法，充分體現了以學生為主體、啟發學生思維的積極作用。討論法的實質是：能讓學生說的老師不說，能讓學生做的老師不做；變教師的"演員"身份為"導演"，變學生的"觀眾"身份為"演員"。

四、音樂風格與流派的教學方法

(一)關於音樂風格與流派

1.音樂風格

"風格"一詞含義廣泛，很難對其下精確和唯一的定義。在音樂領域裡，風格可廣泛包括某一音樂歷史時期、某一中國、某一流派、某一音樂家、某種體裁、某部作品等，在音樂思想、創作原則、藝術個性、表現手段和技法上所具有的獨特典型特徵。

2.音樂風格與流派的聯繫

音樂風格和流派雖為不同的概念，但有著密切的聯繫。從本質而言，音樂流派與音樂風格一樣，都是音樂藝術美在多種形態上的表現。一般說來，音樂流派是由一批風格相近的音樂家所形成的，即在藝術觀點、創作主張、個性氣質、取材的內容和範圍、運用的藝術手法與技巧等較為一致的基礎上，形成的某一藝術流派。從這一意義上說，風格類型也即藝術流派。

3.音樂風格的劃分

對西方音樂風格和流派的劃分，應持審慎的態度。因為到目前為止，關於音樂風格和流派的劃分沒有達到完全的統一。原因之一就是，對於不同風格的時期和流派有時難以找到明顯的劃分標誌，即很難都以某一特定歷史事件和人物為標誌，並且使之得到公認。事實上，新時期與舊時期並存，舊風格與新風格同在，新舊風格的因素與方法技巧相結合的情況（如"新古典主義"）是存在的。不過，可以肯定的是，音樂風格和流派的多樣化是和不同歷史時期的審美需要相適應的，並和特定的社會歷史事件有機聯系著。每一特定時期的音樂都有其主要的藝術風格。西方音樂各個時期和流派的劃分將有助於我們瞭解和認識各種風格的形成和發展情況。以下是常見的西方音樂歷史時期劃分：

中世紀時期（476～1453年）；

文藝復興時期（1453～1600年）；

巴羅克時期（1600～1750年）；

古典時期（1750～1820年）；

浪漫主義時期（1820～1910年）；

現代音樂時期（1900至今）。

(二)關於音樂風格與流派的教學方法

一部音樂作品，是其獨特的內容與形式相結合的產物，是作曲家主觀精神與作品的客觀特徵相統一的藝術體現，具有能夠感知和體驗卻難以說明的獨特面貌，即藝術風格。就整個音樂藝術而言，音樂風格在本質上是音樂藝術美在多種形態上的表現。因此，在涉及音樂風格時，我們可以將諸如巴羅克時期音樂與古典時期音樂加以比較，將古典樂派與浪漫樂派加以比較將德國音樂與義大利音樂加以比較，將東方音樂與西方音樂加以比較，將貝多芬音樂與莫札特音樂加以比較，將貝多芬不同時期的音樂加以比較，在各種聲樂和器樂作品之間進行比較，等等。

音樂風格與流派的教學通常是在欣賞課中進行的。比如，在欣賞民歌《茉莉花》時，就可以通過欣賞同一曲調不同風格的手段，結合電教技術，讓學生進行討論和比較，使學生在欣賞樂曲的同時瞭解到各地的風土人情。其教學方法主要有：

1.問題教學法

愛因斯坦說過："提出一個問題，往往比解決一個問題更重要。"在音樂教學活動中會遇到種種困難和問題。教師要鼓勵、引導學生大膽提出問題，並可以解釋性地回答問題，讓學生通過"觀察—聽賞—提問—假設—推理—驗證"等過程，對問題反覆地、持續地探究與實踐，逐步養成善思、勤問、好學的良好習慣，從而有效地培養學生的創新能力。

2.研究法

研究法是受教者在施教者的引導下，通過獨立的探索，創造性地解決問題、獲取知識和發展能力的一種教育教學方法。一般地說，受教者要解決的問題都是社會和科學上已經解決了的問題，不過，這對於受教者來說還是新的。在施教者不做講解而只提供一定素材、情境的條件下，解決這些問題需要受教者進行創造性的研究活動。研究法的突出優點是能夠使受教者在研究和解決問題的過程中得到極大的鍛煉和提高，逐步掌握研究問題的方法和形成創造性地解決問題的能力。

五、感受與欣賞教學應注意的問題

感受與欣賞教學是音樂教學的重要內容，也是培養學生興趣、擴大音樂視野、發展音樂感受能力和審美能力的有效途徑。音樂感受能力是音樂學習的基礎，歌唱、樂器演奏和創造等音樂學習，都離不開音樂感受的能力。

感受與欣賞教學應該注意以下幾個問題：

1. 以音樂為本，從音響出發，以聽為主

音樂感受能力和音樂鑒賞能力的培養，當然都不可能離開音樂、音響和人的聽覺。傾聽音樂是音樂欣賞的主要方式。音樂欣賞固然需要某些非音樂因素的輔助，如欣賞音樂有時需要用語言文字、圖像畫面等加以引導，但是這些輔助僅僅是一種媒介，而音樂欣賞最重要的、最根本的還是傾聽音樂。因此，我們提供給學生們鑒賞的音樂必須是最優秀的、最有代表性的、最能激發學生美感的藝術精品，應該是優秀的演奏和演唱，最好的音響品質和優美清晰的畫面。這樣才有利於激發學生對音樂的濃厚興趣，使學生獲得美好的音樂享受，養成聆聽音樂的良好習慣，逐步積累感受與鑒賞音樂的經驗。在進行欣賞教學時還要注意，欣賞教學的中心點是"聽"，應圍繞"聽"來開展多種多樣的教學活動，不要因為採用了多種多樣的"輔助形式"而忽視了"傾聽音樂"這個主要的環節。

2. 要採用多種形式，引導學生積極"參與"音樂、體驗音樂

中小學欣賞教學要適應學生活潑好動、注意力難以持久的特點，儘量採用綜合性的音樂欣賞活動，引導學生調動身體的各種感官，全身心地"投入"音樂，使學生圍繞欣賞音樂，結合音樂的各種要素，採用歌唱、演奏、身體動作和表演等方式，參與到音樂中去。也就是說，音樂教學要注意發揮通感的作用。例如，唱一唱欣賞曲的主題或主要片段，用樂器演奏欣賞曲的主題或片段，熟悉、背記音樂主題。再如，結合音樂進行身體動作或表演，隨音樂擊拍、踏腳、拍手，做各種即興動作或音樂表演和舞蹈動作等。我們應該採用這種綜合性的、生動活潑的欣賞教學方法，避免欣賞教學出現單純依靠聽覺、過多講述使欣賞教學死板乏味的現象。

3. 要注意引發學生想像和聯想，激發學生的創造力

欣賞教學要使學生將生活經驗與音樂作品的表現手段聯繫起來，促使他們產生豐富的聯想和想像。音樂欣賞教學啟發學生的豐富聯想和想像，可以有三種方式，一是由描繪性音樂引起聯想，二是由情節性音樂引起聯想，三是由音響感知與情感體驗引起自由的想像。前兩種方式比較淺顯、易懂，也比較容易收到效果，較適合小學低年級使用；後一種方式需要有一定的生活經驗以及相當高的欣賞能力，比較適合在小學中、高年級和中學使用。可以利用生動形象的故事、詩歌、語言以及錄影、圖畫、幻燈片等，為學生在生活經驗和理解音樂之間架起聯想和想像的橋樑。還可以採用比較的方法，如不同音樂情感的對比，各種音樂表現手段的對比，各種不同演唱、演奏風格的對比等，通過比較讓學生發表自己的評價和見解。甚至可以引導學生用詩歌、短文和圖畫等形式表達自己對音樂的感受和體會，所有這些活動都要尊重學生的獨立感受與見解，鼓勵學生勇於表達自己的審美體驗。

4. 教師的講解、提示，力求簡明、生動，富有啟發性

根據不同年級學生的水準對欣賞進行講解、提示當然是必要的，如作品相關的常識、時代背景、創作意圖、主題和它的發展變化、曲式結構、風格流派等。但是，教師的講解應力求簡明、生動，多啟發學生積極思考和主動表達，並注意講解的時機，多採用簡要提示後傾聽音樂，再讓學生進行探索的方法。有些作品還可以讓學生在傾聽之後，再探索討論，最後由教師做必要的講解和提示。

"教學有法，但無定法，貴在得法。"音樂課教學也同其他學科教學一樣，方法不是一成不變的。只要我們在教學實踐中，充分考慮學科特點、教材內容和學生實際等情況，認真分析，巧妙設計，選擇更為方便有效的教學方法，就會順利實現我們的教學目的。

第二節　音樂表現教學法

表現是學習音樂的基礎性內容，是培養學生音樂審美能力的重要途徑，教學中應注意培養學生自信的演唱、演奏能力，綜合性藝術表演能力，以及在發展音樂聽覺基礎上的讀譜能力，通過音樂實踐活動促進學生能夠用音樂的形式表達個人的情感並與他人溝通，融洽感情。

一、演唱的教學方法

(一)演唱在音樂教學中的價值

演唱是學生通過自身的嗓音形象來表達思想感情的音樂表現形式。一般說來，演唱教學是一種較全面的音樂教育的基礎，並且具有重要的教育價值。

1.演唱是音樂表現的基本方式之一

演唱是音樂表現的基本方式之一，也是一種中小學基本的音樂活動形式。基本音樂教育的基本目的並不是訓練歌唱的技能，而是為了學生在音樂上的發展和在音樂中獲得快樂。嗓子是人人皆有的"樂器"，它給每一個學生提供了學習音樂的機會。對於經濟條件較差的學校，利用"唱"進行的音樂教學活動是最容易、最普及、最經濟的方式。演唱教學的活動會使學生在學習音樂知識、歌唱技巧、識譜能力時更為主動，運用更為靈活，同時又是對學生進行思想教育、陶冶情操的過程。只要教師的教法適當就可以讓學生在快樂的演唱中去欣賞音樂和創造音樂。

2.演唱是培養音樂感的基礎

匈牙利著名的音樂家柯大宜說過："唱歌是培養音樂感最好的基礎。"演唱中的"唱"是人操作嗓子，更多地體現著人的生理和心理的反應及需要。比如，人們在快樂的時候會情不自禁地哼唱著小曲或吹起口哨；憤怒或悲哀的時候也會以唱的方式宣洩情緒。也許在別人聽來不美，甚至是不堪入耳，但對唱者本人來說卻是最真摯的情感表達。而演唱中的"演"則具有更廣泛、更深刻的意義。它包含著演唱者對音樂的理解和歌唱的修養，選用適當的嗓音塑造音樂形象，借助表情和動作豐富歌曲的表現力與感染力。"演"更多地體現著人對音樂的創造和欣賞的綜合表現能力。"演"與"唱"是技能技巧和本能的有機結合。所以我們在訓練學生演唱時，是在幫助他們使用敏銳的嗓音去塑造他們自己想像的音樂世界並真誠地表現自我。正如詹姆士·L.穆塞爾所說："歌唱的'樂器'是整個品格，包括身體上的和心靈上的。歌唱著的並不是孩子的嗓子，而是正在歌唱的那孩子本人。"

3.演唱可以更好地促進學生喜歡音樂、欣賞音樂和表現音樂

演唱美妙的音樂，能使學生最直接地感受音樂精品的魅力和增強對音樂的理解。學生在集體的演唱訓練中可以互相影響、互相促進，也可以增強聲音的和諧統一以及感染力。在一個班集體裡能夠獨唱的學生畢竟是少數，但依靠集體力量卻可以塑造較完美的藝術形象，因此通過集體的演唱更容易建立學生個人的自信心和營造團結向上的氛圍，有利於培養集體榮譽感。合唱可以培養學生的和聲感及配合能力。對唱歌的訓練也是對呼吸器官和發聲器官的合理訓練。在這個學習過程中，最容易使學生喜歡音樂，並逐漸學會欣賞音樂和表現音樂。

(二)演唱教學的任務

1.朗誦與演唱

"朋友，你到過黃河嗎？你渡過黃河嗎？"

這一句朗誦詞用了兩種節奏譜來記錄，朗誦時的感染力是不同的。一種比較平淡，而另一種運用休止符、附點音符、重音則使得朗誦較為吸引人。這是因為朗誦者對語言的理解力不同。一般說來，人的語言表達可以有表情的變化和語氣的變化，而說話的語氣變化是受語言的節奏、速度、力度、短句結構等因素影響的。這一切都反映出人的說話修養和對語言的理解力。那麼朗誦法中的大目標即是把理解力融化到嗓音裡面去。音樂心理學傑出人物斯通姆夫說："歌曲和說話之間的極其重要的區別就是：在歌曲裡我們用的是音高的明確分開的音級，而說話則包含音高的連續。⋯⋯說話和歌唱的區別只是相對的而不是絕對的。因而在說話時所用的嗓音和在唱歌時所用的嗓音的唯一基本不同的是後者用了明確的音高音級及其機械控制的各種要素。"這個分析給了我們一種洞察演唱訓練的本質的見解。顯然，關於朗誦教學的許許多多方法都可以應用到演唱教學中來。

2.演唱教學的任務

既然朗誦和演唱的方法在大多數方面都是相似的，那麼可以說有音樂感的演唱也是通過提高學生的理解力來培養的。所以基礎音樂教育演唱教學的任務應該是發展學生在音樂上有理解力的歌唱嗓音，培養學生的音樂感，能夠自然、自信、有表情、有感情地唱歌。而作為演唱需要的技能技巧只能是在表現音樂時加以順帶解決，它絕不是演唱教學的主要任務，更不是基礎音樂教育追求的目標。詹姆士·L.穆塞爾認為："嗓音的發展並不是趨向機械學上的精確性，而是趨向靈活而可理解的控制。"當我們傾聽和享受良好的歌唱時，我們享受的並不是一種機械性的、完美的儀器發聲，而是一個有音樂感的人創造性的表達。我們學校的音樂課的基本目的並不是訓練歌唱的技能，而是為了學生在音樂上的發展和他們在音樂中享受的快樂。合唱是演唱教學的組成部分，對於學生唱歌能力的形成有著重要的意義。

(三)演唱教學的方法

演唱教學的方法應主要通過直觀、形象、生動、趣味的形式來體現。

1.努力為學生創造和保持一種可以積極開口唱歌的氛圍

這是演唱教學可以順利進行的先決條件。當一個人渴望唱歌時，他就可以發自內心地唱好歌曲。

（1）提倡鼓勵式教學。

在學生開口唱時，教師應及時給予肯定和表揚。不過這種表揚必須是真誠和恰如其分的，而不是虛偽的誇大其詞。教師要不斷地給學生建立自信心，讓他們覺得自己很有歌唱的潛質，每時每刻都在進步著，只要堅持下去，他們還可以唱得更好。

（2）強調演唱中情感的抒發。

情感好壞會直接影響學生的演唱質量。一個人喜歡歌唱時，他才能唱好歌。在演唱教學中，任何干擾學生愉快心情的東西都起著破壞學生歌唱的作用。教師要給學生創造這樣的教學氛圍：我們的演唱是為了愉悅心情，你想怎麼唱就怎麼唱。但這不是說可以亂唱，因為作品本身會提供適當表達的方式。教師應相信學生的感覺，他們會根據自己的體會去正確表達他們的心聲。特別是在集體演唱時，相互的影響和配合會幫助學生們在唱法上進步。

（3）用生動的語言激發學生的演唱。

這裡包含著兩層意思：首先，教師的語言可以直接激發學生的歌唱欲望，使他們迅速地進入歌唱的狀態；另外，教師的語言可以較好地喚起學生正確的聯想和想像，使他能創造出有理解力的歌唱嗓音，表達音樂所要表達的思想和情緒，同時也唱出他們自己的心聲。

（4）鼓勵學生用身體語言來演唱。

歌唱的行為，並不僅僅是嗓子的操作，它是靠人的整個機體和精神來體現的。例如，我們在唱高音或情緒激昂的聲樂作品時會借助於手勢來表現；對於節奏性較強的作品，我們也會情不自禁地手舞足蹈。所以，教師不應該限制學生用任何的動作來表現音樂，反而應該及時肯定那些已經在用身體語言來演唱的學生。

2.注重演唱作品的選材

給學生提供能唱好的作品，可以最直接地引起學生演唱的興趣，從而使他們主動地去學習，獲得有效的音樂表演實踐經驗。

（1）選擇音域適中的作品。

這對於處於變聲期的學生尤為重要。如果歌曲唱起來讓學生覺得不舒服，他們就會自動放棄歌唱，甚至討厭歌唱。

（2）選擇容易上口的作品。

我們給學生的應該是可以唱好的作品，而不是花枝招展的東西。讓學生儘快地學會歌曲，才有可能使他們更好地去表現音樂、去創造音樂。容易學的作品也更容易增強學生的自信心。

（3）選擇具有情感和美感價值的作品。

這裡的情感是指容易引起學生共鳴的作品，美感是作品本身的魅力。這樣的作品也許

在技術上略高於學生的接受水準，但由於學生感興趣，他們會克服困難去積極學習。比如對於發聲練習曲的選擇，除了那些專業的練習之外，既可以是中外名曲的主題或片段，也可以是師生根據需要自己創編的。

（4）選擇學生熟悉的歌曲和唱法。

現在的學生對流行歌曲非常喜愛，他們大多都有自己崇拜的歌星，會通過廣播、影視、CD、網路等多種管道學唱自己喜歡的歌曲，而且唱得非常投入和真摯。分析一下我們不

難發現，流行歌曲大多具備音域適中、容易上口、感情真摯、個性鮮明、貼近生活、唱法自然、易於模仿等特點，它符合學生的生理和心理需要，所以才令學生對其無比鍾愛。我們在演唱中應利用這個特點，可以從通俗唱法和流行歌曲入手，讓學生在快樂的心境下學習演唱。其實，選用什麼唱法是由音樂作品決定的。通俗唱法、民族唱法、美聲唱法之間並不矛盾，沒有誰比誰好或不好，只能說表現的方式不同、音色不同，選用什麼唱法的關鍵是看能否恰當地表現音樂作品。所以，作為基礎音樂教育的演唱教學，我們不應該排斥任何唱法。作為教師更不能因為自己不喜歡某種唱法或不熟悉某種唱法，就武斷地限制或阻止學生的演唱。教師正確的做法應該是因勢利導。

3.用科學的方法訓練演唱的技能技巧

在演唱中肯定是離不開技能技巧的。科學的訓練方法既要符合學生的嗓音生理發育特點，又要符合學生的心理需要。另外，科學的訓練方法也必須與趣味性相結合，才能使學生以積極認真的態度接受嗓音訓練。

（1）用音樂的短句訓練歌唱的呼吸。

歌唱的呼吸是唱好歌的基礎，但單純的呼吸練習是沒有實際意義的，它絕不是一種形式，即那種為了練習呼吸而呼吸的訓練是沒有價值的。歌曲本身決定了呼吸的狀態和長短，而歌曲又是由音樂的短句構成的。這裡的音樂短句包含著小小的樂思、樂句、樂段等。教師應引導學生注意音樂短句的構成而不是呼吸的本身，我們需要的是使學生們在氣息上感覺到短句。

（2）嗓音的訓練要從綜合經驗入手。

人的聲音的確是從嗓子發出的，但聲音的品質卻是依靠整個肌體聯合起來，互相配合完成的。比如氣息控制得是否流暢、嗓音的音質如何、聲音產生共鳴的好壞怎樣、聽力的敏銳程度如何、面部表情和身體語言是否自然等都是影響聲音發揮的因素。所以，嗓音的訓練不是僅僅訓練發聲或吐字，它是一個全身心的訓練。對於音高的控制、節奏的控制、強弱的控制等，從本質上說是服從於一定的目的而不是機械地學，即我們要把聲樂技巧看成是理解力融於學生的嗓音的訓練。這樣讓學生獲得良好的歌唱姿勢上的自由自在、面部肌肉的自如（這意味著兩頰、舌頭和下顎的自如姿態）、聲腔肌肉控制的好壞等是很重要的。

（3）演唱的樂感是通過精神、意思和表情來培養的。

這裡的精神有兩方面的含義。一個是作為演唱主體學生的參與態度，即學生投入了多少熱情、是否感興趣、是否是發自內心的、是否是積極認真的；另一個是作為演唱客體的音樂作品的內涵，即音樂的品位、深度、思想、意義，主要是指歌曲中歌詞提供的內容，易於讓演唱者感知和表現。表情則主要是演唱者根據音樂作品的要求，面部肌肉所表現出的自然和豐富的運動。這三個方面都是演唱時必不可少的因素，它們之間相互影響、相互作用，不可能分開來訓練。教師應該用直觀、形象、生動的語言來調動學生唱歌的熱情。

4.充分發揮教師的示範作用

教師的示範作用是指教師良好的範唱與合理的用琴。示範作用是通過啟發而不是通過機械的模仿來完成。這可以給學生樹立最直觀的藝術形象，也容易拉近師生距離。也許教師的演唱並不完美，但對於學生來說卻是真實和親切的，因為學生更看重的是教師本人，而不是他的嗓子。

（1）教師的範唱要完整、有感染力。

範唱不是音樂課的一種形式，也不是為了嘩眾取寵。它是一種需要，即範唱可以為學生建立最初的、完整的聽覺印象；而教師有感染力的表演又可以激發學生的歌唱欲望。正如詹姆士·L.穆塞爾所說："教師自己為全班歌唱對於建立適當的嗓音控制能起一種很重要的作用。這裡最重要的事情不是一種偉大的嗓音技藝，而是教師歌唱中有音樂感和審美感的音質和理解力。""假如教師能顯示出音質和嗓音的美，他就比樹立一個讓別人複製的模型所做的多得多。他將樹立一個鼓舞人心的理想。"

（2）用琴是必要的，但不是必需的。

作為一種能力，音樂教師應該學會自彈自唱。良好的伴奏不但可以使音調準確、速度平穩、和聲豐富，還可以激發歌唱欲望、調動情緒，大大增強演唱的表現力。不過這不是說必須要用這種形式。有些歌曲可能清唱的效果會更有魅力，比如中國的一些山歌，節奏自由、曲調悠長、歌詞內在類似宣敘調的歌曲，教師不用伴奏的演唱會更有感染力。對於學生來說，不用琴的幫助來歌唱，更能增強他們聽覺的靈敏度，對於一些用琴較差的教師來說，他們的伴奏不但不能增強音樂的表現力，反而會破壞音樂的美感。這時，如果用已經有的伴奏帶、卡拉OK或借助會彈琴學生的伴奏，都能有效地增強演唱的感染力。特別是學生伴奏更具吸引力，既可以為學生提供藝術實踐的機會，也可以使教師有時間充分調動其他學生的演唱熱情。另外，我們所提到的用琴，並不僅僅是鍵盤樂器，它可以是一切種類的樂器。其實，如果使用吉他、口琴、豎笛等便於攜帶的樂器更有利於演唱教學。因為教師可以邊演奏邊活躍於學生之間，使得師生能夠及時交流，從而拉近師生的距離，使演唱更直觀、更親切、更自然。

(四)變聲期與嗓音的保護

1.變聲期

兒童的嗓音發展，可分為學齡前期、變聲期、變聲後期三個階段。變聲後期是已經進入中學的少年時期。試分述如下：

（1）學齡期前

一般指六七歲到十二三歲，這一階段的兒童肺活量小，發聲器官纖細。因此所發出的聲音音量不大，男、女兒童的聲音差異較小，音色近似，聲音明亮、清脆，音域一般為 e^1-d^2，其中 e^1-e^2 之間的音域唱起來比較舒服自然。

（2）變聲期

一般指十三四歲到十五六歲的少年兒童。這段時期的兒童身體迅速成長，聲帶也正在發生變化，男女生的差異逐漸明顯。女生由於生理的變化，有的聲音變得深厚，有的假聲鮮明起來。男生則喉結逐漸突出，聲帶更明顯地拉長、增厚。多數男生的聲音失去了明亮、清脆的特點，逐漸變得低沉渾濁，聲音發沙甚至嘶啞，女生也有上述情況，但不如男生明顯。少年兒童在變聲時聲帶普遍充血，其主要原因是發聲器官的血液供給增加，不能很快散熱，也沒有排散的餘地，因而聲帶長期處於充血狀態，這種充血，並非一般感冒所引起的微血管擴張那樣容易消失，因此，造成少年兒童的聲帶（特別是男生）多數長期閉合不好，不夠靈敏，唱不動，甚至失聲。一般說來女生在變聲期中，聲音變化不如男生那麼明顯，但發聲器官比較容易疲勞。

由於每個少年兒童的身體素質不同,具體變聲時間也各有不同,變聲期完成的時間也各有長短。一般是女生比男生早熟,變聲的過程也比男生快。變得快的女生,半年即可完成,變得慢的男生,有的可長達兩三年。變聲時少年兒童的音域較窄,只有一個八度左右。

(3)變聲後期

變聲後期何時起止,一般不好以時間計算,因為變聲期一直要延長到發聲器官和其他器官都發育到一個比較成熟的階段才算結束。從年齡上來看,少數女生早在十四五歲,聲音就變過來了,而有的男生到20歲才初步完成。變聲後的特點是:男生的喉結明顯地突出,男、女生之間的聲音有明顯的差別,在歌唱時男、女聲之間出現八度的距離。

上述是從變聲期的角度來談的,只能作為參考。由於客觀的多種因素及各人的身體素質、發聲器官等方面的不同,同齡兒童在音域上、音色上總是不可能完全相同的。

2.兒童的嗓音保護

根據兒童發聲器官的生理特點,認真做好嗓音的保護工作,是每個教師的重要職責。這一工作,從幼稚園的學前教育時期就應該開始重視。教師應教育兒童注意以下幾點:

(1)不亂喊亂叫。兒童的發音器官正處在發育時期,情況處在不斷變化之中,而且比較柔嫩脆弱,大聲喊叫必然會損傷他們的聲帶,引起嗓音嘶啞。因而要多用輕聲歌唱。對處於變聲的孩子可以允許他們低八度唱歌,如果兒童身體不適,可以暫時停唱。

(2)歌唱教材的難易程度應根據《大綱》和兒童的年齡特點而定。不要將難度過大、技巧過高的成人歌曲,憑教師的個人愛好隨便拿來給兒童唱。就是兒童歌曲也要有高、中、低年級之分。否則不僅達不到思想教育目的和技能技巧的訓練要求,還會損傷兒童的聲帶。

(3)選擇歌曲或教唱歌時的定調不要超過其音域,歌曲的音域太寬,或者音域雖不寬但定調過高或過低,必然會超出兒童自然音域的範圍,引起聲帶緊張,導致負擔過重,使聲帶受到損傷。

(4)要禁止兒童模仿成人歌唱,否則兒童可能會學會很多不良的發聲方法並導致聲帶疲勞。要啟發和引導兒童用聽覺正確地鑒別自己聲音的好壞,自覺地避免盲目模仿等不良的發聲方法。

(5)不要讓兒童在激烈的運動後和飯後立即歌唱,這樣對聲帶及身體都是有害的。

(6)在唱歌教學及課外音樂活動中應注意勞逸結合,張弛有度。長時間不停頓地歌唱易

二、演奏的教學方法

(一)演奏在音樂教育中的價值

學習演奏,實際上是為學生的音樂活動開闢了一條新的發展管道。對學生來說,他所學習的那件樂器是給他表達自我、創造令人愉快和滿意的音樂的一個機會。比如有些學生由於各種原因也許唱歌跑調,但他們可以通過演奏表達心聲;有些學生處於變聲期,嗓音沙啞,容易疲勞,感覺不適,這時學習一件樂器無疑會說明他們保持學習音樂的熱情,使音樂活動更為積極主動,具有特色。另外,學習演奏也可以訓練學生眼、耳、手、腦以及整個身體配合的協調性,提高識譜能力。學習演奏的過程還是培養樂感和創造力的過程,當一個人在認真地演奏

音樂作品時，會投入他的理解力和想像力，所以我們通常把表現音樂稱為二度創作。在現代音樂教育中更提倡自製音響和樂器，這也使演奏教學具有極強的創造力。

(二)演奏的教學任務

作為基礎音樂教育，演奏教學的任務是培養學生利用樂器更好地表現音樂，即在學習演奏中使其對音樂的愛好更熱烈、更持久。而向音樂學府輸送演奏的人才，不過是作為演奏教學的順帶任務。這就是說我們的教學是針對每一位學生的，而不僅僅是為了少數的天才學生。為了完成這樣的任務，首先不要選擇過於難學的樂器，比如一些絃樂器的音準是很難一下子掌握的，在集體表演中也會因為音準問題而破壞對音樂美感的塑造；可以學習豎笛、口琴、口風琴或其他樂器。奧福樂器為集體演奏教學提供了很好的思路。奧福樂器具有音準好、形體小、易於演奏、易於拆裝、易於移動等特點。上課的形式應以集體課為主，個別課為輔。這就要求在樂曲的選擇上應更注重集體表演性。另外在上課中要充分體現因材施教的原則，利用配器法，讓學習演奏快的學生表演難度大的音樂，而讓學習演奏較慢的學生表演伴奏音型，這樣通過集體的配合塑造完美音樂形象。

(三)演奏的教學方法

1. 學習樂器的動機與引發

（1）學習樂器的動機。

詹姆士·L.穆塞爾說："當學生要學習一件樂器時，必須帶著一種渴望，為自己要把鎖在樂器裡的一切美妙的音樂財富發掘出來，並可以享受它。"那麼學生的這種渴望就是一種動機，即創造音樂美感的願望是學習樂器的動機。假如學生失去了它，也就失去了學習的意志。

（2）學習樂器動機的引發。

學習樂器動機的引發是靠音樂欣賞完成的。這裡的音樂欣賞並不是指音樂的氛圍和環境。比如當學生置身於優美音樂環境之中時，這個學生可能會由於喜歡這些音樂而產生要學某件樂器的強烈願望。當他經過努力可以較完整地表現音樂作品，得到別人的讚美時，無疑會激勵他更好地學習下去。教師或同學無意間的一次彈奏，也會點燃他學習樂器的熱情。

2. 如何學習演奏的技巧

（1）何謂技巧。

技巧是通過一個指定的媒介——如嗓子或某件樂器，產生音樂的結果。或者說技巧是通過一個指定的媒介來創造出美妙音樂的能力。技巧的起源是內心深處運動神經對音樂短句結構的領悟。適當的技巧學習的實際意義是提高音樂修養和對音樂形象的感受力。

（2）如何學習演奏的技巧。

演奏的技巧是靠仔細地傾聽音樂和思考自己的表演完成的，而並非僅僅來自機械學習的重複和練習。教育上的技巧問題基本是從精神上來解釋音樂活動中運動神經方面的問題的。這就是說解決整個技巧問題的正確方法是以欣賞為動機並以欣賞為目的，而且技巧的熟練是一種音樂感的熟練，這當然意味著對音樂的一種更深的、更有理解力的熱愛。教師要使學生明白，音樂技巧是通過各種神經和肌肉發揮作用的音樂修養，而絕非"在習慣上再加習慣"的呆板練習。那些沒有理解力的技巧是不可能創造感染力強的音樂效果的。

①組織動作的迴圈。每一種技巧的基礎都是組織一次動作迴圈。在音樂上，動作迴圈是由短句的構成特點決定的，技巧是由短句來控制的。我們要求學生用一種清晰的、統一的、有精細變化的、調整好的彈奏力度來表現富有含義的音樂短句，而不是單純的手指動作，即不是彈奏個別音。

②放鬆。人們對於彈奏中的放鬆的認識往往存在誤區，單純地認為放鬆中只有"松"。其實，放鬆的迴圈動作很像彈簧的來回運動，既有繃緊也有鬆開。在彈奏的放鬆中首先是正面的動作，這應該是"緊"的過程；接下來是反向的動作，這便是"松"的過程，一緊一松構成放鬆。放鬆不是彈奏時關節上或歌唱時喉嚨上的問題，它完全依靠動作的控制。我們做的每一個動作不僅是一次揮動而且也是將手放回去的動作，放鬆是從一個動作到下一個動作的過渡時所需要的。在尋求音樂技巧中的放鬆時，要使學生以音樂短句為單位來思索和感覺，並把所表達的這個短句用連貫的動作進行下去。

③表演姿態與心情狀態。表演姿態指的是一個身體位置的外形，心情狀態則是它對內心的神經和肌肉的控制。表演姿態屬於機械學，心情狀態則是技巧中必不可少的東西。為了適當地彈奏一件樂器使其發響，演奏者必須採取並保持一種姿勢。但是在這個姿勢的限度內，必須有一種熟練的、節奏性的動作體系，這就是技巧，而它有賴於身體位置的心情狀態。心情狀態可能有不同的程度，從極端的自由自在到極端僵化。教師要時刻引導學生，在演奏樂器可能要求做到的任何姿勢的限度內，心情狀態要處於自由自在。那種把注意力完全集中在姿勢的外在形式而忽略心情狀態的演奏教學，是不可能從根本上提高技巧的。在建立一項技巧時，對學生來說，重要的問題是："我如何使這個聲音更好、更有意義和更美。"把技術合理化並減少到最低限度，避免過分的緊張，過分的緊張總是阻塞運動神經的學習。

(四)如何實施演奏教學計畫

1. 從一開始，就必須選擇有趣味的、好聽的、值得去學的音樂

這是針對選材的要求。學生通過彈奏他喜歡的音樂，才有學會彈奏樂器的動力。學生的學習熱情、主動性和積極性多出於喜愛。學生是通過內心的意志，而不是外表上的重複來學習的。

2. 師生共同在器樂領域裡採取創造性的教學計畫

這是說我們可以把許多小的音樂作品通過即興創作的形式加以豐富。例如在個別課中，當學生可以較完整地奏出一首小樂曲時，可以利用調動音區、變化節奏、節拍、力度、速度，使用同主音大小調轉換和移調等改變音樂形象，豐富想像力。教師也可以為那首小樂曲配置適合的伴奏，使一首很簡單的音樂作品，變得很豐滿、富有色彩、妙趣橫生，師生共同完成一次美好的音樂創作和欣賞。在集體課中，除了可以應用上面已經提過的方法外，還可以利用配器法，按音樂結構的特點，採取接力演奏，改變音色、和聲、伴奏織體等多種形式來重新塑造音樂形象。另外，全班也可以創作一首小曲，然後學習把它奏出來，雖然從技術的觀點看來，所作的小曲可能有錯誤，但是它對學生來說有生動的意義，因為他們是在

表演自己的"大作",在抒發他們真實的情感。

3.鼓勵學生用整個身心去表現音樂作品

這裡的"身"是指在演奏音樂作品時用整個身體來感受它,來體驗它,也就是說,教師要鼓勵學生用身體的擺動來表現音樂。需要說明的是這種身體的擺動不是像舞蹈動作那樣教出來的,它是源於學生的內在感受,表現欲望的強烈程度,即它是自由自在的音樂情感流露。這使得他的身體擺動很自然,與音樂的配合非常協調和美好。另外,在最初的學習時,也許學生的身體動作不是很自然。作為教師不但不應該批評學生,反而應及時地肯定和鼓勵學生,引導學生注意音樂短句的特點,學習用身體去表達音樂短句,隨著學生理解力的提高和技能技巧的熟練,身體動作就會同音樂融為一體,使之演奏極具感染力。"心"在這裡是指學生學習演奏的精神狀態和興趣。學生並不只是彈奏音符,他們是在創造著充滿某種心情的音樂效果和表達著某種音樂含義。在演奏教學中,不允許學生沒精打采、沒有熱情地做完某些彈奏的動作;不允許學生機械地模仿教師的彈奏。我們需要的是把對每個新的音樂作品的學習當成實現音樂美感的一種計畫來提出並著手去彈奏出來,我們為學生設定的目標永遠是積極地創造音樂的效果,並盡情地表現自我。

4.以音樂短句為單位來演奏音樂

這裡涉及在學生出現演奏錯誤時,作為教師在什麼地方打斷學生演奏的問題。是一發現學生有錯就即刻打斷他,還是等學生奏完一個音樂短句再打斷他?如果是前者,我們是在把學生的注意力引向個別音。為了改正那個具體的音,我們犧牲了整個富有含義的音樂短句。這無疑會破壞較完整的聽覺記憶的建立,也是我們要避免的。為了能儘快形成完整的記憶,我們更提倡等學生彈完一個音樂短句後再打斷他,然後要求他重新想一想、聽一聽老師範奏的那個短句,看一看樂譜,之後讓他再彈一遍。我們需要讓學生學到應當如何去糾正失誤的音樂表現。對於有些教師在面對學生的錯誤所採取的斥責態度,更是不可取的。因為這容易產生把準確性當作目的本身的焦慮情緒,而不是把它當作創造美妙效果的一種手段。真正的準確性是努力提高學生的自信心,這種自信心又來自能更快更好地掌握音樂短句的能力。

5.器樂學習與樂譜學習的結合

學習任何樂器的基礎是受過適當的聲樂指導。這裡的意思是說老師在以短句為單位教一個作品的時候,學生應在彈奏它之前先仔細地聽,並且在彈奏之前先演唱。因為唱很容易建立完整的音樂,也可以更直接地培養音樂感。不過需要說明的是,唱的方式有很多種。對於一般的孩子,在最初學習時鼓勵他們唱出聲音來,也可以邊彈邊唱(既可以用哼唱的方式也可以直接唱出唱名,有歌詞的當然可以唱詞了),隨著學習的深入逐漸轉入內心的歌唱。對樂譜的精通應當首先是在聲樂領域裡,然後帶到器樂學習裡面來。在最初的學習裡,我們應提倡把背譜彈奏與看譜彈奏結合起來。在看譜彈奏時,不應把樂譜看成是一種把音符記下來的體系,而應看作音樂結構的一種圖像。作為良好讀譜的基礎訓練,我們要求學生在學習時首先看到那些短句,那些在音樂上有意義的要素,然後是一點點地通過分析和綜合的一種連續不斷的程式,逐漸準確地認識到記譜法的細節。這裡有必要分析一下手點音符學習讀譜的優缺點。當老師用手點音符教學生彈奏時,學生的聽覺反應和視覺反應都是無意義的個別音反應,不容易建立音樂短句。但在最初學習時,容易強化音符的音高位置的統一,也容易使其彈奏準確。所以教師在教學中要慎用這種方法。

(五)教師的合理範奏

範奏是指教師完整的、有感染力的示範表演。其實,這就為學生創造了一種良好的欣賞環境,提供了完整的聽覺效果,給學生留下較深刻的印象,以激勵他們積極主動地學習和練習。

1. 學習初期提倡完整的範奏在前就是說在引導學生練習新的作業之前,教師要給他們完整地表演這首音樂作品,以能夠給學生建立最初的完整的聽覺印象。如果音樂很動聽,學生立刻就會喜歡它,從而能認真地學習並刻苦地練習。

2. 學習中期提倡分段範奏這是為了提高學生的自學能力,檢驗學生對已學過的音樂技巧的掌握程度,對已接觸過

的樂譜知識的綜合運用能力,考查學生的視奏水平以及對音樂的理解和對音樂的表現能力。一般情況下,教師先讓學生視奏或看譜,由學生發現問題,然後教師只對學生有問題或不明白的地方加以分段範奏。不過,這裡的意思不是說在學習中期時,教師可以不用完整地範奏,只是要把完整的範奏置後一些,比如可以安排在第二次課上進行。

3. 學習的高級時期提倡範奏在後

這是為了強調個性化的東西,即形成學生自己的演奏風格和特色。學習演奏方法並不是僅僅依賴機械的模仿,而是主觀能動地學習,它是學生對音樂的感悟和理解過程。到了學習的高級時期學生已有一定的音樂積累和演奏經驗,教師應注重發揮學生的想像力和創造力,鼓勵他們大膽地表現自我,形成自己的演奏特色。如果教師在這個時期先範奏,那麼就會給學生一種表演上的暗示,這對形成學生獨特的具有個性化的表演風格並不利。在處理音樂大師的作品時,教師也不能武斷地要求學生一定要這樣或那樣演奏。因為每一個人的音樂修養和生活閱歷的不同,都會直接影響他對音樂的理解力和表現力。正確的做法是,師生最好以民主平等的心態共同商量怎樣演奏更好,教師要尊重學生的創造,學生也要認真考慮教師的建議。另外,在學習的高級時期的範奏,除了教師的親自範奏外,還應包含世界著名演奏家的表演。鼓勵學生多聽不同的人(或樂隊)是如何演奏同一首作品的,學會傾聽是提高演奏技巧的良師益友。

三、音樂與綜合表演的教學方法

綜合表演主要是指將演唱和演奏這樣的基本音樂表現形式與其他藝術表演形式相結合。如舞蹈、體態律動、朗誦、小品、音樂劇等多種多樣的表演形式都可以有機地融會到演唱演奏中。

演唱和演奏主要是借助嗓子和手去表現音樂,而舞蹈、體態律動等是利用人的整個身體去表現音樂。在基礎音樂教育中,我們所說的舞蹈、律動等並不是指專業的訓練,而是帶有鮮明本能特徵的元素性,即利用人的動作參與感受音樂和表演音樂。

(一)音樂與學生動作參與的關係

瑞士著名的音樂教育家埃米爾·雅克－達爾克羅茲創立的體態律動學非常清楚地闡明瞭音樂與身體運動的關係。"體態律動是人們通過不同類型的節奏、韻律和身體運動，來表現音樂風格和表達內心共鳴的過程。但這種身體運動不是被動地在音樂伴奏下做出的呆板運動，而是受到音樂的啟發，並由音樂產生的，使音樂和運動之間互相補充。音樂由身體的動作來表明，身體的動作則顯得富有樂感，與音樂結合得非常協調。"

律動學中"動"是一種教學的手段，其目的是更好地聽音樂，更直接地去感受音樂。另外，律動教學的目的是培養學生身體運動的協調性，而不是培養舞蹈家和運動員。

(二)動作與元素性舞蹈的教學

《毛詩序》有這樣一段話："情動於中而形於言。言之不足，故嗟歎之；嗟歎之不足，故詠歌之；詠歌之不足，不知手之舞之，足之蹈之也。"

它精闢地道出了語言、歌唱、舞蹈原本是同一體的。不過在基礎音樂教育中的舞蹈表演，顯然不能等同於專業性的舞蹈，而是具有本能反應的"元素性"舞蹈，這就是動作。當然這個動作是有意義的，它可以表達某一音樂要素。具體地說，它有三方面的要求：第一，依據音樂而動；第二，要有想像和創意；第三，設計自由，表演自然。為此，我們採用器樂曲是較好的，它可以使人獲得自由的想像空間。如果採用歌曲，學生的注意力便會被歌詞所限制。

1.動作的引發

在利用"動作"上課的初期，學生們往往由於害羞的心理而不好意思做，有些學生則是感到茫然而不知所措。不管是哪種心理，都是學生學習被動，不積極配合的表現，更談不上動作的有感而發了。這時就需要老師的引導了，引導的手段主要是模仿。"模"即"樣板"，指動作設計者，處於主動的位置；"仿"即"效仿"，指對動作的學習者，處於被動的位置。在模仿教學中應注意：第一，"模"與"仿"的位置要不斷變換，使學生的創造力和協調性都能以均衡地發展。第二，切記！教師或學生在作為"模"者時的動作一定要生活化，使"仿"者感覺這動作原本他就是會的。不可以用專業化的舞蹈動作，因為這太難了，會破壞"仿"者的信心。動作的設計一定是為反映音樂要素服務的，不要頻繁地換動作。比如表現一首具有帶再現的三部曲式結構的音樂作品（即 A-B-A 的結構），只需要兩種基本動作就可以了，即 A 段用一個動作，B 段用另一個動作。

（1）同向模仿，"模"與"仿"動作的方向相同。這可以有兩種訓練。首先是"模"與"仿"的動作不同時開始，即"模"做一個動作讓"仿"學一個動作。這比較容易，但這時的模仿動作是不連貫的。另外是"模"與"仿"的動作同時開始。這需要一定的反應能力，因而比較難，但這時的模仿動作卻是連貫的。注意對音樂的選用要求結構明確。

（2）反向模仿（又稱鏡面模仿），"模"與"仿"動作的方向相反，像照鏡子。"模"與"仿"的動作多為同時開始。對音樂的選用可以是優雅、舒展、節奏鬆散、相對自由的作品。

（3）卡農模仿，"模"與"仿"的動作不同時開始，但要求模仿動作是連貫進行的，"模"與"仿"之間的時間差一般為隔開一個樂句。對"仿"者來說，他既要模仿出"模"的前一個動作，又要記住"模"的後一個動作。這是非常難的一種模仿訓練，但可以訓練注意力的集中，很有趣味性。對音樂的選用要求結構明確。

2.姿態動作裡的音樂表演

（1）用人體展現高音譜號和音階的表演，首先要學生按高音譜號的書寫順序，用身體的跑動畫出高音譜號。練習熟練後，可以按高音譜號的書寫順序的逆向跑動畫高音譜號，然後教師用鋼琴彈出極具流動性的音階上下行，要求學生邊唱邊跑動畫高音譜號。首先規定上行音階按高音譜號的書寫順序跑動畫完高音譜號，下行音階逆向跑動畫完高音譜號，然後教師要求學生自由設計動作表現 Do，Re，Mi，Fa，Sol，La，Si（比如將雙手由下至上展開，同時向反方向畫半圓，使雙手在頭頂上方合成一個圓，這樣就可以表達上行音階了，將剛才的動作反過來做就是下行音階了），最後要求學生口唱音階、手做動作、腳跑出高音譜號的圖形。這裡需要很好的協調性和創造性。

（2）用動作表現音程與和弦。這裡的動作設計並沒有嚴格的限制，能夠體現某個音程與和弦的特徵即可。比如二度音程設計為"詢問式"，三度音程為"收攏式"，四度音程為"推開式"，五度音程為"敞開心扉式"，六度音程為"舒展式"，七度音程為"戰鬥式"，八度音程為"頂天立地式"。大三和弦與小三和弦類似於大小三度音程動作，減三和弦像"寒冷式"，增三和弦像"乾渴無奈式"等。

（3）用動作表現音樂的調式調性。比如聽到大調向前走，聽到小調向後退，在遇到調式調性轉換時可以轉圈或橫著走。

3.生活律動與音樂表演、欣賞生活律動是指在日常生活或娛樂活動中所形成的自然習慣動作，如洗衣服、切菜、掃地、拖地等做家務的動作，走、跑、跳、踢、投等體育運動，吹、拉、彈、撥、敲等演奏動作。例如下面這個例子主要是將走、跑、跳的生活律動引入音符的學習並表演和欣賞音樂。

（1）"熟悉房間"與引入音符學習。學習讓學生以"熟悉房間"的表演在教室內自由自在地走動（教師在此之前要提出特殊的要求：同學們可以邊看邊小聲交談，但腳不可以停下來）。當同學們的腳步速度趨於一致時，教師敲打一面鼓：勻速敲擊、漸漸加快、附點節奏敲擊、勻速敲擊。學生相應的反應為走、跑、跳、走。教師總結剛才的過程引入下面的音符。

（♩）　　（♫）　　（♫）（♩.♪）

（走）　　（跑）　　（跳）

（2）用走、跑、跳感受並表現那些音符在音樂中的實際應用和意義。教師播放音樂，學生把聽到的音樂用走或跑來表現。比如學生們聽到穆索爾斯基的《圖畫展覽會》中的"漫步主題"時，會選擇"走"來表現它，而且學生們感覺這時的"走"與"熟悉房間"的"走"類似，都是很隨意休閒的；當學生們聽到約翰·施特勞斯的《香檳波爾卡》時，他們會做出"跑、走、跑"的反應，教師可以在總結這種生活律動的同時引入音樂中帶再現的三部曲式結構的概念；當學生們聽到格羅菲的《大峽谷組曲》中"毛驢主題"時（選自第三首《在山徑上》），他們會以調皮地"跳"來表現。

可見，通過這樣簡單的生活律動，既可以學習音樂知識，又可以學習表演。

4.利用元素性的集體舞蹈去表演音樂

元素性的集體舞蹈是指充分利用集體的造型塑造、隊形變換、圖形設計、模仿自然界的一些現象等去表現音樂各要素。例如,吹氣球遊戲可以很好地讓學生體驗和表現音樂的由弱漸強再到極強。集體設計並塑造氣球的圖形,全體同學手把手圍成一個大圓圈就象徵一個大氣球。為了表現吹氣球,開始應是一個癟氣球,於是同學們向中心靠攏,另外找幾個學生做吹的動作並發出"噝"的延長聲,表演氣球的同學隨著"噝"的聲音漸漸起身並向外拉,"氣球"越吹越大(這就是音樂的漸強),最後發出"砰"的爆裂聲(這就是音樂的極強),表演氣球的同學全部倒地,遊戲結束。還有像鮮花盛開、織地毯、吹玻璃等音樂遊戲都可以很有效地表現某些音樂要素。

5.利用語言造型、音樂舞蹈小品劇去表現音樂

這裡的語言造型是指將一些文學形象通過音樂舞蹈小品劇的他作再現出來。如來源於童話故事、成語典故、民間諺語、神話傳說、詩歌、散文等,也可以是將音樂形象用文學加以描述,再通過音樂舞蹈小品劇的創作進行表演,還可以是學生自己去編故事,然後通過音樂舞蹈小品的創作加以表演。在音樂舞蹈小品劇中每個學生都能找到自己的位置,選擇適合自己表演的角色。需要強調的是,這裡的音樂舞蹈小品劇表演要帶有很好的即興性,表演的同學與配樂的同學要配合默契。

(1)利用已有的文學形象創造音樂舞蹈小品劇。

第一,選擇一個故事,如"三個和尚吃水"的故事。第二,可以創造性地發展這個故事,安排表演的角色。如主要角色有大、小、老三個和尚,輔助角色可以是扮演背景的,如山、樹、太陽、火、水缸等。第三,為故事製作音響效果。第四,同學們各自排練。第五,集體表演。第六,由教師引導學生進行評價,提出改進的意見。如有時間可以再表演一次。

(2)根據音樂作品創編故事,再通過音樂舞蹈小品劇進行表演。

教學過程與前面類似,只是故事來源不同,即故事源於音樂又通過音樂表現出來。比如下面這個音樂舞蹈小品是深圳教育學院 1996 級的學生們根據貝多芬的鋼琴小品《一個丟失的銅錢》創編的。根據故事的內容教師建議將標題改為《一枚丟失的金幣》。

同學們創編的音樂故事是這樣的:在一個美麗小鎮的早上,有個可愛善良的小姑娘發現了一枚被遺失的金幣。"金幣"很喜歡小姑娘,想跟小姑娘回家。小姑娘非常高興,想用它為媽媽治病,但轉念一想應拾金不昧,於是決定留下來陪著"金幣"等失主。這時來了一位貪心的富翁,騙小姑娘說是他丟失的金幣,"金幣"很著急,讓小姑娘不要相信他。富翁從衣兜裡拿出好多金幣證明與那枚金幣是一起的。小姑娘被騙,還以為找到了失主,高高興興地離去。那富翁得意地拿著"金幣",哼著小曲走著。由於太得意忘形了,腳一滑,重重地摔在地上,那枚金幣又不見了。

顯然,這個故事帶有童話性,它給人以很多啟示。在把它變成音樂舞蹈小品劇時,有很好的表演想象空間。比如可以將金幣擬人化,賦予它生命力,那麼主要角色就有金幣、小姑娘和富翁。音樂的選用可以利用原曲的變奏形式分別表現三個角色。另外再由三個同學為那三個角色配音,以便更清楚地表現音樂舞蹈小品劇的矛盾衝突。這是一個很成功的創作。

（3）學生創編故事，通過音樂舞蹈小品劇表現出來。

學生既可以寫自己熟悉的生活，也可以通過對生活的觀察、體驗去創編故事，然後再通過音樂舞蹈小品表現出來。下面的音樂舞蹈小品劇《幸福島》就是很典型的例子。《幸福島》也是深圳教育學院1996級的學生們創編的。

《幸福島》的主題是提醒人們注意環保，保護森林，愛護動物。故事內容大致是說在一百年後的某一天，在"幸福島"上舉行隆重的動物聯歡會，以慶祝"幸福島"重建一百周年。在各種動物狂歡的時候，它們不禁感慨萬千。一百年前，人們大肆砍伐森林致使小動物們不斷死去或背井離鄉，"幸福島"變成了荒涼島。後來人們意識到了自己的錯誤，開始植樹造林，"幸福島"又呈現出一片生機。最後，作為主持人的"鹿鹿小姐"（長頸鹿）告誡人們：為了永遠擁有美好的綠色家園，我們要熱愛和保護大自然。

在創編成音樂舞蹈小品劇時，同學們用三首鋼琴四手聯彈作品《幸福拍手歌》《挪威舞曲》的第二部分和《小松樹》為故事的三個部分"聯歡""回憶"和"展望"配樂。三首音樂作品可以分成九個段落，每一段曲兩名學生做四手聯彈表演，那麼總共需要18個學生以音樂段落接力彈奏完成配樂。在舞臺上，鋼琴是擺放在中間的，為了表演自如，便於音樂的銜接，不用鋼琴凳子，學生們要站著彈奏。這18個學生全部要能唱、能跳、能彈。因為在表演中，他們既是各種動物角色的扮演者，也是鋼琴配樂者。如果加上扮演主持人"鹿鹿小姐"的學生，這個音樂舞蹈小品劇一共要由19個學生來表演。我們可以從器樂表演的角度說這是一個1+18×4的鋼琴接力小品演奏（"1"指主持人，"18×4"為18個學生以四手聯奏的形式表演）。這個音樂舞蹈小品劇也為鋼琴的集體教學提供了很好的思路。

在綜合表演中，形式有很多，比如還有音樂與繪畫、音樂與朗誦等，另外體態律動的表演是變化多樣的，這裡不做一一表述。綜合表演的形式可以千變萬化，永遠沒有固定的模式。

四、識讀樂譜的教學方法

對樂譜的精通在音樂基礎教育中是不可缺少的學習過程，涵蓋的主要內容有：認識節奏符號、音名、音符、休止符等常用記號。樂譜是一個學習音樂的工具，樂譜本質上是一種已經演化成能表現音樂思想的符號體系。我們要求學生學習樂譜，是因為在教學的過程中，對樂譜的精通，是學生發展音樂靈性的一個媒介。所謂精通樂譜，不僅僅體現在快速準確地讀譜能力上，還包括能熟練地應用它去表現和創作音樂思想的能力。

(一)識讀樂譜的關係

識與讀在對樂譜的反應能力上是有區別的。識譜是根據記譜法的符號，將其還原成具體聲音的能力。識譜是一個初級階段，就像學習中的識字。識譜主要是對個別音的反應，缺乏樂感，從反應速度來看是慢的，缺乏流暢性，識譜可與學習樂理知識同步進行。讀譜又可說成視譜，它是依靠對識譜的經驗積累和熟練，將記譜法的符號還原成生動的音樂短句的能力。由此可見，讀譜是相對的高級階段，類似於學習閱讀。讀譜是對音樂短句的反應，富有樂感。從反應速度來看是快的，具有流暢性。熟練的讀譜離不開對樂理知識的掌握。所以我們可以說，識譜是讀譜的基礎和條件，而對讀譜的訓練和鞏固，又可以大大提高識譜的速度。在基礎音樂教育中，不能僅僅教識譜而忽略讀譜，要把二者有機地結合在一起。

(二)識讀樂譜教學應注意的問題

1. 要努力克服學生的被動心理和逆反心理由於識讀樂譜有較強的理論性，學生一般對其不感興趣，學習時無精打采，漫不經心。特別是有些學校的文化課壓力已經很大，學生們會認為學習樂譜的作用不大，缺乏主動學習的熱情，使得識讀樂譜教學很被動。另外，由於識讀樂譜有相對的難度，教得不好時，學生會覺得超出他們的接受能力和承受能力，因此學生就會出現逆反心理，表現出不情願的合作，甚至看見樂譜就反感，失去學習興趣。作為教師，在教學中應增加娛樂性和趣味性，注意教學的系統性和科學性，教學手段應靈活多樣，使學生通過生動的表演形式學習樂譜。

2. 明確識讀樂譜教學的目的

識讀樂譜教學的目的是讓學生逐步理解和掌握音樂語言規律，培養學生獨立讀譜的能力，為音樂想像、音樂創作和音樂表演打下基礎。在現代音樂教學中，提倡學習音樂以感受和體驗為主，但這不是說就不需要學習樂譜了。這就像學習說話和識字，如果我們只教學生學習說話而不教他識字，那麼發展的結果仍然是文盲。同理，我們只讓學生去唱和聽音樂而不教他學習識讀樂譜，那麼發展的結果是培養樂盲。如果我們教了學生識字而忽略了對語法規律的認識和分析教育，那麼發展的結果是學生對語言缺乏深刻的理解並不會很好地運用。同理，如果我們單純地為了教識譜而學習樂譜，忽略音樂知識和音樂語言規律的學習，那麼發展的結果是學生缺乏對音樂的深刻感悟和理解，更談不上運用和創造音樂了。

3. 對一些識讀樂譜教學的分析

（1）在學生剛學習識譜時，提倡先哼唱曲調而後唱唱名。

這是因為識譜是學習的初級階段，學生不能馬上正確地認識它，對音樂的反應是對個別音的反應，這樣不利於形成學生對音樂短句的記憶。這就像我們都是先教孩子說話而後教他識字的道理一樣。在學習音樂上，我們要先給學生建立有意義的音樂短句而後讓他學習識別音符。那麼哼唱曲調是容易學的，從聽覺意義上講音樂是完整的，這時再反過來學習識譜就容易為學生建立正確的音高記憶和概念，同時又能較好地把音符在樂譜中的位置與音高概念快速地聯繫起來並正確地唱出，大大提高識譜的速度。

（2）當學生出現個別錯音時，教師應在適當的時機合理地打斷學生的視唱。

當學生出現個別錯音時，教師不要立刻打斷他，而要等他唱完那一句後或在換氣的地方打斷他。這是因為我們要給學生建立的是完整的音樂短句意識和良好的歌唱呼吸習慣。如果一發現學生唱錯音就馬上打斷他，是在強化他對個別音的反應，不利於形成對音樂短句的記憶和反應。

（3）合理地使用手點音符和手劃拍子歌唱的教學法。

所謂手點音符就是用手指點擊樂譜中的每一個音來歌唱的教學法，而手劃拍子的教學法是用手按樂譜中每一小節的節奏組合做上下的劃動。由此可見，前者強調音符所在音高位置的準確，後者強調音符節奏時值的精確性。它們的共同特徵都是引導學生注意個別音，而不是建立音樂短句。不過，這不是說使用手點音符和手劃拍子歌唱的教學法就是一無是處。我們知道在識譜階段主要是對個別音的反應，那麼這時是需要使用手點音符和手劃拍子歌唱的教學法來強化學生對音高和節奏的準確反應。但到了讀譜階段，因為強調的是對音樂短句的良好反應，所以這時就不宜使用手點音符和手劃拍子歌唱的教學法。
（4）合理的樂譜板書設計。

根據心理學知覺反應的特點，知覺具有整體性和選擇性。合理的樂譜板書設計是為學生建立良好的知覺中的視覺反應。我們一直強調培養學生對音樂短句的反應，那麼，合理的樂譜板書設計應該按音樂的結構特點設計。比如對一首具有起、承、轉、合結構的樂曲，可以設計成四行。這樣，學生就可以對音樂的整體結構一目了然，在對譜時他們會自覺地按樂句的構成去反應樂譜，加深對音樂的記憶。對於不規則樂譜的設計，應按音樂短句的特點換行。

(三)識讀樂譜的教學方法
1.引入音符
（1）音符引入的順序。

音符引入的順序不是按樂理教學通常的順序（多是從中央 C 開始），而是按人在自然生活中形成的本能的對音高的反應順序進行引入的。匈牙利著名的音樂教育家柯大宜經過認真的觀察、分析和研究發現，最容易讓人接受和唱准的音高是 Sol 和 Mi，接下來是 La，Do，Re，最後是 Fa 和 Si。那麼，音符引入的順序就是 Sol，Mi，La，Do，Re，Fa，Si。

（2）單音教學。

我們在識讀樂譜教學中，是按音符引入的順序逐一學習的。那麼在剛開始時，由於音符很少（比如只有 Sol 和 Mi 時），單音教學就會很乏味。不過，音樂並不僅僅是由音高構成的，它還有節奏、和聲、音樂等要素。所以，我們可以利用改變節奏、和聲、音樂來增加音樂的動力性和趣味性，豐富單音教學。

（3）音階教學。

音階教學的順序是先五聲音階，後七聲音階。因為我們知道 Fa 和 Si 最不容易唱准，而七聲音階中包含這兩個音。在奧福元素性音樂教育體系中，元素性的音階（所謂元素性的音階是指不能再簡化的音階）是五聲音階。另外，中國民族音樂的基礎也是由五聲音階構成的，這也符合我們的聽覺習慣。

2.選擇適合有效的視唱曲

學習識讀樂譜並不僅僅是為了學生認識音譜，它應有更深的意義。我們通過識讀樂譜的教學可以增加學生的音樂積累和提高音樂修養，從而有效地促進音樂欣賞水準的提高。

（1）從中外名歌名曲中選擇。

中外名歌名曲的曲調都非常優美、富有感染力，並且很容易上口。正因為如此，它們才會廣為流傳、世代傳唱。對於有些大型的名曲，可以選擇主體或著名的片段。學生在此過程中不但學習了樂譜，而且提高了音樂修養。教師還可以由此引入音樂欣賞和音樂表演，以激發學生的學習興趣。

（2）從所學的歌曲或樂曲中提取片段。

這可以讓學生更快地創作學習識讀樂譜，大大增加學生學習的積極性和主動性。學生通過自己的創造，寫出能表達他們自己心聲的作品。它也許不完美，但同學們可以一起研究和修改，使之不斷完善。再沒有比演唱自己的作品能讓學生更投入更認真的了。

3. 手勢音符與識讀樂譜

手勢音樂是 1870 年由英國的約翰·柯爾文首創，後經柯大宜加以完善的。手勢音符是用七種主要的不同的手勢代表音階中固定的唱名來學習音樂。手勢音符的特點是能形象、直觀地表明音符的音高位置並能及時地調整音準。在中國，手勢音符已被廣泛應用。

（1）利用手勢音符學習識譜。

識譜教學中經常會遇到這樣的問題。學生也許能比較快地記住音符在五線譜上的位元置，可以說出唱名，卻唱不准。這是因為七個音符的音高位置還未在大腦中建立固定的記憶。這時應用手勢音符就很有益處。手勢音符是利用手勢的變化和高度的調整，直觀、形象地反映出音高的變化，從而強化對音高的記憶。另外，利用手勢音符學習識譜，是在用身體動作來表現和感受音符，這使得每一個單個的音符都具有鮮活的生命力。當學生在大腦中形成了正確的音高記憶後，再看譜唱譜就容易了。

（2）利用手勢音符學習讀譜。

這是指在學生看譜唱譜之前，教師利用手勢音符按照音符的節奏和節拍特點先粗略地教唱那些樂譜。即利用手勢音符可以學習一些短小、節奏組合簡單的歌曲。我們知道，讀譜是對音樂短句的反應。那麼，利用手勢音符學習讀譜主要是看教師如何使用手勢音符，看教師能否在使用它時較明顯地反映出音樂短句的特徵。我們要求教師在使用手勢時必須要富有樂感，即每一個手勢都具有音樂的情感，在音樂短句結束時都要做得非常明顯。需要說明的是，在這個教學過程中，不要求學生一定要使用手勢音符邊做邊唱，因為這需要很好的協調反應能力，會分散學生對音高節奏的注意力。對學生而言，能對教師的手勢做出迅速的反應就足夠了。

（3）利用手勢音符訓練簡單的移調和轉調。

①利用手勢音符訓練移調就是移動"Do"的方法。

②利用手勢音符可以訓練簡單的音階調式轉換。它是借助首調唱名法，固定主音音高的位置，以同音異名唱出，按不同音階的結構排列做手勢變化。

例如：

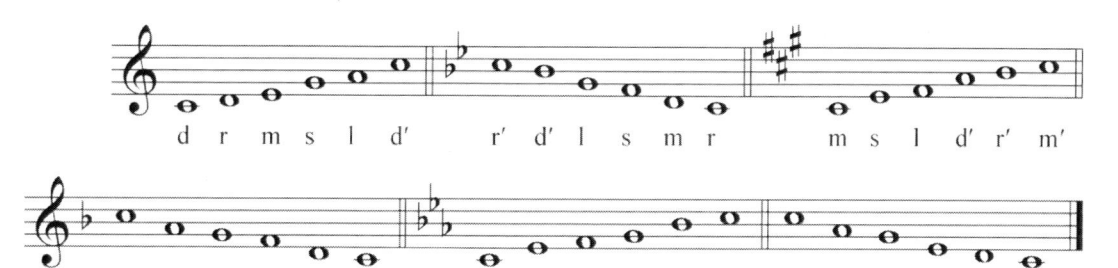

③利用手勢音符訓練簡單的轉調。方法與同主音調式轉換的方法相同。例如看手勢音符唱 Sol，Mi，La，Do，Re。

④利用手勢音符訓練和聲。這是要求教師借助兩隻手分別做出不同的手勢音符來訓練學生對多聲部的反應。兩隻手可以同時做出不同的手勢（這樣的難度較大，需要很好的協調性）。也可以不同時做，使聲部進入的時間不同。

4.利用各種演唱形式豐富讀譜的音樂性

（1）模唱。

模唱即指教師按音樂短句教唱，學生學唱。模唱的優點在於學習的速度快、音高準確，容易建立學生良好的音樂短句感。

（2）默唱與接唱。

默唱是指內心的歌唱，既可以默唱全曲，也可以默唱音樂短句。接唱是指按音樂短句將默唱與歌唱有機結合。默唱與接唱可以構成簡單的多聲部練習，還可以很好地訓練內心的聽覺和歌唱。

（3）主唱與伴唱。

主唱是演唱較複雜的旋律聲部，而伴唱是演唱較為簡單的聲部。比如當學生只學了 Sol 和 Mi 兩個音，我們可以通過變化節奏使這兩個音符活躍起來，再把學生分兩組分別演唱 Sol 和 Mi 構成二聲部的伴唱，教師根據伴唱的特點即興演唱旋律，這時師生共同創造了美好的音樂形象。另外，教師也可以按所要學或已經學過的歌曲的特點，選出適合的伴奏音，然後在上課時通過識譜將其唱准，引導學生配以簡單的節奏構成伴唱聲部，最後由學生們自己完成主唱與伴唱。

5.趣味性的識讀樂譜教學

（1）順唱與逆唱遊戲。

順唱是按讀譜的習慣由左至右地演唱，而逆唱是由右至左地演唱。遊戲的方式是讓學生由順唱開始再按反方向逆唱回來，或讓學生由逆唱開始再按順唱方向回來。可見，這時已經把一條簡單的樂譜變成了兩條練習。需要說明的是，逆唱遊戲雖然有趣，但是由於它違反人的閱讀習慣，帶給人的是對個別音的反應，不易形成良好的音樂短句感，所以僅僅在識譜時才可以使用。

（2）首尾倒置遊戲。

所謂首尾倒置遊戲是在順唱與逆唱遊戲的基礎上發展變化的。在順唱與逆唱遊戲練習熟練後，可以把學生分成兩組並要求同時開始，一組由順唱開始再逆唱回來結束，另一組由逆唱開始順唱回來結束。可見，這時已經把一條簡單的樂譜變成了二聲部的練習。不過，作為教師要特別注意，因為首尾倒置遊戲是二聲部的練習，那麼在選曲上一定要考慮聲部的協和性，即要考慮逆唱的音的對位是否合理，是否具有良好的複調性，是否符合和聲的要求等，這樣才能體現音樂的立體美。

（3）變換小節識譜遊戲。

首先選一條 4 小節左右的樂譜，然後按小節數製作卡片，將每小節的音樂寫在卡片上，按樂譜的小節順序在卡片上分別以 A，B，C，D 等標明。在上課時，先把原譜唱會（即按 A，B，C，D 的順序唱），接下來變換 A，B，C，D 的順序使之組成新的樂譜，這就可以把一條練習演變成多條練習。

（4）變換節奏節拍識譜遊戲。

在這個遊戲中，所有學習的音高是固定的，按不同的節奏加以變化。節奏節拍的創作既可以由教師來創作，也可以讓學生來創作。

第三節　音樂創造教學法

創新是指學生在學習過程中所表現出來的探索精神，發現新事物、掌握新方法的強烈願望以及運用已有知識，創造性地解決問題的能力。音樂學科也和其他學科一樣要開展創新教育，音樂教育是知識創新和應用的基地，也是培養創新精神和創新人才的搖籃。把創造視為一個新的音樂學習領域，是音樂新課程的一個重要特點。在《義務教育音樂課程標准（2011年版）》中，創造作為音樂課程基本理念的同時，又以具體的活動內容呈現在教學領域中，即探索音響與音樂、即興編制、創作實踐。

人類的一切創造性活動，都可以說是創造想像力的活動。馬克思曾把音樂稱為"促進人類發展的偉大現象"。無數的事實可以證明，音樂教育帶給人們的創造、想像是無窮無盡的，它和科學創造有著很多的聯繫。偉大的音樂家貝多芬說："音樂比一切智慧、一切哲學有著更高的啟示……"由此可見，教師在音樂課堂上培養學生的探索精神、創造能力是何等重要。

一、音樂與創造性思維

創造性思維教學的主要目標在於培養學生的創造力，研究創造力的培養，關鍵是發揮"創造的引導者"——教師的作用。教師要應用創造性思維教學的策略，提供創造環境，激發創造的潛能，並有創造的行為或結果。創造性思維教學從學習的種類來看，是屬於思維的；從創造的本質來看，是流暢的、獨立的、變通的與周密的。創造是發揮學生想像力和思維潛能的學習領域，是學生積累音樂創作經驗和發掘創造思維能力的過程和手段，對於培養具有實踐能力的創新人才具有十分重要的意義。

(一)創造的過程與能力

1.創造是一種過程

以創造為過程，仍著重於思維，但不是從思維的類別著眼，而是重在推斷之萌生前的概念和整個階段。此種研究可由對於具有創造力者的個案研究及自傳的描述中獲得了解。

大衛斯認為，創造的過程可以從以下幾個方面來定：

（1）創意者用來解決問題的一系列步驟或階段。

（2）新的注意或新的方案突然迸發的一剎那，是由於知覺突然產生了改變或轉換。

（3）創意者有意無意間用來引發新的主意、關係、意義、知覺轉換等的一些技巧和策略。這種看法，不僅包括了傳統的階段說法，也把創造的技能包括在內。沃拉斯（Wallas）所提出的創造過程最具有代表性，現說明如下：

（1）準備期（preparation）：搜集有關問題的資料，結合舊經驗和新知識。

（2）醞釀期（incubation）：百思不解，暫時擱置，但潛意識仍在思考解決問題的方案。

（3）豁朗期（illumination）：頓悟，明瞭解決問題的關鍵所在。

（4）驗證期（verification）：將頓悟的觀念加以實施，以驗證其是否可行。帕尼斯提出創造性問題解決的過程包括下面五個階段：

（1）發現事實（factfinding）：包括收集一些和問題有關的資料。問題解決前必須搜集及審視所有可利用的資料，資料搜集完成之後，應立即開始分析並整理。

（2）發現問題（problemfinding）：當所有資料都搜集好，且問題的線索也已呈現時，發現問題界定的工作就會自然顯露出來。在這個階段中，兒童就如海綿般地吸收所有組成問題的資料，等到全然滲透飽和之際，他們會對問題進行更廣泛的複述，借著資料反復地從海綿中扭出和重新吸收之後，兒童就能夠分析問題中的每一要素，重新安排問題的陳述，並界定問題的目的。最後，可能將這個問題分成若干的次要問題，而且將每一個次要問題的成分分析為可利用的資料。

（3）發現構想（ideafinding）：這是構想的產生和利用。一旦將問題適當地界定，也辨認了一切有關問題和問題解決的資料之後，這個工作便演變成構想的產生和選擇一個解決問題的方式。

（4）發現解決方案（solutionfinding）：當提出一系列的構想後，就必須找出最好、最實際、最適宜的解決問題的構想。Herien認為發現解決方案是解決問題的基礎。這階段是評估前階段發現構想中所產生的概念，並且要應用最好的構想，以作為解決問題的策略。因此，這是逐一考慮討論每一概念的時候。在沉思並苦心思索可能的問題解決方案時，有時難免有批判思維產生；而在最後分析中，最好的構思往往是非傳統的，或是包含著改變的構想。

（5）接受所發現的解決方案（acceptancefinding）：這是創造力解決問題的過程中最後一個步驟。在這一階段，你要對解決方案做最後的考慮，以便決定最好的並付諸行動。接受解決方案和促使好的概念成為有用的概念是息息相關的。

2.創造是一種能力通常包含發散性思維的幾種基本能力有敏銳力、流暢力、變通力、獨創力，這些能力可能

通過測驗工具或評價者的觀察而瞭解，分別舉例說明如下：

（1）敏銳力。

指敏於覺察事物，具有發現缺漏、需求、不同尋常及未完成部分的能力，也即是對問題的敏感度，例如當你改變兒童的玩具或作業，觀察他多久才能發覺，發覺之後是否比以前注意這個問題。越快發覺，越早發現的，即表示其敏銳力越強。

（2）流暢力。

指產生觀念的多少，即思索許多可能的構想和回答，屬於記憶的過程，因為人會將資料貯存在腦中以供利用。觀察一個班級在討論問題的過程中，當學生對討論的主題提出許多看法和構想，或對他人的構想的實行提出許多看法和幾個概念之時，就能觀察到流暢力。它是任何要領可能發生的重要因素。一個學生對概念產生的階段提出許多反應，應說明他的思維具有流暢力。

我們常常形容一個人"下筆如行雲流水""口若懸河滔滔不絕""意念泉湧""思路通暢""行動敏捷"等，這都是流暢力的表現。音樂同樣強調流暢力。

在班級裡，如果我們以"空罐子有什麼用？"為題，讓學生寫出一些不平凡的用途，在一定的時間內看看學生能寫出多少來，譬如有一個學生寫出"做帽子、做鞋子、裝水用、做桌子、做泥盆、種花"六項，則他的流暢力是 6 分；另一個學生寫出 10 項，則他的流暢力為 10 分，後者比前者流暢力高。

（3）變通力。

指不同分類與不同方式的思維，從某思想轉換到另一種思想的能力，或是以一種不同的新方法去看一個問題。在解決問題的創造力上，我們必須要找到不同的應用範疇或許多新的觀念。變通力是指我們要能適應各種狀況，同時意味著不要以僵化的方式去看問題。有彈性的思維者能以不同的方式去應用資料。在一個班級討論中，當學生能輕易地從一個主題轉換到另一個主題，並且能針對討論的問題結合幾個選擇時，便可觀察到變通力。如音樂中的轉調、變拍子等。

我們常以"窮則變、變則通""山重水複疑無路，柳暗花明又一村""隨機應變""舉一反三""觸類旁通"來形容一個人的變通力。

舉"空罐子有什麼用？"這個例子，如果學生寫出"可以做煎鍋、咖啡壺、水壺、烤麵包機"等 4 項，他的流暢力是 4 分，但因這 4 項都是烹飪用具一類，所以他的變通力只有 1 分；如果他寫出煎鍋（烹飪用具類），裝水（容器類），果子模（模型類），鐘鈴類（音樂類），盾甲（防護類），則他的變通力為 5 分。

（4）獨創力。

指反應的獨創性，想出別人所想不到的觀念，亦即"和別人看同樣的東西，卻能想出和別人不同的事物"，指"萬綠叢中一點紅""物以稀為貴"等獨特的能力。藝術是要強調個性的。獨創力是由某一項反應在全體反應中所佔的比例來決定的，與別人雷同越少，獨創力越高，通常我們依據學生反應的統計結果來判定。

(二)音樂的創造性思維

音樂是一種非語義的資訊，音樂的這種自由性、模糊性和不確定性特徵給人們對音樂的理解與表現提供了想像、聯想的廣闊空間。音樂藝術的創作、表演、欣賞等各個環節均體現了鮮明的創造意識並伴隨著獨特的創造行為。因此，音樂是創造性最強的藝術之一。音樂藝術的這一特質，使音樂教育界在發展學生的創造力方面表現出了極大的優勢，這無疑為學生發散性思維和創新能力的培養提供了良好的心理基礎。

音樂為什麼能發展人的想像呢？這是由音樂的特殊功能和它的美學特徵所決定的。法國作家雨果說："人的智慧掌握著三把鑰匙：一把開啟數學，一把開啟字母，一把開啟音符。知識、思想、幻想就在其中。"音樂家在作曲時就把他們的信仰、志向、靈感、才智、審美觀念及人生的充實，自然的美妙，宇宙的變幻都化作優美的旋律，並以其獨特的風格表現著人類的發展，宇宙的運動，意境的擴展，到達其他藝術達不到的境界。作曲家往往衝破了普通人常規的思維方式，從人們想不到的新角度發揮想像，創造出驚人的傑作。當這些作品深刻的內涵通過演唱、演奏的二度創作傳達給欣賞者，便觸發了人們的情感，隨著樂曲的展現把人的內心世界引到了想像活動的高峰。這種想像與聯想不像文學那樣受到語言的限制，也不像美術那樣受到畫面的制約，更不像建築那樣受到時間、空間的局限。人們一旦進入音樂的想象世界，便能任意遨遊，產生豐富的對過去的再現和對未來的幻想。每個音樂愛好者長期受到音樂環境的薰陶，就會養成想像和創新的習慣，推動著他的求新創新的探索思想。在這方面，愛因斯坦的感受是"想像比知識更重要，知識是有限的，而想像力概括著世界的一切，推動著進步，是知識進化的源泉。"教育家蘇霍姆林斯基也認為："音樂是思維的有力源泉，沒有音樂，教育便不能有合乎要求的智力發展。"

想像，在人認識世界和改造世界的過程中有著重要的作用。如果沒有想像，人不可能有創造發明，不可能有任何預見。心理學家認為，發散思維也叫求異思維，是對所要解決的一個新問題從多方面加以思考，並提出許多新假設和新答案的思維方式，例如"磚有什麼用途？"發散思維從多個角度想出許多新答案：蓋房子、築牆、切割臺階、修路、壓紙、擋住停在斜坡上的汽車輪子、鑲花池的邊、當錘子用……上述每一個答案都是對的。這種思維的主要特徵是思路可以從一點發散到四面八方，突破思維定式的局限，重新組合以往知識經驗，找出許多新的可能的答案。這種開放性的思維沒有固定的方向、範圍，"標新立異""異想天開"，是打破框框的創造性思維方式。

音樂想像體現了一種超越性和求異性。超越性，是指超越音樂作品的自身，跨越國界，跨越時代。求異性，是指追求目標不同，努力體現個性，盡力發揮水準而又拘於形式。黑格爾指出："真正的創造就是藝術想像的活動。"實踐證明，一切創造都離不開想像，而在音樂教育中想像的趣味性和求異性，給人們認識世界提供了更廣闊的思維方法。又如音樂與語言的才能，人皆有之，如何運用音樂來訓練自己，因人而異。愛因斯坦的母親波琳，是一位具有一定文化修養的賢慧婦女。她愛好音樂，喜愛鋼琴藝術。自然，她就做了愛因斯坦的音樂啟蒙教師。愛因斯坦在三四歲的時候，總喜歡悄悄地躲在樓梯暗處，聆聽母親彈奏的悠悠鋼琴聲。當時的小愛因斯坦，雖然語言思維並不太好，不大會說話，但是，鋼琴藝術的聲波資訊，每天晚上都會輸入他幼小的心靈，引起他千萬個稚想，在不知不覺中提高了他的思維力。愛因斯坦從6歲開始就步入了樂器之王小提琴的大門。之所以說小提琴是樂器之王，因為它的技巧最難掌握，學習者很難達到所要求的音準和快速的單、雙音技術，當然還有其他多種技巧。小提琴的左手訓練，加強了右腦的活動能力，使愛因斯坦的想像力得到擴展。各種小提琴樂曲的內涵，又增添了他童年的幻想。隨著時光流逝，漸漸鍛煉和提高了他的思維能力。思維能力是看不見的，但科學家自己在思考過程中能感覺到自己的能力。愛因斯坦之所以肯定地說自己如果沒有接受音樂教育，無論在什麼事業上都將一事無成這句話，主要是指音樂與想像力的關係。沒有想像力的音樂可以說不能稱其為好音樂。所以愛因斯坦得出結論："想像力比知識更重要。"牛頓也有一句名言："沒有大膽的猜測就做不出偉大的發現。"

從表面上看，藝術是浪漫的形象思維，科學是嚴肅的邏輯思維，是完全不同的兩個領域。但它們的思維過程是相同的。音樂的豐富想像給科學的奇思妙想插上了有力的翅膀，使科學家的聰明才智得以發揮。偉大的科學家愛因斯坦自己就總結說："我的科學成就很多是從音樂的啟發而來的。"他從博大精深的古典音樂中體會到和諧之美，感到大自然的和諧和物理理論的和諧是相通的。音樂教育家鈴木則認為："音樂可以啟發人的想像力，音樂啟發了愛因斯坦對宇宙的觀察，進而發表了著名的相對論。"

(三)創造性思維與音樂實踐

創造性思維，從定義上講是脫離傳統的思維模式，產生出獨特的思考能力，是發現新事物的能力。創造性思維表現在不滿足於用現有的知識和社會意識去解決當前存在的問題，而是從嶄新的創建中來回答問題。我們認識到，創造性不僅表現在獨創的見解發明之中，也表現在尋常思想之中。莫札特、貝多芬的不朽之作，其創造的價值是無與倫比的，但另一方面，演唱和演奏是音樂的二度創作，欣賞音樂作品時的聯想與想像也是創作。在學校的音樂教育中，可能很少出現天才音樂家，但是創造性思維的培養將為培養創造型、開拓型人才，為培養祖國的下一代貢獻力量。

如果說音樂知識從某種意義上說是時間積累的產物，那麼在很大程度上取決於活躍的創造性思維。積極的創造性思維應當貫穿於音樂學習的全過程。創造性的音樂思維使作曲家把生活情景轉換為音樂語言，從而產生具有新風格的音樂作品。這是音樂的一度創作，演唱家和演奏家再現音樂時又貫注著嶄新的藝術表演境界，這是音樂的二度創作。欣賞者在領略音樂美的同時，又產生了極為豐富的想像與聯想，所以說是創造性的音樂思維把完成音樂作品的創作、表演、欣賞三個環節有機地結合成一體。

學生的音樂才能可以通過在樂器上的即興表演得到展示，音樂教師可以通過對音樂作品的分析來指導學生的學習，領略作品的思想和藝術特色。另外，音樂教師向學生講述音樂知識，可以提高學生的聽覺水準和音樂修養。積極鼓勵學生創作自己的作品，演奏自己的作品，只有這樣才能達到上述的目的。因此，教師不能只重視音樂知識的學習，注重音樂技能、技巧的培養，而忽視音樂想像力的開發，應當把教學重點放在開發學生的音樂想像力和培養學生的創造性思維上。

如何進行創造性的學習實踐呢？可以從以下兩個方面考慮：第一，在各科學習的縱向系統之中，選擇適當的內容，要求學生去嘗試一下推倒、猜測、想像已有命題，提出新見解，然後再看書聽講，比較自己的想法與書上的結論有什麼不一樣的地方；同時，可以評論這個分析過程的優劣。比如，初一年級在學習旋律、節奏兩方面知識時，可以採取這樣的辦法。教師先提出問題：音樂是由旋律節奏等要素組成的，那麼什麼叫旋律？什麼叫節奏呢？然後讓學生進行討論。學生發言很踴躍，提出了各種不同的答案，最後教師根據書上的定義進行小結。這種學習知識的方法，調動了學生學習音樂的積極性，同時鍛煉和培養了學生的思維能力和表達能力，產生了良好的學習效果。第二，在各科學習的橫向系統之中，從內容、形式、方法等多方面，努力探索相互之間滲透、遷移、運用和借鑒的途徑。應該說各學科之間的聯繫是普遍存在的。例如初二年級在學習曲式、樂句、樂段、一段體、二段體、三段體的知識時，可以啟發學生聯繫語文知識來學習這些知識。

二、音樂創造教學法

(一)中國音樂課程標準對音樂創造教學法的要求

創造是發揮學生想像力和思維潛力的學習領域，是學生積累音樂創作和發掘創造思維能力的過程和手段，對於培養具有實踐能力的創新型人才具有十分重要的意義。

(二)音樂創造教學必須遵循的原則

1. 在引發學生音樂創造過程中，要以音樂審美為核心，發展興趣愛好

以音樂審美為核心的基本理念，應貫穿於音樂創造教學的全過程，在潛移默化中培養學生美好的情操、健全的人格。音樂基礎知識和基本技能的學習，應有機滲透在音樂創造的審美體驗之中。音樂創造教學應該是師生共同感受、鑒別、判斷、創造、表現和享受音樂美的過程。在創造教學中，要強調音樂的情感體驗，根據音樂藝術的審美表現特徵，引導學生在音樂創造中對音樂表現形式和情感內涵的整體把握，領會音樂要素在音樂表現中的作用。

興趣是學習音樂的基本動力，是學生與音樂保持密切聯繫、享受音樂、用音樂美化人生的前提。音樂應充分發揮音樂藝術特有的魅力，根據學生身心發展規律和審美心理特徵，以豐富多彩的教學內容和生動活潑的教學形式，激發和培養學生的興趣與愛好。創造教學內容應重視與學生的生活體驗相結合，加強音樂課與社會生活的聯繫。

2. 在誘發學生的創造潛能時，要面向全體學生，注重個性發展

小學、中學、高中音樂課的任務，是提高全體學生的音樂素養，使每一個學生的音樂潛能得到開發並使他們從中受益。因此，音樂創造的教學活動應面向全體學生，以學生為主體，師生互動，將學生對音樂的感受和音樂活動的參與性放在重要的位置。

音樂創造可以是一個課型，也可以是課中的一部分，應把全體學生的普遍參與和發展不同個性的因材施教有機結合起來，創造生動活潑、靈活多樣的教學形式，為學生提供發展個性的可能和空間。

3. 重視音樂創造的教學過程，增強創造意識的培養

音樂創造的教學過程就是音樂的藝術實踐過程。因此，在所有的音樂創造教學活動中，都應激發學生的參與積極性，重視藝術實踐，讓學生走進音樂、獲得音樂審美體驗和音樂知識與技能。通過音樂藝術實踐，增強學生音樂表現的自信心，培養良好的合作意識和團隊精神。

音樂課程中的音樂創造，目的在於進一步開發學生的創造性潛質。在教學過程中，應設定生動有趣的創造性活動內容、形式和情景，發展學生的想像力，增強學生的創造意識與創作能力，並為有志於深入學習音樂的學生打下音樂創作的初步基礎。

4. 在創造教學中要弘揚民族音樂，理解多元文化

重視民族、民間音樂材料的使用，增強教材的貼近性、趣味性，在創造教學中也很重要。通過選材、音樂知識編排、音樂活動組織突出創造教學，注重地方音樂教育資源的開發和利用，如廣西壯族、侗族的二聲部和三聲部民歌，是廣西交響樂的重要資源。而多聲部音樂，是中國少數民族音樂發展所能借助的重要外力和參考座標。強化多聲部音樂教學，利用合唱、多聲部器樂欣賞、人聲與樂隊、歌舞等多種教學形式，從最早的自然聲音感受到音樂能力的綜合培養，在音樂教材、音樂資源民族化、地方化的同時，構建起貫穿始終的音樂教育內在目標來進行音樂創造活動。

5. 在音樂創造中要體現多樣化，提供選擇性

在提高全體學生音樂文化素養的同時，還要為具有音樂特長和愛好音樂的學生提供良

好的發展平臺。因此，音樂課的內容應該體現多樣化的特點，以滿足不同學生的發展需要，為具有不同特長和愛好的學生提供選擇性學習的機會，使全體學生都能享受音樂的愉悅，並在音樂上獲得發展。

在關注對學生創造力培養的同時，更關注音樂教育方式的創新。學生創新精神的培養，首先需要一種創造性的音樂學習。音樂作為一門學科，雖然需要向學生傳授某些規律性的東西，但音樂的"只可意會，不可言傳"的特殊性質只能靠想像力去再創造。那種傳統的"我教你學、我講你聽"的師徒式教學方式同創造性思維的培養背道而馳、大相徑庭。而音樂教育方式的創新，則追求一種無權威的學習機制，追求一種自由、和諧、雙向交流的教學氛圍。要建立平等互動的師生關係，教師與學生憑藉音樂交流審美資訊，這裡沒有智力教育和道德教育的權威性和強迫性，教學雙方完全是一種平等的關系。音樂教師要勇於從傳統的角色中跳出來，變"教書匠"為"教學設計師""指導者""合作夥伴"，為學生的音樂學習創造寬鬆、融洽的人際環境。音樂課堂上，教師可以強化學生的意識，允許質疑，鼓勵探索，尊重學生對音樂的不同體驗與獨立思考。如果從更深的層面上來說，音樂教育方式的創新則應體現較強的民主意識，要充分尊重學生的人格，維護學生在音樂學習方面的自尊心與自信心。音樂教育是義務教育，無論學生是否具有音樂天賦，都有接受音樂教育的權利。學生是音樂教學活動的主體，使每一個學生的音樂潛能得到開發並終生享有音樂樂趣是音樂教育的崇高責任。

(三)音樂創造教學的內容領域

在音樂鑒賞中體現創造，通過音樂要素與形式，感知音樂的力度、速度、音色、節奏、旋律、調式、和聲等基本要素，並在音樂創造中感受、體驗、認識、理解其音樂表現作用及審美價值。如感知音樂作品的結構形式，體驗其不同段落的音樂情緒，表述其不同段落的對比與變化，並做出相應的審美評價等。學生了解歌曲處理的一些基本手法，教師應鼓勵、啟發學生敢想、敢說，積極發表自己的見解，即使不太准確，也不要輕易否定。如歌曲《我是小鼓手》的藝術處理，就是學生根據自己對歌曲的理解設計方案，通過反復比較，集中討論確定下來的。具體為情緒：自豪、歡快；力度：第一、二、五、六樂句 mf，第三樂句 mp，第四樂句 mf，高潮處 f。

通過音樂的題材與體裁來感受、理解內容在音樂作品中的表現，並能對其做出適當的評價。如分辨聲樂、器樂作品中常見的音樂體裁和表演形式，並能從評析音樂體裁與音樂表現的關係中創設一些相關練習與活動。

通過音樂風格與流派來體現創造，聆聽中外作曲家的優秀音樂作品，感受、體驗其民族風格、地區風格、時代風格，認識、瞭解不同音樂流派及其重要代表人物的生平、作品、貢獻等。如歌曲的內容、形式、風格和表現的情感是多樣化的；又如雄壯有力的進行曲，恬靜安詳的搖籃曲，歡快輕盈的舞曲，風趣逗人的詼諧曲，短小天真的少兒歌曲，高亢激越的山歌以及細膩流暢的民間小調等。因此，不同內容、風格、體裁的歌曲要有不同的處理手法。

學生通過學習音樂的歷史可發展思維能力，瞭解中國音樂發展的主要線索和成就認識音樂在中國近現代社會發展中所起的作用，瞭解西方音樂不同發展時期的簡要歷史。學習中國傳統音樂和世界民族民間音樂，感受、體驗音樂中的民族文化特徵，認識、理解民族民間音樂與人民生活、勞動、文化習俗的密切關係。在音樂創造中，要注重培養學生認識音樂的功能與作用，認識音樂美學的一般常識，瞭解音樂的藝術特徵。認識、理解音樂是一種反映社會生活，同時又深刻影響社會生活的藝術；認識、理解音樂的審美功能教育功能、認識功能及娛樂功能；認識、理解音樂作品對人的精神生活會產生不同的影響能以思想性與藝術性相統一的原則，對自己接觸的音樂作品或社會音樂生活做出評價。

1. 歌唱教學中的創造教學設計

如積極參與合唱活動，演唱中外著名合唱曲，陶冶高尚情操，增強集體主義精神。參與多聲部合唱技巧訓練，如音準與節奏、咬字與吐字、速度與力度、氣息及聲音控制等，注意傾聽各聲部的發聲，做到聲部間的協和，並能運用所獲得的合唱技能，參與合唱作品的表演。通過排練多聲部的合唱曲，做到聲部間的和諧與均衡，隊員間的相互合作與交流。瞭解作品的創作背景，理解指揮意圖，有表情地表達作品的內容與風格。在排練作品中，教師要全身心投入，充滿創作激情，細微地指導創造排練；在獨唱中，聆聽著名歌唱家的演唱，激發對歌唱表演的欲望。運用科學方法，進行歌唱發聲的基本技能訓練。歌唱時要求音高、節奏准確，逐步做到有氣息支持的發聲，掌握連音、斷音的歌唱技巧，能調控歌唱的共鳴，以擴展音域、擴大音量、調整音色，注意吐字咬字的清晰等，力求正確表達歌曲的內容與情感，增強歌唱的感染力與藝術表現力。通過反復詠唱，加深理解歌曲的題材、體裁與風格，並能表達出對歌曲藝術處理的獨立見解，能自信、有表情地獨唱。學會歌曲以後，引導學生依據歌曲的主題、情緒、意境即興編創適當的表演動作，以律動、歌舞表演、集體舞等形式表現歌曲，或者即興為其編詞或填詞，以豐富音樂表現，還可以對歌曲的節奏、旋律進行改編、編創，採用"節奏重組""旋律接龍""樂句填空"等形式展開教學。

歌曲的藝術處理，是一種藝術的再創造，絕非簡單的再現原作。如歌曲《學雷鋒》的第一句歌詞是："花公雞呀叫天亮，喚醒軍屬黃大娘。"有位學生提議："老師，我覺得前奏中可以加進大公雞喔喔的叫聲。"經過學生討論，一致通過並推選一位同學扮演大公雞，為歌曲增添了特有的情趣。從中，學生的創造力和想像力得到了發揮。總之，在學生自主處理歌曲的過程中應重視學生的自主性、主動性、創造性，從小處出發，不過分要求歌曲處理的標準性。只有放手讓學生充分地表現自我對音樂的感悟，展現美和創造美的能力，才能讓音樂課真正成為學生喜愛的課。

2. 在演奏教學中體現創造

（1）合奏。

組織學生積極參與合奏活動，表現樂曲的內容與情感，增進合作與交流。學生能自己調整樂器的音高使之符合樂隊演奏的要求，能正確奏出自己聲部的音樂並能注意到聲部間的和諧，能按總譜的要求進行排練並對指揮的動作做出正確的反應。通過對作品的感悟，發表自己對作品內容與風格的處理意見。器樂合奏的規模、類型，應根據學校及班級的實際情況，組成各種類型的樂隊，如民族樂隊、西洋樂隊、吹奏樂隊、電聲樂隊或混合樂隊等。這也能體現不同班級的藝術風格。

（2）獨奏。

學習某種樂器的基本演奏技能，提高演奏水平與藝術表現力，通過反復演奏、領悟作品的內容與風格，能發表自己對作品的獨特見解，能自信地、有表情地獨奏，勇於在公眾場合進行藝術實踐演出。獨奏樂器應從各地、各校實際情況出發，一般可分為中外弦樂、吹管樂、彈撥樂、打擊樂、鍵盤及各少數民族的樂器等。這也能體現各地各校學生的藝術特點。

3.在音樂聽力與創作教學中體現創造

（1）音樂聽力。

聽辨音樂作品的主題，感受理解構成音樂的要素，在初步掌握基本樂理知識的基礎上，能較流暢地視唱簡譜，識讀五線譜，做到音高、節奏基本準確，能聽辨或聽記由常用節拍、常用節奏型組成的簡易旋律，聽辨大、小三和弦及屬七和絃的音響色彩，感知常見調式的旋律色彩，並能應用於各項音樂實踐來進行音樂創造活動。

（2）音樂創作。

在音樂創作中培養創造性思維。從學生的生活體驗和藝術想像出發，激發學生音樂創作欲望。學習音樂材料組織與發展的基本形式，瞭解音樂作品結構的一般常識及常用的作曲手法，進行作曲實踐的嘗試，如為歌詞譜曲，為旋律配置簡易和聲，或利用各種不同的音源材料，進行某一主題的命題創作等。也可與他人合作創作音樂作品。

音樂創作教學，啟發和豐富了學生的想象力和創造力。通過有意識地對客觀現實的觀察了解，學生學習運用了各種音樂語言和音樂手段進行創作，表達了自己的思想感情，並在創作過程中獲得較好的經驗。其中有調查了解的方法，怎樣將調查的材料進行分析的方法等。創作教學調動了學生熱情、主動、充滿興趣和願望地學習音樂的積極性。同學們努力學習正確的記譜法，學好音樂的各種表情記號，提高自己的聽音、視唱能力。總之，音樂創作教學有效地提高了學生對樂理、視唱、聽音、寫譜等知識與技能的理解、記憶、運用能力。

在音樂課本中，作曲創作練習形式多樣，有根據第一樂句的旋律，按所給的節奏創作第二樂句；根據第一樂句（起句），創作第二樂句（承句），按要求為旋律進行變奏，要求改變拍子、節奏；根據提示，創作一條4小節的旋律，提示為堅定有力的進行曲，優美輕快的舞曲；試為兩句歌詞（草原霧茫茫，群星閃閃亮）寫出兩樂句的旋律；試為四句歌詞（大地盼望春天來，春天盼望百花開，如今祖國春滿園，盼望我們早成才）配寫旋律；根據圖畫提示的情緒（圖為四個少年敲打鼓的畫面），試寫出四個樂句的旋律等。怎樣組織學生進行創作呢？第一，要破除創作的神秘感，培養學生強烈的創作願望。教師可以把報刊上發表的少年創作的歌曲介紹給同學，或請同學欣賞少年創作的歌曲，可以將學生的好奇心轉化為學習動機，將膽怯心理轉化為信心。通過探索、發現、創造，調動學生作曲的積極性。第二，教給學生作曲的簡單方法，幫助學生克服學習上的障礙。如認真朗讀歌詞，細心體味歌詞的語調和節奏，來創作歌曲旋律的節奏與起伏。根據中國民歌的起、承、轉、合要求，創作四個樂句的歌曲，歌曲一定結束在主音上。這些作曲的簡單方法，容易為學生理解和接受。第三，當學生能創作短小的歌曲後，要給學生提供展示的廣闊天地。比如在課上可以將創作的歌曲給同學唱出或彈出；在學習曲式知識時，要求同學創作一段體的歌曲，有條件的同學還可以創作二段體的歌曲；在學校的藝術宣傳欄中展出各個班級同學創作的歌曲等。

4.在形體與舞蹈教學中體現創造

學習舞蹈的基本動作與組合，積極參與排練、演出等活動，在音樂中舒展肢體，愉悅身心，瞭解音樂與舞蹈的密切關係，感知舞蹈音樂的節奏特點和情感。能在音樂中即興舞蹈，能根據音樂形象創編相應的動作與隊形。結合欣賞和排練，瞭解舞蹈的起源、發展、體裁等常識，能夠鑒賞和評價古典舞、現代舞、民族舞、芭蕾舞、社交舞等不同的特色和風格。

形體與舞蹈中的創造在小學低年級還包括了律動，如在節奏練習和視唱練習中進行簡單的律動練習。這種律動練習以增強學生的音樂節奏感為目的，可用拍手、跺腳、適度的身體動作等交替進行。這種練習不僅是對學生最基本的音樂素質訓練，也可為後面的教學打下良好基礎。在歌唱教學中配以適當的律動，因為歌曲最能觸動人的情感和心靈，引起人的情緒反應。學生學會一首新歌後，結合不同的律動來反復練唱，可以克服簡單重複造成的單調和枯燥，訓練學生的音樂表現力。

5.音樂戲劇與表演中的創造

通過欣賞和分析中國戲曲、中外歌劇及戲劇配樂等，瞭解音樂戲劇構成的主要元素，認識音樂在戲劇類綜合藝術中的地位與作用。選擇適合音樂戲劇創作的題材，嘗試創編短小的、形式靈活的音樂戲劇小品，分配劇中人物的角色，進行合作排練，勇於在公眾場合自信地進行綜合藝術表演。

總之，在音樂創造教學中要貫徹綜合原則，把包括感受與鑒賞、表現創造音樂文化等在內的音樂教學的各方面內容充分結合起來進行教學。如音樂文化知識可以在學生參與的創作、演唱、演奏、欣賞等音樂實踐活動中結合著講解，許多音樂欣賞內容可以通過演唱、演奏來加深體驗，加深理解，可以結合唱歌與器樂來進行創作教學，並通過唱歌與演奏來展示學生的創作成果。把音樂與包括舞蹈、戲劇、美術等在內的其他藝術形式結合起來進行教學，如讓學生通過舞蹈、律動來表現音樂。音樂與美術融合即是聽覺與視覺的結合，可使學生更形象地理解音樂。把音樂課程與包括語文、歷史等在內的與音樂藝術有關的其他非藝術課程適當結合起來進行教學。音樂與文學關係密切，音樂教學可與語文教學（詩歌、戲劇等）結合；音值、節奏等內容可與數學課中的數量概念結合講解；節奏與自然界現象、與人的生理現象以及人的運動方式有關，教學時可與自然常識課結合；體育課的廣播操、韻律操等與音樂節奏感、旋律感的聯繫很緊，也能夠有效結合；音樂與文化產生的民族、地理、環境、歷史條件、語言語音特點、生活習俗、文體交流等有著密切聯繫。創造教學可有意識地把音樂課堂教學與課外音樂活動結合起來，把學校音樂教學與社會音樂環境結合起來，如社會生活中的許多音樂資源（廣播、電視、藝術團體等）可為音樂教學所用，以形成合力，最大限度地提高音樂教學效果。

6.在自然、生活中體現音樂創造

運用人聲、樂器聲或其他聲音材料模仿或表現自然界的聲音，如風聲、雨聲、雷聲、流水聲、海嘯聲、鳥叫蟲鳴聲、野獸吼叫聲等。

運用人聲、樂器聲或其他聲音材料模仿或表現生活中的聲音,如火車、汽車、輪船等交通工具的開動與鳴笛聲;雞、鴨、馬、牛、羊、狗等家禽畜的走跑和鳴叫聲;房屋裡的鐘錶、電話、門鈴的聲音以及廚房裡切菜的聲音。

運用人聲、樂器聲或其他聲音材料探索聲音的強弱、音色、長短和高低,這屬於對各種聲音的音樂屬性的一種探索性學習。

(四)音樂創造教學的評價原則與標準

1. 學生為本原則

音樂創造教學是否遵循中小學生的生理、心理及審美認知規律,從學生的興趣、能力和需要出發,結合他們的生活經驗,提供感受音樂、表現音樂、創造音樂及學習音樂文化知識的機會,為學生終身學習和音樂審美素質的可持續發展奠定基礎。

2. 教育性原則

音樂創造教學是以素質教育的內涵為依據,突出音樂教育以審美為核心的理念,體現音樂教育的規律,貫徹德、智、體、美全面發展的方針。

3. 科學性原則

音樂創造教學是注意音樂知識技能的準確性、嚴謹性,符合學生音樂審美認知規律而建立的基礎音樂教育的教學體系。

4. 人文性原則

音樂創造教學是否注意發掘音樂的人文內涵,加強音樂文化與其他相關人文科學的聯繫。

5. 實踐性原則

音樂創造教學的音樂知識技能學習應在音樂實踐活動中進行,教材應重視實踐活動的設置,教材內容的選取要適應一般地區的水準,以便於全體學生參與實踐活動。

6. 探究性原則

音樂創造教學要正確處理傳授、探究、創造三者的關係。教學中要注意設計研究性學習的課題與練習,以利於發展學生的創造性思維。

(五)音樂創造教學給教師的建議

音樂創造包括兩類學習內容:其一是與音樂有關的發掘學生潛能的即興創作活動;其二是運用音樂材料創造音樂。其中第二類內容與音樂創作有關,但區別於專業創作學習。

1. 即興創作教學

即興創作和即興表演。它是以語言、歌唱、鋼琴或其他樂器為工具,運用遊戲、動作、演奏等手段,進行即興的音樂創作。這種教學創造了生動活潑的學習氣氛,可以調動學生身心各方面的能力和條件,通過即興創作,促進學生創造能力的發展。

2. 運用音樂材料的創造教學

利用各種聲源及自製樂器的音樂創造教學,運用各種聲源表現和創作音樂。它的主要意圖是發掘學生的創造性潛能,培養學生的創新思維能力。教師引導學生用音樂的方式表現特定的自然情景或生活情景必須要做到以下幾點。

首先，要引導學生聯想自然界或生活中的聲音現象，必要時，教師可以創造一定的教學情境，以引發學生的聯想。如森林中的松濤聲、鳥鳴聲，火車進出站時的汽笛聲、撞擊鐵軌聲等。

其次，要引導學生選擇適當的樂器或音源。例如要表現鳥叫聲，可以讓學生選擇口技或笛子。

再次，要引導學生設計一定的音樂情景或生活情節。

最後，應該引導學生進行分組表演。表演後，最好還能加以評論。

3.給教師的建議

音樂教學環境的審美特點，其特徵主要體現在兩個方面，一是聽覺環境和視覺環境的優美，二是兩者間的和諧。這是創造良好音樂教學氣氛和情境的外部條件。

音樂是聲音藝術，音樂教學的基本手段之一是聆聽。音響美，是創造良好聽覺環境的關鍵因素。音質清晰、悅耳的音響給人的聽覺帶來快感，並誘發美感的產生。而糟糕的音響則使人生厭、煩躁。在音樂教學中，教師應力避不良的音響產生，諸如多媒體的音量過大、音質過尖或不等音樂結束就"啪"的一聲中斷放音，彈奏音律欠准的鋼琴、風琴，讓學生吹奏由於簧片腐蝕而噪音迭出的口琴等。

一個美好的視覺環境對音樂教學也是重要的。音樂教室的佈置應優雅、藝術化；座位的安排與樂器的擺放應富有新意，誘人遐想；歌片、掛圖應具有視覺欣賞的意義；其他教學手段（幻燈、錄影、多媒體等）的運用都應遵循努力創設審美氣氛與情境的原則。

創造，對於基礎音樂教育的價值，已引起包括課程專家和學科專家在內的眾多音樂教育界人士的廣泛關注，越來越成為廣大音樂教育工作者的共識。因此，如果僅僅把音樂創造融在其他音樂教學內容之中，就不可能充分發揮音樂教育的審美育人作用。只有把音樂創作作為中小學音樂教學的一項重要內容獨立出來加以強調，中小學音樂教學才能夠獲得最大的教育效益。而且就世界範圍而言，音樂教育比較發達的中國的著名音樂教學法以及音樂教育家，也都十分重視音樂創造教學。在具體的創造教學中，要特別注意以下幾個問題：

（1）正確處理模仿與創造的關係。中小學生的音樂創造活動常常是從模仿入手的，模仿是音樂創造的必經之路。通過模仿，可由易到難、循序漸進地進行創造學習。

（2）分清即興創造與創作的異同。即興創造主旨是學生根據當時的感受而產生的一種音樂創造行為，是事先不必做准備的臨時創作，它往往與即興表演聯系在一起。而創作或改編樂曲則需要經過准備孕育，在醞釀創意之後再進行加工塑形，最終成為一部音樂作品。即興創造與創作是音樂創造教學領域的有機組成部分，在教學中缺一不可，不能偏廢。

（3）注意在音樂創造活動中培養學生的內心聽覺，啟發學生想像自己的創造效果，先描述，再與實際音響對照，如此反復練習，使學生的內心聽覺與創造能力同時得到發展。

第四節　音樂與相關文化教學法

音樂和相關文化是中國音樂課程標準對音樂學習目標提出的新的要求，它擴大了音樂學習的領域，對教師也提出了更新更高的要求。在備課、分析教材、處理教材時要考慮到音樂與相關文化的互聯性，在課堂教學中通過音樂與相關文化的學習，提高學生的音樂素質與人文素質，培養學生的創造能力，使學生懂得音樂與文學、音樂與戲劇、音樂與美術、音樂與舞蹈、音樂與社會生活等的相關聯繫，從而把學生培養成為有較高音樂素養與文化底蘊的、具有較強綜合素質的新一代創造型人才。

一、中國音樂課程標準對音樂與相關文化的要求

中國音樂課程標準對音樂與相關文化的要求，包含以下內容：音樂與相關文化是音樂課人文學科屬性的集中體現，是直接增進學生文化素養的學習領域，有助於擴大學生音樂文化視野，促進學生對音樂的體驗與感受，提高學生音樂欣賞、表現、創造以及藝術審美的能力。這一教學內容雖然在某些方面有自己的相對獨立性，但在更多的情況下，又蘊含在音樂欣賞、表現和創造活動之中。因此，這一領域教學目標的實現，應通過具體的音樂作品和生動的音樂實踐活動來完成。

教師在備課與課堂教學中可根據所任教年級與學生基礎來因材施教，由淺入深、形象生動地進行音樂與相關文化的教學。

二、音樂與舞蹈

(一)音樂與舞蹈的淵源

雖說舞蹈和它的姐妹藝術聯繫都很緊密，但要論聯繫最為緊密的還要數音樂。舞蹈和音樂的密切關係從根本上來說，是舞蹈離不開音樂，舞蹈總是在音樂的伴奏下展示出來的。這一點，中國舞蹈家吳曉邦在理論和實踐兩個方面都做了驗證。他認為："任何舞蹈在藝術形象上，都必須通過音樂，才能把它的'意思'完整地表達出來。"並且他公開宣稱自己曾從《義勇軍進行曲》中"獲得舞蹈形象"，他還指出："就是一個無伴奏的舞蹈，雖然沒有聲音，但它從無聲中也有一種節奏動作，會使人感到無聲勝有聲。"雖然這些舞蹈家為了強調舞蹈藝術的獨立性，致力創作了不少沒用音樂伴奏的作品，但還是要用走踢踏或通過腳鈴、手鈴隨身體動作發出節奏音響來替代音樂伴奏。從廣義上說，這種有節奏的音響，就是音樂的基本因素。中國舞蹈家王曼力等編導表現張志新烈士在獄中鬥爭生活的舞蹈《無聲的歌》，就是一個無音樂伴奏的舞蹈作品，但是它卻採用了風聲、水聲、鐐銬聲、鞭打聲等音響效果來伴奏，其實這種音響效果的本身屬於廣義上的音樂，因為它有節奏、有律動、有音高、有音色。概言之，舞蹈和音樂不能分離。

(二)音樂在舞蹈中的重要作用

首先，音樂為舞蹈起著渲染和烘托氣氛的作用，給舞蹈人物應有的性格刻畫，與舞蹈共同完成塑造藝術形象的任務。如民間舞《石頭、女人》的音樂，以濃郁的福建地方色彩，灑脫、純樸的音調特徵，刻畫了惠安女勤勞、樸實和忍辱負重的典型性格，令人回味無窮。其次，音樂在舞蹈和舞劇中擔負著交代和展現劇情的任務。如舞劇《好大的風》，全舞分為三個段落，採用插敘、回憶、象徵等手法，講述了一個催人淚下的愛情故事。在舞蹈第一段"插敘"中，音樂以電聲樂模擬刮風的效果，由小變大，由遠到近，把觀眾帶進了要講述的故事的氛圍之中。在第二段"回憶"中，快板、音樂由悲轉為喜，仍是嗩吶領奏歡快的旋律，弦樂合奏加上優美的雙人舞，一下又把人們帶到那甜美的回憶中。到了舞蹈的第三段"象徵"，在嗩吶呼喊般的領奏下，和著強烈的鼓聲、大鈸聲，與弦樂的短促有力的演奏，把舞蹈推向高潮。最後音樂伴著一陣狂風的呼嘯聲吹過，仿佛要把這動人的故事吹向更遠的地方，讓更多的人為之感動。藝術魅力在這裡體現為舞蹈與音樂渾然完美的統一。

(三)舞蹈鑒賞能力的培養

應該怎麼樣來鑒賞舞蹈呢？在現代社會中，舞蹈充滿了我們的生活——幼時普通的舞蹈教育，成人頻繁的舞蹈活動，特別是有了電視機、錄影機、影碟機、互聯網這類現代大眾傳播媒介，使得廣大群眾足不出戶，即可欣賞美妙音樂，一覽各種舞蹈的風采。面對電視機中種類繁多、異彩紛呈的舞蹈，或劇場裡演出的形式多樣、風格迥異的舞蹈，如果不懂得如何去鑒賞，也就不能進入舞蹈的情感世界，這不能不說是一個缺憾。但人的舞蹈鑒賞能力並非與生俱來，它是經過培養、訓練逐漸得到提高的。

審美眼光的培養是一個複雜的系統工程，簡單地說，可以從以下幾個方面入手：首先要積極投入社會實踐。因為舞蹈創作是反映和表現社會生活的一種人體動作的藝術，而社會生活正是舞蹈創作的源泉。舞蹈作為一種經生活提煉、美化了的藝術形式，與生活本身不盡相同，它以一種遠離生活形態的、經過誇張變形和虛擬美化的面貌出現在觀眾面前。正如中國美學家李澤厚所說："舞蹈以身體之動作過程來展示心靈、表達情感，一方面源自日常生活中情感動作、體貌姿態的表情、語言的集中、發展；另一方面則又來自對培育身體力量和精神品質的操演鍛煉動作的概括、提煉。這兩者從不同方面都規定了舞蹈動作具有高度概括、廣泛的表現性質。"所以我們說，正如必須遵循、瞭解舞蹈藝術的規律才能更好地欣賞舞蹈一樣，只有閱歷豐富、對社會生活有著深刻體味的人，才能真正地體會並領悟舞蹈藝術的內涵。艾青說："必須瞭解生活所蒙受的一切的恥辱與不幸，迫害與困厄，即是我們詩的最真實的源泉。"如著名編導張繼剛創作的舞蹈《一個扭秧歌的人》，成功塑造了一個舞蹈人物，一個活生生的形象。由於審美經驗與審美趣味層次不同，對一些沒有舞蹈生涯感受的人來說，只能欣賞到其中秧歌舞的美，或演員的美和技巧；而對於許多當過舞蹈教師的人，則在作品中讀出了自己畢生從事教育事業的酸甜苦辣；生活體驗更豐富、更深刻的人，甚至更進一步地在作品中讀出了一種人類的執著追求精神以及為他人付出的巨大犧牲精神。體驗生活與鑒賞舞蹈相結合，可以使審美的眼光更敏銳。

舞蹈鑒賞能力的培養，除了體驗生活，還要提高多方面的修養。只有具有一定的文化知識和舞蹈基本理論知識，舞蹈的欣賞水準才可能提高。這正如馬克思所說的"：如果你想得到藝術的享受，那你就必須是一個有藝術修養的人。"因此，作為欣賞者，必須學習一些最基本的舞蹈理論知識，認識其特徵。同時，要深入理解舞蹈作品，還應盡可能地瞭解一些有關的創作背景材料，如社會的、藝術的背景，作者情況，創作意圖和這部作品已有的評論等。有條件的還可以親身參加到舞蹈活動中去，通過自己動態的感受、體會、理解和把握舞蹈美的本質內涵，體味自己身體動作過程中所迸發出的內在生命力量，從而得到身心最大的愉悅和滿足。比如通過學習芭蕾舞，能感受到芭蕾舞動作的"開、繃、直、立"的美感；學習中國古典舞，能感受到"圓、曲、擰、傾"的韻味；學習中國民間舞，可以更深入地瞭解該民族舞蹈的獨特風格，以及該民族的歷史宗教、風土人情、文化習俗、音樂文學語言特點等。通過親身學習和實踐，能夠較完整地感受舞蹈美，培養一雙具有高度審美意識的好眼睛。

另外，應積極參加欣賞活動。馬克思指出："藝術形象創作出懂得藝術和能夠欣賞美的大眾。"要想擁有"感受形式美的眼睛"，只有積極大量地去欣賞舞蹈作品，這正如古人所言："凡操千曲而後曉聲，觀千劍而後識器。"尤其要注意多欣賞優秀的舞蹈名作，一般的舞蹈節目、無主題的通俗舞、無舞感的伴舞，並不會有效地提高人的審美感受力。古人雲："取法乎上，僅得其中。"歌德也這樣告誡他的秘書："鑒賞力不是靠觀察中等作品，而是靠觀賞最好的作品打下了牢固的基礎，你就有了用來衡量其他作品的標準，評價不至於過高，而是恰如其分。"這都是說要從經典作品入手，從優秀舞蹈藝術家的創造過程來培養審美趣味和能力，從不熟悉到熟悉，逐漸成為舞蹈藝術活動的"內行"，領悟舞蹈這門至美的人體動作藝術的奧妙，並從中得到更大的美的享受。

(四)舞蹈藝術的分類

舞蹈本身按照不同的劃分標準也有許多不同的分類方法，如按照動作體系不同分為芭蕾舞、現代舞、民間舞、爵士舞、舞廳舞等；按照表現方式可分為抒情性舞、戲劇性舞、純形式舞等；按照舞者的數量可分為獨舞、雙人舞、群舞等；按照社會功能可分為表演性舞蹈、娛樂性舞蹈、交際性舞蹈、健身性舞蹈等；另外還可按照中國或地域劃分，如中國舞、印度舞、傣族舞等；甚至按舞者情況劃分，如按年齡、性別來進行分類。

三、音樂與戲劇

(一)戲劇概述

戲劇是一種空間和時間的綜合藝術，作為一門綜合藝術，戲劇融會了多種藝術的表現手段，它們在綜合體中表現為：文學、詩歌——劇本；繪畫、雕塑、建築——佈置、燈光、道具、服裝、化妝；音樂——演出中的音響、插曲、配樂；舞蹈——演員的表演藝術、動作藝術。戲劇演出的綜合性，使它成為一種特殊的集體藝術，一次戲劇演出，一般需要劇作家、演員、音樂家、舞臺美術以及舞蹈家的集體合作，他們在演出中擔負著不同的任務。由於戲劇藝術是時間的綜合藝術，戲劇美的特殊性，就是過程性與直觀性的高度統一，這種美的組合不是作為一種凝結物，而是作為一個生動的過程，在直觀的、有真實感的生活圖景中展現出來。戲劇的這種時空性，使人產生一種真實感，創造出現實的、逼真的生活環境，因而戲劇被認為最接近生活、最具有社會性。由於文化背景的差別，不同文化所產生的戲劇形式往往擁有獨特的傳統和程式，比如西方戲劇、中國戲曲、印度梵劇、日本能樂和歌舞伎等。

(二)中國戲曲

戲曲音樂是戲曲藝術中表現人物思想感情、刻畫人物性格、烘托舞臺氣氛的重要藝術手段之一，也是區別不同劇種的重要標誌。戲曲音樂來源於民歌、曲藝、歌舞、器樂等多種音樂成分，是中國音樂的重要組成部分。

戲曲音樂包括聲樂和器樂兩大部分。聲樂部分主要是唱腔和念白；器樂部分包括不同樂器組合的小型管弦樂（文場）和打擊樂（武場）。唱腔是戲曲音樂的主體部分，是表達人物思想感情，刻畫人物性格的主要手段，也是決定一個劇種風格特點的主要因素。戲曲演唱的形式主要是獨唱，用以表現人物的思想感情和個性，也有少量的對唱和齊唱，對唱用於對答，齊唱用於群眾場面。

戲曲的演唱，與行當的劃分關系密切。各劇種對不同的行當在音色、音量、音域以及曲調諸方面均有不同的要求和區別。如京劇就有生腔和旦腔兩大類，演唱要求也不同。老生要求剛柔兼備，樸實而響亮；老旦要求蒼勁圓潤；文小生用旦腔，以假嗓演唱；武小生用生腔，以本嗓演唱；青衣要求音色優美，莊重而華麗；淨要求粗獷洪亮。許多地方戲曲，如評劇、河北梆子、豫劇、越劇等，採用真聲演唱，自然和諧、音色甜美、純樸真實，接近生活。戲曲演唱，不僅要求有優美純正的聲音，而且要表現出唱腔的內在感情，成為聲情並茂的動人之曲。"字正腔圓"則是戲曲演唱總的要求：吐字清楚，四聲准確，行腔圓潤，板眼無誤。

戲曲中一些接近自然語言或帶有說唱性的唱腔，多用於敘事；旋律性強、離語言自然形態較遠的唱腔，多用於抒情；旋律起伏較大，節奏速度變化較多的唱腔，則多用於感情變化強烈和戲劇衝突尖銳的場面。長段的唱腔，常因唱詞板式或曲牌的變化，兼有敘事、抒情的性質。

器樂在戲曲中不僅用於唱腔的伴奏，還要配合舞蹈、武打表演，並有控制舞臺節奏、渲染戲劇環境氣氛的重要作用。一齣戲的前後是否連貫，也與器樂有直接的關係。

伴奏對唱腔起著引、承、托、幫的作用。引——用或長或短的引奏把唱腔引帶出來，使演員有調高、節奏的準備；承——起著唱腔間隙的橋樑作用；托——襯托唱腔，使唱腔豐滿，音色多變；幫——使演唱者的情緒發揮得更加充分。

唱腔與伴奏有五種結合方式：①唱奏結合；②加花襯墊；③模擬唱腔；④間隙托腔；⑤擬替幫腔。

戲曲中的打擊樂作用重要，有"一台鑼鼓半台戲"之說，它能使表演動作有鮮明的節奏感，善於烘托人物的性格氣質，並能造成歡樂、熱烈、喜慶、緊張、陰暗、傷感等各種舞臺氣氛，還能象徵性地表現鼓聲、風聲、水聲、雨聲、叩門聲等，在武打戲中，打擊樂更是主要的音樂表現手段。

主要劇種介紹：

1. 京劇

中國最大的戲曲劇種，已有 200 多年歷史。清乾隆五十五年（1790 年）起，在南方以演徽調為主的三慶、四喜、春台、和春四大班社（也稱"四大徽班"），相繼進入北京演出，並與來自湖北的漢調藝人合作，相互影響，接受了昆腔、秦腔的部分劇碼、曲調和表演方法，並吸收了一些民間曲調，逐步融合、演變、發展，形成以徽調的二黃與漢調的西皮為基礎的"皮黃戲"。後又經過徽、漢、京三派皮黃藝人共同努力，使二黃、西皮兩種聲腔在藝術上得以更大的提高，成為既以皮黃為主體，又脫離對徽、漢二調的依附，在音樂唱腔、表演藝術方面都具有自己特定風格的獨立劇種，並迅速走向成熟、興盛，不久便在全國流行，成為具有廣泛影響的劇種。京劇將中國戲曲藝術推上了一個新的高度，被視為中國戲曲藝術的象徵。

2. 黃梅戲

唱腔源於湖北省黃梅縣的"採茶調"，故得此名。"採茶調"流入安徽後，與當地的民間歌舞、曲藝音樂組合，最初形成了"兩小戲"（如《打豬草》《夫妻觀燈》等）和"三小戲"（即小丑、小旦加上小生）的表演形式。清道光以後，黃梅戲在安慶等地與徽劇同台演出，又受高腔影響，同時吸收京劇的表演和音樂，逐漸形成獨特的風格。唱腔以板腔變化為主，有平詞、二行、三行、火攻等板式，也可隨時插用民間的曲牌音樂，如仙腔、彩腔等。黃梅戲用安慶地區的語音演唱，都用本嗓，親切易懂。新中國成立後，黃梅戲得到快速發展，《天仙配》《女駙馬》等劇已拍攝成電影，在全世界產生了深遠的影響。

3. 蘇州彈詞

流行於江蘇南部、上海、浙江北部地方的說唱曲種，用蘇州方言說唱。清代乾隆年間頗流行，有人認為它與宋代的"諸宮調""陶真"有淵源關係。蘇州彈詞在體裁上為散文與韻文結合，以敘事為主，代言為輔，表演上注意模擬各種類型的人物。多為單檔表演（一人表、白兼唱），後來又有雙檔表演（二人）。唱詞基本為七字句。基本唱腔最初以俞秀山、馬如飛兩名家的"俞調""馬調"為兩大主派，近代又出現了"小陽調""蔣調""徐調""麗調"等多種流派的唱腔。伴奏樂器以小三弦、琵琶為主，有時加入二胡、阮等樂器。傳統劇碼一般為長篇，著名的有《珍珠塔》《玉蜻蜓》《白蛇傳》《描金鳳》《三笑》等，新中國成立後創作了許多新曲目，還創作了許多短篇曲目，即"彈詞開篇"——是有頭有尾的敘事詩、抒情詩或寫景詩，有的選取戲曲片段或截取彈詞評話中的精彩部分，內容豐富多樣，短小精悍。

4. 彩調劇

廣西地方戲曲劇種，約有 200 年歷史。在廣西民間歌舞和說唱藝術的基礎上發展而成，與湖南花鼓戲、江西採茶戲、雲南花燈戲等互相影響。原稱"調子"或"採茶"，也有稱"花燈""哪呵嗨"的，1955 年全國群眾業餘音樂舞蹈觀摩演出正式定名為"彩調劇"。彩調音樂與其他戲曲音樂一樣包含唱腔和器樂兩大部分，依形式可細分為腔、板、調、曲牌、鑼鼓五類。彩調音樂屬於曲牌體，大多輕鬆活潑、節奏明快、旋律流暢、生活氣息和地方氣息濃鬱。表演是載歌載舞，以表現歡快的情緒見長。伴奏樂器有調胡、笛子、鼓、鑼、鈸等，著名劇碼有《王三打鳥》《跑菜園》《阿三戲公爺》《劉三姐》等。

5. 粵曲

流行於廣東省廣州粵語方言區以及東南亞一帶的廣東籍華僑聚居區。由戲曲清唱的八音班發展而來，約形成於清朝道光年間。早期為盲藝人走街串戶賣唱，後漸有在茶樓酒肆登台演唱。1918年出現盲人"女伶"，此後隊伍迅速擴大，並發展了音樂唱腔，形成多種流派。新中國成立後對粵曲進行了改革，發揚曲種原有特色，並發展為多種演唱形式。粵曲以梆子、二黃為基本唱腔，還有多種曲牌（流行小曲），演唱上根據角色不同，分為大喉、平喉、子喉三大類，大喉、平喉為男角專用腔，子喉為女角專用腔。伴奏樂器有二弦、短喉管、月琴、柳胡、洞簫、琵琶、二胡、揚琴、笛子等，也常使用西洋樂器小提琴、單簧管等。

（三）西方歌劇

音樂在西方戲劇中廣泛應用，應溯源於古希臘的悲喜劇。在三大悲劇作家——埃斯庫羅斯、索福克勒斯和歐里庇得斯的劇作裡，經常採用聲樂形式來敘述劇情、揭示主題。不少人物對話用音樂伴奏來加強氣氛，還有角色演唱的抒發感情的歌曲。比如在埃斯庫羅斯的名劇《普羅米修士》中，合唱隊的抒情詩在劇中就佔有不少篇幅。索福克勒斯名劇中的合唱歌也寫得相當出色，他的劇作《俄狄浦斯在柯洛諾斯》的第一合唱歌和《安提戈涅》劇中的第三合唱歌，堪稱抒情詩的典範。音樂在這些悲劇中具有敘事、抒情與表現場景等多種功能。在阿裡斯托芬的喜劇中，也廣泛採用合唱、獨唱，用詼諧的歌曲、輕鬆的音樂來加強喜劇的表現力。音樂在莎士比亞的戲劇中既作為刻畫人物性格、描述人物心理狀態的手段，也作為慶典、戰鬥等場面的氣氛渲染。在戲劇結束時伴以樂聲亦是莎氏愛用的方法。如將活潑、歡快的吉格舞曲放在《無事生非》《仲夏夜之夢》的結尾，以葬禮進行曲宣告《李爾王》《哈姆雷特》的劇終等。蘇聯吉維·奧爾忠尼啟則談道："莎士比亞運用的音樂體裁有民間風習歌曲、敘事歌、牧歌、抒情小曲以及具有複雜音樂結構的詠歎調。器樂曲在莎士比亞戲劇中也佔有重要地位。"（《作家與音樂》，人民音樂出版社1983年版）

歌德的詩劇《浮士德》亦用音樂來加強詩的意境與風格，如海倫出場時的古典合唱、天上序幕的聖樂、豎琴伴奏的精靈合唱、浮士德下葬的樂隊伴奏的大合唱等。總之樂聲、合唱貫穿全劇，被評論家稱之為"音樂劇"。

英國劇作家菲爾丁的喜劇、諷刺劇喜歡穿插歌曲來加強戲劇氣氛與效果。挪威名劇作家易蔔生也不時運用音樂來豐富戲劇的表現力。他在《愛情的喜劇》中加以側幕的配唱，在《培爾·金特》中配以戲劇音樂，使戲劇表現形式更豐富、更有感染力。

四、音樂與影視作品

影視音樂是專為電影電視創作、編配的音樂，是20世紀新出現的一種音樂藝術體裁，它是綜合藝術——電影電視中的一個重要組成部分。影視音樂具有音樂的一般共性，又有其特性。影視音樂的主要表現為：第一，它的創作構思以片子的題材、內容、形式、風格為依據，音樂要與畫面內容、對白、音響效果等有機結合、融為一體；第二，在片中音樂有自身的總體構思,但又受故事情節發展的制約,因此,其結構較自由,可以是完整樂曲,也可以是一個樂句、一個動機、一個和絃、一聲打擊音響;第三,影視音樂的演奏、演唱要經過錄音等一系列技術處理,最後通過放映體現其藝術效果。

影視音樂的功能主要有:第一,突出主題作用,概括體現影片的主題思想,表達作者對影片內容的主觀態度;第二,抒情作用,抒發影片人物的感情,塑造與刻畫人物的性格及心理變化;第三,描繪作用,主要用音樂渲染烘托畫面的情緒與氣氛,或增加畫面中的視覺形象的情緒與節奏,或用音色音響描繪畫面中的自然景物;第四,背景氣氛作用,為影片的局部或整體創造特定的基調和背景氣氛,包括表現影片的時代特徵、民族特點、地方色彩、生活氣息等;第五,推動劇情發展作用,音樂參與影片的情節發展,成為影片結構中不可缺少的組成部分;第六,結構統一作用,通過音樂的重複、變化、發展,加強影片藝術結構的連貫性、完整性和統一性。

音樂可以渲染人物所處的環境,使之符合人物性格發展的特點,或通過音樂場面的描繪,點出人物所處的時代、地區的特點,或使人物的環境與人物情感色彩相符。

影片《地道戰》有這樣一段情節:冀中平原的日本鬼子對當地的軍民突然襲擊,深夜偷偷進村掃蕩,被老忠叔發現。為掩護群眾撤退,老忠叔不顧個人安危,毅然敲鐘報警。下面這段由板胡與樂隊演奏的音樂,吸取了高亢、激越的北方梆子音調,配合著畫面,渲染出一種緊張的氣氛,刻畫了老忠叔急切的心情,推動了劇情的發展。

老忠叔敲鐘報警
——影片《地道戰》插曲

$1=G$ $\frac{2}{4}$

傅庚辰　曲

快速　緊張地

動畫片《悍牛與牧童》描述了幼小的牧童馴服兇悍的野牛的過程,《Mong Dong》是這部動畫片完整的配樂。音樂一開始,由人聲斷斷續續地發出沒有明確語義的聲調,飄浮不定的短笛聲將人引進古樸、寧靜的自然環境。喧嚷的中段，描繪出一幅壯觀的狩獵場面。眾多的壯漢使盡渾身解數，卻沒有制服野牛。最後，一位年幼的牧童，手拿一束青草，在眾人的驚愕聲中，馴化了這頭兇悍的野牛。牧童騎著野牛遠去，一切又重歸於最初的寧靜。

Mong Dong
——動畫片《悍牛與牧童》配樂

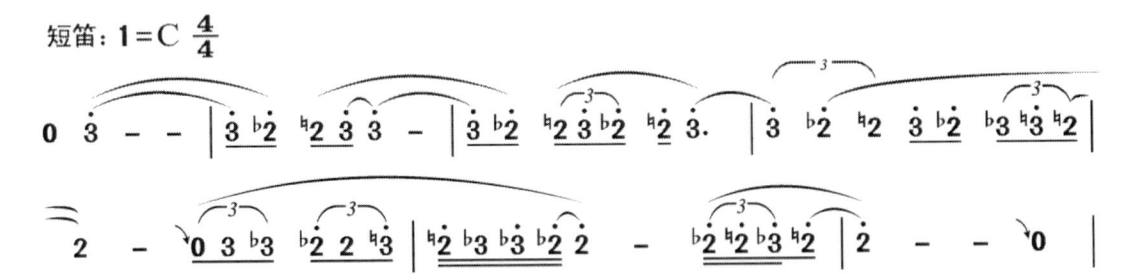

[樂譜：短笛：1=C 4/4]

五、音樂與相關學科

(一)音樂與文學——詩樂合璧

1. 音樂與文學的起源

音樂與文學——最動人心弦的藝術，一直伴隨著人類從遠古進入高度文明的現代社會。遠古時期，詩、樂、舞同源，相互結合，渾然一體。我們的祖先神農氏的樂舞《扶持》描繪了這麼一個場景：伴隨著土鼓簡樸的節奏聲，先民扶犁載歌載舞，歡慶豐收之喜："葛天氏之樂"中，三個小夥手持牛尾，腳踏簡單的舞步，唱著質樸的曲調，祈求人丁興旺、草木茂盛、禽獸激增、五穀豐登。

2. 文學作品中的音樂性

大弦嘈嘈如急雨，
小弦切切如私語。
嘈嘈切切錯雜彈，
大珠小珠落玉盤。
——白居易《琵琶行》

長詩《琵琶行》是唐代詩人白居易傳誦千古的一篇名作。它描寫的是詩人從都城被貶任江州（今江西九江）司馬期間，在船上聽到一位淪落的長安樂伎彈奏琵琶、訴說飄零身世，詩人從琵琶女的不幸遭遇，聯想到自己"謫居臥病潯陽城"的處境，發出"同是天涯淪落人"的感慨，不禁淚濕衣衫的故事。

琵琶與樂隊相結合的一首小型協奏曲《琵琶行》，就是作者張曉峰根據原詩內容為音樂結構和藝術表現創作的。

引子 潯陽月夜

1=D 4/4

慢起　自由地
p

[樂譜]

張曉峰，作曲家。作有揚琴曲《邊寨之歌》、嗩吶曲《山村來了售貨員》、二胡敘事曲《新婚別》等。《琵琶行》作於 1979 年。

3.歌曲中詞與曲的結合關係

詩、詞是作曲家創作的依據，詩中的形象能啟迪曲作者創造的靈感，詩中的情感能使曲作者獲得創造的動力，舒曼在寫藝術歌曲時，竭力滲透到詩的靈魂中去，從而產生滔滔不絕的樂思。美國作曲家巴伯說："當我為歌詞配音樂時，我就使自己沉浸在歌詞裡，讓音樂從歌詞中流淌出來。"（楊民望等著《世界名曲欣賞》第四輯第 285 頁，上海音樂出版社 1989 年版）

詩、詞可以使非語義性、非可視性的音樂，具有更明確、具體的內涵，使欣賞的聯想、想像有更確定的範圍。

以下面這句歡快、明朗的音調為例：

1=F 3/4

[樂譜]

充滿活力的節奏，跳躍輕快的旋律，同音反覆的強調，使樂句充滿活力、生機勃勃，任何人聽到它都會感到其中的歡樂情緒。如果結合詞來欣賞，我們會更明確這種喜悅不是豐收的歡樂、勝利的凱旋，不是藝術享受的愉悅，不是親人相逢的激動，而是年輕朋友相聚時那種"歡歌笑語繞著彩雲飛"的歡騰，是"美妙春光屬於我"的自豪，是"創造奇跡為四化"的追求與"光榮屬於八十年代的新一輩"的信念，在歌詞的渲染下，在音樂的情緒中，給人深刻的印象。

年輕的朋友來相會

1=F 3/4

張枚同　詞
谷建芬　曲

中速　興奮地

[樂譜]
年輕的朋友們　今天來相會，蕩起小船兒　暖風輕輕吹。

歌曲可以使詞的情感、色調表現得更鮮明、更突出。

"情知言語難傳恨，不似琵琶道有真。"（陸遊《鷓鴣天》）為什麼音樂比語言更能抒情?因為音樂的動態結構與人類的情態結構有著異質同構的關係。正如蘇珊·朗格在《情感與形式》中指出的那樣:"我們叫做'音樂'的音調結構,與人類的情感形態——增強與減弱,流動與休止,衝突與解決,以及加速、抑制、極度興奮、平緩和微妙的激發,夢的消失等形式——在邏輯上有著驚人的一致。"同時,音樂所抒發的情感不僅包含著千差萬別的各程度的細緻劃分,還展現於持續的運動中、不斷變化的過程中,動感極強。著名的波蘭音樂學家麗莎認為:"歌詞只確定感情起伏的那些點和瞬間,將它們從'客體'方面加以具體化,而將感情起伏和發展的整個過程以持續的方式表現出來,卻只有音樂本身才能做到。"

音樂還可以運用各種表現因素使詩詞的風格、韻味更鮮明、突出,更容易感受與把握。

通過音樂的旋律、節奏、力度、和聲、織體等因素的綜合表現力,可以極其鮮明地揭示不同時代、民族、個性的詩詞風格與韻味,使聽眾無須理性地分析,僅憑直覺就可以把握它們的差別。

詞曲的完美結合,兩者的優勢集中,可以使聽眾既為詞所感染又為曲所激動,在群眾中傳播更快。一般化的詩因美而獲得廣泛流傳,一般化的曲調因詞合聽眾口味而大受歡迎,在音樂史上也不乏先例。因此,詩樂結合的歌曲,比單純的詩或無詞的曲較容易傳播,詩樂在相互促進中擴大影響。

(二)音樂與美術

濤　聲

——選自組曲《東山魁夷畫意》

汪立三　曲

主旋律

$\dfrac{3}{4}\ \underline{3\ 5}\ 2\ |\ {}^{\#}\underline{4\ 3}\cdots\ |\ 3\ -\ -\ |\ \underline{5\ 6}\ 2\ |\ {}^{\#}\underline{4\ 3}\cdots\ |\ \dfrac{4}{4}\ 3\ -\ -\ 0\ \underline{3\ 3}\ |\ \underline{3\ 2}\ \underline{2\ 3}\ |\ \underline{2\ 3\ 2}\ {}^{\flat}\underline{7}\ 7\ 7\ |$

此曲創作於 1979 年,是作者觀賞日本畫家東山魁夷的畫展後寫成的一部鋼琴組曲,由《冬花》《森林秋裝》《湖》和《濤聲》組成。每首樂曲的前面作曲家都寫了"題頭詩"。

《濤聲》的題詩是:"古老的唐招提寺啊!我遙想一葦遠航者的精誠,似聞天風海浪,化入暮鼓晨鐘。"畫家的這幅大型壁畫,描繪了洶湧浪濤與一葉小舟,表現中國唐代高僧鑒真和尚(688~763年)六次東渡,出生入死,最後終於到達日本的事跡。鑒真居留日本十年,傳播佛教與中國文化,並在奈良設計創建了著名的唐招提寺。這首樂曲充分發揮了鋼琴音域寬廣、表現力豐富的特點,高音似"晨鐘"敲響,低音如"暮鼓"轟鳴,密集的十六分音符合成的強大音流使人聯想到"天風海浪"的形象。首尾高亢、激進的音響,集中地刻畫出鑒真和尚的精神和堅定的意志。

觀花山壁畫有感
高胡、鋼琴與打擊樂

徐纪星　曲

在廣西南沖淡左江沿岸的花山峭壁上，分佈有許多古代遺存下來的岩壁畫，筆法粗獷，形態各異，是古代壯族人民社會生活的反映。1983年作者"觀花山壁畫展"後，受壁畫啟發，作成經曲。以高胡（或壯族拉絃樂器馬骨胡）、鋼琴和六件打擊樂器（曲鑼、包鑼、梆子、木魚、碰鈴）的組合形式，部分吸收廣西侗族琵琶歌和壯劇音調，以及廣西民間的銅鼓樂節奏，試圖再現作曲家想像中的古代社會的生活畫面。

伏爾加船夫曲
男低音獨唱

俄羅斯民歌

聽賞這首反映沙俄統治下勞動人民疾苦的憤懣之聲的船夫曲，很容易聯想到19世紀俄羅斯畫家列賓創作於1870～1873年的著名油畫《伏爾加河上的縴夫》所描繪的畫面：11個衣衫襤褸、神情各異的縴夫，用胸前套著的纖索，吃力地拖著一只有高高桅杆的船隻，負重前行，河灘上留下了他們的串串足印……

這首民歌由極弱的力度開始，隨著"拉完一把又一把"的勞動過程，音量漸次加強，在持續的高音"$\dot{3}$"上達到高點，然後力度逐層下降，以極弱的聲音結束，形象地表現出船夫們拉著沉重的船由遠而近，而後又遠去的情景。民歌曲調十分樸實，節奏從拉纖的動態中脫胎而出，基本曲調的多次變化重現，蘊涵了豐富的情感：既有勞動的艱辛，又顯示出齊心合力、堅韌不拔的偉力；既有對伏爾加母親河的摯愛，又呼喊出"踏開世界的不平路"的心聲。

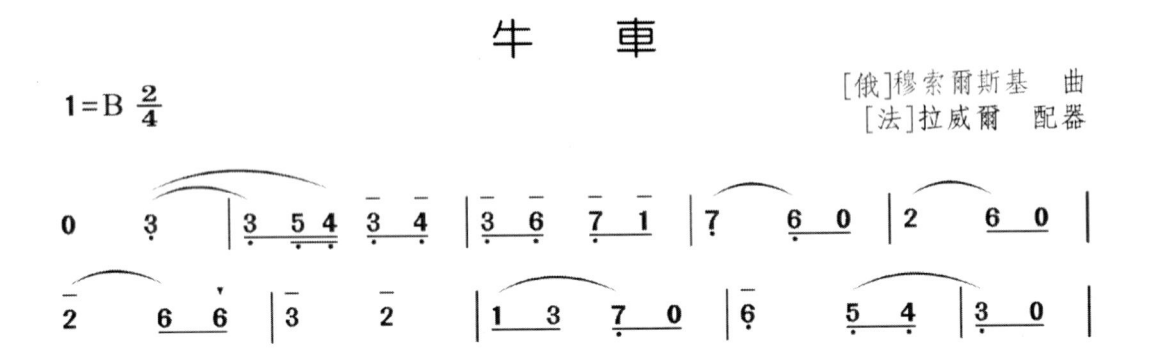

牛　車

[俄]穆索爾斯基　曲
[法]拉威爾　配器

1974年，人們為已故畫家維克多·哈特曼（1834～1873年）舉行遺作展覽。穆索爾斯基深為亡友的作品打動，便根據展覽會上的美術作品創作成一部由十段樂曲組成的鋼琴組曲《圖畫展覽會》。各段的標題是：《侏儒》《古堡》《杜伊勒裡宮的花園》《牛車》《鳥雛的舞蹈家》《兩個猶太人》《利莫日的集市》《墓穴》《雞腳上的小屋》《基輔大門》。

《牛車》描繪了一頭溫順的公牛拉著一輛大輪車，艱難地行進在鄉間的田野上，趕車的是一位飽經風霜的老農。音樂以不斷重複的厚重的節奏音型及凝重、遲緩的低音旋律（開始一段由大號獨奏），再現了畫面的意境。樂曲力度處理為由弱到強，再由強到弱，給人以牛車由遠而近，而後遠去的聯想，整段音樂的基調是深沉、厚重的。

兩個猶太人

《兩個猶太人》是哈特曼的一幅旅行寫生畫。畫面上的兩個猶太人，一個肥胖、驕橫，一個瘦弱、怯懦，兩人的形象對比鮮明。肥胖的富人，其音樂主題含有大跳和短小的停頓，稜角分明，由弦樂和木管八度齊奏，顯得粗壯、自負；瘦弱的窮人，其音樂主題採用同音反復，初次出現時用加弱音器的小號演奏，刻畫出戰戰兢兢、瑟瑟縮縮的形象。

兩主題分別呈示後，作曲家採用對比式複調的處理手法，將兩個具有明顯反差的音樂主題同時結合在一起，如二人對話。最後，結結巴巴、顫顫巍巍的窮人主題消失，只餘下氣壯自大的富人主題，表現出他在談話中佔了上風。

以上這些樂曲，都是受到美術作品感染而產生創作靈感的。作曲家的豐富聯想，借助於音響造型的藝術表現手段，將視覺形象、繪畫意境生動地再現出來。與繪畫、雕塑、建築等造型藝術相比較，對具體形象（狀貌、顏色、景物）的描繪非音樂之所長。所謂音樂形象，只是一個借用的詞語。在聽賞音樂時，音樂形象實際是指由音樂作品的情緒、情感及客觀世界（事物）特定聲音相近的音樂音響所引發的藝術聯想。

一部優秀的音樂作品，作曲家在利用音響造型手段寫景狀物的同時，往往更注重情感的表達。著名的德國音樂家貝多芬，在他的標題為"田園"的《第六交響曲》中特別注明："情感的表達應多於景色的描繪"，為我們聽賞這類作品時帶來有益的啟發。然而從以上的例子我們也不難看出，作曲家的音樂作品把美術的畫面完美地詮釋了出來。

六、音樂與社會生活

音樂不僅與社會生活有著十分密切的關係，而且還有重要的社會功能。因此，充分揭示音樂的社會功能和音樂在生活中的作用，便成為學生音樂文化學習的重要內容之一。

現代社會生活中，伴隨著大量音樂現象，諸如禮儀音樂（節日、慶典、隊列、迎送、婚喪等）、實用音樂（廣告、健身、舞蹈、醫療等）、背景音樂（休閒、餐飲、影視等）等，都同每個人的生活密切相關。瞭解音樂與生活的關係，理解音樂對人生的意義，使學生熱愛音樂，熱愛生活，進而讓音樂伴隨終生，提高生活品質，便成為這一學習領域的主旨。

在設計具體教學時，應引導學生從生活及音樂現象等方面，主動去探究、思考音樂與人生的關係，使音樂學習成為一項生動、具體、藝術化的生活體驗。

音樂與舞蹈、美術、戲劇、影視等姊妹藝術具有十分密切的關係，並有著許多相似的特徵，如對情緒、情感的表現即是各類藝術共同的特點。那麼，在這一領域中就要抓住貫穿各類藝術的這條主線，充分發揮與運用各種藝術門類的不同表現手段，整合成綜合性的教學方式，如用形體動作配合音樂節奏、用表演動作表現音樂情緒、用色彩或線條表現音樂的相同與不同等。

七、音樂與相關文化的教學建議

（1）教師應該有較深厚的文化底蘊。
（2）教師要注重平時演唱的積累與不斷學習。

（3）教師備課時要挖掘音樂與相關文化的關聯。

（4）教師在授課時要啟發學生瞭解音樂與相關文化的聯繫。

（5）教師理解"音樂與相關文化"這一領域教學目標的實現，為什麼要通過具體音樂作品和生動的音樂實踐活動來完成，以及如何通過具體音樂作品和音樂實踐來完成。

音樂與相關文化是音樂課人文學科屬性的集中體現，它涉及音樂與社會生活、音樂與姊妹藝術、音樂與藝術之外其他學科的各個方面，其特點是知識面廣，資訊量大，參與性強。

面對社會生活中的音樂，單憑傳授和接受的方式是不適宜的，其中關鍵的問題是別人無法代替自己的切身感受。因此，正確的途徑是親身去參與社會音樂活動，體驗生活中音樂的樂趣，並運用音樂方式同他人進行交流及感情溝通。參與音樂的活動時，能夠對音樂及活動本身做出適當評價是較高的境界。這一領域的學習應向這個方向努力引導。

音樂與藝術之外的其他學科，也是豐富的音樂教學資源。如體育，可以運用韻律操動作配合不同節奏、節拍、情緒的音樂；語文，可以選用適宜的背景音樂為詩歌散文配樂，烘托意境；歷史、地理，可以學習和瞭解一些不同歷史時期、不同地域和中國的代表性歌曲或樂曲，以及相關的風土人情。音樂是一種動態的聽覺藝術，美術是一種靜態的視覺藝術，它們都是用形象反映一定社會生活，表現一定的思想感情，二者有著相通之處，在歌曲教學中，引導學生根據歌詞展開想象，使他們在腦海中將音樂形象勾勒成一幅幅畫面，從不同角度體現自己對音樂作品的感受。

這種融合式的音樂教學，不僅突出了音樂文化這條主線，有利於學生音樂文化素質的提高，而且拓寬了學生的知識視野，並以藝術化的方式促進相關學科的學習。

第七章 音樂教學的組織工作

第一節 音樂教學過程的基本特點

一、教學過程概述

教學過程是一種特殊的認識過程，教育史上許多教育家從不同角度對教學過程的基本階段進行過分析和研究，提出了不同的觀點。不過，劃分教學過程階段的科學基礎應當是學生的心理活動規律。

在中國古代，孔子關於教學的主張可概括為"博學之，審問之，慎思之，明辨之，篤行之"這樣一個公式。

古希臘亞里斯多德認為：教學過程是促進各種靈魂（即動物、植物、理智靈魂）發展的過程。17世紀捷克大教育家誇美紐斯首先從認識論角度提出，教學過程是開啟學生的悟性，使其看到外面世界的過程。德國教育家赫爾巴特在1806年提出將教學過程劃分為四個階段，即明瞭、聯想、系統、方法，後來形成著名的"五段教學法"，即預備—提示—聯想—總結—應用。"從做中學"的教學理論在"設計教學法"中體現得最為完全，其教學過程劃分為如下階段：設置問題的情景—確定問題或課題—擬定解決問題方案—執行計畫—總結與評價。蘇聯教育家凱洛夫從教育是一種特殊的認識過程的觀點出發，提出教學過程有感知—理解—鞏固—運用四個階段，在中國流傳甚廣。1950年代以來，美國布魯納提出了教材結構化和發現學習的教學主張，將教學過程的階段劃分為：明確結構—掌握課題—提供資料—建立假說、推測答案—驗證（一次或幾次）—做出結論。加涅運用生理學、心理學及現代科學的成果，對教學中學生的認識進行分析，提出了將教學過程分為：動機—理解—獲得—保持—回憶—概括—作業—回饋八個階段的觀點。

二、音樂教學過程的基本因素

在音樂教學過程中，包含著教學的四種基本因素：教師、學生、教學內容、教學手段（包括教學方法、方式、教學設備和器材等）。各基本因素之間的集合和相互作用，構成了統一的、完整的、發展的教學過程。

"教師"和"學生"是教學過程中人的因素，也是最活躍的兩個主體因素。這其中教師起"主導作用"，而學生在教學過程中是主體。正是教師有目的、有計劃的引導和啟發，使學生掌握了音樂理論知識和基本技能。學生不是被動接受知識，要達到好的教學效果，必須要有學生這個"學習主體"的積極主動性，否則提高音樂教學品質將是一句空話。

"教學內容"對教師和學生來說是被認識的客體，它是教師"教"和學生"學"的依據。離開了音樂教學內容，教和學就失去了源泉，教學品質的評估也失去了客觀的衡量標準。因此，教師和學生雙方都必須深刻理解和掌握教學內容，只是角度不同罷了。

"教學手段"是教學過程的媒體，它是連接教師和學生，教師、學生和教學內容的媒介。一定的教學內容總是要借助一定的教學方法和教學設備才能使師生比較容易地、迅速而有效地完成教學任務。因此，教學手段對於完成教學任務，實現教學目的有極為重要的意義。

上述四個基本因素，缺少任何一個都不能構成教學過程。沒有教師的教，學生只能自學；沒有學生的學，教就沒有客體或物件。教學內容又是教和學活動的物件，而通過教學手段才能有效地傳授和學習教學內容。上述任何一個因素不能發揮作用都會影響到音樂教學的進程和結果。因此，要搞好教學，提高音樂教學品質，必須充分發揮音樂教學過程中各個基本因素的作用。

課堂教學組織形式：班級教學、小組教學、個別教學。

在中國音樂教學中，班級教學有大班教學和小班教學兩種，大班教學是指班級人數在四五十人或以上的音樂課堂教學，這是中國傳統授課形式，在音樂教學過程中，通過各種各樣的課堂交互活動進行集體訓練，鍛煉學生的音樂能力，增強信心，增加學生間合作交流機會並推動學生間的互助學習，讓性格較為內向的學生更容易找到自信心，從而踴躍參與到集體音樂活動中，逐步建立學習音樂的興趣與自信。

小班教學的人數一般在 20 人左右，最多不超過 30 人，小班化教學一是使教學具有更強的針對性，有利於因材施教，有利於師生更多的時間空間交流；二是促進了師生的互動，在互動中，達到自主合作探究性的學習，充分發揮學生的主動性；三是小班化教學消除了大班授課條件下忽略個別差異教學的弊端，給了學生適度的自由和創新求異的機會。小組音樂教學形式是以小組內、學生間或師生間的合作學習為基礎的。

個別教學是適應學生個別差異，發展學生個別的一種教學形式，其本質就是因材施教，實質就是根據學生身心發展的特點，採用適應於學生特點的教學方法進行教學，核心是讓每一個學生的個性得到全面發展。

三、音樂教學過程的基本環節

(一)音樂教學準備階段

1. 明確教學目標

教學目標是實現教育方針的保證，是確定教學過程的一切步驟、方法和內容的依據，具有極其重要的地位。教學目標一般有四個方面：總的教學目標、學科目標、單元目標、課時目標。確定目標要儘量做到具體，具體列出要達到什麼要求、解決什麼問題等。

2. 確定教學內容

根據教學目標鑽研教材，考慮學生特點，使音樂教學內容具體化。

3.確定音樂教學手段

根據音樂教學目標、內容、學生特點、設備條件,選擇教學的方式方法。

4.確定教學設計方案

根據以上幾方面情況設計音樂教學方案,寫出教案。

(二)音樂教學實施階段

音樂教學的實施階段也稱為上課。一般過程分以下幾個環節:組織教學、複習舊知識、學習新知識、複習鞏固、佈置作業,也即通常說的"組、複、新、鞏、布"。根據音樂教學的特點,可將實施階段總結為以下幾個環節:組織教學、基本訓練、複習舊課,導入新課、新課學習、分析討論、技能練習、鞏固新課、總結評價、佈置作業練習等。大致分為以下幾個大的部分。

1.導入激發學習興趣

通過一定的方法,引起學生學習音樂的興趣,使學生明確學習目標,產生學習動力,並概括教材的重點。可通過舊知識的複習引發學生的求知欲望,激發學生學習的主動性和積極性。

2.示範講解與感知、理解教材

教師通過富有表情的範唱、範奏,或播放錄音、錄影,結合生動形象的語言講解,使學生感受、理解教材。

3.指導練習與形成技能

學生在教師的指導下,將所學的知識應用於實踐,通過練習掌握方法,形成技能,並在反覆練習中鞏固知識、熟練技能。

4.教學效果的檢查與評定

對學生知識、技能的掌握情況進行檢查與自我檢查,主動地調節教學的進程,增強學生運用知識和技能、糾正錯誤的能力,使學生的知識、技能得到深化、發展和提高。學生通過教師回饋資訊(教師的評價),使知識和技能熟練、深化和遷移,從而不斷提高教學品質。

上述音樂教學環節不是固定不變的,它取決於教學內容、教學任務、教學方法和班級學生年齡特點等具體情況。不同類型的課,其環節也不盡相同。教師在選擇課的類型與環節結構上,要注意創造性地靈活掌握,防止生搬硬套。

一堂課的環節結構的計畫安排,包括教學內容的選擇與搭配、安排與順序、重點與難點處理、時間分配、教學方式方法的選用以及情緒的高潮與起伏等幾方面。如果設計得當,能使一堂音樂課猶如一部優秀的交響曲。

(三)教學後的總結評價階段

通過對照教學目標來進行教學評價,可確定教與學的最終成績,這有助於公正地評價教師的勞動,鼓勵和鞭策教師不斷改進教學方法,提高教學質量。更為重要的是,通過教學後的評價,師生都能對照教學目標,檢查各自不足,以便進行彌補,使整個教學過程處於良性迴圈。

第二節　音樂教學方法的選擇與運用

一、概述

在確定了教學內容，解決了"教什麼"的問題之後，"怎樣教"的問題就顯得特別重要。同樣的學生，同樣的教學內容和教學設備，而教師選擇的方法不同會導致音樂教學品質的巨大差異，這說明瞭教學方法的重要性。在教學過程中，教學內容的展開、智力活動及操作活動的進行，總有一定的方式，這些方式也總是根據一定教學目標，按照一定程式順次進行的，不同的方式及其不同的排列組合便構成了不同的教學方法。

二、學生學習方法的分類

長期以來，在教學中存在著重視教法而輕視學法的現象。狹義地講，學習方法包括聽課、讀書、記筆記、提問、考試等涉及課堂學習的許多方法。廣義地講，學習方法應擴大到課外學習，從繼承學習擴大到創造學習，從間接知識學習擴大到獲得直接知識的學習。學生的學習方法與教師的教法是對應統一的。有什麼樣的教法，必然產生與之相對應的學習方法，二者達到和諧才能產生良好的教學效果。對於學習方法，可以針對教學的不同形式而分成幾個方面。

（1）課堂學習方法：聽課、讀書、記筆記、記憶、提問、討論、作業、考試等。

（2）課外學習方法：利用圖書館、閱覽室查文獻資料，積累資料，制訂學習計畫，與教師和同學交談，自我檢查等。

（3）科學研究方法：選題、搜集資料、科學試驗、撰寫論文等。

（4）社會實踐方法：調查、實習、社會活動、獨立工作等。

三、選擇恰當教學方法的依據

教學方法承擔將預期的教學目標變成現實的教學結果的仲介職能，它既關係到教學目標的實現，又關係到教學效率的提高。廣大教師，尤其是新上講臺的教師都應當學會正確選用教學方法，並且有目的、有意識地去選擇教學方法。應靈活地運用教學方法，更好地為自己的教學工作服務。

教學方法是教學過程的組成部分，它的存在和發展不是孤立的，而是與教學過程中的多種因素相互制約、相互影響、相互體現的。如教學目的決定教學內容和方法，內容又影響方法，當方法發生變化時，也會引起內容的變化。因此，研究和選用教學方法時，必須把方法看作從屬於教學教程的一個子系統，一方面，要研究教學方法內部各組成部分之間的各種聯繫（即方法的分類歸屬），另一方面，又要深入探討教學方法與教學過程中其他結構成分及其整體結構之間的本質聯繫。選擇恰當的教學方法，應當在種種聯繫和關係中考察，在認識了這種種聯繫和關係的前提下確立教學方法和運用教學方法，使其適應這種種聯繫與關係，從而產生最佳的效果。簡言之，學習和運用教學方法，一定要以整體性的觀點看待和運用教學方法，以"啟發性"教學為出發點。因此，教師在選用教學方法時，必須綜合地分析考慮以下幾個方面的情況：

1.教學目標和任務

教學目標和任務是整個教學過程中的前提，它由若干教學階段或環節組成，而每一個教學階段或環節都有具體的任務，對不同的教學目標與任務，應當採取不同的教學方法。而完成教學任務規定的進度和教學時間，以及完成任務過程中的階段或環節，都制約著教學方法的選擇。一般來說，要完成某種任務，達到某種目的，都會有某種相對來說最佳的方法。例如要使學生獲得較大分量的音樂知識，系統講授是相對較好的方法；培養學生的技能技巧，則採取示範加講解，再結合一定程度與時限的訓練最佳；若任務帶有綜合性，就需選擇幾種方法並考慮它們的最佳組合。

2.特定的教學內容

教學任務是通過具體的教學內容來體現的。教學方法與教學內容有著特別的依存關係，它是教學內容的運動形式。因此，教學方法應盡可能地考慮到教材的特點。如實踐性較強的音樂表演學科知識和音樂理論性較強的學科在教學方法上有很大差別，這是因為人們接受這些知識的心理過程不同。即使是同一種教學方法，在不同類別的課中其運用也是有差別的。即便是同一學科的教學中，不同的單元，甚至不同的課時都應當採取不同的教學方法。

3.學生的特點

要根據學生的心理和生理特徵，考慮到學生的智力發展水準和自我檢查能力的程度，充分了解學生對各種方法的准備情況和學習態度，並據此合理地選擇、組織、運用和檢查教學方法。

4.教師自身的特點

教師是教學方法的主要使用者，在選擇教學方法時應當根據自己所具備的才能，充分發揮自己的優勢和長處。比如：年輕教師剛止上教師崗位，由於知識儲備不多，對談話法不熟悉，往往願意採用講授法；善於辭令又富於激情的教師，喜歡用講演法；嚴謹且又拘謹者，則更願意採用講解、講述法。

5.符合音樂學科的教學特點、教學原則和教學規律

教學方法的選擇很難有什麼固定的模式，就以同一類教師來說，同是教齡較長的教師，有的選擇教學方法是憑直覺迅速做出選擇的，甚至在課堂上還可靈活機智地加以變通，而有的則是通過不斷嘗試反覆比較而最後做出抉擇的。對於剛走上講臺的青年教師來說，一個科學的、恰當的教學方法應當是經過深思熟慮，反覆比較利弊，並在實踐中不斷摸索而決定的。

附：音樂教學方法的選擇舉例

方法適應專案	演示法	創作教學法	遊戲教學法	談話法	發現法
適應哪些教學目標與教學任務	發展學生的觀察、感受、理解能力	發展學生音樂創造精神和創造能力	發展學生節奏感、動作協調性及對音樂速度、力度、音色等表現手段的感受力、表現力和創造力	發展學生獨立思考能力和語言表達能力	發展思維的獨立性
適應哪種教學內容	較為具體形象的內容	短小曲調製作即興創作表演和音樂化表演	以形象的模仿、創作、動作為主要內容	新舊知識有一定聯繫、學習掌握新知識	新舊知識聯繫密切且不太難
適應哪種學生	抽象思維能力較弱的學生	小學、中學各年級學生	小學中低年級為主	小學中高年級以上	小學中高年級學生為主對課題發現有所準備
教學方法的局限性	比較抽象的新概念不宜用此法	具有多向、活躍、隨機性強的特點、駕馭有一定難度	活動內容與兒童年齡聯繫密切受年齡特徵的限制	掌握提問的目的、難度、時機有一定困難、學生主動性不夠	帶有一定的隨機性、運用範圍有限

四、常用的音樂教學方法

以不同學生為主要物件，常用的音樂教學方法有不同的分類方法和標準。

以學生學習活動內容（領域）來劃分，音樂教學方法可分為唱歌教學法、器樂教學法、律動教學法、欣賞教學法、創作教學法等。各類教學方法還可以再細分。

還有以音樂教育家創立的音樂教育體系和教學法命名來劃分的，如達爾克羅茲音樂教育體系、柯大宜音樂教育體系、奧福音樂教育體系等。

我們根據音樂教學過程中，學生獲得資訊的來源及主要活動方式，對音樂教學常用的教學方法，大致歸納如下。

1. 欣賞法

欣賞法是以欣賞活動為主的教學方法，是指教師在教學中創設一定的情境，利用一定的教材內容及藝術形式，使學生通過體驗客觀事物的真善美，陶冶情操，培養其濃厚的學習興趣、正確的學習態度、崇高的審美理想和鑒賞能力的方法。

欣賞法的特點是通過教學活動，學生產生積極的情感反應。在音樂教學中組織欣賞活動的注意事項大致包括：一是引起學生欣賞的動機和興趣；二是激發學生強烈的情感反應；三是組織與指導學生參與體驗分析評價等實踐活動，以使學生的審美情感、道德情感、理智情感進一步昇華；四是注意欣賞活動中學生個性、知識、能力等方面的差異。

以欣賞為主的教學方法在音樂教學中佔有重要地位。欣賞中除了借助於音樂作品進行聆聽、聯想、想像、模仿、分析、比較外，還應適當利用詩歌、舞蹈、戲劇、繪畫等其他藝術形式或藝術作品進行輔助性欣賞，以進一步激發學生自覺愉快的學習，促其形成對音樂學習的濃厚興趣與求知欲望。

2.演示法

演示法是教師在課堂上通過實際音響、示範、直觀教具等方法，讓學生獲得感性知識、深化學習內容的方法。音樂教學中的演示手段，大致有四種：一是實際音響的聆聽、動作的觀察，包括人聲、樂器聲的唱片、錄音、錄影、電影等。其特點是能突破時空界限，使靜態的樂譜變成動態的音響、圖像，使抽象的概念、理論具體化。二是教師的示範，包括範唱、範奏、律動以及演唱、演奏等技術動作的分解等。三是通過學生演唱、演奏的錄音錄影，及時回饋資訊，使學生在教師指導下進行分析，以有效地提高水準。四是利用實物、模型、圖表、圖畫等演示，使學生獲得感性知識。如讓學生自己製作各種樂器，然後再結合音響進行演示，這是一種學習瞭解樂器性能及樂隊編制的好辦法。

實踐證明，演示法可以激發學生學習興趣，豐富感性認識，提高學習效率，體現音樂教學特點。這四種方法以前三種更為常用。

3.參觀法

參觀法是教師根據教學任務，組織學生通過對實際事物和現象的觀察、研究從而直接獲得知識、感受、教育的方法。這種方法能打破課堂和書本的約束，使教學與生活聯繫緊密，擴大學生視野，使學生從現實社會生活中接受教育。

音樂教學的參觀可以包括：組織學生聽音樂會、參觀樂器博物館、參觀樂器製造工廠等。組織參觀要目的明確、精心準備。事先要向學生講明目的、要求，介紹有關內容和知識，參觀中學生要細心聆聽、觀察，適當記錄，搜集資料，事後要進行討論，總結收穫。

4.練習法

練習法是學生在教師指導下，將知識運用於實踐中，將知識轉化為技能、技巧的一種教學方法。

由於音樂教學具有技藝性的特點，練習法在音樂教學中佔有重要地位，特別是在識譜、歌唱與器樂等教學中尤為重要。

練習法的一般步驟是：由教師提出練習要點，進行必要的示範；再由學生進行集體或個別練習，教師加以指導；最後師生共同對練習情況進行分析、小結，並提出改進方法及要求，再練習以達到完美。

音樂教學中的練習法使用時應注意的問題：一是練習目標要明確，練習重點要突出；二是練習步驟要清楚，避免盲目機械練習，只追求數量而不講究實效；三是要注意先入為主，在學生開始練習時必須有正確的觀念、方法，切不可以在錯誤成型之後，再進行糾正；四是練習方法要多樣化，始終保持學生練習的新鮮感；五是要使學生及時知道自己練習的結果，教學要及時回饋，教師要善於發現與鼓勵學生的每一點進步與創造，發揮學生間相互啟發幫助的作用，同時要培養學生自我檢查、自我評定、自我糾正的習慣與能力。

5.律動教學法

律動，是人體隨著音樂做各種有規律的協調的動作。律動教學法主張音樂教育從身心兩方面同時入手去訓練學生，讓學生從剛開始接觸音樂起就不只是學習用聽覺去感受音樂，而是同時學習用整個機體和心靈去感受節奏的疏密、旋律起伏和情緒變化的規律。實踐證明，通過以身體為樂器，發揮多種感官的作用（如聽、視、動覺感官），比僅通過一個感官通道（如僅是聽覺感官）學習音樂的效果要好得多。當今，世界上著名的音樂教育體系，都把律動教學放在相當重要的地位，如達爾克羅茲的體態律動教學法、奧福基本形體動作教學、聲勢教學等。律動教學法，在中國中小學、幼稚園音樂教育實踐中已被廣泛地應用。

律動教學法應注意：

第一，從教學目標考慮，律動教學法的重點放在對音樂要素的感知和表現上動作姿態不必追求整齊劃一。在鼓勵對音樂準確有創造力的反應的同時，允許容納較為粗糙的初始反應。

第二，在教學設計中，結合教學內容選用適當的教學方法，精心組織教學的實施，做到動靜結合，疏密得當，活而不亂。

第三，音樂可用即興演奏以發揮學生的創造性，把律動教學與創造教學結合起來，培養學生音樂創造力和表現力。

6.創作教學法

創作教學法，不同於一般音樂實踐活動的音樂創作，而是以培養發展學生音樂創造性思維、創造精神和實踐能力為目的的教學方法，包括：

①即興創作。如聲音模仿、節奏問答、身體運動、曲調問答、迴旋遊戲、節奏即興伴奏、固定音型伴奏、器樂曲調問答、即興合奏音樂造型等。

②音樂創作。如節奏創作、旋律創作、樂曲創作等。

③創作表演、音樂戲劇化表演。將學生熟悉的歌曲、音樂或喜愛的劇碼配上學生自己創作的歌曲、樂器演奏和動作進行表演，有音樂、有情節、有角色。

創作教學法應注意：

第一，破除創作神秘感，發揮學生創造精神。

第二，將創作知識和技能融入其他各項教學之中。

第三，重創作過程，任何學生的創作無論有無發表獲獎的可能，均應視為有價值的創作。

第四，從學生實際水準出發，注意量力而行，從點滴做起。

7.遊戲教學法

唱遊是小學低年級音樂教學內容之一。其內容包括：能隨音樂的不同情緒、節奏、節拍的變化，有表情地進行律動、模仿動作和即興動作；學做音樂遊戲，學習或自編動作進行唱歌表演、集體舞等，注意音樂與動作的配合，樂感的培養。正如中國教育家陳鶴琴所說："孩子是生來好動的，以遊戲為生命的。要知多運動，多強健，多遊戲，多快樂，多經驗，多知識，多思想。"小孩子好玩、好動、好奇、好勝，遊戲教學法對他們來說，是一種符合他們年齡特徵的好形式。

遊戲教學法應注意：

第一，遊戲要與音樂緊密結合。

第二，注意發展學生的想像力、創造力。

第三，確定角色，並使學生進入角色。

第四，要盡可能讓更多的學生參與。

8.講授法

講授法是教師通過簡明、生動的口頭語言進行教學的一種方法。蘇聯教育家蘇霍姆林斯基認為："教師的語言是作用於受教育者心靈的不可替代的工具。教學的藝術包括的首先是打動人心的談話的藝術。"從教師角度看,它是一種傳授性的教法;從學生角度看,它是一種接受性的學法。

在實際教學過程中,講授法又可分講述、講解、講讀、講演等不同形式。

其一,講述。是指教師對某個事件或某種事物以敘述或描繪的方式進行教學。如對音樂作品的作家生平、創作背景的介紹與描述。

其二,講解。是指教師以說明、解釋、論證等方法進行有關概念、原理的教學。如講解譜號、調號等記譜知識,闡明發聲器、樂器構造原理等。

其三,講讀。是指教師或學生利用教材進行邊講、邊讀、邊練的教學活動。如在學習分析了某種調式之後,再讀一讀教材中所歸納的有關概念,然後進行實際調式的分析練習。

其四,講演。是指教師對教學內容進行系統分析、概括、總結。如在高中音樂欣賞教學的每一個單元結束時,教師所進行的有理有據的、極富感染力的概括性總結。講演在中學課堂教學中時間不宜過長,也可以嘗試由學生來承擔。如欣賞過貝多芬《第五交響曲》後,由教師或學生來總結該作品的結構、風格、哲理等。

總之,講授法是歷史悠久而今仍然有效且實用的教學方法之一。教師使用時要力求語言精練、概念明確、條理清晰、層次分明、重點突出、深淺適度、生動感人,切忌亂、散、艱深晦澀、平淡、空洞。教師使用此法必須考慮學生的聽講方式和接受能力。如果在中小學的教學中不恰當地使用此法,易形成毫無生氣的"滿堂灌",從而削弱音樂教學的獨特魅力。

9.談話法

談話法又稱提問法、問答法,是指以師生口頭語言問答的方式進行教學的一種方法。談話法有利於啟發學生的思維活動,培養學生獨立思考能力、語言表達能力,能喚起和保持學生的學習注意力和興趣。同時,談話法可以促進師生交流,便於及時回饋教學資訊,調整改進教學。

談話法一般可分為啟發式談話、問答式談話和指導性談話等方法。

其一,啟發式談話。主要用於學習新知識,啟發學生動用已有知識和經驗進行獨立思考,回答與解決問題,從而使學生獲得和掌握新知識。如學習升調調號,可以先讓學生回憶 C 大調音階結構、寫法、唱名,然後引導學生回答並在 G 音上構成音列,想辦法將導音 F 音升高半音,構成 G 大調音階。提問學生所升高的音是構成大調的哪幾級音,最終找出與識別升號調的規律。

其二,指導性談話。主要用於組織學生進行實踐活動的時候。如學生在唱歌前,教師針對樂譜、聲音、情緒等提出應注意的要點或唱歌之後進行必要的總結。

使用談話法應注意的問題有:第一,要注意提問的目的性,不提一些簡單的、帶有暗示性的問題,如"是""不是""喜歡""不喜歡"等。提問必須立意鮮明,語言簡練,有利於開拓學生思路,提高分析問題和解決問題的能力。第二,要注意問題的難易。提出的問題要注意做到由淺入深,由易到難,適合於學生的學習程度。第三,要掌握提問的時機。即在學生"心求通而未得,幾欲方言而不能"時提問。第四,要注意問題之間的聯繫。問題要前後呼應,層層深入，絲絲入扣，才能最後"水到渠成"解決問題，使學生獲得滿足感、成就感。第五，要有充分準備。教師不僅要準備參考答案，而且要估計學生可能提出的若干答案，要考慮如何評價、引導，才能增強學生的自信心，提高其能力。例如欣賞巴哈《G弦上的詠歎調》，教師在欣賞前提出了"作品是由小提琴還是大提琴演奏的？"學生聽後有的認為是小提琴演奏的，有的認為是大提琴演奏的，而且多數人堅持是大提琴演奏的。教師並不急於下結論，而是進一步引導學生聽由小提琴演奏的樂曲來辨別音色，介紹小提琴四個弦的名稱，在此基礎上說明樂曲是在小提琴的G弦上演奏的，音色渾厚、濃重，有與大提琴音色相近之處。至此，問題得到圓滿的解決，學習印象深刻。

此外，使用談話法還要注意提問的方式及對學生的要求。如要先面向全體學生提問，再指定個人問答；要給學生留思考時間；要培養學生獨立回答問題的習慣（不偷看書，不依靠別人提示）；要求學生語言表達完整、清晰；要適時給予肯定，糾正與補充。

10.討論法

討論法是在教師指導下，學生以全班或小組為單位，圍繞教材的中心問題，各抒己見，通過討論或辯論進行教學的一種方法。

討論法的優點是每個學生都能參與活動，可以集思廣益，相互啟發，取長補短，加深對學習內容的理解；還可以培養學生的學習興趣，培養學生鑽研問題、獨立思考的能力。如分析辨別調式時，組織學生分組討論，找出辨別調式的一般規律，即屬此法。

11.讀書指導法

讀書指導法是教師指導學生通過閱讀課本和課外讀物獲取知識的一種教學方法。

音樂教學的讀書，首先是學讀歌譜、樂譜，因為從小學三年級開始學生逐漸從聽唱向視唱過渡，逐漸要能獨立視唱（奏）一般歌（樂）譜。當然這種讀譜的學習要在教師的幫助下進行，既不放任自流，也不死記硬背，要讓學生養成認真讀譜的習慣。其次，學習有關知識、概念也應利用課本，以使學生形成準確印象。此外，課本中有關作家生平、創作背景等知識介紹，可以指導學生自學。特別要指出的是音樂讀物還應包括音響、音像資料。

隨著學生年齡的增長，音樂教師應給學生介紹相應的課外讀物、音響、音像資料，如音樂家的故事、傳記，音樂作品介紹，音樂辭書，與教學有關的優質唱片、磁帶、電影、電視、錄影帶等；還可以介紹學生學習與音樂有關的文學、歷史、美術書籍、作品等，以擴大學生的視野。教師還要儘量發動學生將書籍、音響資料介紹給其他教師、同學，使課內課外學習有機結合起來，以培養和調動學生的自學積極性。

12.發現法

發現法是在教師引導下，學生通過觀察、實驗、思考、討論、查閱資料等途徑去獨立探究，自行發現並掌握相應的知識技能的一種教學方法。

發現法是一種開放性的教學方法，其特點是以學生為主體，讓學生自覺地、主動地去探索，找出事物的內在聯繫與規律，形成概念、結論。

發現法的教學步驟：一是向學生提出要研究或解決的問題；二是由學生提出假設與答案；三是對假設與答案的驗證，不同觀點的討論、爭辯；四是對結論修改、補充、總結。

使用這一方法能使學生的興趣強、積極性高。但是，要注意以下幾點：一是設問既不要太難又不要太過於簡單；二是注意教學節奏的把握與教學時間的控制；三是注意充分準備，教師能駕馭控制教學局面，師生共同創造一種良好的研究問題的氛圍，使每個學生都能集中注意力，思維活躍，情緒旺盛。

在音樂教學中探索聲音的物理屬性、人聲與樂器的分類、音樂作品的曲式結構等均可嘗試此種教學方法。

音樂課一般分為單一課和綜合課兩類。

單一課是指在一節課中主要講授一方面的教學內容，完成一項主要的教學任務的音樂課，如合唱課、欣賞課、器樂合奏課、歌唱課等。

綜合課有兩層意思，一是指在一節課中將音樂方面的多種教學內容綜合在一起，完成多種教學任務的音樂課；二是指在音樂課中將多種藝術形式如音樂、舞蹈、美術、影視、戲劇等綜合在一起。如在一節課中將歌唱、欣賞及音樂常識、識譜聽音、器樂演奏等教學內容，以及多種藝術形式綜合進行合理安排，使學生能在學習過程中不斷地變換學習內容和學習方式。綜合課是中小學音樂課堂教學的基本類型，而高中、普通高校藝術欣賞教學主要圍繞藝術欣賞內容進行，多為單一課。單一課並不排除多種內容的結合，而綜合課也不是沒有教學重點而平均安排教學內容。

第三節　音樂教學計畫的制訂

音樂教學計劃包括學期計劃和課時計劃。學期計劃可分為全校性的計劃和班級計劃。全校性的計畫要根據學生教育工作計畫，有目的地制訂一學期的音樂活動計畫，如課外音樂興趣小組的活動、節目演出活動、校內外歌詠比賽等。班級計畫則側重於課堂教學，所以也稱為學期授課計劃。下面簡單介紹制訂學期授課計劃和課時計劃時要注意的一些問題。

一、學期授課計畫

學期授課計畫是教師根據中國音樂課程標準所規定的目的任務、各年級的教學內容和要求，結合學生的實際能力而制訂的整個學期的教學授課計畫。一個完整的、考慮嚴密的學期授課計畫是加強教學的目的性、計劃性、系統性以及提高教學品質的重要保證，是檢查教學效果、總結教學經驗的必要依據。

1.認真學習中國音樂課程標準和研究教材

在開學前，教師要認真學習中國課程標准，了解音樂教學的目的和任務，熟悉各年級的具體教學要求，掌握各年級之間教學秩序漸進的內在聯系，使教學既有系統性又有階段性。

2.認真分析學生的實際情況

制訂計畫前，還需根據學生的年齡特徵，對學生的思想狀況、知識水準、技能基礎、感受音樂和表現音樂的能力等方面做全面瞭解。如對新入學的學生，教師就應進行全面瞭解，可以通過觀察、談話或演唱，瞭解他們入學前的情況：對音樂的興趣、愛好、感受力、表現力和個別擅長等。這些材料是制訂學期授課計畫的重要依據。

學期授課計畫應包括以下幾方面的內容：

1. 情況分析

對全班學生的思想狀況、學習態度、知識水準、技能基礎、表現能力、興趣愛好等方面做一個全面且簡明扼要的分析。

2. 教學目標要求

（1）思想教育：包括一學期中要向學生進行的思想、品德、情操和審美觀點等方面的教育要求。

（2）知識與技能訓練：包括音樂知識、視唱練耳、唱歌等基本技能訓練和發展兒童的感受力、鑒賞力、表現力等方面的具體訓練。

3. 教學安排

分析了情況，確定好教學目標後，根據教學的要求和內容合理地編排教學進度。在編排過程中要注意以下幾點：

（1）教材的編排要注意循序漸進。

（2）要將唱歌、音樂知識和技能訓練、欣賞三部分的教材密切配合，相互促進，使理論知識指導技能訓練，在技能訓練的過程中鞏固理論知識，達到學以致用。

（3）注意將不同題材、體裁、風格、情緒的歌唱教材適當穿插，以豐富多彩的內容，提高學生的學習興趣和積極性。

（4）教材要適合時令節日，要配合學生的教育活動和其他學科的教學，使之相得益彰，形成統一的思想教育，獲得更豐富、更深刻的教學效果。

在安排教學進度時，要將期中、期末的複習和考查所需要的時間考慮進去。還要注意留有餘地，不要把時間安排得太緊，便於適應臨時的需要。如加入推廣歌曲、配合歌詠活動等。

4. 教學準備

制訂學期授課計畫，還應考慮課堂教學的大致過程和方法，以及準備教具。

教學上所需的教具是根據教學方法而決定的，如表格、圖片、打擊樂器、唱片、錄音磁帶等。所需閱讀的參考書應記入學期授課計畫內。這些教具需自製或添購，應早做準備。充分的思想準備和物質準備是提高教育、教學品質的首要前提。

5. 備註

記載一些特殊情況或提示。

一學期的教學工作應盡可能按學期授課計畫進行，當實踐過程中發生特殊情況時，必須及時修訂。在執行過程中還應根據實際情況加以充實，使計畫更趨完善，更符合客觀實際。

二、課時計畫(備出新課·寫教案)

課時計劃是要依靠每一節課堂教學來實現的。認真備好每一節課，寫好每一份課時計劃，是上好每一節課、完成教學任務所不可缺少的一環。尤其是課前備課工作的好壞，直接影響著上課的效果，影響著教學任務的完成。因此，教師必須認真做好課前的備課工作。

怎樣進行課前備課，編寫課時計畫呢？以唱歌型授課為例，制訂課時計畫一般有以下幾個步驟。

(一)鑽研教材

教材是教師對學生傳授知識的主要依據。鑽研教材是教師備課的關鍵。備課時教師必須反復熟悉歌曲，在熟悉歌曲的思想內容、音樂形象和表現手段，加深對歌曲的理解和感受的基礎上，把握教材的本質。

歌曲分析是分析歌曲的文學形象（歌詞）與音樂形象（旋律）。特別是通過歌曲的體裁、曲式、風格以及旋律線的進行，對節拍節奏、速度、力度的變化等音樂表現手段進行分析，從而進一步理解、掌握歌曲所要表達的意境和思想感情。

(二)確定教學目標要求

在認真鑽研教材的基礎上，教師可以結合學生實際，確立教學的目標要求。制訂教學目標應明確、具體，並有重點。

(三)確定教學過程與選擇教學方法

根據教學目標任務，教學的重點和難點，以及學生的接受能力，安排具體的教學過程和選擇切實有效的教學方法。根據教學常規實踐的經驗，可採用下列各教學步驟（以歌唱教學為例）：

1.組織教學

組織教學是實現教學任務不可缺少的環節，課一開始，教師就應把學生的注意力集中到課堂教學中來，使他們主動、積極地完成課堂教學任務。

音樂課的組織教學必須體現出音樂教學的特點。許多有經驗的教師都是在上課一開始的時候，就組織學生在充滿音樂氣氛的環境中進行學習。例如採用聽音樂進教室、聽音樂做律動等方法集中學生的注意力，這樣既能達到組織教學的目的，又體現了音樂課的特點，培養了兒童的節奏感、欣賞與聽辨音樂的能力。

組織教學要貫穿在一節課的始終，教師要根據學生的年齡特徵、班級的具體情況靈活地運用各種教學方法來集中學生的注意力。

2.基本練習

基本練習是牢固掌握音樂知識和技能的必要條件，是使學生能正確地發聲、聽音、掌握節奏和音準等的重要環節。這些技能的培養往往是結合練聲、視唱、練耳的教學同時進行的。

基本練習應盡可能與新課教學相結合，基本練習的時間不宜過長，一般約十分鐘。

3.複習舊歌

唱好一首歌曲，要有一個訓練、鞏固、提高的過程，因此在教學過程中，對已學過的歌曲應經常複習。通過複習舊歌，不僅鞏固了舊的知識和技能，同時也為學習新歌做了準備。

複習的方法要多樣，可採用集體唱、小組唱、個別唱、表演唱等方法。

複習舊歌可以安排在新歌教學之前，有利於啟發學生學習新歌的情緒，也可安排在課末進行，學生充分發揮他們的表現能力，在愉快、活潑的氣氛中結束課程。

4.新歌教學

教新歌是授新課的主要任務，是音樂教學的主要內容，是音樂知識和技能訓練以及欣賞教學的集中和深化。

在教授新歌時，教師應著重考慮以下問題：怎樣生動而有效地導入新歌；怎樣用簡練、形象的語言來正確地分析、講解新歌；用什麼方法來啟發學生學習新歌的自覺性、積極性；用什麼方法來教授新歌的重點、難點部分，從而使學生容易理解和掌握，在較短時間內學會新歌。

5. 處理歌曲

結合多種手段和方法處理歌曲，來啟發兒童的感受力和想像力，不斷提高他們的演唱能力等。

6. 教師小結，佈置作業

教師把本節課學生學習的情況做一小結，表揚優點，指出不足之處，勉勵學生上好音樂課。

(四)編寫教案

課時計畫也稱教案，是教師備課時用文字表達的一種形式，是上課的主要依據。課時計劃沒有固定的格式，新教師一般要寫得詳細些，便於檢查教學品質，總結教學經驗，並為以後備課打下基礎。有經驗的教師可以寫得稍簡略些。課時計畫雖不強求統一的格式，但一般應包括以下幾個方面的內容：

（1）提出目標明確的教學要求，包括思想教育的要求和音樂知識與技能訓練的要求。

（2）唱歌和欣賞的新授課要有歌曲（樂曲）的教材分析。

（3）安排嚴密的教學過程，包括時間的分配、教學活動的組織、教學方法、板書設計、教具準備等。

(五)熟悉教案

教師應熟悉教案，對教案要有深刻的理解，這樣，上課時才能做到胸有成竹，運用自如。

此外，范唱和伴奏是唱歌教學中的組成部分，也是進行直觀教學的有效方法。教師在課前必須做好充分準備。教師的範唱最好能背唱，教師通過正確、有感情的範唱來感染學生，使學生領悟到歌曲的完整藝術形象，激發學生的感情，啟發他們的聯想，促使學生有感情地歌唱。伴奏必須符合音樂形象，能渲染歌曲的意境，增強歌曲的感染力。因此，對範唱與伴奏的充分準備，必須引起重視。

低年級的新歌教學，往往在一課時內能基本完成；中、高年級的新歌教學有時可能需要兩課時才能完成，在這種情況下，可以同時制訂出兩課時的計畫。首先制訂出整首歌曲的教學目的、要求與歌曲分析等，然後分別制訂出兩個課時的具體安排，包括教學要求、教學過程和教具準備。

教案確定以後，教師根據教案上課，當預定的教案與課堂上的客觀實際不相適應時，教師要善於靈活地臨時改變教案，這樣，才能把課上得生動活潑而有效果。

上完一節課後，教師要按照課時計畫的要求做認真的分析，把這節課的收穫、優點、缺點和發現的問題記錄下來，以便在擬訂下一個課時計畫時作為參考並加以改進。只有及時總結，才能不斷積累教學經驗，掌握教學規律，逐步提高教學藝術。

第四節　課堂音樂教學藝術的設計

教育要講究藝術性，藝術教育更要講究教育藝術。在音樂教學過程中，要使教學內容、方法、技能、技巧得到藝術化的運用，必須對課堂教學環境、課堂教學結構和課堂教學內容及方法進行精心設計，這樣才能使學生處於愉快的、積極的學習狀態，並取得最佳的教學效果。

一、教學環境的設計

為了保證音樂教學有效地進行，應創造一個良好的音樂學習環境，使學生一走進音樂教室就感受到強烈的音樂氣氛，激發其學習音樂的熱情與願望。

首先，要有專用的音樂教室。為了避免外界對音樂教學的干擾，防止音樂教學對他人造成影響，音樂教室應設在校園僻靜的地方，以利於在安靜的環境中順利、有效地開展音樂教學活動。

音樂教室是學生學習音樂的主要場所，室內設計對學生學習心理的影響有著不可忽視的作用。科學的設計，能調動學生學習音樂的積極性、主動性，使他們沉浸在音樂藝術的享受和創造之中。反之，則會從一定程度上抑制學生對音樂的渴求，使他們對音樂學習處於一種被動或消極的狀態。

音樂教室的環境設計，除了窗明幾淨、各種教學用具（樂器、電教設備等）安放得有條不紊、各得其所外，還要有濃厚的音樂氣氛。美國音樂教師卡拉博‧瑪德琳娜創造的"科恩音樂教室"充滿著這種音樂氣氛。音樂教室裡到處都畫著大譜表，地上有"地譜"，牆上有"牆譜"，桌上有"桌譜"，甚至教師穿的衣服上都畫著大譜表。從中我們可以得到某種啟示，我們同樣可以在音樂教室的黑板、牆面上，適當地佈置和音樂教學內容有關的譜表、樂器圖、樂理知識圖表、音樂家畫像等，這些圖表應定期或不定期地更換。

音樂教室環境設計，另一個值得注意的問題是課桌椅的擺法。目前，常規的擺法是將課桌椅面對講臺，一排一排地安放。也可配備可以移動的輕巧的課桌椅，根據教學內容和教學任務的需要，將課桌椅擺成圓圈式，若干個圓圈形等多種形式。總之，課桌椅的設計，必須服從教學內容和學生活動的需要，不求固定的樣式。

二、課堂教學結構的設計

根據音樂教學大綱規定的教學內容和要求，精心設計課堂音樂教學結構，是完成教學任務、實現教學目的的一個十分重要的環節。課堂教學結構是指課堂教學內容的各個部分在教學過程中的順序安排和分配。

在基礎教育階段，中學音樂課各教學內容之間的相互滲透性極強，一般很少用單一教學內容結構的課型教學，更多的是用由多項教學內容組成的綜合性結構的課型進行教學。

在設計課堂教學結構時，應考慮以下幾點：

(一)新與舊結合

聯系已知，學習未知。學習新知識、新技能總是在掌握的舊知識、舊技能基礎上進行的。新是舊的擴大，新是舊的深化。以舊內容作為學習新內容的準備，從舊知識引出新知識，這是符合人們認識事物的一般規律的。

(二)動與靜結合

音樂是動態的藝術，在教學過程中，教師既要讓學生安靜、認真地聽講，又要讓學生通過技能練習來感受和表現音樂。技能練習要動，感受音樂要動，表現音樂要動。在音樂課堂教學中要有動有靜、動靜交替，這是音樂學習的特點所決定的，也符合學生的生理、心理特徵。

(三)理論與實踐結合

歌唱、器樂演奏是音樂的表現行為，而音樂欣賞、樂理知識學習則是理論吸收活動，以歌唱或器樂學習為主的課，應該結合欣賞所唱的歌曲和所學的樂曲，並結合學習有關的樂理知識；以欣賞為主的課也應該結合演唱所欣賞作品的主題或主旋律。總之，表現是在吸收的基礎上進行的，而吸收在某種意義上講正是為了表現。

(四)模仿與創造結合

一般的學習都是從模仿開始的，模仿的目的是創造。在技藝性、表現性比較強的音樂學習中，模仿是很有必要的。應讓學生在模仿中學習、掌握音樂知識和技能，進而使學生正確地理解音樂，創造性地表現音樂。

上述四個"結合"在課堂教學中不是孤立的，而是相互有機地交織在一起的。如"新與舊結合"中有動、靜，有表現、吸收，有模仿、創造，從而組成綜合性結構的課型。在課堂教學過程中，上述四個"結合"的各個結合面，哪個在前，哪個在後，各佔的時間比例，每一堂課都不完全一樣。因此，每節課都應根據教學實際巧妙地進行教學設置。

三、課堂教學內容和方法的設計

(一)教學內容的新異度

新異的教學內容往往容易喚起學生的學習興趣。然而，新知識是建立在舊知識的基礎上的。只有將新異度定在學生似曾相識又不識的尺度上，才能使學生處於學習的興奮點上。教師應該在教學大綱和教材規定的教學內容範圍內，在充分瞭解教育物件的基礎上，有針對性地安排教學內容，去掉或減少學生不感興趣或不願意重複的舊內容，安排舊中出新或有新鮮感的新內容，最大限度地激發學生的學習熱情。

(二)教學內容的深難度

學生音樂學習的動力，來源於音樂學習的成功體驗。不經過努力就能掌握的知識技能，與需經過努力而掌握的知識技能相比較，後者對學生更具有吸引力。"最近發展區"理論提倡教學走在發展的前面，著眼於發揮和挖掘學生潛在的發展水準。太難（深度、廣度）會影響學生的學習信心，挫傷學習積極性，只有由淺入深的教學內容，才能激勵學生進取，使學生在努力獲取知識技能的過程中享受學習成功的歡樂。

(三)強調學生音樂學習的主體性

教學論提出 S-O-R 法則，即刺激─個體因素─反應，其中個體因素起著重要的作用。音樂教學的一大特點是需要學生的積極參與，應該積極提倡在教師指導下，由學生自己學習為主的方法。學生自主的學習，可以使他們在學習實踐中，通過自己的努力、自己的思維方式、自己的學習方法，感受到成功的樂趣，使他們保持持久的音樂學習興趣。

(四)重視教學的情感性

音樂教學必須重視情感性，應注意創造愉快、和諧、融洽、振奮的課堂教學氣氛。教師要有激情，要以自己飽滿的情緒去感染學生，做到以情激情、以情育人，使學生在充滿情感的氣氛中學習音樂。

課堂音樂教學成功的前提和關鍵因素，是建立一種融洽、和諧、民主、平等的師生關係。如果教師愛學生，尊重學生的人格，尊重學生在學習中的主體地位和創造精神，學生也就會信賴教師，進而"親其師，信其道"，在師生情感的交融中，愉快地完成音樂學習任務。

四、音樂課堂的提問設計

課堂提問就是在教學過程中，教師根據一定的教學目標，針對相關教學內容，設置一系列問題情景，引導學生思考或回答，以促使學生積極思考，提高教學效果的一種教學方式。美國教育學家斯特林·G.卡爾漢說："提問是教師促進學生思維、評價教學效果以及推動學生實現預期目標的基本控制手段。"由此可見，提問在課堂教學中處於舉足輕重的地位。富有啟發性、可思性、連貫性的提問能促進教師與學生之間、學生與學生之間的資訊交流與回饋，使教學活動變得快樂、輕鬆、有效。從學生方面來看，它能調動學生學習的積極性，集中學生的注意力，引導學生開動腦筋，誘發學生多問、敢問的治學精神，培養良好的思維習慣和能力，養成從容沉穩、應對自如的表達能力。眾所周知，新課程理念下的音樂課堂教學是教師組織、引導、參與和學生自主、合作、探究、感受音樂的雙邊活動，這其中，教師的"導"起著關鍵作用。這裡的"導"，很大程度上是靠設疑提問來實現的。在教學過程中，教師可以用"問"來激發學生的學習欲望；可以用"問"來規範學生獲得知識的方法；可以用"問"來控制教學節奏；可以用"問"來調節學生的思維活動；可以用"問"來融洽師生關係、生生關係。教師是引疑的主導者，疑問又是啟動課堂的導火線。課堂提問設計得是否成功，直接關係到整個教學的節奏與品質。從某種意義上說，提問是教師最重要的語言活動，是教師教學技能的一個重要組成部分，是教師教學水準的一個重要體現。下面筆者試從音樂課堂應用實例出發，探討中學音樂課堂上的幾種有效的提問設計模式。

(一)遞進式提問

在欣賞《圖畫展覽會》之"兩個猶太人"的課上，教師暫不告訴學生曲名，先讓學生分別欣賞富人主題與窮人主題，隨後提問："這兩個主題在旋律、節奏、速度方面各有什麼不同？"總結學生的回答後再問："這一高一低、一疏一密、一快一慢的兩個主題分別表現了兩個怎樣的音樂形象？"教師讓學生充分發揮想像回答後請大家完整欣賞全曲，再問："通過音樂你能想像出這兩個形象各有什麼特點或它們之間是什麼關係嗎？"此時結合曲名讓學生展開豐富而合理的想像，學生往往會對樂曲有很深的印象，教師通過一環扣一環、一層進一層的問題提出，引導學生主動理解音樂。

遞進式提問是指對有一定深度和難度的問題分層次、由淺入深的提問方式。對於教學中的重點、難點，在設問時要根據學生的水準，想方設法化難為易、化繁為簡、由近及遠、層層遞進，讓學生的思維在所設問題的坡度上步步升高，最終達到掌握知識內容和初步運用知識的目的。此方法在新課講授環節運用較多。

(二)分割式提問

在人音版教材第 15 冊"我們同屬一個世界"單元有一個難點就是斯特拉文斯基的《祭獻之舞》，學生聽完這一現代音樂後完全摸不著頭腦，此時教師如果直接問學生"現代音樂有什麼特點"之類的問題，學生往往很難回答，而如果將問題分解為"這段音樂裡節奏和旋律哪個更重要？""音樂的節奏是規整的還是複雜的？""音樂的速度是快的還是慢的？""音樂情緒是激動不安的還是平靜穩定的？""音樂的旋律是易唱的還是不易唱的？"等，學生通過一系列的問題可很快地總結出現代音樂的主要特徵。

分割式提問就是把整體性較強的內容分割成幾個並列的小問題來提問。提出的問題如果範圍太大，學生就不容易回答完整，這時教師可以化整為零，採取各個擊破的分割式提問方式，把一個個小問題解決了，整個問題自然也就解決了。在突破教學難點部分或學生遭遇思維瓶頸時，分割式提問往往是個很不錯的選擇。

(三)對比式提問

在學唱歌曲《唱臉譜》前，教師先讓學生欣賞了一段京劇和歌曲《前門情思大碗茶》片段，然後提問："這兩段音樂有什麼共同之處？"學生答："都有戲曲的韻味。"教師又問："這兩段音樂有什麼不同之處？"學生又從演唱方式、伴奏樂器、音樂風格等多個方面分析了兩者的不同之處。此時，教師引入"京歌"的概念，學生立刻就能理解京歌是改良的京劇加上了流行音樂的元素。在歌曲演唱中，由於有了之前的分析，學生也能較好地把握歌曲的演唱風格。

對比式提問可以誘導學生通過比較發現共性、區別個性、加深理解，有利於發展學生的求異思維和求同思維。對比式提問不僅可以在同一首歌（樂）曲中進行比較，也可以將不同的歌（樂）曲、不同的音樂家、同一個音樂家的不同時期進行比較。對比式提問也是音樂欣賞課最常用的提問方式之一。

(四)綜合性提問

民歌欣賞課上，在欣賞了江南小調、陝北信天遊、蒙古長調後，教師要求學生為譜例繪出旋律線，學生繪完後驚訝地發現三條旋律線截然不同，此時教師提問："為什麼中國各地的民歌差異如此之大呢？這種現象與哪些因素有關？"絕大多數學生經過思考都能從地理、歷史、風俗等方面談出自己的想法，這樣的提問方式讓學生學會運用已有的知識解決新的問題，培養了學生自主學習的思維能力。

綜合性提問是在課堂教授完新知識後，教師為培養學生綜合性思維能力，要求學生利用所掌握的各學科知識進行分析得出自己的結論或看法的提問方法。綜合性提問可以幫助學生拓寬思路，培養邏輯思維能力、綜合能力以及想像力，該類問題的答案往往是開放的、發散的、不固定的。這種方法常用在課堂小結環節，對學生的知識面、語言能力、邏輯推理能力要求較高。

(五)激趣式提問

在介紹奧地利音樂天才莫札特的教學導入環節中，我先請同學們欣賞了他們喜歡的流行偶像組合S.H.E演唱的《不想長大》，然後提問：「你們相信這首歌曲的作者是一位三百多年前的古人嗎？」學生紛紛搖頭，有學生還站起來反駁我說這是S.H.E今年出的最新專輯。接著我又播放了莫札特的《第四十交響曲》片段，學生很快就能發現歌曲的高潮部分與播放的交響樂幾乎完全相同，課堂氣氛立刻活躍起來，此時我順水推舟再次問大家想不想認識這位母音樂家。學生的回答當然是肯定的。

激趣式提問是由教師故意創設語言、情景趣味，激發學生學習欲望的提問方法。該提問方式符合中學生追求時尚、求趣、求異、好奇心強的心理特徵，容易激發學生的學習興趣，調動學生學習的積極性，集中學生的注意力，適合在新課導入環節使用。但應注意提問要以音樂為起點，不能一味迎合學生的興趣。

面對千變萬化的課堂教學情況，以上幾種提問模式顯然是不夠的，即使課前教師設計好的問題，在課上也不一定適合當時的情景，因此教師在教學中要靈活機動，根據具體情況隨時進行調節。例如在學生精神渙散時，可以插入提問集中學生的注意力；當學生的思維跑偏時，可插入提問臨時糾偏；當問題需要延伸擴展時，可暫時中斷前面的問題，而適當插入由課堂引發的小問題；當所學知識技能需要鞏固時，可以用變換視角提問的方式強化學習內容，使學生從不同角度、不同側面、不同層次，對同一問題獲得理解……在具體應用中還應根據不同的教學目的和內容，採用不同的方法，即使是用一個內容，在不同的場合、對不同的學生進行提問，也應該經常變換手法，要讓學生感受到教師提出問題的思路，使學生潛移默化地在解疑的過程中掌握科學思維的方法，讓學生富於自主性、創造性地學習。

音樂課堂提問設計既是一門學問，更是一門藝術。恰當的課堂提問不僅是教學的重要手段，更是激勵學生積極參與教學活動，啟迪學生思維，發展學生的心智和口頭表達能力，促進學生認知結構進一步優化的教學藝術。

第五節　課堂音樂教學的組織藝術

組織教學一方面是維護課堂秩序、組織學生自覺學習的手段，另一方面是對教材、教具、教學方法、教學形式等因素最優化的組合形式。它應貫穿音樂教學的始終。音樂教師應針對授課內容的特點以及學生學習的特點，採取切實可行、靈活多樣的組織教學形式。

組織教學最根本的出發點是集中學生的注意力，組織引導學生積極地參與音樂學習活動。

從心理學的角度研究注意力可以發現，人的注意力有起伏現象，即人的注意力不能長久地保持固定的狀態，而經常是間歇地加強或減弱，呈週期性的變化。研究表明：12歲以上的兒童有意注意約30分鐘。注意穩定的程度和所注意的物件本身的特點有關。一般地說：對象內容豐富、複雜多變，觀察時注意可在一定範圍內運動著，注意力相對穩定和持久。另外，不同班級學生還有其各自不同的特點。因此，音樂教師要從實際出發，分析掌握教學物件的特點，充分利用音樂藝術內容豐富、教學形式多樣的優勢，採取生動活潑的教學方式，根據學生的特點，正確處理課堂上發生的問題，保證教學工作的正常進行。

正確處理課堂上的偶發事件是上課進行中重要的環節之一。在教學中，教師經常會遇到學生上課精神不集中、搞小動作、看課外書籍、隨便說話等問題，音樂教師要在以正面教育為主的前提下，考慮自己的教學方法，積極引導學生參與音樂活動來改善課堂紀律。另一方面，教師還應用暗示的方法。如從精力不集中的學生身邊走過，或提問旁邊同學回答問題，或讓他參加演唱、演奏等活動轉移他的注意力，使他專心投入課堂學習。另外還可採用幽默的語言活躍氣氛，在必要的情況下做嚴肅的批評，抑制事態的發展。

在教學中，常常會遇到始料不及的情況。如在欣賞錄音音樂時突然停電，集體練唱個別學生出怪聲、走調引發哄堂大笑，教師臨時忘記某一個字或某一音樂常識等。這時教師是否具備良好的教育機智就顯得尤為重要。具體的處理方法多種多樣，一般可歸納為"冷處理""溫處理"和"熱處理"三類。

"冷處理"就是採取一種較寬容的教育態度，一般可以採用發散、換元、轉向的教育機智。發散就是將全班注意力從事件中轉移、發散開來，以避免此事再成為注意的焦點；換元就是將此事件巧妙地變成一種教育形式；轉向就是用新穎別致的方式，將學生的注意力轉移到教師所希望的方向。

"溫處理"是教師用一種溫和的態度、自然的方式，直面此事並順其自然地過渡到原教學過程。

"熱處理"就是對較嚴重的偶發事件進行正面教育或嚴肅批評。如對個別嚴重違紀學生或故意搗亂的學生進行嚴肅批評。

總之，一節音樂課的組織，良好的開端是很重要的，不論是以情、以理、以疑或以動等哪種形式的導入，都要給人以美感或新奇感，調動學生積極地進入學習狀態。教學過程要環環緊扣，內容要豐富有序，結束時要含意猶未盡之感，給人以美的遐想、有益的啟示。

教學組織藝術的培養有賴於教師本身的實踐水準和修養程度。上好一節課需要教師認真地去鑽研、去創新、去總結，從而使教學進入一種藝術化的、快樂的享受境界。

課堂偶發事件的處理（一）

課堂偶發事件，是指與課堂教學目的、教學計畫無關而出乎教師意料之外突然發生的、直接影響和干擾課堂教學過程的事件。課堂偶發事件具有如下特點：①突發性，即它往往是突然發生、意料之外的；②偶然性，即它是偶然發生的，不是經常的和固定的；③新異性，即它是課堂教學中一種無關的新異刺激，干擾或破壞課堂教學活動的正常進行；④不定性，即它表現不一，有時明顯，有時較為隱蔽；⑤兩極性，即對它處理是否得當，將會帶來積極或消極兩種不同的結果。所以，處理課堂偶發事件，既要體現科學性，更要體現藝術性。為此，就要運用以下教學藝術。

1.敏銳觀察，正確決策

處理課堂偶發事件，教師要有敏銳的觀察能力、良好的決策能力。面對課堂偶發事件，教師首先要敏銳觀察，洞察事件的狀態、程度、影響，觀察學生對此事的反應、態度、言行，瞭解或推測事件的原因，預測事件的結果或發展的趨勢，從而把握事件的性質，學生思想跳動的脈搏和發展的苗頭，以及課堂變化的趨勢。在此基礎上，做出準確的判斷，然後迅速地、正確地決策。該淡化的淡化，該化解的化解；該疏導的疏導，該堵截的堵截；該當堂處理的當堂處理，該課後解決的課後解決；如此等等。運用教學藝術，使教學工作更具有針對性、計畫性、有效性。

2.沉著冷靜，以靜制動

處理課堂偶發事件，教師要冷靜沉著，不急不躁，這才容易"計上心頭"，制怒戒躁，在平靜中思索，這是運用教學藝術的前提；沉著自製，善於支配情感，這是優秀教師堅強的心理品質的一個共同特點。所以，教師不要一遇到突發事件就賭氣發火，大動干戈，批評訓斥，甚至停下課來就事論事地處理，這種針鋒相對或直接改變偶發事件結果的做法是不明智的，也是不利於教學機智的發揮和教學藝術運用的。因此，遇到偶發事件時，尤其是遇到"爆炸式""動亂型"偶發事件時，有經驗的教師善於控制自己的情感，抑制無益的激情和衝動，心平氣和，泰然處之，以靜制動，冷靜地掌控全班，迅速使課堂安靜下來。善於具體問題具體分析，堅持耐心細緻的教育，態度嚴肅而親和，心胸平靜而理智，正確處理師生矛盾，緩解學生的對立情緒。這樣，既不影響課堂教學，又不放棄原則來姑息遷就學生的行為，更有利於教學藝術的運用。

3.正確教育，因勢利導

處理課堂偶發事件，教師要堅持正面教育，循循善誘，因勢利導。遇到課堂偶發事件時，教師要根據學生特點，結合教學實際，正面啟發，善於誘導，擺事實，講道理，以理服人等。要說服而不要壓服；要疏導而不要懲治報復；要誘導攻心而不要簡單粗暴；要真心接受而不要強迫服從。為此，就要求教師遇到偶發事件時要耐心、動之以情、規之以矩、導之以行，循循善誘，因勢利導，啟發自覺，說明學生認識錯誤，從而有效地處理課堂偶發事件。

4.時效統一，及時高效

處理課堂偶發事件，要講求時間和效益，既抓緊時間，又不偏離課堂教學目的，中斷教學進程，這是處理課堂偶發事件的前提和原則。為此，教師在處理偶發事件時應力求做到：一要盡力縮短處理的時間，把偶發事件消滅在始發狀態，不使其蔓延；二要盡力限制、減少、消除偶發事件的消極影響，盡可能不影響全班，不影響教學，並迅速搞好教學組織，保證繼續上課；三要點到為止，見好就收，只要阻止、平息偶發事件即可，不要陷入無謂的糾纏，沒完沒了，隨意發揮。如果在課堂上一時不能解決，或者不能完全解決，最好放在課後解決，以免引起連鎖反應或誘發新的偶發事件；四是盡力運用教學機智，化消極為積極，化被動為主動，把處理偶發事件作為教育學生的一個時機，既處理好偶發事件，又教育學生，以取得最佳效果。

5. 化弊為利，長善救失

處理課堂偶發事件，教師要變不利為有利，發揚優點克服缺點。有些偶發事件，表面上看干擾了課堂教學、破壞了課堂紀律、影響了教學進程、打斷了教師的教學思路，但其中往往包含著一些積極因素，這就需要教師充分認識和挖掘，並加以利用，化消極因素為積極因素，變不利因素為有利因素，把處理偶發事件變成提高學生認識、激發學生情趣、磨煉學生意志、培養學生品質，以及教育大多數學生的一次機會。特別是對因"後進生"的問題行為引發的偶發事件，教師更要揚長避短、長善救失，在壞事中尋找積極因素，利用積極因素來進行教育。這樣做，就可以既處理好了偶發事件，又教育了學生。

6. 幽默詼諧，化解矛盾

處理課堂偶發事件，教師運用幽默、詼諧的方式，也能表現教師的教學機智。雖然教師為人師表，處理應嚴肅認真，但這不等於呆板生硬。一個教師如果成天板著面孔，昂首闊步，擠不出一絲笑容，單純地限制學生，學生稍有不順眼，動輒批評訓斥、挖苦諷刺，這樣的教師是不會得到學生的歡迎和親近的。在課堂教學中，有些偶發事件讓教師處於窘境，要進行查處會延誤上課時間、中斷教學進程，不予理睬又會喪失教師威信、分散學生注意力。在這種情況下，教師可以運用幽默、詼諧的方式進行化解，既可顯示教師的寬懷大度，又可讓自己擺脫窘境，還可自然輕鬆地緩解因偶發事件引起的課堂緊張氣氛，消除師生的對立情緒和矛盾，活躍課堂氣氛，更可為學生創設自我教育的情境。

7. 採用暗示，旁敲側擊

處理課堂偶發事件，教師可採用暗示的方法，旁敲側擊。有些課堂偶發事件，特別是不顯著的、影響不大的、涉及面不廣的，教師不要中斷教學進程，停下課來處理，最好是採用暗示的方法，旁敲側擊，靈活處理，如語調的變化、目光的注視、少量的手勢、適當的姿勢、示意的動作等。這樣，既可使學生的問題行為得到糾正，又不影響整個課堂，不影響其他學生，更保護了學生的自尊心，保證了教學的順利進行，而且對全班學生也會起到"隱蔽性"的強化作用。長此以往，教師就會樹立起自己的威信，贏得學生的尊敬和愛戴，並為解決其他偶發事件打下良好的心理基礎。

8. 言語生動，語調多變

處理課堂偶發事件，教師可以採用言語手段。遇到偶發事件時，教師要善於運用語言和聲調的變化，包括語音的高低、強弱、速度和停頓來組織、調動學生的注意力，有效地處理課堂偶發事件。例如當某些學生有違紀行為時，教師可突然停頓講課，或者降低聲音，給違紀的學生以暗示性的提醒；當學生注意力不夠集中時，教師可加重語氣和聲調，以引起學生的注意；如此等等。

9. 表情暗示，動作示意

處理課堂偶發事件，教師可運用非言語手段。當課堂安靜不下來時，教師可走上講臺，先用目光環顧四周，然後向聲音響亮的地方用手勢打招呼，這會收到較好的效果。有時教師在教室裡巡視一下，儘管一句話沒說，仍然會收到維持紀律的效果。對容易出現問題行為的學生，教師可用目光經常注視，給予提醒；對破壞紀律的學生教師可流露出不滿意、殷切希望其改正的神色，或者做一個自然巧妙的手勢，示意其立即停止違紀活動；如此等等。

課堂偶發事件的處理（二）

處理課堂偶發事件的教學藝術，需要我們在課堂教學實踐中不斷探索、總結、運用。在課堂教學中，時常有偶發性事件，需要教師隨機應變，急中生智，正確而迅速地做出判斷，採取最合理的解決方法，妥善處理。這就要求教師必須具備基本的預見能力和應變能力，在處理偶發事件時，要做到沉著冷靜，判斷要正確、感情要克制、行動要果斷、處理要謹慎，寬嚴相宜掌握分寸。只有這樣，才能因勢利導，變不利為有利，才能提高課堂教學的效率。巧妙處理課堂偶發事件的方法有如下幾種。

1.趁熱打鐵法

趁熱打鐵法是指在課堂教學中，當偶發事件發生時，教師應抓住時機，馬上給予處理，以取得最佳教育效果。此法往往能使偶發事件及時得到解決，並給學生以強烈的思想震撼和深刻影響，對日後偶發事件的產生起震懾作用。

2.冷卻處理法

冷卻處理法是指教師在課堂上對一些偶發事件給予暫時冷卻，仍按照原教學計畫進行教學活動，等到課後的其他時間再做處理的方法。此法能使教師有比較充裕的時間去考慮，選擇恰當的教育方案，能夠冷靜地處理偶發事件。

3.巧妙暗示法

在課堂教學中，當偶發事件發生時，教師並不中斷教學活動，而是用含蓄、間接的方法悄悄地提醒當事人，消除影響教學的不利因素，使教學工作正常進行。採用此法，既不影響教學程式，又不損害學生自尊心。比如教師可通過目光注視、突發提問、身體移近等方法暗示學生集中注意力。

4.大度寬容法

課堂上有些偶發事件，往往會使教師感覺到自己的尊嚴受到挑戰，感情和威信受到損害。這時，採用大度寬容法將會取得意想不到的效果。寬容不是軟弱無能，也不是無原則的遷就，更不是對學生的不良行為的默認、縱容與包庇，而是要使學生在心靈深處反省。寬容要使學生體會到教師的良苦用心。

5.不恥下問法

在課堂教學中，教師出現錯誤是難免的，發生這種情況時，教師要勇於承認錯誤，虛心向學生請教，師生共同探討，糾正錯誤。這樣，一方面調動了學生學習的積極性，另一方面也為教師贏得了寶貴的時間。

6.隨機調整法

課堂上有時由於各種原因，打亂了原計劃的教學結構。例如忘記了板書課題、講授後忘記小結等。遇到這種情況，如果從頭再來，時間不允許，如果立即補入某一環節，與教學進程不吻合。這時，教師可以靈活地調整課堂教學結構，不動聲色地巧妙進行補充、強調，既能突出課堂教學的重點，又能使課堂教學環節完整無缺。這樣，其教學效果並不比原計劃差。

巧留空白法

上課時，某教師抽問一學生後，讓其坐下，沒想到該生一下子坐在地上。很顯然，是他旁邊那位同學悄悄移走了凳子。面對這一偶發事件，怎麼辦？這位教師馬上走上前，扶起摔倒的那位同學，一邊關心地問："摔疼了嗎？"一邊掏出手絹給他擦身上的灰塵。然後看一眼旁邊的那位同學，繼續上課。下課後，他把那位移凳子的同學叫到了辦公室，說："你想對我說什麼嗎？"那位同學不語。過了好一會兒，老師又把剛才的話說了一遍，如此這般，那位學生終於開口了，承認了自己的錯誤，而且說要像老師一樣關心同學。

這個案例中，移凳子的那位同學知道自己錯在哪兒，只是不敢承認。任課老師沒有興師動眾在課堂上處理，也沒有喋喋不休地說教，或苦口婆心地勸慰，而是稍加點撥，留下許多空白，讓這位學生去想，促其自我反省，最終促使這位同學鼓起勇氣承認了錯誤，並表示要像老師那樣關心同學。可見，高明的老師善於抓住機遇，巧設空白，讓學生自己去思考，去感悟，從而起到較好的"內化"作用。

8.借機導航法

一位中學教師在講授《口技》時，因課文情節描繪所引，竟有一男生忘乎所以地學狗叫，頓時全班哄笑，那男生嚇得屏息等待老師的懲罰，這位教師卻粲然一笑："王剛同學情不自禁地模擬了狗的叫聲，這是為文中口技高超的技術所感染啊！下面我們繼續欣賞文中高超的口技表演……"

這個案例中，這位教師表現了一種寬宏大度的胸懷和良好的職業修養，微笑之餘，不忘"借機導航"，僅僅兩句話，既轉變了課堂氣氛，又很快將學生注意力引回到教學課題之中，保證了教學的正常進行，同時對該同學還起到了委婉含蓄批評的效果，真可謂一石數鳥，不能不令學生折服。

9.因勢利導法

課堂中有些偶發事件的出現，已經激起了學生的好奇心，完全吸引了學生的注意力。在這種情況下，教師要想讓學生重新注意原定的教學內容是十分困難的。這時教師可以轉而發掘事件中的積極因素，順應學生的好奇心，滿足學生的求知欲，因勢利導地開展教育或教學活動。這樣不但保證了課堂教學的秩序，而且擴充了課堂教學資訊，從而達到了教學目的。

一位數學教師正在講關於質數與合數的基本概念，突然，教室外基建工地傳來"嘭、嘭、嘭……"的拖拉機發動聲，而且這聲音一直持續不停，使教學無法進行，學生也煩躁不安，張望窗外。這時，教師靈機一動，大聲講道："現在大家開始數數，看拖拉機的響聲有幾下，然後回答你數的是質數還是合數。"這個案例中，學生注意力已遊離了教學目標。如果這時命令或強制學生聽講，不僅教學效果不好，而且會影響師生之間的融洽關係。這位教師因勢利導，巧妙地把環境中的噪音變成了有利於教學的情景，順應了學生的心理，使他們的注意力很快集中到學習中，加深了學生對數學概念的理解。

10.幽默風趣法

上課鈴一響，同學們都做好了上課的準備，靜靜地等老師喊"上課"。只見生物老師掃視了一下全班，然後張開了嘴巴，隨著老師嘴巴的一動，同學們"唰"地一下全站了起來，卻突然發現老師並沒有喊"上課"，而是打了一個哈欠，大家不禁面面相覷。生物老師微微一笑，轉身寫下課題"條件反射"。然後，他以此為例開始講解什麼是條件反射，條件反射形成的條件、原因等，學生學得特別專心。這位老師在教學中遇到了窘況，但他能輕鬆地把自己從窘況中解脫出來，幽默風趣地把同學們起立這一動作詮釋為"條件反射"，並機智地將學生的注意力引導到教學內容上來，學生還沒有開始學卻已經明白了"條件反射"的主要含義，的確令人叫絕。

11.旁敲側擊法

語文課上，教師正講得津津有味，教室裡響起打呼嚕的聲音，一部分學生笑起來，教師不得不停下來解決這一問題，他看了看睡覺的同學，決定還是繼續講下去："描寫生動，要使用象聲詞，繪聲繪色地描寫事物的聲音。繪聲，就是用象聲詞模仿聲音。比如，睡覺的酣態，就可以用現在的聲音來描摹。請你們注意傾聽。"教師做出傾聽狀，同學們都笑了起來，那睡覺的學生也被笑聲笑醒了。教師又說下去："那麼你們的笑聲呢？該怎麼描摹？酣睡聲是剛才××發出的響亮的'呼嚕'聲，笑聲就是大家發出的'哈哈'聲。"

這個案例中，教師始終沒有正面批評那位上課睡覺的學生，而是在給予"面子"的基礎上，旁敲側擊，既沒有影響教學，又達到了教育的目的，還保護了學生的自尊心。真可謂自然天成，機智靈活。

12.先揚後抑法

一位老師上課時，有一個學生在他背後模仿老師的動作，引起同學們的哄笑。老師裝作不知。等課快結束時，老師講："寫字要模仿，畫畫要模仿，寫文章也要模仿，模仿是學習的第一步。第一步做得好的話，第二步的創造就有希望，也有基礎。我想剛才×××模仿我的動作一定很像，否則引不起同學們的大笑，他將來說不定能成為一個表演藝術家。以後有機會的話，我們可以請他為我們表演一下他的模仿才能。讓我也欣賞欣賞。剛才背後的模仿我是看不到的，所以嘛，以後上課……"（老師故意不說了。學生大聲說"：不做了！"）

這個案例中的事件在平時教學中經常發生，不少教師在處理時，或簡單粗暴，或近於說教，或小題大做，一句話，枯燥無味，缺乏實效。這位老師的成功之處在於採用了"先揚後抑"的方法，先肯定再否定，讓教育的韻味濃濃滲出，從而使學生在反省中受到教育。

13.自嘲解圍法

一位教師走上講臺，同學們忽然大笑起來，他莫名其妙，後來坐在前面的一位女生小聲地對他說："老師你的扣子扣錯了。"這時，這位教師自己一打量，發現第4顆扣子扣到第5個扣眼裡，然而這位教師卻煞有介事地說："老師想心事了，匆匆忙忙趕來與你們相會，不過，這也沒什麼好笑的。昨天我們有的同學做練習，運用算術公式就是這樣張冠李戴的，應該改過來。"邊說邊把扣子改過來扣好了。

這個案例中，教師遭遇到失態的情況怎麼辦？批評學生？不該！馬上改過來扣好嗎？尷尬！這位教師頗具匠心之處在於用輕鬆幽默的自嘲方式為自己解圍，既糾正了自己教態的失相，避免了窘迫，又批評了學生不認真做作業的毛病，同時還啟動了課堂氣氛，這樣的教學機智實在讓人嘆服。

14.將錯就錯法

一位語文教師講柳宗元的《小石潭記》，誤將"洌"板書"冽"。有的同學當場指出老師板書有錯。此刻，這位教師並未慌亂，靈機一動，乾脆以差錯為契機，要求學生仔細看看課文，查查字典。經過查對、辨析，教師鎮定自若地進行總結道："'洌'指水、酒清澈；'冽'指寒冷。可見一筆之差，義差千里，對此務必十分留意。"這個案例中，教師偶然失誤，怎麼辦？這位教師機智地採用了"將錯就錯"的處理方法，巧妙地將失誤變成了教學機遇，變成了一堂難得的糾錯課，從而化弊為利。

總之，教育無小事，課堂教學的意外情況是千變萬化的，"他山之石可以攻玉"，我們要學會處理課堂偶發事件的方法，應付瞬息萬變的事態，讓我們的課堂教學始終充滿活力！

第八章　課外音樂活動

　　學校音樂教育一般包括音樂課堂教學和課外音樂活動。
　　廣義的課外音樂活動泛指音樂課堂教學以外的所有音樂活動。在這裡主要是狹義，專指校內除音樂課堂教學以外的音樂活動。課外音樂活動是整個學校音樂教育的重要組成部分。

第一節　課外音樂活動的意義和任務

一、課外音樂活動的意義

(一)加強和發展學生的音樂才能

　　課外音樂活動使音樂課堂教學得到必要的發展和加強，從而使音樂教育目標的實現有了更充分的保證。由於音樂課堂教學內容有限，其深度、廣度和課時有限，而課外音樂活動則無此局限，學生的音樂興趣及愛好能得到充分的滿足，音樂視野得以擴大，音樂經驗得以豐富，從而使學生的音樂基礎知識和基本技能、音樂的感知能力、記憶能力、理解能力、聯想與想像能力、表現能力、創作能力、鑑賞能力等方面都能得到發展和提高。

(二)豐富學生的課餘文化生活

　　課外音樂活動可以激勵學生奮發向上的樂觀精神，使學生自覺抵制社會文化生活中消極頹廢、萎靡腐朽的不良傾向。
　　課外音樂的集體活動要求參與者必須自覺地遵守紀律、維護集體榮譽，而音樂藝術的完美性、協同性，又要求參與者有高度的責任感、頑強的毅力及共同協作精神。因此，課外音樂活動能培養學生的集體主義精神、工作責任心、頑強的意志及團結友愛精神，對學校良好校風的形成也能產生積極的作用。

(三)促進學生綜合素質的提高

　　課外音樂活動中有些內容能使學生受到愛國主義、集體主義的教育，使他們得到高尚道德情操的陶冶，豐富多彩的活動能激發學生的求知欲，發展他們的智力，磨煉他們的意志。生動活潑的內容及形式能使學生精力充沛、朝氣蓬勃、富有青春活力，促進他們的身心健康。同時有助於學生學習音樂知識，掌握音樂技能，提高音樂審美能力，樹立正確的音樂審美觀念等。這一切都可提高學生的綜合素質，使他們在德、智、體、美諸方面得到和諧而全面的發展。所以，課外音樂活動是促進學生全面發展的重要途徑。

課外音樂活動能使有興趣、有音樂才能的學生得到充分發展。其中有些學生可能成為各行各業的音樂骨幹，有些學生可能成為專業音樂人才。因此，課外音樂活動又是培養專門音樂人才的搖籃，或為高一級音樂院系輸送合格的人才。

課外音樂活動與音樂課堂教學相輔相成、相得益彰，成為學校音樂教育的兩大主要內容。作為音樂教師，應該像重視音樂課堂教學一樣地重視課外音樂活動，將其納入教學計劃，使自己成為課外音樂活動的組織者和指導者，提高課外音樂活動的品質。

二、課外音樂活動的任務

（1）學生通過參加多種多樣的課外音樂活動，鞏固在課堂教學中所學的音樂知識並提升技能。同時，讓學生接觸課堂教學以外的、課堂教學涉及不到的知識和技能，以開拓學生的音樂視野，豐富他們的音樂知識，提高他們的技能、技巧和音樂藝術修養。

（2）培養學生對音樂的愛好，滿足他們對音樂藝術的多方面需求，豐富學生的課餘生活，促進他們的身心健康發展。

（3）通過各種音樂活動，培養學生的集體榮譽感和團結友愛精神。

課外活動要堅持自願、普及與提高相結合的原則，要注意選擇富有藝術性和教育意義並適合中學生的年齡特徵的內容。活動中要注意因材施教,形式要活潑多樣。要注意貫徹群眾性、普及性與提高相結合的原則。活動中要發揮學生的主動創造精神，調動骨幹學生的積極性。

第二節　課外音樂活動的組織與輔導

課外音樂活動的組織形式應是多種多樣的。學校/教師應積極組織合唱隊、器樂隊、各類興趣小組，舉辦各種音樂會、音樂欣賞會、音樂講座，在經常性、群眾性歌詠活動的基礎上，開展班級的、全校的歌詠比賽與觀摩活動。為使課外活動能經常、持久地開展，必須既注意對骨幹學生的培養，又不斷發現、吸收新隊員。

課外音樂活動要充分利用本校的傳播媒介，可辦些知識性、趣味性強的壁報、專欄等。可以從看、記、唱、想、猜、做、比、創等多方面進行設計，如登載新歌，編寫音樂故事、視唱曲、音樂謎語等，拓寬學生的音樂知識面，擴大音樂視野。常見的各種課外音樂活動的組織與輔導形式有音樂興趣小組、講座、合唱團、樂隊、音樂會等。

一、音樂興趣小組

根據部分學生對音樂某一方面的興趣和特長，在教師的指導下開展相關活動。有條件的地方還可聘請校外專家來校指導。常見的音樂興趣小組有以下幾種。

1.聲樂小組

將嗓音條件較好、愛好聲樂並希望能在聲樂方面有所提高的同學吸收進來。這些學生可以是每班的教歌員，以及合唱團的領唱者。教師定期向他們傳授聲樂理論知識，對他們進行聲樂演唱技能、技巧的個別或小組輔導，提高他們的演唱能力。

2. 器樂小組

吸收愛好器樂演奏並具有一定演奏基礎的學生參加。由於音樂教師不可能掌握多種樂器的演奏技巧，有條件的情況下可聘請一些專家授課，為組織樂隊打下基礎。

3. 欣賞小組

將那些對音樂有濃厚興趣而課堂教學不能滿足其欣賞願望的學生組織起來，指導他們正確欣賞、理解音樂作品，廣泛聆聽中外著名音樂作品，向他們講解有關的音樂欣賞知識及中外音樂常識，也可組織學生觀摩音樂會和電視音樂會。

4. 創作小組

吸收有一定音樂基礎、愛好音樂創作的學生參加。在定期向他們講授歌（樂）曲的創作技法、和聲基礎、曲式與作品分析、複調及配器常識等理論知識的基礎上，開展創作活動。其中較好的作品可在學校合唱隊或樂隊中試唱（奏），激發學生的創作熱情。

5. 音舞小組

將音樂基礎較好、有一定舞蹈天賦或愛好的學生組織起來，進行音樂和舞蹈的訓練，也可組織他們做一些音樂遊戲。

二、講座

音樂講座根據其形式和內容，可分為專題講座和系列講座。

1. 專題講座

可根據某一紀念日、重大節日或重要活動等舉辦專題講座。

2. 系列講座

可在一定的時間範圍內開展系列講座。

三、合唱團

學校合唱團是課外音樂活動中重要的組織形式，是全校歌唱的代表和示範。

合唱可分為同聲合唱與混聲合唱兩種類型。同聲合唱是由同類的人聲組成，它包括三種形式：童聲合唱、女聲合唱、男聲合唱。初中學生合唱團大多由未變聲的學生組成，稱為少年童聲合唱。高中學生合唱團由變聲期已過的青年男女學生組成，可組織排練混聲合唱。

(一)團員的挑選

童聲合唱團由未變聲學生組成。變聲前男女同一音高的音色基本相同，只是男聲比女聲略厚實一些。變聲後，男聲比女聲低一個八度，可組織混聲合唱團。

一般來說，只要音質、音色、音量、音域大致相近，即可吸收為合唱團成員。聲音沙啞而又不能治癒、嗓子雖好但音色個性太強的學生不宜參加合唱團，後者有時可作為獨唱或領唱隊員。

(二) 人數、分部、音域或音區

（1）人數：20~80 人較為適宜。人數太少難於取得合唱效果，人數太多音響粗糙，不易協調。

（2）童聲合唱按其音質可分為童高音聲部和童低音聲部。音質明亮、清脆的學生可安排在高音聲部，音質較為厚實的學生可安排在低音聲部。

（3）合唱各聲部的人數一般應大體相等，以求音量的均衡與統一。

童聲合唱團屬同聲合唱，可分成兩三個聲部不等。

混聲合唱一般各個聲部的人數大體相等，主旋律聲部與和聲基礎聲部的人數可稍多一點，以使這兩個聲部稍突出一些。學校童聲合唱隊經過訓練可達到以下音域：

童高音：c^1-g^2

童低音：a-e^2

混聲合唱的音域視具體情況而定。

(三) 聲部位置排列

合唱團的隊形排列應略呈弧形。人數少時，可橫向單行排列；人數多時，可橫向排成兩行、三行、四行等。此時隊形應呈弧狀的梯形。合唱團的演出應有月臺，越是後排所站的位置越高，以避免前後遮擋。橫排隊員之間的

距離以相隔一拳為宜。一般的聲部排列位置是：高聲部在指揮的左邊，低聲部在指揮的右邊。鋼（風）琴或手風琴伴奏者在高聲部前邊。如果採用樂隊伴奏，小型樂隊在低聲部前邊，大樂隊則在合唱隊前方的位置。領唱者應站在高聲部或樂隊前面。

指揮者的位置在合唱團的正前方，與合唱團的距離要根據合唱團橫排的長度而定。總的原則是兩端合唱者基本處於指揮者的視線以內。

(四) 合唱團基本訓練的要求

合唱團發聲和基本技能、技巧的訓練應結合課堂教學多做練習，通過長期訓練才能收到良好的效果。

（1）要有正確的歌唱姿勢，演唱時要注意看指揮。

（2）進行正確的呼吸、發聲、咬字、吐字及有關歌唱技巧的訓練。

（3）具有良好的音準、節奏、聽覺能力及調節歌唱的能力。

（4）要注意音質優美、音色調和、音量平衡、吐字清晰、唱譜準確，演出時背譜演唱。

(五) 合唱曲目的選擇與排練

1. 合唱曲目的選擇

學校合唱團所排練的歌曲，不論在內容上、題材上，還是在表現手段上，都較課堂的歌唱教學更複雜、多樣。選材的難易程度要符合合唱團的實際水準，歌曲的題材、體裁要廣泛，演唱形式要豐富。

2.合唱排練

多聲部的排練，可先把各聲部分開訓練，再合起來進行練習。每一次排練都應制訂排練計畫，使基礎練習、音樂知識講解、作品分析處理、分部練習、合排、合伴奏等步驟有計劃、有比例地進行。

合唱排練的一般步驟為：

（1）組織工作：檢查隊員人數，請他們分聲部入座，等安定情緒、集中注意力後，說明排練活動的程序。

（2）基本練習：進行發聲練習、視唱練耳、合唱預備練習及有關音樂知識的講述。

（3）排練歌曲：放錄音或唱片欣賞歌曲，並對歌曲的內容、主題、風格特點加以分析、說明。教師可範唱主要聲部或在鋼（風）琴上彈奏，使學生獲得初步印象。開始練唱時，先視唱旋律，然後指出難點，進行分聲部練唱。當唱好各自的聲部後，再合起來練習演唱全曲。

（4）歌曲處理：要求學生按照作品所規定的速度、力度要求和表情記號的提示，按照各聲部和諧統一、均衡協調、層次清晰、主次分明的發聲要求，以優美、圓潤的聲音、真摯的情感，完整而富有創造性地表現出歌曲的思想感情。

（5）排練小結：肯定成績，指出不足，提出要求，佈置任務。

3.合唱排練應注意的幾個問題

（1）教師對合唱作品必須深入鑽研，熟記作品。

（2）教師要精神飽滿，用生動形象的語言和指揮動作去感染和啟發學生。

（3）練唱時可多採用輕聲和聲，並注意有張有弛，動靜交替。

（4）加強紀律教育，依靠合唱隊中的積極分子，共同維護排練秩序。

（5）每次排練結束時的小結應多以鼓勵為主。

四、樂隊

(一)樂隊的組織

中小學的課外音樂活動除了合唱團以外，樂隊也是較為普遍的組織形式。組織樂隊要比組織合唱團更為複雜，而且受一定的條件限制。各校應根據各自的不同條件，確定樂隊的類型和規模。

1.樂隊的類型

樂隊的類型一般可包括：節奏樂隊、民族樂隊、西洋管弦樂隊、管樂隊、電聲樂隊及混合樂隊。

（1）節奏樂隊。由能通過敲擊發聲的樂器組成，如三角鐵、鈴鼓、響板、木魚、鈴、鈸、大鼓、小鼓等，也可適當加入一些旋律樂器。

（2）民族樂隊。由民族吹管樂器、拉絃樂器、彈撥樂器、打擊樂器組成。

（3）西洋管弦樂隊。由拉絃樂器、木管樂器、銅管樂器、打擊樂器組成。

（4）管樂隊。由銅管樂器所組成的銅管樂隊。

（5）混合樂隊。由各種中西樂器混合組成。根據中國現階段中學的實際情況，混合樂隊可有以下三種情況：
　　①以民族樂器為主，加進適量的西洋樂器。
　　②以西洋樂器為主，加進適量的民族樂器。
　　③民族樂器與西洋樂器各有一些，但都不齊全。組合辦法是把同組樂器放在一起。個別在音色和奏法上不能直接協調的樂器，可在配器上進行適當的處理（如小號和嗩吶同奏主旋律不夠協調，應妥善安排）。
　　如果將手風琴加入樂隊，則要對其高、中、低三個音區進行區分。手風琴的音域寬廣，表現力豐富，攜帶方便。它在樂隊中可有如下作用：
　　①加強與填充中聲部的和聲，使樂隊音響豐滿、融洽；
　　②加強樂隊的低音聲部或旋律聲部；
　　③填充或替代樂隊的某一聲部，可用手風琴模仿其音色來代替。
　　④風琴與手風琴相似，其運用與手風琴相近。
　　⑤此外，樂隊也可由多件同一種樂器組成。如口琴隊、絃樂隊、手風琴隊、電子琴隊等。

2.樂隊的排列

　　樂隊的排列形式有舞臺演奏與行進演奏兩種。樂隊排列的基本原則是：
　　（1）同類樂器應集中。
　　（2）拉絃樂器是樂隊的主體，應排列在最突出的位置。
　　（3）彈絃樂器音量較弱，也應排在較突出的位置。
　　（4）吹管樂器音量較強，可排在靠後的位置。
　　（5）打擊樂器音量最強，應排在樂隊最後。
　　（6）同組中的高音樂器應排在靠近觀眾的地方，中音樂器在中間，低音樂器在後面。
樂隊演出隊形分為舞臺演出隊形和行進演出隊形兩種。節奏樂隊行進演出隊形是為慶祝節日、歡迎來賓、運動會開幕、閉幕式等組織的。行進樂隊邊走邊演奏，指揮者在最前面，指揮棒上下揮動指揮樂隊。一般吹奏樂器在前，打擊樂器在後。

(二)樂隊的排練

　　樂隊的排練是一項複雜細緻的工作，一般要從兩方面進行。一是個人演奏技能訓練；二是集體排練。在隊員的個人演奏水準達到一定的程度後才可進行合奏或伴奏排練。
　　1.排練前的準備工作
　　（1）確定曲目。可根據樂隊的實際水準，選擇、編配或創作樂曲。
　　（2）熟悉總譜。對樂曲總的音響和各聲部的音響要有準確、深刻的印象。
　　（3）寫好排練方案。包括樂曲排練的具體過程和每一過程中的要求及應注意的問題，其中包括藝術處理的設想。
　　（4）抄寫分譜。由隊長、聲部長安排隊員在課餘抄寫樂譜。教師檢查，並統一弦樂組的弓法、指法。
　　（5）分別練習各自的聲部。

2.正式排練過程

（1）校音。由首席或隊長主持、教師檢查。以定音器（音哨或音叉）或有固定音高的樂器為准。管樂器的定音要注意因氣溫和吹奏方法的不同，音高也會有所改變。

（2）樂曲介紹。欣賞樂曲錄音，教師向學生簡要介紹樂曲的內容、風格、藝術表現特點及演奏應注意的問題等。

（3）分場地進行聲部排練。

（4）合排。用較慢速度合奏全曲，獲得整體印象。再分段排練若干次，最後按規定的速度演奏一兩次。重點解決技術問題。

（5）藝術處理。按樂曲的內容、要求和有關記號的提示，在教師的啟發下，進行富有表情的演奏。

3.排練注意事項

（1）排練之前一定要做好各項準備工作。

（2）樂隊合奏要求整體效果，不能突出個人的音量。

（3）排練時應注意不要只看樂譜，還要看指揮。

（4）絃樂器容易跑弦。排練到一定的時候可停下來調弦，待調准音後再進行排練。

（5）排練時注意矯正隊員用腳打拍子、駝背、面部肌肉緊張等弊病。

（6）吹管樂器耗氣量大，要注意讓演奏者有適當的休息時間。

（7）排練一定要加強紀律性。

五、音樂會

為了激發學生學習音樂的積極性，每學期可舉辦一次音樂會。音樂會的節目可以從學期開始時予以計劃。音樂會的內容可以包括合唱、器樂合奏（也可包括節奏樂隊、其他樂隊）、獨唱、重唱、獨奏、歌舞、曲藝、戲劇、小品等。

(一)節目編排

節目的開始與結束可安排合唱或合奏等大型節目，中間則插入各種獨唱、重唱、獨奏、重奏等。器樂與聲樂節目要穿插進行。音樂會的時間不宜太長，以一個半小時左右為宜。

(二)舞臺佈置

根據音樂會的主題，舞臺後幕可掛上主題晚會的橫幅、會徽；可以在舞臺前面擺上鮮花或其他與音樂會主題相宜的裝飾物。此外，還應注意音響設備的調試、場地燈光效果的檢查等。還要選好舞臺監督，注意舞臺管理。

(三)演出注意事項

（1）連排、彩排。連排是按演出要求將所表演的節目連起來排練。彩排時如真正演出一樣，要化好妝並要穿上演出服。

（2）演出前要認真清查樂器、道具。

（3）注意選擇好主持人。

（4）演出後應進行總結。

六、組織與輔導課外音樂活動應注意的問題

（1）在對待普及與提高的關係時要強調在普及的基礎上提高。

（2）在對待多數學生課外音樂活動與少數音樂特長生的關係時，首先要保證多數學生的需求，只有在保證多數學生需求的基礎上才能保證少數音樂特長生的需求。

（3）在對待課外音樂活動與社團性課外音樂活動的關係時，要強調群眾性課外音樂活動。群眾性課外音樂活動應成為社團性課外音樂活動的基礎，社團性課外音樂活動應該為群眾性課外音樂活動培養骨幹。

（4）在對待經常性與臨時性課外音樂活動的關係時，要重視經常性課外音樂活動。

（5）在大型節日開展具有各節日特色的音樂活動。

第九章　音樂學習成績評定

　　音樂學習成績評定主要是測量個人或者班級、團體經過正式學習或訓練之後對音樂教學目標要求掌握的程度。音樂學習成績評定是針對確知的情境如學校音樂教學，測量其有計劃地進行學習的結果。而音樂能力測量是測量在較少控制或不大確知的情境中，如社會、家庭所學得的結果，也就是個人在生活經驗中積累的結果。

第一節　音樂學習成績考核的範圍與內容

　　音樂學習成績代表著學生音樂學習的成果。利用考核（測驗）測量學生的學習成績，並加以量化描述和分析，為進一步評價教與學提供依據，是音樂教學的必要環節。因此，音樂教學學生成績考核的範圍和內容應與音樂課程標準的要求相結合，以音樂課程標準的要求、音樂課本的具體學習內容為根據，與學生的學習進度相一致。其具體的考核範圍和內容應包括：

一、音樂欣賞

（1）對音樂作品表現內容的情緒感受和理解；
（2）對作品思想性與藝術表演性的分析和鑒賞；
（3）音樂聯想、想像能力；
（4）音樂常識。

二、演唱與演奏

（1）歌唱能力（基本技能和音樂表現力）；
（2）合唱能力；
（3）演奏口琴、豎笛等課堂用樂器的能力；
（4）合奏能力。

三、基礎知識與基礎技能

（1）對聲音的基本要素的感受；
（2）對節拍、節奏、力度、速度的感受和理解；
（3）對音高感、樂句感、調式與調性的感受與理解；
（4）對和聲的感受與理解；
（5）識譜技能。

四、音樂創造性活動與音樂創作能力

（1）對作品的理解與表達能力；
（2）即興演唱演奏活動及音樂探索活動能力；
（3）節奏、樂句、樂段的創作能力；
（4）詞曲與命題創作能力。

第二節　音樂學習成績考核命題設計

音樂教學學生成績考核命題的標準化是保證考核科學化和精確化的必要條件。應做到命題合理，即符合學習內容；難易適度，即符合學生學習的基礎和水準；題量適當，即遵循學生身心特點和學習規律；佈局合理，即內容從易到難，梯度上升；形式多樣，即命題形式靈活多樣，既考出知識水準，也測出實際能力。

一、命題設計參考

(一)斯奈德納斯音樂成就測驗(1968年美國)

測驗內容：

部分號	名稱	測題序號	內容	答題方式	測題呈示
Ⅰ	聽、看	1~53	聽看辨別，和聲選擇	四擇一	錄音、樂譜
Ⅱ	聽	54~91	旋律輪廓；調式主音；主和絃；旋律進行；分句；節拍；大小調	四擇一 二擇一	錄音、文字、符號
Ⅲ	音樂理解	92~126	樂理其他內容	多項選擇	文字、樂譜
Ⅳ	曲調記憶	127~136	著名作品曲調	多項選擇	樂譜

此測驗包括水平和形式相似的A，B兩套內容，每種各分四個部分，各含136道測試題。具體施測方法說明：

Ⅰ.這部分主要有識譜測驗和和聲選擇。學生聽錄音（一遍），同時看放映在螢幕上的微縮膠片樂譜，根據自己聽視辨別，在四個答案（A，B，C，D）中選擇一個正確答案，並將其塗在答卷上。樂譜為五線譜，每段錄音前先給出一個主和絃。如：

第1條：

$\frac{2}{4}$ $\dot{1}$ $\underline{7.\ \underline{6}}$ | 5　4 | 3　2 | (A) 5　$\dot{1}$ ‖
　　　　　　　　　　　　　(B) 5　－
　　　　　　　　　　　　　(C) 5　－
　　　　　　　　　　　　　(D) 5　－

隨測驗的進行難度逐漸加深，如：

第11條：

$\frac{4}{4}$ $\underline{5\ 6}$ | (A) $\dot{1}$ $\underline{\dot{1}\ \dot{1}\ \dot{1}}$ $\underline{3\ \dot{1}}$ | 5 $\underline{5\ 5}$ 5 $\underline{\dot{1}\ 5}$ | 3 $\underline{3\ 3\ 3}$ $\underline{5\ 3}$ | 1 $\underline{1\ 1}$ 1 ‖
　　　　| (B) 5 $\underline{5\ 5\ 5}$ $\underline{\dot{1}\ \dot{2}}$ | 5 $\underline{3\ 3}$ $\underline{3\ 5\ 3}$ |
　　　　| (C) 5　$\underline{5\ 5\ 5}$　$\underline{7\ 4}$ | 2　$\underline{3\ 3}$　$\underline{3\ 5\ 3}$ |
　　　　| (D) 5　$\underline{5\ 5\ 5}$　$\underline{\dot{1}\ 6}$ | 4　$\underline{3\ 3}$　$\underline{3\ 5\ 3}$ |

從第30條開始有了節奏變化，如：

第31條：

$\frac{2}{4}$ $\overset{3}{\overline{\underline{5\ 5\ 5}}}$ | $\underline{3.\ \underline{5}}$ $\underline{4\ 3}$ | (A) 2 $\overset{3}{\overline{\underline{4\ 4\ 4}}}$ | 2 $\overset{3}{\overline{\underline{4\ 4}}}$ $\underline{3\ 2}$ | 1 ‖
　　　　　　　　　　　　| (B) 2 $\underline{4.\ \underline{4}}$ | $\underline{2.\ \underline{4}}$ $\underline{3\ 2}$ |
　　　　　　　　　　　　| (C) 2 $\underline{4\ 4}$ | $2.\ \underline{4}$ $\underline{3\ 2}$ |
　　　　　　　　　　　　| (D) 2 $\overset{3}{\overline{\underline{4\ 4\ 4}}}$ | $2.\ \underline{4}$ $\underline{3\ 2}$ |

第51條（和聲選擇）：無音樂錄音，只根據功能標記選擇回答。

$\frac{6}{8}$ $\underline{6\ 6}$ 6　$\underline{6\ 6}$ $\dot{1}$ | $\underline{7\ 7}$ 7　$\underline{7\ 7}$ $\dot{2}$ | $\dot{1}$　$\underline{6\ 3}$　$\dot{1}$ | $\underline{7\ 7}$ 7　3.

(A) I　　　　　　　VI　　　　　　　I　　　　　　　VI
(B) I　　　　　　　V$_7$　　　　　　II　　　　　　　I
(C) I　　　　　　　VI　　　　　　　V$_7$　　　　　　I
(D) I　　　　　　　V$_7$　　　　　　I　　　　　　　V$_7$

　　II．這部分包括七種因素的測試。有旋律輪廓、調式主音、主和弦、旋律進行、分句、節拍、大小調。

　　具體施測方法：

　　對旋律輪廓的認識：學生聽兩遍錄音並選擇正確的旋律輪廓線條A，B，C或D。

如：

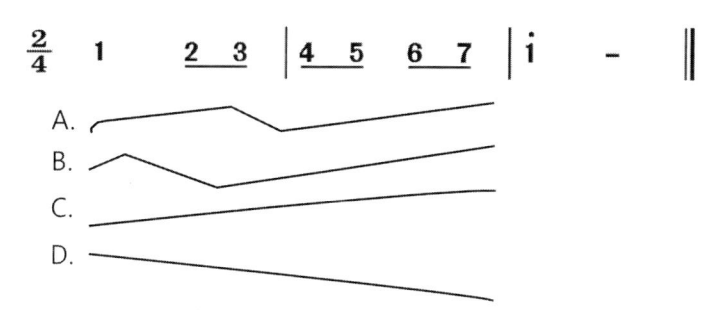

$$\frac{2}{4} \quad 1 \quad \underline{2\ 3} \mid \underline{4\ 5} \ \underline{6\ 7} \mid \dot{1} \quad - \quad \|$$

A.
B.
C.
D.

對主音和主和絃的認識：提問學生聽到了幾次主音和主和絃。每題播放錄音兩遍，螢幕出現選擇答案。

對旋律進行方式的認識：問題是"以下旋律大致怎樣進行？"每題播放錄音一遍。螢幕出現的選項均為：級進、跳進、同音重複、前三種都有。

對分句關係的認識：問題是"以下旋律中哪些句子相似或幾乎相似？"每題播放錄音一遍，在螢幕上呈現選擇答案。

對節拍感的認識：先對節拍概念加以解釋，然後提問："你感覺以下旋律是二拍子還是三拍子？"螢幕不出示樂譜。每題播放錄音一遍。

大小調辨別：每題播放錄音一遍，無樂譜呈現，學生用字母 a 表示大調，b 表示小調。

Ⅲ.這部分均無音樂錄音，共 35 題。內容有譜號、延音線、簡單體裁、速度術語、拍號、調號及調、主題、分解和絃、移調等。答題形式為多項選擇。

Ⅳ.這部分內容是關於音樂名曲識別的測試，共有 10 題，無音樂錄音，錄音每隔 45 秒念一次題號，螢幕呈現樂譜及多項選擇答案。斯奈德·納斯編制的這個測驗，其對象主要是主修學前教育專業及學校教育專業的大學生，其目的是對這些學生音樂教育背景進行測定，為選修音樂課做參考。因為這些學生實際上剛剛高中畢業，因此，該測驗也可用於中學或小學。此測驗屬於音樂學習成績考核的標準化測驗。

(二)彼切音樂測驗(1920 美國)

該測驗屬於音樂學習成績的標準化測驗，由堪薩斯大學音樂系主任彼切和該校教育測定部長肖拉梅爾制定。其內容如下：

第一部分 音樂記號的知識。測驗對有關樂譜的各種音符、記號、調號、主音位置等內容的理解能力。如，在樂譜下方的橫線上寫出各大調的調名。

第二部分 聽鋼琴演奏樂曲，測驗對節拍的判斷能力。將括弧、小節線記入樂譜；聽演奏樂曲，填寫小節線。如：聽樂曲，寫出是二拍子、三拍子，還是四拍子。

第三部分 辨別曲調行進方向和其相似性。測驗對曲調發展的類型的識別；判斷相似或相同的曲調。如：聽曲調指出其是向高方向發展，還是向低方向發展。

第四部分 辨別音高的比較能力；回答聽到的音的唱名。如先後彈奏四個音，按照它的順序用連線表示出來，再將其唱名的編號寫在□中(開始時唱一下 do 音)。

1	2	3	4	5	6	7	8
do	re	mi	fa	sol	la	si	do
		□		□	□		

　　第五部分　拍子辨認。測驗對拍子中所包含的音符、休止符的時值（長度）的判別。如下面的樂譜每小節有編號，找出哪些小節的拍是錯的，在□中劃上"√"。

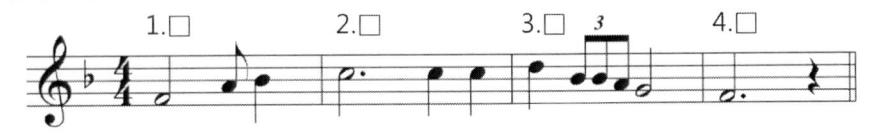

　　第六部分　音樂術語和記號。測驗對音樂術語和記號的認知、理解能力。如將下面正確答案的編號填寫在□中。

　　①光輝地　　　②斷音　　　③重音　　　④漸強　　　　□

　　第七部分　記譜法的認知。測驗對演奏的曲調所寫樂譜的異同的辨別。如指出所列曲調是哪首歌曲的第一句。

　　第八部分　唱名和音名。測驗對樂譜、音的唱名與音名及其關係的認知和理解能力。如將下列各音的唱名寫在橫線上。

　　第九部分　聽記音高。在樂譜上用音符記下聽到的音。

　　第十部分　作曲家和演奏家。測驗對作曲家 演奏家的知識的瞭解。如選出 A 項中的人名，將其編號編入 B 項與之相關的□中。

A　　　　　　　　B
①巴哈　　　　　　德國男高音歌手□
②貝多芬　　　　　《彌賽亞》的作者
③蕭邦　　　　　　□ "歌劇的改革

　　以上十個部分的測驗都有評分標準，先計算出每題得分，再將總得分按百分比計算出測量的評價等級。

(三)音樂學習綜合水準測驗

　　曹理先生為瞭解中學生入學時的音樂學習能力狀況，設計了一套音樂學習綜合水準測驗試題，內容分兩大類，一類為問卷式，一類為測驗式，並對結果做了統計分析。測驗試題共十個部分，所用時間為 45 分鐘，用錄音帶統一控制時間。

　　第一部分　比較音的高低。共 10 道題，每題只聽一遍，音響由鋼琴彈奏。具體操作是，聽有兩個、三個、四個音組成的旋律音程，包括純一度、純四度、小六度、小二度音程，以及上行或下行級進的增二度音程，要求學生指出其音高的變化。回答為：一樣高、由高到低或由低到高、先高後低或先低後高、越來越高或越來越低。

　　第二部分　比較音的強弱。共 10 道題，每題只聽一遍，音響由鋼琴彈奏。具體操作是，聽兩個、三個或四個力度相同、高度相同但長短不同的音，其中包括常見的節奏，如兩個八分音符、三個八分音符或四分音符、四個十六分音符、附點四分音符與八分音符、附點八分音符與十六分音符、八分音符與附點四分音符、八分音符與四分音符構成的切分節奏等。指出是同樣長短、先長後短還是先短後長等。

第三部分聽辨節奏。共 10 道題，每題聽一遍，音響由鋼琴彈奏。聽由兩個至七個高度、力度相同的音組成的節奏型，比較先後兩個節奏型是否相同。

第四部分聽辨旋律。共 10 道題，每題聽一遍，音響由鋼琴彈奏。聽由兩個至七個音組成的旋律音程和旋律，指出先後兩條旋律是否相同。

第五部分聽辨和絃。共 10 道題，每題聽一遍，音響由鋼琴彈奏。聽一組和聲音程及和絃，指出它們的協和程度。

第六部分辨別樂器音色。共 10 道題，每題聽一遍，音響由各種樂器演奏的錄音片段呈現。聽用口琴、小提琴、電子琴、鋼琴、二胡、笛子、琵琶等演奏的樂曲片斷，指出是什麼樂器的音色。

第七部分 判斷樂曲表現的音樂形象。共 5 道題，每題聽一遍。音響選用學生不熟悉樂曲錄音。聽描繪性樂曲片斷，指出該樂曲所描述的音樂形象是什麼，如大海、小鳥、戰爭等。

第八部分 判斷樂曲表達的情感。共 5 道題，每題聽一遍。音響選用學生不熟悉的，感情色彩較明顯的樂曲片斷錄音。指出該樂曲表達的情感是什麼，如悲哀、歡樂、安靜、沉思、莊嚴等。

第九部分聽辨旋律終止感。共 4 道題，每題聽一遍，音響由鋼琴演奏。聽一句或一段旋律，指出該句（曲）是否結束。內容有自然大、小調和中國民族五聲調式組成的旋律。

以上所介紹的有關命題設計，主要是採用筆記和實際音響測驗法，並可以直接通過評分標準獲得分數。但對於音樂表演技能（演唱、演奏）的測量，是不能用問卷法和測驗法得到結果的。一般都是依賴於主試（教師）的主觀印象和現場表演來測定。為了避免主觀因素的干擾，力求測量結果客觀公正，也應努力使測量標準化。

二、歌唱和器樂表演技能的測量與評定

歌唱和器樂表演技能的測量是中學音樂教學評價的一個重要內容，這類測量一般是伴隨著學生的演唱演奏過程進行的，具有很強的時間性要求，並且測量在很大程度上是依據教師的平時印象來進行的主觀判定。為了能使測量結果盡可能符合學生的實際水準，下面的評定表可供參考。

演唱(奏)技能測量評定表

序號	測量內容	測量要點	權重	評定等級			
1	情緒體驗	表情	10%	A：9.5	B：8	C：6.5	D：5
		速度	10%	A：9.5	B：8	C：6.5	D：5
		力度	10%	A：9.5	B：8	C：6.5	D：5

（續表）

序號	測量內容	測量要點	權重	評定等級			
2	演唱(奏)技能	音　准	10%	A：9.5	B：8	C：6.5	D：5
		節　奏	10%	A：9.5	B：8	C：6.5	D：5
		姿　勢	5%	A：4.75	B：4	C：3.25	D：2.5
		音質(發聲•音色•咬字•吐字)	15%	A：14.25	B：12	C：9.75	D：7.5
3	音樂表現	完　整	10%	A：9.5	B：8	C：6.5	D：5
		流　暢	10%	A：9.5	B：8	C：6.5	D：5
		風　格	10%	A：9.5	B：8	C：6.5	D：5

計算方法：具體評定時，教師可在評定等級（A，B，C或D）中挑一項畫"A"。然後將各項賦值相加，得出總分。
　　（注意：字母旁邊的數位元元為等級賦值）各
級指標：A：95分，優秀。各項指標完成很好，達到要求。
　　　　B：80分，優良。各項指標完成較好，略有不足。
　　　　C：65分，及格。各項指標基本完成，明顯有不足。
　　　　D：50分，不及格。各項指標不能完成。

　　在我們目前的普通音樂教學的評定中，多採取總結性評定（學後評定），只是在期中、期末，或學年末進行考試（核），對某一段的教學進行總結和評定。但是，這種單純性的總結評定不能及時地得到學生學習、教師教學效果的回饋。因此，要及時地明確學生已達到的程度，並發現問題，應該輔之以形成性評定（學生評定），即在教學過程中進行的評定，以檢查和測驗的形式及時修正和調整教學和學習活動。形成性評定的目的不僅僅是達到教學目標，給其一個相應的成績，而是為了更好地控制教學進程，保證全體學生達到教學目標。一般來說，與總結性測量相比，形成性測量是在教學過程中進行的，時間不宜太長，一般為幾分鐘或十幾分鐘，內容或針對某一具體問題，或針對某一方面的幾個問題。教師根據結果，及時調整教學方法及內容。

　　無論是總結性評定還是形成性評定，都是在教學開始之後，為測定學習結果而進行的。但是，值得一提的是，教學效果的好壞，還取決於學生個人的認知傾向，即解決各個學習問題所需要的個人的特殊能力。如音樂興趣、經驗背景、已有音樂知識與技能以及個人的認識特點；取決於對學習內容的理解力，即理解所學內容的性質、方法、步驟等所需要的一般能力；取決於學習的持久力，即意志方面的能力。因此，在教學之前，對學生個體的這些能力的瞭解是十分必要的，那麼，診斷性評定（學前評定）則顯得重要了。所謂診斷性評定，一般是指在音樂學習開始之前的測驗，如在一個新的單元學習開始之前（樂理、創作等）所做的有關測驗。據此，可以掌握學生對於即將學習的內容所具有的準備狀態。

第十章　音樂教師和音樂教學評價

第一節　合格音樂教師的基本條件

　　高師音樂教育專業的培養目標是為普通各級各類學校（包括中師、幼師、藝師、職業中學教師、普通中小學教師）培養合格的音樂師資。

　　教師是履行教育教學職責的專業人員，承擔教書育人、培養祖國現代化事業建設者和接班人、提高民族素質的使命。

　　教師職業是一種特定的社會職業，它要求教師教書育人，為人師表。因此，教育工作者的素質，如身體素質、專業能力、知識結構、社會政治信念、思維水準、心理品質、個性特點等內化的精神狀態，以及行為，如決策、管理和教學，甚至於教師的儀、氣質、風度、教態等外在的狀態對教育教學品質的提高均具有決定性的作用。

　　中國的音樂教育工作者，雖然絕大部分積極努力，具有不同程度的獻身精神，但由於種種原因，不少人在音樂素質方面還存在這樣那樣的不足，行為方面較多地限於經驗型並存在一定程度的盲目性，這也跟高師音樂教育專業培養目標有直接的關係，都亟須提高。音樂素質的提高和行為優化，有許多途徑和方法。實踐鍛煉和經驗總結無疑是重要的，但僅限於此是遠遠不夠的。因為這種途徑和方法本身的局限性，使其獲得成果迂回曲折，十分緩慢，而且往往跳不出傳統框架。因此，需要科學、需要理論，也需要借鑒。

　　本節從音樂教師的知識結構、能力結構、性格、儀表與風度等幾方面談談合格音樂教師的基本條件。

一、具備良好的教師職業道德，熱愛音樂教育事業

　　所謂職業道德，是指人們在職業活動中處理一切事務的道德準則和規範的總和。音樂教師必須具備良好的職業道德，這是為人師表的基本條件，也是鼓勵學生不斷進取的巨大影響力量。

　　教師的職業道德包括：（1）熱愛祖國，忠誠於人民的教育事業；（2）教書育人，熱愛學生，為人師表；（3）關心和致力於形成良好的教師集體；（4）崇高的職業感，強烈的責任心；（5）嚴格要求自己，不斷學習，不斷進步；（6）有理想、有目標、有追求。每一位教師都應做到以上幾點，這是優秀職業品質的基本組成部分。

　　偉大的捷克教育家誇美紐斯曾說過："教師應該是道德卓異的人物。"我們提倡師德，注重道德建設，是因為師德是教育過程的行為準則，是教師言傳身教的尺規，是調節各種社會關係和教育關係的需要。優秀的師德是中華民族的傳統，它對學生的學習、成長以及樹立良好的社會風

氣都起到非常重要的作用，也是社會主義精神文明建設的重要組成部分。

　　熱愛自己從事的音樂教育事業，這是一個音樂教師應具備的基本條件之一。音樂教師從事的是一項複雜而艱巨的創造性勞動，需要各方面的深厚修養和無私奉獻精神。音樂教師只有熱愛自己所從事的學科，才有動力去努力研究它，也才可能用自己對音樂的愛去引導和啟迪學生對知識的追求，用真切而飽滿的情感去陶冶學生的情操，使學生在音樂的學習過程中感受到音樂的美妙，進而起到潛移默化的教育作用。教師要熱愛學生，熱愛是最好的老師。熱愛學生，才可能在音樂教學活動中給學生帶來歡樂和有益的啟迪。教師應將滿腔熱愛投入音樂學習與活動中去，瞭解並牢記每個學生的愛好和特長，經常與學生一起參加課內外的各種文藝活動；看到學生的點滴進步，激勵學生對音樂學習的積極性，使他們自覺地、愉快地步入音樂殿堂。

二、音樂教師的知識結構

　　隨著中國改革開放的不斷深入和經濟建設的深入發展，音樂教育事業日益受到人們的重視，相應的對音樂教師的要求也越來越高。中國的音樂教育水準不論是理論研究方面還是實際操作方面，都與發達中國存在一定差距。我們音樂教師的理論知識還需要加深，知識結構還應更為合理。

　　一名合格的音樂教師應具有人文科學知識（如政治、經濟、歷史、地理、文學、美學、哲學知識等），在音樂學科範圍內，還應掌握足夠的音樂基礎理論、基本知識和教育教學技術方面的基礎理論和基本知識。

(一)音樂知識

　　音樂知識包括音樂方面的某些常識和概念，也包括音樂的基礎理論和表演方面的技法以及技巧運用等方面的知識。

　　（1）基本概念：音樂構成的一些基本要素。如旋律、節奏、和聲、音色、音程、和絃、調式、調性、速度、力度、表情術語、節奏、拍子、音樂符號等。

　　（2）基礎理論：音樂基礎理論除了基本樂理中所涉及的，還包括一些簡單的曲式、複調、配器以及音樂學（音樂史、音樂美學、民族音樂學、藝術概論）等方面的知識。

　　（3）技法知識：音樂中的技法主要是指作曲技術中的方法（即旋律的發展、和聲的配置、樂隊的編配與樂器的使用）和表演藝術（演唱、演奏、指揮）中的形式選擇與組織訓練。

　　（4）技巧運用的知識：音樂中的技巧運用是指作曲技術中的方法運用和表演技術中的方法運用。如作品中的高潮點的設計與處理，樂段與樂段發展和對比手法的處理，演奏與演唱中用什麼樣的方法去表現、去昇華等。

(二)教育教學技術知識

　　一個音樂教師，不僅要能彈會唱、能編會創，還要研究怎樣教，學生怎樣學，根據不同對象的不同培養規格，以音樂教育技術理論知識為指導，提高音樂教育品質。

　　教育教學技術知識一般從普通教育學和普通心理學、音樂教育學和音樂心理學中來攝取。

普通教育學、音樂教育學（包括音樂教學法）知識：普通教育學是教育科學中重要的基礎學科之一，它借助哲學、政治學、經濟學、社會學、心理學、病理學、衛生學等方面的知識對普通學校（包括中師、幼師、藝師、中小學）的教育進行綜合性研究，以利於提示教育規律，論證教育實踐。音樂教育學（包括音樂教學法）是研究音樂教育的地位、性質、內容、作用、原則和方法，揭示音樂教育規律、音樂教育的原理，提高音樂教育品質的學科。

普通心理學、音樂心理學知識：心理學是研究受教育者在教育影響下形成道德品質，掌握知識和技能，發展整個智慧和個性的心理規律，研究教育者同受教育者的心理發展的相互關係，以提高教學效率的學科。諸如動機、注意、記憶、思維與想像、情緒與情感、性格與氣質等。音樂心理學是研究受教育者的音樂心理現象，瞭解和掌握音樂學習心理，調動學生學習的積極性的學科。

(三)豐富的多方面科學文化知識

音樂教師如果具有較為豐富的科學文化知識，能使教學如虎添翼，自如地應對教學中出現的各種情況。在學生的眼裡，教師應該是無事不曉的。知識淵博的老師總是很受學生喜歡。因此，音樂教師應具備較全面的知識。

首先，音樂教師應對姐妹藝術的一般知識及其藝術表現特點有所瞭解。音樂與文學、美術、舞蹈、書法、戲劇、曲藝、電影等雖屬不同的藝術門類，各有不同的藝術表現形式，但它們都有共通的藝術規律。音樂教師在研習音樂專業知識和能力的同時，應安排一定時間誦讀詩文習畫練字、習舞演戲等，加深對姐妹藝術的瞭解。這樣既可以提高自己的藝術修養，也可在音樂教學中觸類旁通，激發教學靈感，使音樂教學更為生動、活潑。

其次，音樂教師應具備較為廣泛的科普知識。中學音樂教師除了擔任音樂教學工作以外，還有可能擔任班主任或其他教育工作。中學生興趣廣泛，求知欲強，常常在音樂教學中涉及音樂專業知識以外的知識，如歷史、地理、哲學、數理化、生物、體育、政治等。在教育過程中所需要涉及的知識面也很廣闊。因此，音樂教師應具備較為廣泛、豐富的科學文化知識。

三、音樂教師的能力結構

從教育技術學和教學論的角度看，音樂教師的教育能力（主要指教學能力）包括：表達能力、發現問題和解決問題的能力、書寫能力、組織能力、編創能力、彈唱能力、教具操作能力、音樂教育研究的能力等幾方面。

(一)表達能力

表達能力一般是指對於思想和情感的敘述程式，並有強弱之分。對教學而言，是指教師對知識和技能傳授過程中的語言媒介。表達能力具體分為文字表達能力和口頭表達能力兩種形式。

（1）文字表達能力。主要指教師在教學過程中寫的教案、講稿、教學報告書、科研報告、學期教學和年度教學總結，甚至包括對學生作業的評語等。

（2）口頭表達能力。主要指教師在課堂教學活動中對知識、問題、思想、情感的即興表述和講解。

作為一名教師，表達是職業的基本特徵之一。無論是文字表達還是口頭表達，對順利完成教學任務都起著重要的作用。特別是音樂教師在其教學中，常常容易出現重技術、輕理論、重表演、輕表述，能唱不會講、能編不會寫的狀況。

音樂教師的口頭語言要求使用普通話，表達時用詞要正確，語法要準確，語言要準確、嚴謹、鮮明、生動、文雅。要多講文明、禮貌語言，要和氣、謙讓，交談中不搶別人的話頭，要誠實真摯、懇切樸實、言之有理、言之有情、以理服人、以情感人。不說粗話、髒話、野話，不強詞奪理，不惡語傷人，更不能用諷刺、奚落、挖苦性的語言。切忌華而不實的大話、言不及義的廢話、違背事實的假話。

(二)發現問題和解決問題的能力

（1）發現問題的能力。主要指教師在教學過程中，培養學生的思考能力，或者有意讓學生填補"空白點"，猶如醫生一樣，根據不同病人的病情反應，及時而準確地"診斷"出癥結所在和病因歸屬。

（2）解決問題的能力。主要指教師針對教學中發現的問題，能排除非主要因素的干擾，抓住主要問題的關鍵所在"，對症下藥"，從而達到"藥到病除"的效果。

在教學中，不論教學結構多麼複雜，教學任務多麼繁重，教師都要能根據學生的表情、回答問題的思路、語言的組織和反應的敏捷程度，及時地發現教學中的問題，並迅速地做出判斷，分析出問題出自何處（如學生方面思路錯誤，或教師表述、操作上有失誤，或師生配合不夠默契等），從而及時調整和重組教學結構、教學形式與方法，順利地排除教學過程中的重重障礙，克服困難，最後解決問題，完成任務。因此，發現問題的能力是教師能力結構中最為重要的一個方面，教師應當給予足夠的重視。

(三)書寫能力

書寫能力即"三筆字"（鋼筆字、毛筆字、粉筆字），通常情況下指教師字跡的書寫美觀程度。教師的書寫能力還包括授課中的黑板板面設計能力。

（1）書寫能力。俗話說："字是人的臉面。"作為一名教師，如果他的專業能力和基礎理論紮紮實實，且教師基本功又很過硬，課堂教學一定倍受歡迎。反之，即使是有廣博的文化科學知識，又懂得教育規律，但書寫能力太差，必將影響教學效果。可以說，教師的書寫水準不僅影響教學效果，還關係到教師在學生心目中的地位，甚至涉及教學任務能否順利完成。因此，"三筆字"被作為教師的基本功訓練內容，是尤其必要的。

（2）版面設計能力。在課堂教學中，科學而合理、省時又省力地利用黑板，並能充分發揮其直觀教具的作用，將起到"畫龍點睛"的作用。

音樂教師在授課中，黑板上既要寫字，又要抄寫譜例，有時還需要掛圖，遇到概念和名詞解釋時，更需要演示、講解等，如果課前不進行版面設計，課堂版面雜亂無章，將嚴重影響學生視覺上的條理性和清晰度，進而響教學效果。

因此，一塊黑板如何為其教學服務，達到省時、省力、合理、清晰度好、直觀性強、條理性佳的目的，就需要教師在課前的案頭工作中，努力尋求和設計好版面的分配使用，讓黑板充分發揮作用，以利於音樂教學獲得好的藝術效果。總之，版面設計不僅可以說明學生從視覺上理解音樂教學內容，也是提高音樂教學品質的一個重要條件。

(四) 組織能力

音樂教學的組織能力是指教師各方面能力在教學過程中的綜合運用和發揮的程度。

（1）課堂教學的組織能力。主要指教師在一堂課 45 分鐘的教學中，如何巧妙地把教學內容與學生的注意力有機地協調起來，完成教學任務。這就要求教師在課堂上要善於觀察，及時抓住問題，找准興趣點，有針對性地施教。教師還要善於啟發學生思考問題，解決難題。教學中教師要善於利用幽默的語言，集中學生的注意力。

課堂教學的組織是一門藝術，它不僅是依靠語言、思維和教學方法，還有一方面就是教師的教學技藝要過硬，以技、以藝吸引學生，教與學相互配合，達到教學目的。

（2）課外音樂活動的組織能力。教師在有限的又不大受時間約束的課外音樂活動中，既要讓有一定音樂才能的學生接受不同形式和內容的音樂學習，又要使教育面向全體學生，使他們普遍地、不同程度地受到美的教育、藝術的薰陶。因此，音樂教師要善於觀察，及時發現有特殊音樂才能的學生，並能根據因材施教的教學原則，給予個別輔導，為其今後向藝術更高層次發展打下堅實的基礎。

課外音樂活動包括各類音樂興趣小組、音樂講座、組織合唱團、樂隊、舉辦音樂會等內容。這就要求音樂教師是通才，多能一專，具有多方面的才能。集吹、拉、彈、唱、創、編、跳、指揮、組織等綜合能力於一身，適應普通學校藝術教育活動開展的實際需要。

(五) 編創能力

編創能力是指音樂教師根據教學的實際需要，自己獨立改編或創作一些歌曲、樂曲、舞蹈為教學所用的能力。在普通中小學（包括中師、幼師、職高）的音樂教育中，從教材建設和課外音樂活動實際情況看，許多內容不切合實際，有不夠完善的地方，需要教師根據實際情況加以改編或創作。

因此，音樂教師不僅要有良好的知識結構作為基礎，還要在學習中有目的地將學校所學知識轉化為技能，在教學工作中，運用所學的知識，編創適合自己教學需要的作品，豐富教學內容，提高教學品質。

(六) 自彈自唱能力和即興配奏能力

在普通學校的實際音樂教學中，往往需要自彈與自唱同時進行。在課堂教學中，不能找另外一人或學生彈伴奏。音樂教師不論在何種場合、任何時間都要能夠自彈自唱。

即興配（創作）與奏（彈奏）兩個同步的部分是即興配奏的內容。演奏時將所設計的和聲、織體在頭腦中進行即興分析、比較、抽象、概括，在瞬間彈奏出來。音樂教師在實際教學中往往需要為演唱、演奏，以及視唱教學等內容做即興配奏。

(七) 教具操作能力

教具操作能力，是指音樂教師面對現代化的教學儀器，如錄音機、錄放影機、電唱機、投影儀、電子琴、電子合成器、CD 機、電腦音樂等要會操作會使用，對一些樂器能進行簡單維修、保養，對課堂上臨時出現的故障能及時排除等。

(八)具備一定的教學科研能力

教學與教學科研是相輔相成的，教學科研的成果來自豐富的教學實踐活動，教學科研是揭示教學規律的創造性活動，能促進教學工作向更高層次發展。音樂教師有豐富的教學實踐經驗，如能在教學中悉心探索教學規律，並加以理性的歸納和總結，堅持數年定能成為一名既有教學實踐經驗，又有相當理論水準的優秀音樂教師。

音樂教師應不斷總結、歸納自己的教學實踐經驗，經常與同行交流經驗，充分運用和學習現代教學理論、現代教育科學研究的方法和音樂教育的理論與技術。進行音樂教育實踐的研究應是當代音樂教師所具備的一項重要的能力。

(九)多種樂器演奏能力

普通學校的音樂教師在課堂教學中除要彈奏鋼琴、手風琴、電子琴、腳踏風琴等鍵盤樂器外，還要進行課堂器樂教學，課外音樂活動的器樂興趣小組和樂隊組織都有樂器方面的輔導。因此，音樂教師除了掌握必需的鍵盤樂器彈奏外，還應至少掌握 2~3 件其他樂器。

(十)靈活運用教學方法的能力

教學方法是完成教學任務所使用的工作方法，它包括教師教的方法和學生學的方法。音樂教學方法的根本目的，是提高音樂教學效率和音樂教學品質。教學方法多種多樣，即使使用同一種方法，針對不同物件也需要進行相應改進。

教學方法雖說是由許多具體的教學方式和手段構成的，但又不是多種手段和方式的簡單疊加。音樂教師在選擇和運用音樂教學方法時應當根據學生的不同情況靈活運用，不能只靠經驗做出判斷。只有各種方式和手段恰當地配合才能收到良好的教學效果。

四、音樂教師的性格

性格是人的個性心理特徵之一，表現為一個人較穩定地對待現實的態度和習慣化的行為方式。性格是在一個人生理素質的基礎上和社會實踐活動中逐步形成的，它往往與一個人的習慣、氣質和風格緊密地聯繫在一起。由於每個人的生理、心理結構及生活經歷不同，性格也不一樣。性格特徵一般分為理智型、情緒型、意志型三種類型。

音樂教師應具有熱情、開朗、活潑、樂觀、有朝氣、有主見，動作大方自然、說話風趣幽默，不隨便發火等學生喜歡的性格。

教師的性格，基本決定了教師本人的教學風格，教學風格又直接影響著學生學習的興趣和教育效益。所以優良的性格是每一位母音樂教師都應具備的品質之一。

五、音樂教師的儀表 風度

在學校裡，教師始終是學生的榜樣，音樂教師尤其如此。教師在其教育活動中，不僅要調節好各種人際關係，而且還要有健康規範的語言（語言在前面已有介紹），端莊文雅的儀表風度。

語言是思想的反映，儀表是心靈的表露，風度是精神、氣質的外化。教師的言談舉止、步履神態、手勢動作、面部表情、衣著儀容、待人接物等表現出來的外在行為方式就是教師的語言、風度和儀表。教師是以言傳身教來影響教育學生的，教師的語言、儀表和風度是學生的直接榜樣，是一種強有力的教育因素。教師的個體形象，幾乎能在學生的心靈中儲存終生，以至內化為個性特徵。

身心正處於成長和發展期的青少年模仿性強、可塑性大。教師是接觸學生最多的人，對學生的影響也最大，在學生心目中，最值得尊敬的莫過於教師。教師有某些下意識的動作，穿著打扮有時自己不在意，學生也會盲目模仿，會自覺不自覺地評價。因此教師的語言、儀表和風度，不單單是個人的愛好、興趣和習慣，而是要受到教師這一特殊職業的嚴格制約。

儀表即人的容貌、姿態，風度即人的言談舉止、態度。教師的儀表風度是通過教育實踐逐步形成的在舉止、裝束、態度、氣質、行為、風格等方面比較穩定的外部特徵。

音樂教師的儀表風度應注意以下幾點：

（1）衣著樸實合體、整齊整潔。教師不能穿著過分新奇豔麗的服裝上課，因為這容易引起學生的評頭品足，分散學生的注意力。

（2）舉止穩重端莊。音樂教師在與學生交往中，要舉止得體，莊重瀟灑，不卑不亢，落落大方。注意舉止大方而不過分嚴肅，活潑而不失穩重，對學生親切而不放縱。要養成良好的教容教態。

一名合格的音樂教師條件是多方面的，隨著音樂教學改革的不斷深化，國外音樂教育思想的不斷滲透，對音樂教師的要求還將不斷提高和完善。

培養合格音樂教師的高師音樂教育專業，在思想品德教育、專業思想教育、課程設置、教學方法、社會實踐等方面要適應中等學校的音樂教學改革實際的情況，努力培養能充當合格音樂教師的大學畢業生。

第二節　音樂教學評價

教學評價是現代教學不可缺少的組成部分。教學評價的目的是：通過對教學過程中各個因素的測定、分析和評價，達到優化音樂教學的方法和手段，全面提高教學品質的目的。

一、教學評價的意義和作用

教學評價不是簡單地評價教師的優劣，而是通過評估發現教師教學中值得肯定的做法及教學中所產生的問題，保持其合理部分，摒棄其不合理部分。教學評價的意義主要體現在以下三個方面。

（1）教學評價能使教師自覺提高自己的政治思想品質及教學業務素質。由於教學評價標准中體現了教育方針和中學音樂教學目標，這就為中學音樂教師的自我完善提供了明確的方向和客觀標準。教師努力達到評價標準的過程，也是提高教育思想、提高教學水準的過程。

（2）教學評價能起到分析診斷與改進教學的作用。教學評價是對教師教學、學生學習效果的檢驗。全面、具體的評價標準從教育、教學的不同側面，將教師的教學和學生的學習情況，通過定量分析和定性分析相結合的方法進行分析、診斷，從中發現教學目標、教學內容、教學結構、教學手段、教學效果、教學特長等方面所存在的問題。科學評價、分析、診斷的結果，為改進教學提供了直接的依據和目標。

（3）教學評估有助於總結經驗，尋找教學規律。教學評價不是目的，而是推動教學改革、提高教學品質的必要手段。通過教學評價，可以促使教師發現並總結教學中的成功經驗，總結、研究教學的普遍規律。

二、音樂課堂教學評價的原則

教學評價的原則體現了教學評價的基本要求，是指導教學評價工作的一般原理。中學音樂課堂教學評價的原則有：

(一)導向性原則

音樂課堂教學評價應以音樂課堂教學實踐指導為目的，教學評價的內容要體現一定的導向性。導向性原則主要表現為：評價內容要全面，即要反映政治思想、道德品質教育及審美能力、審美觀念培養等方面的評估內容。此外，音樂課堂評價標準還要盡可能體現音樂教學的改革方向。

(二)整體性原則

音樂課堂教學是一個由多因素、多層次、多變數構成的有機整體。在現代音樂課堂教學中，音樂知識傳授、音樂技能訓練、歌唱、欣賞、音樂創作、器樂演奏之間，課堂教學的組織、教具的合理運用、教法與學法的協同之間，審美教育、思想道德情操培養及發展智力之間，都有著千絲萬縷的聯繫，各因素間存在著互相滲透、互相制約的關係。因此，音樂課堂教學評價必須從整體入手，才能獲得比較全面而客觀的評估結果。

(三)可行性原則

評價指標體系及評價方法既要力求科學化，又要注意可操作性，力求簡易可行，不能搞得過於煩瑣龐雜而不易操作。各項評價指標既要具有方向性和引導作用，也要從國情和當地的實際情況出發，實事求是地提出要求，讓教師們感到各項評價指標只要通過努力是可以達到的。

三、音樂課堂教學的評價指標與評價方法

音樂課堂教學評價應將定量分析和定性分析相結合，並以定量分析為主進行評估。由於音樂課堂教學是多種因素的綜合教學，因此，應首先建立一個具有系統性的科學評估指標；其次，評估方法要具有可操作性，以實現教學評價的客觀、有效性。

(一)音樂課堂教學評價指標要素說明(參見音樂課堂教學評價表)
　1.教學目標
　　(1)全面性：教學目標符合音樂課程標準和教材內容的要求，能全面體現知識、技能、情感三個領域的教學任務。
　　(2)可行性：教學目標是絕大多數學生經努力後所能達到的。
　　(3)貫穿性：教學目標在各個教學環節中均有所體現。
　2.教學內容
　　(1)容量：能正確判斷學生的接受能力，課前所定的教學量與實際完成量基本相符。
　　(2)詳略：能根據學生音樂學習的實際情況對教學內容做出合理取捨，做到容易掌握的內容略講，難以掌握的內容詳講。
　　(3)重點、難點：能突出重點，做到以重點帶一般；能準確估計難點，並有解決難點的具體方法。
　3.教學結構
　　(1)邏輯性：各教學環節間能做到承上啟下、過渡自然、環環相扣、層層遞進，具有較強的內在聯繫。
　　(2)節奏性：各項教學內容的安排能做到有張有弛、動靜結合、疏密相同、有鋪墊、有高潮。
　　(3)組織性：能根據不同教學內容的需要（如唱歌、欣賞、樂理、視唱、樂器教學等）合理組織、調整教學程式、設計課型。
　4.教學方法
　　(1)啟發性：能貫徹"學生為主體、教師為主導"的教學思想，善於設疑、提問，引導學生積極思考，主動獲取知識。
　　(2)直觀性：善於運用錄音機、電視機、錄影機、教學掛圖等教學用具，使音樂教學具體化、形象化、直觀化，提高學生對音樂感受、理解的程度。
　　(3)合理性：能根據教學內容的需要合理運用教學方法，做到聽、唱、奏、創、議等多種教學手段的優化組合。
　5.教師素質
　　(1)教材掌握：全面理解、掌握教材，能背唱所教歌曲，能深入理解欣賞的作品，能牢固掌握音樂知識，能有表情地范唱、伴奏等。
　　(2)教態：親切自然，精神飽滿。
　　(3)教學語言：清晰、準確、簡練、易懂，用普通話教學。
　　(4)板書：樂譜抄寫規範，善於運用板書來幫助學生理解、掌握教學內容。
　　(5)應變能力：教學機智，善於按教學實際情況對教學內容、方法進行調整，並能有效處理突發事件。
　6.教學效果
　　(1)落實"雙基"：能完成教學目標所確定的音樂基礎知識、音樂基本技能教學任務。
　　(2)情感培養：使學生正確理解音樂作品的思想感情。

（3）教學氣氛：師生間相互溝通，學生積極參與音樂學習，課堂氣氛活躍。

附：音樂課堂教學評價表

序號	項目	指標要素	賦值	評價集合	評價值	簡略評語
1	教學目標	全面性 可行性 貫穿性	7 7 6	(7、6、4、3) (7、6、4、3) (6、5、3、2)		
2	教學內容	容量 詳略 重、難點	7 7 6	(7、6、4、3) (7、6、4、3) (6、5、3、2)		
3	教學結構	邏輯性 節奏性 組織性	5 5 5	(5、4、2、0) (5、4、2、0) (5、4、2、0)		
4	教學方法	啟發性 直觀性 合理性	5 5 5	(5、4、2、0) (5、4、2、0) (5、4、2、0)		
5	教師素質	教材掌握 教態 教學語言 板書 應變能力	7 4 3 3 3	(7、6、4、3) (4、3、2、0) (3、2、1、0) (3、2、1、0) (3、2、1、0)		
6	教學效果	落實"雙基" 情感培養 教學氣氛	6 5 4	(6、5、3、2) (5、4、2、0) (4、3、2、0)		
7	教學特色	獨創性(加分)	5	(5、4、2、1)		
	總體印象				評價值或 評價等級	

總之，在音樂教學評價的各個環節中對以下幾點問題應該加以關注：（1）學生是否對音樂表現出濃厚的興趣；（2）是否以審美為核心，是否有音樂性，音樂教學內容是否體現音樂要素來解釋音樂，有無聲音、音響，音響是否有情感性；（3）學生的內在外在的參與性是否被極大地調動起來，應以學生為主體，不能強制學生，師生應平等；（4）學生是否有繼續求知的欲望；（5）教學是否符合所授學生年齡的生、心理特點；（6）是否符合音樂課程標準、教學大綱，以及本年齡段學生的要求為依據；（7）學生的創造力的培養是否始終貫穿在整個音樂教學之中。

在音樂教學評價中對教學內容和教師關注的點的要求不應該過於單一，方法和內容也不宜太傳統，太單調，應以自然、和諧、完整作為評估的主要方面。

(二)評價方法

音樂教學評價採用定量與定性分析相結合的方法。

（1）定量分析：評估者先查閱《音樂課堂教學評估指標說明》。此《說明》包括的具體內容表示了評估專案的最優標準。評估時，評估者根據執教者達到評估專案標準的程度，集中選擇一個能反映教學實際狀況值欄內，並將選出的各項數值相加，得到評估值總和。最後，根據評估值總和確定評估等級。

好（90分以上）；較好（80~90分）；一般（60~79分）；較差（50~59分）；差（49分以下）。

（2）定性分析：在每個評估專案後寫出簡單評語，並用定性描述的方法寫出對教學的總體印象。

①教學特色屬附加值，加或不加入總分均可。

②可進行形成性評估。形成性評估可分階段進行，可先進行診斷性評估，以分析教學諸因素的合理性，為改進教學提供依據，以後評估則可用以測定改進教學的程度。

四、音樂教學評價中應注意的幾個問題

（1）不論採用何種方法評估與計算，評價人的填表打分一定要客觀、公正，否則一切計算都帶有片面性，評估結果難以服人。因此，每位評估者一定要明確評估的意義和目的要求，排除一切干擾，真正做到實事求是，客觀公正，達到評估的目的。

（2）要重視教師的自我評價和學生的評價，音樂教師雖對自己教學的優缺點有一定的了解，但往往容易受"定式"影響，有些問題自己不易發現，當他對照評估體系指標逐條檢查時，就有可能發現問題從而改進工作，而且，在自我評價的基礎上，對他人的評價也容易理解和接受。學生是教學的直接參與者，對教師比較瞭解，對教學也很有發言權，尤其是對教學態度、教書育人、學習興趣這方面的評價，學生的意見往往較有參考價值。

（3）由於在音樂教學中有些因素難以十分精確地量化，如"情感培養""欣賞水準的提高"等，而且在一節課內也難以全部體現。因此，在評價時應注意將定性分析和定量分析結合起來，並結合其他要素，才能得出較為準確的評估結果。

（4）評估時最好能將同行評價、學生評價、領導評價、任課教師自我評價、專家評價幾者結合起來進行，以使評估更為全面和準確。

第十一章　音樂教學設備

　　音樂教學設備是音樂教學的必備工具，是實施音樂教學的必要手段，是保證音樂教學取得良好效果的重要輔助設備。它能大大提高傳授、學習知識技能的效率和品質，有利於培養學生智力和身心個性品質，甚至可促進教師智力水準的提高。它還能豐富人們對教學過程、教學內容、教學方法的認識，促進教學方法和教學組織形式的發展。

　　音樂教學設備按歷史發展可分為以下幾個階段：

　　（1）原始的口耳相傳、示範、模仿、練習。主要是"口語"，也包括教學雙方的形體、動作、表情、個性，更局限於人本身的甚至不能離開個體的東西。

　　（2）文字和書籍。這是教學設備和手段史上的巨大飛躍，此時的主要標誌是"文字"，但是還僅限於手寫、手抄，包括竹簡、木簡和刻刀。它重要的意義是引發了教學模式的變革，使傳授和學習書本知識的模式得以產生，使教學突破了局限於直接經驗傳授的模式。

　　（3）造紙和印刷術的發明。這不僅是社會文明的重大進步，而且是擴大教學規模、提高教學效率的技術和物質前提之一。它的優越性和進步性，使教學手段在歷史上大大地前進了一步。

　　（4）特別設計的各種教具。這是指專門為教學而設計的東西，不是指一般的自然物，如在日常大量的教學實踐中我們運用的粉筆、黑板、算盤、圖片、模型、標本、教鞭，以及音樂教學用的樂器如鋼琴、五線譜黑板等。

　　（5）一般的電化教具。這是指利用電力（突破了機械學局限）製作的教具，又還不包括電子電腦的教學工具，例如幻燈（投影）、唱片、錄音帶、電影、電視、錄影、語言實驗室等。

　　（6）電子電腦。它不同於一般的普通教具和電化教學手段，這些僅僅是人們具體器官的延長，而電子電腦是把人腦延長了。它比起前者，應該說是一次偉大的革命，是一次質的飛躍。

　　日本學者阪元昂在《教育工藝學簡述》一書中將教學設備的發展歷程概括為：

　　中世紀：粉筆、黑板、模型、圖等；

　　19世紀後半葉：照片、幻燈；

　　20世紀初：無聲電影、唱片；

　　20世紀20年代：無線電收音機；

　　20世紀30年代：有聲電影；

　　20世紀50年代：電視、磁帶錄音機、語言實驗室、程式教學機；

　　20世紀60年代：閉路電視；

　　20世紀70年代：電子電腦。

　　教學設備一般可分為傳統教學設備和現代教學設備兩大類。

　　為了促進音樂教育事業的發展和音樂教學品質的提高，學校和音樂教師應該有計劃地改善和充實音樂教學器材設施，逐步完善音樂教學設備的品質。

第一節　音樂教學常用設備

　　傳統音樂教學常用設備通常指專用音樂教室、教科書、五線譜黑板、圖片、鋼琴或電子琴、風琴、樂器等。

　　（1）專用音樂教室的一般設置。專設音樂教室，有利於音樂教師妥善保管音樂教學的專用設備與用具；有利於音樂教師

　　根據學生聲音特點劃分聲部編排座次；有利於音樂教師開展課內外的各項音樂活動；有利於音樂教師美化教學環境，創造良好的音樂學習、活動氛圍。

　　音樂教室的佈置應注意整潔舒適、色彩鮮明。教室裡應掛有音樂家頭像、音樂家名言、樂器掛圖，營造生動、活潑的學習氣氛。教室中的課桌、椅最好採用移動式或折疊式，以便課內外音樂活動的開展。

　　音樂教室是進行音樂教學的主要場所，一般應遠離普通教室，以免歌聲琴聲干擾其他班級的教學。音樂教室的大小要適當，其規格大約為 60 平方米左右，能容納學生 50 名左右。有條件的地方還可以再大些。

　　專用音樂教室的一般設備有：五線譜黑板、講臺、鋼（風）琴、琴凳、工作臺、電源插座、樂器陳列室、樂器資料、演出服保管櫃、課桌、課桌活動窄條桌

　　（2）黑板。

　　為了便於音樂教學，黑板宜用以下形式：

　　①大黑板。

　　②小黑板應有兩塊或兩塊以上，五線譜黑板和普通小黑板各一塊。

　　③磁性五線譜黑板（即磁性五線譜教板）。磁性五線譜黑板的優點在於音符、譜號、符號均是活動的，可隨時貼上或取下，任意排放，具有直觀性和趣味性。

　　磁性五線譜黑板分兩種類型：大型——用於教師教學。小型——用於學生學習，可人手一塊。

　　（3）鋼琴、風琴、電子琴、手風琴等。

　　（4）音樂教學掛圖、樂譜資料和參考書等。

　　（5）各類師生用樂器。如豎笛（六孔、八孔）、口琴、口風琴、鋁板琴、學生用電子琴、兒童打擊樂器、簡單民族樂器和西洋樂器。

　　（6）樂器陳列櫃和樂譜資料、演出服的保管櫃等。

第二節　音樂教學設備的管理

　　隨著音樂教育事業的發展，音樂教學設備日益增多，逐步完善。為了保證音樂教學設備充分地用於教學，每位母音樂教師都有管理好音樂教學設備的職責。為此，音樂教師應做到以下幾點：

　　（1）熟悉各項音樂教學設備的性能，掌握其使用方法；學習各種設備的保管、維護、修理的基本知識。例如樂器一般應避免暴曬或長期置放於潮濕處；而電教設備一般應注意防塵、避免淋雨、保持清潔等。

　　（2）對學生進行科學管理和正確使用音樂器材的知識宣傳，教育學生愛護音樂器材，科學地使用音樂器材。使用樂器要輕拿輕放，防止碰撞、損壞等。

　　（3）要制定管理和使用音樂器材的規則制度，並認真執行。例如各種音樂器材設備應登記入冊，嚴格執行借還制度，定期檢查維修等，以保證音樂教學工作的持久性。

　　總之，只有管理好各種音樂器材設備，才能更好地發揮它們的性能和作用，才能更好地完成音樂教學任務。

第三節　現代音樂教學設備

　　現代教學設備通常包括幻燈機、投影儀、錄影機、電視機、電子電腦等設備，也稱為電子技術設備、電化教學設備等。

　　現代教學設備，也可根據其提供資訊的性質分為五類：

　　第一、光學和視學類。如幻燈機、電視、攝像機等。

　　第二、音響和聽覺類。如收音、錄音、播音，包括配合視覺圖像的電影、電視等。

　　第三、實驗操作類。如語言實驗室，其他各種專業專用教室等。

　　第四、電子電腦類。

　　第五、數位電子產品類。如 MP3、MP4、智慧手機等。這類數位電子產品，在現代學生生活和學習中被廣泛使用。

一、現代音樂電化教學的特點和作用

　　電化教學是把"電"和"教"相結合，俗稱"電教"。電化教學是以視聽教學為主體的，所以電化教學又稱視聽教學。

　　電化教學包括兩個要求：一是電教工具，其中包括硬體和軟體。硬體指各種電教設備、儀器；軟體指各種電教教材，如錄音磁帶、錄影磁帶、幻燈片等。二是電教工具在教學中的應用。二者的結合便構成電化教學。電化教學包括教師、電教工具、受教育者三個方面。其突

出的特點是：能向學生提供聲、光、色綜合的、豐富而生動的感性教材，並使教師的講授產生更好的效果。

在音樂教育中，電化教學的主要作用概括如下：

(一)增強音樂教學直觀性

電化教學具有高度的再現性，能使音樂教學聲像化。利用錄音、電視等設備，可為學生提供直觀的示範，如歌唱中正確的發音、器樂的正確演奏姿勢等；利用幻燈、錄影等器材，可充分地展示音樂教學中所涉及的古今中外音樂史科，生動地表現音樂作品中日出、江河大海等自然景觀和千姿百態的人物（動物）形象，從而激發學生學習音樂的興趣，使學生更有效地掌握音樂的技能技巧，更深刻地感受、理解音樂的真諦。

(二)開拓學生音樂知識視野

電化教學可增加音樂教學的資訊量，有助於開拓學生的音樂視野。如通過電視、廣播等手段，可以收看或收聽到高品質的音樂會、音樂欣賞講座、音樂知識競賽等，這對提高學生的審美能力無疑會產生巨大的影響。

(三)提高音樂教學效率

有效地採用電化教學，能夠使教師在單位教學時間內講授更多的教學內容，使學生獲得較多的音樂知識，提高教學效率。此外，如有條件，還可以利用錄音、錄影記錄教學過程，以供課後分析、揣摩，這對於提高教師業務素養和學生音樂素養是十分有益的。

(四)促進音樂教學改革

運用電化教學可以促進音樂教學的改革。近年來，許多優秀教師的教學錄像資料、教育經驗，在教學思想、教學方法、教書育人等方面給廣大音樂教師帶來了深刻的啟示，受到了廣大教師的歡迎和好評。這些錄像資料的相互交流為中國音樂教學的改革帶來了新的活力。

二、電化教學器材的使用

電化教學發展迅速，形式多樣。音樂教師常用以下幾類器材進行教學。

(一)錄音機、電唱機教學

錄音機、電唱機主要作用於人們的聽覺器官，是現代常用的電教工具。

1.錄音機

錄音機最能適應音樂教學的需要。如錄製聲樂、器樂曲、音樂參考資料，可供教學示範用；錄存學生演唱（演奏）的音樂作品，可供教學評價等。

錄音機的種類較多，在音樂教學中宜使用盒式錄音機。它的特點是攜帶方便、操作簡便，其所用的磁帶又便於保藏。在購盒式錄音機時，還可購置與之匹配的無線話筒，為舉行較大規模的音樂講座所用。音樂教學中適宜使用的盒式錄音機有以下兩種。

（1）收錄兩用錄音機。

它的特點是既可錄放教學內容，又可收錄電臺廣播的音樂節目，便於音樂教師收錄有關音樂教學的音響資料。

（2）盒式錄音座。

這是一種比較高級的電子設備。它有全自動停機功能，降噪系統，可自動選擇磁帶上的音樂節目，自動倒帶，定時錄放，錄放性能優良。

2.電唱機、雷射唱機（CD機）

電唱機、雷射唱機具有耐磨損、易反復播放的功能，便於進行音樂欣賞教學。

(二)幻燈、投影教學

幻燈、投影器材主要作用於人們的視覺器官，也是現代常用的電教工具。

1.幻燈機

幻燈機是一種能提供靜止畫面的光學放大器。它將靜止的畫面通過放大投射到銀幕上，便於學生仔細地觀察和欣賞。白天使用幻燈時，應注意關閉教室的窗簾，使室內保持黑暗，以保證圖像畫面清晰。

幻燈機的種類較多，在音樂教學中常採用直射式幻燈機。

2.投影機

投影機又叫書寫投影儀、白晝幻燈機。它是在幻燈機的基礎上發展起來的一種便於書寫的裝置。

投影機的優點在於：首先，教師可以面對學生操作，一邊投影講解，以便觀察學生，及時獲得教學資訊的回饋；其次，投影機多用強光源，室內不必遮光就可以看到清晰、醒目的圖像；再次，投影片除了用來演示幻燈片、投影教具外，還可以把玻璃片或透明膠片放在投影器上，用彩色水筆書寫或畫圖，代替黑板板書，改善教學條件。使用投影器時應準備白色的帆布作為銀幕布。

(三)電視(錄影)教學

電視（錄影）可同時傳送圖像和聲音，較前面所述的電教手段更有優越性。它具有圖像動態化、音響化的優點，聲情並茂、視聽結合，有利於加速學生對音樂知識感知和理解的進程。近年來，許多優秀音樂教師的課堂教學錄影片，給廣大教師提供了良好的學習、觀摩機會，這對於提高音樂教學品質無疑是很好的手段。

(四)VCD、DVD教學

VCD具有多種功能，如九畫面、自動辨別盤格式、正確顯示卡拉OK碟片曲號等，能相容CD-DA、CD-1、CD-G、VCD等各種碟片格式的光碟；具有快放、慢放、倍速播放功能，快速前後搜索功能；具有程式設計播放、順序播放、隨機播放等功能；具有單曲播放、全盤重複播放、段落重複播放功能；具有模擬演播廳、山谷、曠野、小屋等混響功能；具有變調處理功能和有多種音效處理。還配備全功能直選遙控器，對音樂教學說明很大。

DVD 的功能比 VCD 更為強大。

三、電腦多媒體在音樂教學中的運用

電腦多媒體作為輔助教學，具有對教學資訊記憶、存儲的功能，它能長期儲存大量教學資料，供師生查閱。它具有邏輯判斷功能，自動對學生學習反應做出評價判斷，對教學提供指導性建議。它還具有高速準確的運算功能，有利於統計、判斷和分析處理各種教學資訊。它具有自動運行功能，可按預先編制的程式自動地工作，自動地執行教學統計的每一步驟，有利於實現個別化學習。它具有即時接受輸入和呈現輸出資訊的功能，通過輸入教師的需要和學生的學習反應，即時呈現相應的輸出資訊，形成理想的人機交互作用的系統，並具有視聽顯示功能。

隨著科技的迅速發展，電腦的作用越來越大，已滲透到包括音樂在內的各個領域裡。電腦 MiDi 系統，不僅能製作電子音樂，還能類比傳統樂器、自然界聲音以及想像的各種音響，供音樂教學使用。目前全世界已研製出的音樂教育軟體具有音樂製作、自動配器、音樂欣賞、音樂基礎知識講解、樂器介紹、識譜與記譜訓練、調號調式節奏節拍等識別訓練、旋律與和聲節奏練習、器樂演奏訓練、各類五線譜寫譜等多種功能，為電腦媒體在音樂教學中的應用奠定了堅實的基礎。程式設計人員根據教學要求，用電腦語言或課件寫作系統編制的教學應用軟體——課件，使電腦在教學中的應用範圍更加廣泛。

在音樂教學中運用電腦，是音樂教育發展的新趨勢。運用多媒體進行組合教學，使之優勢互補，發揮整體功能，順利完成教學任務。所謂多媒體應包括教學和現代教學的多種教學媒體，如黑板、書本、掛圖、模型等，也包括幻燈、擴音、錄音、電視、錄影、電腦等多種媒體。在音樂創作教學中，可運用電腦音樂系統學習作曲和配器，也可運用電腦及其相應的課件，按照一定程式學習音樂。音樂教學過程被劃分為若干小步驟，電腦向學生呈現一定的教學資訊供學生學習，並按照一定的教學需要設定練習題要求學生回答，經電腦確認回答正確後，才能進入下一步學習，答題過程中電腦將提供適當的說明。除了個別指導的活動外，還可進行操作與練習、模擬、教學遊戲、問題求解等多種教學活動。

四、電化教學的展望

近年來，中國電化教學迅速發展，各級電教機構逐步建立。各大、中、小學都開展了電化教學，電視大學也早已廣泛開展教學。

隨著科技的發展，電化教學將逐步向現代電化教學的高級形式發展，更多、更先進的電化教學形式將逐步運用於音樂教學之中，如衛星電視教學等，這些新形式將為音樂教學提供新的途徑。

第十二章　音樂教育研究

　　音樂教育研究是教育科學研究的一個重要組成部分，它是運用規範的方法，以音樂教育實踐和理論為對象，揭示音樂教育現象的本質及其規律性的一種創造性的理性認識活動。它是在總結前人研究的基礎上，在音樂教育領域裡運用嚴密的科學方法，有目的、有計劃、系統地認識客觀世界，探索客觀真理的活動過程。其目的是自覺把握該現象的本質及其一般發展規律。音樂教育調查報告、音樂論文就是表述這一認識成果的文字方式。

　　音樂教育研究有重要的意義。首先，加強音樂教育研究是為了適應提高全民素質教育的需要。音樂教育是學校實施美育的重要途徑，是素質教育的一個重要方面，對培養全面發展的一代新人具有舉足輕重的作用。關於素質教育中的音樂藝術教育是全世界都亟待解決的問題。因此，加強音樂教育研究，不斷提高音樂教育理論水平，以指導音樂教育改革與發展的實踐活動，為素質教育的實施提供科學的理論，是十分迫切的，具有重大的戰略意義。

　　其次，推動音樂教育的深化改革，亟須加強音樂教育研究。音樂教育理論對於音樂教育改革與發展具有指導意義。音樂教育的科學理論來源於音樂教育實踐，而音樂教育研究使大量豐富的音樂教育實踐昇華為音樂教育的科學理論。只有努力改變當前音樂教育理論研究滯後的狀況，不斷研究音樂教育實踐的新課題，不斷探索音樂教育規律，才能迅速提高音樂教育理論水準，促進並推動音樂教育改革在健康的軌道上深化發展。

　　再次，構建具有中華民族音樂文化底蘊的音樂教育體系，亟須加強音樂教育研究。當代世界音樂教育一些著名的音樂教育體系，如達爾克羅茲、奧福、柯大宜等音樂教育體系，對世界音樂的發展起了很大的推動作用。這些音樂教育體系的共同特點之一，就是深深植根於本民族的音樂文化。中國音樂教育，由於起步較晚等諸多原因，至今尚未形成具有中華民族音樂文化底蘊的音樂教育體系，這與具有悠久歷史的音樂文化的文明古國的地位極不相稱。為了繼承、弘揚音樂文化，建設具有中華民族音樂文化底蘊的音樂教育體系，使中國的音樂教育走向世界並立於世界音樂文化之林，加強音樂教育研究是十分重要的。

　　最後，集結一支高素質的音樂教育師資隊伍，必須加強音樂教育研究。建設一支高素質的音樂教師隊伍是實施素質教育的關鍵。音樂教育科研能力是音樂教師的一項基本功，因為只有不斷進行音樂教育研究，結合實際探索規律，在科學的理論指導下，才能有效地進行音樂教學工作。提高音樂教育教學品質，必須遵循音樂教育教學規律，不僅學習教育科學知識還必須親身進行教育研究，在自己的音樂教學實踐中探討研究，才能找到音樂教育理論與實踐的完美結合點。更新教育觀念，改革音樂教育內容、方式方法，需要在音樂教育實踐中探索研究，還需要進行音樂教育研究。

第一節　常用的音樂教育研究方法

一、音樂教育研究的基本過程

1.選定課題。包括對課題涉及對象範圍的初步了解，查找資料，了解他人對課題研究的狀況，進一步確定課題研究的意義、價值和範圍，做課題研究有關的理論准備等。

2.制訂計畫。包括課題研究物件的選擇，確定課題研究的具體內容，選擇課題研究的方法和手段。

3.實施研究。包括準備、調查、檢測、實驗、查閱有關資料等。

4.整理總結。包括將所搜集的研究材料歸納、分類、分析研究結果得出結論，撰寫論文、報告等。

二、音樂教育研究的基本方法

(一)實驗研究法

這種研究方法是從自然科學研究領域引入社會科學研究領域的一種客觀的研究方法。使用這種方法的目的在於通過對音樂教育特定現象的觀察瞭解，研究為什麼會發生這種現象。此外，還可以提出假設，通過實驗加以驗證。實驗必須在嚴格的條件控制下以科學的數據分析為依據。可安排兩個或兩個以上程度相當的實驗組進行實驗，在相同的條件下，一個是用於比較的物件組，另一個是用於比較的控制組，實驗時前者給予必要的目標和條件，後者則沒有條件的限制，最後通過測試比較說明其實驗結果。

(二)調查研究法

調查研究是一種通過談話、問卷、調查會、分析材料等手段，有計劃地、周密地了解音樂教學某一方面的情況，弄清成績和問題、經驗、教訓，總結發展趨勢，概括音樂規律的研究方法。

(三)個案研究法

個案研究法是選定一個有代表性的個人或一件有代表性的事例的發展過程為內容，加以深入細緻的研究，從中尋求音樂教育規律的研究方法。在音樂教育研究方面，研究的目標集中於某個音樂家、音樂教育家或某個家族、流派等。對要研究的物件，進行集中、徹底、本質的研究分析。例如《陶行知音樂教育思想及實踐研究》《巴哈家族音樂成就中遺傳因素與環境影響的分析研究》等，均屬於此種研究方法。

(四)文獻研究法

文獻研究法是通過查閱分析整理有關文獻資料，從而正確地探索所要研究的音樂教育問題的一種方法。文獻研究法既可作為一種單獨的研究方法，也是其他研究方法的初步工作。一般研究工作都少不了它。音樂教育研究者要想有所創新，就必須善於利用文獻資料。

文獻資料根據文獻知識內容、文獻產生年代、文獻資訊載體、文獻內容級別、文獻形式等有多種分類方法，以供研究者在紛繁複雜的文獻中理清寫作的頭緒。

在音樂教育研究中，文獻研究法通常以搜集研究音樂教育史料為重點，然後進行加工、匯總。例如，研究分析有關教育制度的變遷、著名音樂教育家、音樂流派、音樂教育機構的貢獻與影響、音樂教材的沿革變化等，進行批判繼承、吸收借鑒，從而促進當代音樂教育的發展。

(五)比較研究法

比較研究法是針對某種教育現象在不同的情況下的不同表現而進行的比較研究，以發現某種音樂教育規律及其特點的研究方法。這種比較是多角度、多層次的，既可以對兩種或兩種以上性質相同的教育現象所具有的特徵進行同類比較，又可以對兩種或兩種以上性質相反的教育現象進行異類比較；既可以對同一教育現象的歷史形態進行縱向比較，又可以對同時並存的教育現象進行橫向比較。

(六)統計研究法

應用多種研究方法所取得的資料，用統計學的原理和方法進行分析處理，取得音樂教育研究中所需要的各種數值、相關值等，其結果可有助於驗證、推算、預測音樂教育現象。掌握正確的統計方法對於音樂教育研究是十分必要的。

(七)分析研究法

分析研究法是把研究物件分解為各個部分，逐一加以分析和研究的方法。在分析過程中，把物件各部分之間的聯繫暫時分開，逐個研究各部分自身特有的情況，以便區分哪些是事物的本質屬性。分析與綜合同屬於思維過程相互聯繫、相互制約的兩個方面。因此，利用這種方法開展研究，要防止孤立、片面地看問題。

在音樂教育研究中進行分析研究的方法常用於對音樂作品、音樂教材以及學生的音樂學習態度進行歷史、現狀、社會、背景的分析，其目的在於通過分析比較以及資料整理判斷，從而設計或制訂音樂教育計畫。

以上所介紹的方法是在音樂教育研究過程中總結出來的。為了便於敘述，我們分類單個加以介紹。但是，只選擇其中一種或兩種研究方法進行音樂教育科學研究往往是不夠的，而是要從研究物件實際出發，在進行一項研究時，同時或先後採用幾種研究方法進行研究。音樂教育的研究方法應隨著音樂教育和科學研究事業的發展而更加科學化、系統化。我們更應認真總結適應於中國音樂教育研究的科學方法。

第二節　音樂教育實驗報告 調查報告的寫作

一、音樂教育實驗報告、調查報告寫作概述

　　音樂教育實驗報告、調查報告是指作者通過對教育領域中某一問題的實驗和實際調查寫出的以反映事實情況、提出問題或對策為內容的書面報告。

　　音樂教育實驗報告和調查報告的作用，一是向有關部門彙報情況，作為這些部門制訂教育方針、政策、措施等的參考依據；二是向公眾反映情況，在報刊上公開發表出來，以引起全社會對某一問題的重視。

　　音樂教育實驗報告、調查報告按性質分為音樂教育實驗、綜合調查報告、專題實驗、調查報告；按內容分為總結典型經驗的調查報告、反映情況的調查報告、揭露問題的調查報告、反映新情況的調查報告等。

　　寫好音樂教育實驗報告、調查報告的首要一步是選擇合適的課題。選題應著眼於音樂教育領域中存在的亟須解決的、有普遍意義的現實問題。這些課題除了少數是上級領導部門指定的外，大多靠作者自己在音樂教育實踐中去發現。音樂教育實踐的豐富性，為寫好音樂教育實驗報告或音樂教育調查報告提供了有利條件。例如器樂教學實驗、創作教學實驗、多聲視唱教學實驗、綜合藝術教學實驗、學生音樂興趣調查、學生音樂學習態度調查等，這些課題調查起來不難，而所獲得的第一手資料卻很值得珍視，不僅可供調查報告的寫作用，也可以作為音樂教育短論、音樂教育雜談的寫作素材。音樂教育工作者要善於把握形勢，從大處著眼，小處入手，選擇能引起師生甚至全社會關注的音樂教育問題。還要做好調查前的準備工作，主要是在明確實驗和調查目的、物件、方式的基礎上，制訂實驗步驟、調查提綱。調查方式主要有五種：問卷、開座談會、個別訪問、實地瞭解考察、蹲點考察。寫教育調查報告較常用的調查方式是問卷、開座談會和個別訪問這三種，它們各有優點，要注意靈活運用。調查報告的關鍵在於調查，因此，必須花大力氣去調查。應當從客觀性質出發，既要瞭解第一手資料，也要瞭解間接提供的資料；既要掌握局部的材料，還要掌握全域的材料；既要搜集正面看法，也要搜集反面的看法；既要調查事物的現實狀況，還要調查事物的歷史狀況。盡量全面地佔有材料，講究材料和材料來源的精確性和可靠性。最後在大量佔有材料的基礎上進行歸類和分析、研究，從辯證的角度形成自己的見解，並用適當的形式表達出來。

二、音樂教育實驗、調查報告寫作的基本要求

　　首先，嚴格遵循中國教育部門的有關方針政策，深入基層，深入實際，細緻地做好實驗和調查工作。實驗、調查是依據，是寫作的基礎，要從多方面、詳細地掌握第一手材料，注意到材料的典型性，從材料的廣度和深度上下功夫。

其次，分析研究，確立主題。對佔有的材料要認真分析研究，分清現象和本質、主流與支流、成績與缺點、主要矛盾和次要矛盾，並從事物的相關關係中，找出規律性的東西。要把實驗、調查研究看成一個整體，只重視實驗、調查，忽視研究，或只重視研究不重視實驗和調查，都反映不了事物的本質，最終總結不出規律性的結論。

再次，用事實說話，把觀點和材料統一起來。實驗報告、調查報告主要靠事實反映客觀情況，說明問題的實質。用材料說明觀點，切忌主觀性、片面性、隨意性，觀點要從材料中來，材料要能說明觀點，寫觀點時要有材料。

三、音樂教育實驗報告、調查報告的寫法

音樂教育實驗報告、調查報告的結構一般分為四個部分：標題、內容提要、主體和結語。

(一)標題

音樂教育實驗報告、調查報告的標題常見的有三種。一是一般文章標題的寫法，這類標題概括了作者實驗報告、調查報告的基本內容或結論觀點；二是介詞"關於"＋實驗、調查對象和主要事由＋"實驗報告"或"調查報告"；三是正副標題的寫法。

(二)內容提要

內容提要的寫法靈活多樣，可以簡要說明實驗目的、調查的緣由、調查的物件及內容等，或交代實驗、調查對象的概括和主要經驗，使讀者對全文內容有概括的瞭解。這段文字應簡明扼要，有所側重，不可面面俱到。

(三)主體

將實驗、調查得來的有價值的材料，以及作者所做的分析評判，按照一定的邏輯順序進行表達。事件調查，可按事件發生、發展的時間順序展開；經驗調查，可按各條經驗的內在整體關係展開；思想調查，可按思想狀況的類別展開。總之，要從調查內容出發，合理地安排所要報告的材料。調查的事實與作者的分析，兩者可以分別表述，也可以交織在一起表述。一般來說，在篇幅上以說明調查的具體情況為主，必要時也可以做較細緻的分析議論。只要事實、資料準確可靠，分析、探討辯證合理，就可能被讀者接受。

(四)結語

結語是實驗報告和調查報告的結論部分。有的實驗報告和調查報告，結論在前言中點出，或已經在對材料的分析中闡明，所以對結論無更多形式上的要求，以自然收束為上品。可以總結全文，得出結論；可以精闢地議論深化主題；也可以提出不足或存在的問題；還可以提供有益的建議；更可以提出發人深思的問題。不論如何結尾，都應寫得乾淨利索，不拖泥帶水。

(五)建議

根據結論提出改革建議和進一步開展研究工作的對策。

(六)附錄和參考資料

附錄可列入自編問卷題舉例、原始記錄資料舉例等。參考資料應按順序列出。

第三節　音樂教育論文寫作

音樂教師撰寫論文，首先，是為了提高自己的業務素質，提高自己的理論水準，從而改進自己的教學。思考和撰寫論文的過程，正是不斷提高認識的過程。認識的物件就是自己的實踐內容。為什麼成功？為什麼不成功？對類似問題的思考，使認識導向更為深入的層次。其次，撰寫論文，也是專業交流的需要。以前的交流活動注重觀摩教學之類的現場交流，這樣做的好處是可以親身感受教學過程，但是，受時間、地點、學生、設備等種種條件的制約，有很大局限性。因此，通過撰寫論文的方式，或發表於刊物，或提交於會議，則可以進行更廣泛的交流，從而大大提高交流效率。而且，文字表述中，還可傳遞有關背景、依據及價值等方面的資訊，使交流內容較之現場交流更豐富、更深刻。另外，通過論文及其交流，評價教師，進行研討，已經成為一種國際性的文化秩序和文化模式。

一、音樂教育論文的種類

由於前期研究方法的不同，決定了後期的論文體裁形式。較常見的論文形式有下列幾種：

(一)音樂教育論證性論文
對於音樂教育實踐或理論中的某一問題，運用新的價值觀或新的方法重新審視，並進行邏輯性的整理與構建，做出必要的論證，從而建立新的結論。

(二)音樂教育經驗性論文
對於音樂教育實踐中成功的具體經驗，經過篩選、分類、抽象等過程，提煉出反映本質屬性和一般規律性的內容。

(三)音樂教育史志性論文
對於音樂教育史中的人物、事件、思想、制度、方法等內容，經過搜集史料，分析整理，提出自己的新認識。

另外，論文也可分為專題性論文、質疑性論文和綜述性論文等類型。

二、音樂教育論文的選題

選題是論文寫作重要的第一步，因為它反映了作者在課題研究中所持的觀點和見解，它決定資料的取捨、論文表達的方式、結構的安排以及標題的擬訂等各方面問題。

(一)選題的基本範圍
（1）前人沒有研究的問題。這屬於開闢新領域的探索性研究，由於本身就具有創造性，這類題目的研究難度較大。

（2）前人已經研究過的問題。這類問題可能還有探討的餘地，或者結論不對，這類題目是對已有研究的發展性研究。

（3）多人研究過的問題。這類問題雖經前人多人研究，但說法不一，甚至爭論不小對這類題目的研究，作者的觀點要有新的見解、新的突破。

(二)選題的注意事項

（1）應揚長避短，發揮自己的優勢。作者應對論題有濃厚的興趣，要根據個人業務專長來確定。因為研究問題需要有較堅實的業務基礎，只有根據個人的專長，認真地調研，才能說出別人沒說過的見解。

（2）尋找空白點和薄弱環節。選擇研究的空白點和薄弱環節，雖有難度，但只要肯下功夫，就一定會有收穫。還可以在工作和生活中尋找問題加以研究。

（3）題目宜小不宜大。選擇論題，不要盲目追求"高、大、全"，因為論題大小和品質不成正比，大題可小作，小題可大作，而關鍵在內容。題目小容易深入研究，容易出成果。題目大費時費力，不易出成果，範圍過大，也不易深入研究。

（4）定題前應先查看文獻資料。首先要瞭解他人對這個題目的研究已經到了什麼程度，與自己的設想相同還是相反，然後決定自己的做法。如前人結論站得住腳，自己的設想就有問題；如結論相同，應看個人的材料，如有新的論證，還可寫出；如結論相反，則看個人材料，如立得住，也可以寫。

三、音樂教育論文的準備

論文的準備工作主要包括搜集資料和整理資料。

(一)搜集資料

寫論文是"擺事實""講道理"，把客觀存在的事實，經過實驗、分析，找出規律，形成理論或觀點。所以理論或觀點和材料是構成論文的兩個基本因素。沒有事實（材料）作為根據，論文就沒有價值。有材料而無理論（觀點）也不是一篇論文。材料是論文的基礎，因此，搜集材料是非常重要的。

（1）制訂計畫。確定論題之後，就要制訂計畫，以論題為中心，進行搜集材料的調研。計劃應列出要查閱資料的目錄，以便有效地搜集資料。

（2）查找書籍。書籍是知識的寶庫，它不僅提供資料，而且還提供研究的方法，引導人們思考。研究問題的入門就是多讀書。

（3）查找雜誌、報紙。雜誌和報紙經常刊登有關專業的文章，反映科研發展的新成果與新動向，應經常閱讀。

（4）利用工具書。科研工作少不了工具書，如字典、音樂辭典、音樂年鑒、百科全書等。

（5）寫好讀書筆記。讀書時，對於重要內容，可以摘錄，可進行提要，可寫心得，寫好讀書筆記，便於將來查找。

(二)整理資料

（1）將搜集的材料排列起來，使用時能立刻找到。

（2）根據論題的需要加以整理，要真實、典型、充分、新穎，選擇別人沒用過或很少用過的。

（3）搜集材料的範圍是較寬泛的，而經過整理的材料要相對集中，集中到論題上來。要有數量觀念，同時也要有質量觀念，定量整理與定性整理相結合，達到質與量的統一。

（4）整理材料時，如果發現有的材料不符合論題，可對材料本身進行鑒別，或者進一步修改論題，或者在論文的討論部分提出。

四、音樂教育論文的提綱

擬訂論文的提綱是論文作者必須要做好的工作。在擬訂提綱之前，應對所要寫的論文通篇構思，即對論文通篇全面地思考，安排文章的結構，找到適當的表達方式。

(一)通篇構思

通篇構思包括以下內容：

（1）突出重點。重點就是中心論點，中心論點應放在論文最顯著的位置上，使讀者能很快抓住中心論點，掌握閱讀的重點。

（2）安排層次結構和順序。層次結構的第一種是鏈式結構，即論點、論據一環扣一環，緊密相連，內容簡單的論文一般採用鏈式結構。另一種是螺旋式結構，即論點、論據層層遞進，內容較複雜的論文可採用這種結構。

論文內容的順序可按時間順序、空間順序、重要程度順序、邏輯順序來安排。一篇論文也可採用幾種順序適當安排。

（3）各部分、段落之間的比例與銜接。比例應適當，是指各部分、段落的篇幅長短與內容的重要程度大致相當。各部分、段落之間的銜接應自然流暢。

(二)擬訂提綱

擬訂提綱是通篇構思的具體化和語言化，常用提綱類型有兩種：

（1）列項式提綱。用簡潔、概括的詞語、句子、材料序號把中心論點、分論點、材料按順序排列起來，製成一個草圖。

中心論點｛①分論點｛材料1 材料2

擬訂這類提綱，線索清晰、速度快。寫論文時，部分細節可增刪、調整。

（2）陳述式提綱。用簡明的陳述句，把論點和材料，分段分層地表述出來。這類提綱不但在內容上已經成熟，而且展示了論文的外形，寫論文時，可基本上不動。

論文提綱可簡寫，也可詳寫。簡寫時只提示論文的要點，對如何展開則不涉及；詳寫時則把論文的主要論點和展示部分較為詳細地列出來。

五、音樂教育論文的常用格式

音樂教育論文，對格式沒有嚴格的規定。在長期論文撰寫的交流中，一方面參照了其他學科的方法與格式，另一方面也有一些本學科研究的規範性因素。二者結合，形成了一些具有普遍意義的樣式，並被廣大音樂教育同行所認同。

一般論文具有以下六個組成部分。

(一)題目

題目是論文給讀者的第一個信號，是全文的名稱，具有概括性，能涵蓋全文的內容。論文能否引起讀者的關注，題目有很大的關係。題目是觀察論文的視窗，裡面包含著文學、心理學、美學等因素。一個好的論文題目，要求直接、具體、醒目。

題目要能反映論文的特點，反映出所要表述的特殊性內容。這樣，一篇論文的名稱才能和同類內容的其他論文有所區別。

題目要確切，避免過於寬泛。題目中的名詞概念，一般不要用得太大。例如《改進音樂教學方法，提高教學品質》《通過音樂教學發展學生智力》，這裡的"教學品質"和"發展智力"都是比較寬大的概念，一篇兩三千字的文章，很難反映出來。

題目的邏輯關係應當準確，防止同義重複和概念不明確之類的問題。例如《加強音樂教學中的美育》這樣的題目，嚴格地說是有邏輯錯誤的。因為音樂本身就是美育的一種內容和途徑。

題目有時限於字數仍不明確時可在下面加一個副標題，對文章的內涵做進一步的提示。

題目形式有五種：一是提出問題，題目就是一個設問句，如《音樂課怎樣導入？》；二是提示內容，標題是論文的高度概括，如《音樂課導入五法》；三是顯示論點，題目是論文的論點，如《音樂課導入應激發興趣》；四是表示研究方法，標題由內容加方法組合而成，如《從問卷調查看導入》；五是形象性標題，標題是用成語、諺語、詩句、人物語言寫成，有文學色彩，還可擬副標題，如《輕鬆愉悅事半功倍》。

(二)署名

署名是論文的歸屬性標記。署名表示作者對論文既承擔責任，也享有權益。署名應該符合研究與撰寫的實際情況。如果是合作完成的，主要合作者不要遺漏，並按實際貢獻大小依次排序列出。

(三)引論

又稱緒論、引言、序言、緒論、導論、導言等，是文章的開頭部分。它的作用是引導讀者對論文的輪廓有一個大致的瞭解，引起讀者對於下文主要內容的重視和興趣，並為閱讀全文做好思想準備。

引論部分包括題目的解釋、選題的緣由、同類論文的已有成果，以及本文研究成果的實際意義和理論意義。這一部分，具有自我評價的性質，因而應該力求客觀、公正、適當。

(四)本論

本論又稱主論或正論，是論文中最重要的部分，是實質性內容所在。具有創見性的命題在這裡作為論點提出，相繼的大量篇幅則是用真實充分的論據、用一定的方法論證作者提出的論點的正確與合理，使讀者瞭解論點是怎樣得來的，相信論點的正確性。論文之所以被稱為論文，意義也就在這裡。

一篇優秀的論文，必須提出明確的論點，而且要具有創見性。論證思路要清晰有序，有邏輯性，論述有所依據，符合認識規律，由淺入深。資料、事例要真實、有代表性，最有說服力的事實依據,是對眾多的事例進行比較、分析、綜合而得出的結果,這樣的例證一般能反映事物的普遍性,在論文中常常以統計數字和圖表的形式表示。

(五)結論

當論點得以充分證明後,所得出的結果就是結論,結論必須經得起同等條件下的多次驗證。結論的內容與緒論有關,是圍繞本論所做的結論,注意與文章開始部分相呼應。寫作結論時,要邏輯嚴密,文字明確,不能使用"大概""可能"之類的詞語,如果得不出明確的結論時必須指明有待進一步討論。

(六)參考文獻

構思和撰寫過程中所參考的重要文獻,應該列於論文最後,接受過論點、引用過論據的文獻尤其不要遺漏。這一方面表示對前人研究成果的尊重,為讀者查找文獻提供方便。同時也反映作者的科學態度和求實精神,反映作者對本課題歷史、現狀研究的程度。

參考文獻一般應是內容嚴謹的著作。譯著應標明翻譯者姓名。應列出準確的出處,便於查找。參考文獻格式可參考如下:

曹理.普通音樂教育學概論[M].北京:北京師範學院出版社,1990.[美]邁克爾·L.馬克.當代音樂教育[M].管建華,喬曉冬,譯.北京:文化藝術出版社,1991.

第十三章　國外著名音樂教育體系和教學法簡介

第一節　(瑞士)達爾克羅茲音樂教育體系

一、概述

埃米爾·雅克·達爾克羅茲（Emile Jaques Dalcroze, 1865～1950年），瑞士音樂教育家。早年曾先後在日內瓦、巴黎、維也納等地專修音樂，1892年後應聘於日內瓦音樂學院教授視唱練耳、和聲和作曲課程。曾著有多書，其中反映出了瑞士的民間音樂精神。1900年前後，提出關於"體態律動"（Eurhythmics）的學說，並在這一學說的基礎上建立了自己的音樂教育體系。

達爾克羅茲音樂教育體系理論基礎的核心主要可歸納為下列內容：在教育哲學基礎上，他認為音樂教育的根本目的是審美情感教育，這種目的是通過兒童在音樂活動中不斷獲得積極體驗的過程來達到目的，而且藝術與藝術教育中的這種體驗及其表達，都不能離開個人的獨創性；在教育心理學方面，他認為學習音樂，特別是學習音樂的節奏，必須要依靠身體大肌肉的運動反應，而且這種身體運動反應又必須與個人內心對音樂的反應緊密聯繫。

鑒於以上觀點，達爾克羅茲在其音樂教育體系中主要安排了以下三方面的課程內容：體態律動、視唱練耳和即興創作。儘管在實際教學中，這三方面的內容往往是相互交織在一起的，即聽音樂，並創造性地、即興地用身體動作來表現對所聽音樂的感受，但由於它們各自擁有獨立的教學目標、教學內容、教學方法和教材體系，因此它們仍然是三門各自獨立的課程。

在達爾克羅茲音樂教學體系中，最有個性且又最有成效的部分，就是"體態律動"。對此，達爾克羅茲建立了一整套的學說，所以許多文獻上又將這一部分稱作"體態律動學"。這一學說的核心是：音樂教育應從身、心兩方面同時入手去訓練學生，讓學生從剛開始接觸音樂起，就不只是學習用聽覺去感受音樂，而是同時學習用整個肌體和心靈去感受節奏疏密、旋律起伏和情緒變化的規律。只有在身心兩方面都真正投入音樂中，內心對音樂的感受、理解才可能是精確的、生動的；同時，由此而產生的動作也才可能是一種真正充滿生命活力的律動。

由於這一學說把缺乏運動反應的訓練看成是傳統音樂課程不能有效發展敏銳樂感的症結所在，所以在新體系的創建中，達爾克羅茲特別增加了身體運動訓練和身體對音樂的即興運動反應訓練。體態律動課程主要是由這兩部分訓練內容組成的。

身體運動訓練的目的主要是：使身體的各個部分都能做到隨心所欲地適當緊張和放鬆；可輕鬆、自然、迅速、靈活地獨立運動和聯動；能充分地瞭解時間和空間，並能準確地使時間和空間相結合；能掌握身體運動的各種基本方式，並能創造性地運用和發展它們。

身體對音樂的運動反應訓練的總目標是：提高大腦與身體之間合作的效率，提高身體對音樂即興運動反應速度、準確性和獨創性水準。具體的反應訓練內容包括：對速度、力度變化的反應；對重音、小節及節拍變化的反應；對節奏、旋律、和聲、織體、曲式的反應；對音色的反應；等等。

由於達爾克羅茲的體態律動課程強調的是即興反應訓練，因此，這一體系對執教教師有著相當高的素質要求。他們必須有準確的聽辨能力和熟練的視奏能力；他們必須熟記盡可能多的民歌、童謠和有戲劇性效果的其他曲調；他們能隨心所欲地用即興創作出的音樂來激發、指揮和促進學生的動作表達。

二、教學方法與教學內容簡介

(一)動作的入門

訓練學生的動作，是體態律動教學的基礎。如拍手、走、跑、跳躍、列隊行進、單腳跳、搖擺等自然規律動作，通過配樂，使學生們感覺到音樂的節奏、速度、力度等特點。

(1) ♩♪♩♪，通過跳來感覺快而輕巧的節奏。

(2) ♫♫♫，通過跑獲得快速八分音符的節奏感。

(3) 6/8 ♫♫♫♫｜♫♫♫♫，通過搖搖籃、划船或模仿風中搖擺的樹枝，體驗節奏的搖擺感。

(4) 3/8 ♪｜♩>｜♪｜♩>｜♪｜，通過模仿馬兒奔騰的動作，感覺弱起拍子。

(二)身體各部分動作的和諧結合

達爾克羅茲認為，學生身體的各部分是他們進行體態律動訓練的工具，首先必須讓他們充分認識自己身體的各個部位，然後將各部位和諧地結合起來，獲得一種整體的感受。如以整個身體代表一個管弦樂隊：

手指：小提琴；　　　　手臂：單簧管；
腳趾：大提琴；　　　　腳：小號；
手：長笛；　　　　　　足跟：鼓。

它們可以獨奏，也可以合奏。在訓練中，首先分別訓練身體的各個部位，再將身體的各個不同部位和諧地結合起來，並隨著音樂來表現。

(三)大腦與身體間的協作

發展大腦與身體間的協作是體態律動學訓練中最有價值的部分之一。人們學習音樂和做任何事情，都需要智力（發出命令）和體力（執行命令）間絕對密切的控制和協作。訓練的方法是：

（1）讓學生自由行走，當聽到約定的信號（口令、打擊樂聲、和弦、音區或調式的變化），立即做出約定的反應（停止行走、反方向行走等），在這一訓練的基礎上進行更複雜的練習。

（2）讓學生按規定的方向、速度行走，聽到信號時，改變方向和速度。

（3）讓學生隨教師即興彈奏的音樂節奏行走，當教師彈奏的節奏發生變化，則學生行走的節奏也要發生相應的變化，以此逐漸深入。

（4）教師在琴上用左、右手同時彈奏不同節奏的音樂，讓學生用腳走出教師左手所彈奏的節奏，同時用手拍出教師右手所彈的節奏（也可與此相反）。當教師所彈節奏發生變化時，學生的手、腳動作也要做出相應的變化。在這種訓練中，如何利用空間來表現時間的延續，是完成大腦和身體間協作的重要因素。

（5）讓學生運用動作幅度的大小，表現不同時值的音符。當拍出一個音後，動作在空中延續，形成一個圈，表示音值時間的延續。音值短，則動作幅度小，在空中形成的圈也小；音值長，則動作幅度大，在空中形成的圈也大。同樣的方法，不同速度、力度的音樂，也可用不同幅度、高度、方向的相應動作來表現。

(四)放鬆、呼吸和糾正工作

放鬆是精力集中的必要條件之一。"教育的很大奧秘在於保證身體和智力的練習必須永遠用來相互放鬆。"放鬆對於體態律動教學有很大的作用。

（1）躺下是最好的放鬆。

（2）通過"拔河"遊戲來體驗緊張與放鬆。當教師即興彈奏出激烈、緊張的音樂時，學生們拉緊繩子；當音樂轉為柔和、抒情時，則放鬆繩子。在這個基礎上，去掉繩子，學生們就會憑體驗過的感覺，隨著音樂做緊張、放鬆的動作。

（3）站著做放鬆練習時，全身的各個部位可按教師彈奏的和絃，依次放鬆直至倒下。

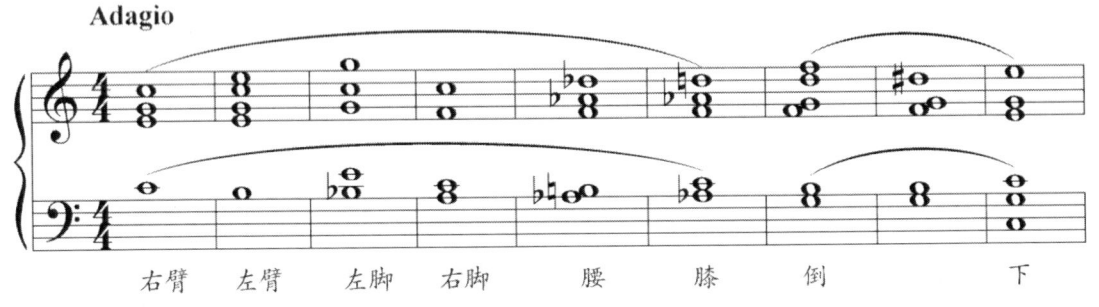

右臂　左臂　左腳　右腳　腰　膝　倒　下

（4）吹燃篝火。呼吸是唱歌的基礎。體態律動學運用"吹燃篝火"和模仿吹氣泡的動作來體會呼吸控制。

輕輕地吹　稍微強烈點　最後長長地　深深的地

做以上動作時，教師必須時時注意學生們的姿勢和動作，並及時予以糾正。

(五)音樂樂譜的入門

音符的時值在前面的各種訓練中已涉及,而音符的形狀也可用生動、形象的造型來說明學生們學習。

(1) ♩,由學生排成一路縱隊蹲下,代表符幹,領頭的學生身體彎成圓形,代表符頭。

(2) ♪,符幹與符頭的標記法同上,另由一位學生斜躺在符幹的尾上,表示符尾。兩位學生斜躺,便是兩條符尾。

當學生們認識了音符,掌握了音值後,可做一些節奏的組合練習,並用打擊樂器將組合的節奏型彈奏出來。

(六)節奏的教學

節奏的訓練貫穿於整個體態律動教學之中,所有動作都離不開節奏。因此,可通過日常生活、自然界聲音、遊戲、歌唱和音樂等產生節奏的概念。

(1) 拉鐘。

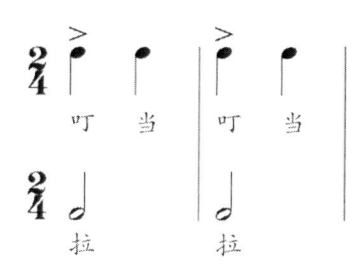

(2) 敲門的節奏。

(3) 握手。

(4) 在學生們列隊進行時,鼓勵他們用雙手拍打出鼓的節奏型,便可產生下面的節奏:

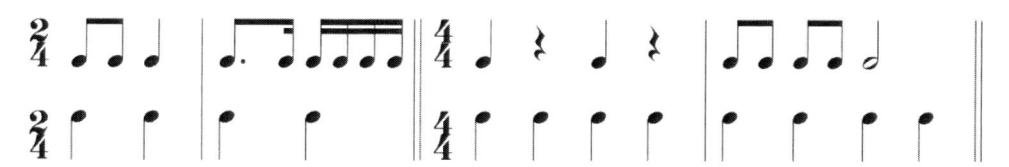

跳繩時,腳跳一下,繩子繞兩圈,就產生了"二對一"。所有這些都應被引入動作課,也可讓學生們根據自己的生活經歷即興創造出各種節奏,體會節奏是來自生活、充滿生命力的,而不是機械的、死板的。

(七)重音和小節

重音分不規則重音和規則重音,首先體驗不規則重音是引入規則重音及小節的方法。

(1) 不規則重音。讓學生以一個曲身的姿勢隨琴聲跑,當琴聲中出現一個重音時,他們必須直身。

教師在彈鋼琴時，可由不規則重音逐步引入規則重音，直至每小節一個重音，這樣小節的概念就產生了。

（2）還可用拍球來顯示小節重音。

（3）用傳球方式體驗小節和節拍重音。讓學生們圍成圈，按教師彈奏的樂曲，在每一小節的重音上，將球傳給相鄰的同學。

(八)指揮表達法

指揮也是體態律動學課程中必不可少的部分。指揮動作的入門，可從學生自然、放鬆的動作開始。

（1）讓學生以一種舒適的姿勢站著，做一些自由運動，手隨著身體運動打拍子，他們就會很容易地顯示出速度、力度和彈性的變化。

（2）讓學生隨著音樂旋律線的起伏、音調的變化節奏打拍子。

（3）教師隨學生構思的指揮動作在琴上即興彈奏。

（4）在聽辨樂句時，可把學生分成幾組，請一位學生在前面指揮，按樂句指揮各組的學生朝不同方向移動或做不同的動作。

（5）讓學生畫圖、線條、色彩，將各樂句的旋律線、力度、情緒等表現出來。

(九)練耳和動作

對各種信號的反應來自耳朵，因此練耳是很重要的環節。它們必須和動作結合在一起進行。

（1）兩人一組，一位任意拍手數下，另一位閉起雙眼並聆聽，然後將對方所拍的次數、方位重複拍擊出來。

（2）由教師即興彈奏一段起伏明顯的旋律，學生們根據旋律起伏，向前、向後走。

（3）聽辨音高：七人一組，每人分別擔任音階中的一個音，當教師彈"mi"時，相應學生必須向前走三步並唱出這個音。

（4）聽辨和絃連接：三人一組，分別用和絃中的三個音，隨教師所彈奏的和絃連接（上行、下行、平行），做出相應的變化動作。

三、小結

達爾克羅茲的貢獻，在於他第一次在理論和實踐兩方面同時確立了身體運動反應在音樂教育中的重要地位。"體態律動學"不但在理論上啟發了近現代音樂教育心理學有關研究的開展，而且在實踐上也推進了整個近現代音樂教育的技術進步。在其後發展起來的大多數有影響的兒童音樂教育體系中，都可以看到"身體運動反應訓練"的各種發展或變化的模式。

第二節 (匈牙利)柯大宜音樂教育體系

一、柯大宜生平簡介

柯大宜·佐爾坦（Kodaly Zoltan，1882～1967年）是匈牙利的著名作曲家、民族音樂家和音樂教育家。他出生在一個具有良好的藝術環境的家庭，從小就從父母那裡接受古典音樂名作的薰陶，少年時代學習鋼琴、小提琴、中提琴、大提琴等多種樂器，並且很早就達到參加室內演奏的水準。中小學時代他便開始了他的早期音樂創作活動，高中畢業後，柯大宜進入了布達佩斯音樂學院學習作曲和指揮。1904年，他獲得作曲專業畢業文憑。1906年，他以研究匈牙利民間歌曲的歌詞詩節結構的論文獲得哲學博士學位。

作為作曲家，柯大宜創作了大量的歌曲和民間音樂的改編曲，如1923年，柯大宜創作了《匈牙利讚詩》；1926年的歌劇作品《哈裡·雅諾什》和1924～1932年間創作的《紡屋》；1930年代末期，柯大宜創作的兩首管弦樂作品《孔雀》（1938～1939年）和《協奏曲》（1939～1904年）；等等。他還深入研究了講話中的發音和匈牙利語言的重讀規則。他的作品曾被巴托克譽為"匈牙利靈魂的表露"，在匈牙利國內具有很大的影響。

作為民族音樂理論家，和音樂創作一樣，理論研究也是他畢生從事的工作，他在理論研究上取得了世界公認的成就。在柯大宜大量的理論研究論著中，突出的代表作品之一是1917年出版的《匈牙利民間音樂中的五聲音階》。1960年，他被英國牛津大學授予名譽博士；1965年，維也納大學為他研究東西方文化關係所做出的貢獻頒獎；1966年，他被加拿大多倫多大學授予名譽博士，並多次在匈牙利接受榮譽。

作為音樂教育家，柯大宜於1925年以後開始密切關注青少年的音樂教育，投身探索、發展匈牙利民族音樂和音樂教育的事業中，並為這項事業付出了終生不懈的努力。他立足於匈牙利民族傳統音樂文化、提高全民族的文化藝術水準，在深入研究國外音樂教學方法，取其長處的基礎上，與匈牙利本國的教學經驗和實際相結合，創立了一個完整的音樂教育體系——"柯大宜教學法"。

在柯大宜的音樂教育觀念中，他認為音樂和人的生命本體有著密切的關係，人的生命中不能沒有音樂，沒有音樂就沒有圓滿的人生，音樂是人的發展中不可缺少的部分。音樂不能成為少數人獨有的財產，而是應該屬於每個人，這是他最高的理想；為千百萬人展示真的音樂，讓這樣的音樂使人們的生活更美好，這是他奮鬥的目標。

實現這個目標，學校音樂教育具有決定性的作用。柯大宜關於學校音樂教育目的的論述，主要涉及三個方面：（1）音樂教育與人的全面發展；（2）音樂教育必須從早期開始；（3）音樂教育與民族精神培養。柯大宜認為學校音樂教育首先要牢固地建立在民間音樂基礎上，這是他的教育思想的重要原則之一。在學校教育中培養青少年熱愛民族音樂、積累民族音樂語言，建立民族音樂思維方式，不但對強化學生的民族意識、增強民族情感具有意義，也對於保證民族音樂傳統在歷史中的繼承發展至關重要。而如何實現教育目標，柯大宜認為，好的教學材料和優秀教學方法的實施首先在於培訓好的師資。此外，系統、豐富的教材建設也是柯大宜教育思想得以實現的重要保證。具體教學中，柯大宜創設了以歌唱教學為主要內容的課程體系，並重視音樂讀寫能力的培養。

二、柯大宜教學法的主要內容與特點

柯大宜教學法中所使用的某些基本手段並非完全是他本人獨創，而是他借鑒、吸收國內外的成功經驗，結合匈牙利實際和需要而進行的改革與實踐。這些方法在他的教學體系中具有有機統一、協調發揮的作用，即達到系統化和整體化。

（一）首調唱名體系

柯大宜教育思想在唱名法問題提出之前已經基本成型，而唱名法是其教育思想的有機補充、實踐手段。首調唱名體系作為適應民間音樂的有調性傳統，對發展聽覺、發展音樂思維、識譜學習是有實際效果的。首調唱名體系包括以下幾個方面的內容。

1. 使用首調唱名法

使用首調唱名法是柯大宜教學法最基本的原則之一。在《音樂學科教育學》（曹理等著）中寫道：首調唱名法用於訓練和培養孩子們的音樂概念是十分有效的。因為，採取這種教學手段，調式感強，相對音高易唱准，即興伴奏便利，移調方便。幼兒歌曲和歌謠、民間音樂和大量西方藝術音樂都是有調性的，因此，很明顯適合用首調唱名法進行教學。但是首調唱名換來換去，轉調難，對於演唱無調性音樂困難更大。在匈牙利普通音樂教育中，以使用音級字母使用的是：d，r，m，f，s，l，t；完整的寫法是：Do，Re，Mi，Fa，Sol，La，Ti。

2. 採用節奏時值讀法進行節奏訓練

柯大宜認為，節奏是人的本能，是各種音樂要素中和人的生理、心理感受最直接的部分。柯大宜將法國的艾米拉·約瑟夫·契夫的節奏讀法引入並發展為複雜的節奏練習。節奏讀音採用象聲詞的形式，使各種時值的節奏都有了一個相對應的音響，在其他歐美中國也常使用。採用這種方法使節奏時值"符合化"，具有可讀性，改變了一般教學中節奏只有在聯繫了音高時才能聽到時值的情況。在教學中，配以豐富多樣的單聲部、多聲部進行訓練，學生們就不會感到枯燥無味了。在匈牙利教學中，節奏訓練的開始階段，要使用拍手或輕擊打擊樂器等簡便易行的方法。

節奏音樂標記可以使用帶符頭或單純符幹兩種方法：

四分音符時值標記為"|"或"♩"讀作"ta"。

八分音符時值標記為♪，讀作"ti"，教學中常把一拍中的兩個八分音符連寫為♫，讀作"ti ti"。

二分音符時值標記為 𝅗𝅥，讀作"ta—a"。用手拍擊二分音符時，常雙手合攏，從左側移向右側，保持時值。

十六分音符時值標記為 ♬♬，讀作"ti ri ti ri"。

附點四分音符 ♩. ♪ 讀作"ta—m—ti"；附點八分音符 ♪. ♬ "讀作"ti—m—ri"。

四分休止符 𝄽 常常讀作"xu"。八分休止符 𝄾 常常讀作"si"。在休止時給一個相應的時值讀音，有利於兒童初學理解和感覺休止的時值。節奏練習貫穿於音樂課程中，或和其他音樂要素結合進行。節奏訓練的方法多種多樣，例如：

（1）利用視覺圖像識別、感覺四分音符及八分音符的時值比例關係。

（2）利用節奏卡片（ | ♬ | 　 ♬ ♬ | | 　 ♬ 𝄾 | 等）做節奏的視譜、聽辨、記憶訓練。

（3）唱（或讀）並拍打已知歌曲的節奏型（讀沒有旋律音高，唱有旋律音高），或根據教師拍打的歌謠、歌曲節奏型，讓學生辨別其名稱，鍛煉節奏聽辨能力。

（4）利用拍手、踏腳等身體動作或打擊樂器，拍擊具有固定節拍與節奏的二聲部；或為歌曲、視唱曲配以各種固定節奏型成為節奏與歌唱的二聲部；做節奏的二聲部卡農式模仿時，個人左、右手使用兩種音色分擊兩行節奏譜，成為節奏二聲部等。

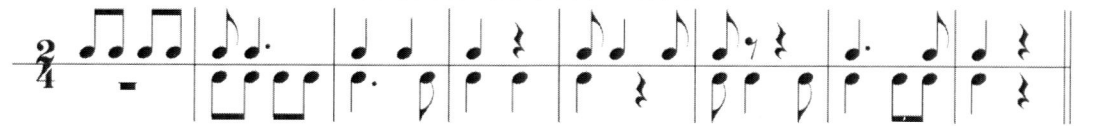

在進行節奏聽寫時，也有多聲部節奏聽覺訓練的安排。例如要求學生拍擊已給的節奏，聽寫教師敲擊的另外一個節奏聲部：

利用圖形、符號表示出已知歌曲中相同或變化的節奏句式，是節奏結構概念最初的學習。

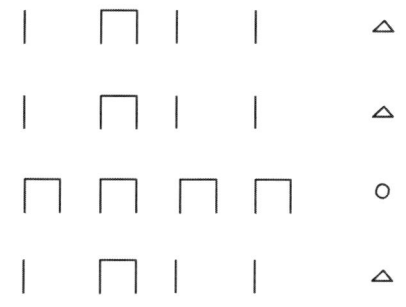

利用拍擊或打擊樂器，學生與教師做節奏模仿或節奏對比；在"接力"的節奏練習中，每人依次重複前一人的後四拍，再自編四拍相區別的節奏型。這是訓練節奏記憶和即興創作能力的最初形式。

用手拍擊二分音符時，常用雙手合攏，從左側移向右側，保持時值。

3.使用字母標記與手勢

字母標記類似數位簡譜，使用唱名的輔音字母來標記唱名，低音在字母右下角加一撇，高音在字母右上角加一撇。如

s₁ l₁ t₁ d r m f s l t d' r' m'

節奏與字母記譜結合起來，形成這樣一種簡明的記譜方法，以減輕兒童識譜上的困難。見下例：

| | | || | | | | 1 | | | | | | | |
l₁   s₁   d r   m   m   r   m r   d
l₁   s₁   d r d   m   r d s₁   l₁

如果首調唱名法有助於調性記憶，那麼首調唱名法與柯爾文手勢結合起來則會使這種調性記憶更快、更牢固。

英國人約翰·柯爾文在1870年首創了一套手勢用於音準訓練，移植到匈牙利的學校後，又做了一些修改。小孩子應該只用單手，在掌握音型方面其效果比使用雙手的孩子更快、更有把握。然而，教師應當能夠用雙手來表示不同的音高。例如一隻手表示延留音 sol，而另一隻手表示 do—sol—do；教師可以在訓練音準的過程中用兩隻手同時指揮兩聲部學生。教師還可以在指揮一個班或一個合唱隊時，用手勢幫助他們克服因和聲變化帶來的困難。手勢教學是很有價值的教學技巧。

柯爾文手勢包括七種不同的姿勢，各自代表著音階中固定的某一唱名，並通過在空音所處的不同高低位置，顯示音階中各音之間的高低關係。詳見柯爾文手勢表：

柯爾文手勢表

手 勢	唱 名	手勢要點	調式音級名稱	部 位
	do'	掌心向下，平握空拳	堅強穩定的音——大調的主音	頭頂
	si	掌心內翻向上，食指自然伸直 斜指左上方，握其餘四指	尖銳又敏感的音——大調的導音	眉間
	la	掌心向下，五指自然鬆開向下，呈提拉姿勢	暗淡、悲歎的音——大調的下中音	下頷
	sol	掌心向內，側平掌	莊重又明亮的音——大調的屬音	下頷
	fa	掌心向下，食指、拇指伸向下方，其餘三指握於掌心	淒涼、使人畏懼的音——大調的下屬音	下頷

（續表）

手勢	唱名	手勢要點	調式音級名稱	部位
	mi	掌心向下，橫平掌	平穩又平靜的音——大調的中音	胸部
	re	上斜平掌，掌心向左下	活躍向上的音——大調的上主音	腰部
	do	掌心向下，平握空拳	堅強穩定的音——大調的主音	
	降si		升sol		升fa

（1）在柯大宜教學法中運用該手勢稍有變動，按"柯大宜教學法手勢圖"為："Fa"為掌心向外翻，拇指向下方伸開，握其餘四指。"Ti"為掌心向左下方，食指斜指左上方，握其餘四指。其餘五種手勢均與上圖相同。

（2）各手勢與上身有關部位的大致相應高度：do 在腰部；re 在下肋部；mi 在劍突部；fa 在胸部；sol 在下頷部；la 在眉眼部；si 在額部；do´在頭頂部。如需指示高八度音時，可提起足跟，在頭頂以上高度做手勢。

（3）"do、mi、sol"三個音是自然大調中的穩定音，它們的手勢都比較平穩。在其他四個不穩定音中"，si"為導音，有向"do"解決的強烈傾向，用食指斜上指表示"；fa"有向"mi"解決的傾向，用食指及拇指向下表示。調式中兩個半音得到了明確的顯示。

（4）"fa"與"si"既是變化音，又是 C 大調與 F 大調中Ⅶ級或Ⅳ級音，用變化 fa 及 si 手指形狀的辦法起到了很好的提示作用。

4.使用固定音名唱法

柯大宜教學法的視唱體系，在首先基本掌握了首調唱名法後，引進固定音名唱法，作為視唱練耳訓練的補充，因為學習器樂和無調性作品適宜使用固定音名唱法。固定唱名體系在歐洲的使用主要分為兩種情況：一種是德國、英國和一些受他們影響的

中國使用的固定唱名體系，直接使用音組級的音名字母 C，D，E，F，G，A，B 等；另一種是法國、義大利和一些受他們影響的中國使用的固定唱名體系，採用 C 大調的唱名，按照絕對音高所表明的音級位置歌唱。

（二）重視音樂的讀寫能力

重視音樂的讀寫能力的發展，既是柯大宜教育觀念，又是柯大宜教學方法的基本手段之一。為發展學生的音樂讀寫能力，他寫了大量的視唱教材，從只使用兩三個音級的歌曲到帶有複雜性轉換的複調性作品，為學生讀寫能力的發展提供了豐富的教學材料。音樂的讀寫從五聲音階音樂開始，也是柯大宜教學法的一個特色。

(三)以歌唱作為音樂教育的基礎

以歌唱作為音樂教育的主要手段,也是柯大宜教學法的一個重要的特徵。柯大宜認為,小孩子唱歌和說話是同樣自然的。他還認為,兒童只有積極參加藝術實踐活動,才可能獲得音樂的體驗、獲得真正的音樂文化。歌喉是每個人都有的樂器,歌唱正是每個人都可能參加的音樂活動,是進行普及音樂教育的切實可行又有實效的途徑。

(四)系統豐富的教材

豐富的教材建設是柯大宜教育思想得以實現的重要保證之一。他堅持兒童音樂教育所使用的教材只能來自真正的兒童遊戲和兒歌、真正的民間音樂、優秀的創作音樂三方面,為此,他做了大量工作。他寫了大量的合唱教材和幾套教材,在教材中可以看到數量龐大的民間歌曲。他寫的各種教材數量之多,藝術規格之高,在各國作曲家中是罕見的。他強調,民間音樂在教學中佔有突出的重要地位。

第三節　(德國)奧福音樂教育體系

一、概述

卡爾·奧福(Carl Orff,1895~1982年),德國作曲家、音樂教育家。1914年畢業於慕尼黑音樂學院。第一次世界大戰期間曾在軍隊服役,戰後一直作為專業作曲家在一些地方的歌劇院任職並繼續從師深造。1924年和友人軍特一起創辦了"體操—音樂—舞蹈"學校,以成人為教育物件開始了他作為音樂教育家的生涯。1930~1935年,奧福完成了五卷《學校音樂教材》的寫作,並開始對兒童音樂教育產生興趣。1948年,奧福讓兒童在一組樂器上演奏的音樂被製成系列廣播,引起兒童的喜愛和音樂教育工作者的關注。1949年,奧福和友人開設了一個工作室——第49工作室,專業從事設計、改進和製造奧福樂器的工作。1950~1954年間,他的五卷《學校音樂教材》正式出版。1961年,奧地利薩爾斯堡的莫札特音樂學院成立了奧福研究所,隨後不久又在研究所的基礎上成立了奧福學院。由此,奧福的音樂教育思想和技術迅速地在德國乃至全世界傳播開來,他的音樂教育體系也被公認為是對世界近現代音樂教育改革產生深遠影響的最重要的體系之一。

19世紀末20世紀初,歐洲藝術創作領域出現了一股要求突破傳統文化的禁錮回歸自然的思潮;同時,由於民族主義音樂思潮的興起和古典主義、浪漫主義音樂的極度發展,迫使當時的許多音樂家轉向民族音樂和原始,尋找新的出路。正是基於這種背景,奧福發展起了一種獨特的音樂創作新風格,他本人把這種新音樂稱作"Elementar"音樂。

在奧福轉向關注音樂教育以後,便將"Elementar"音樂的基本原則逐漸發展成了奧福音樂教育的基本核心觀念。"Elementar"這個詞在德文中,具有原始的、原本的、基礎的、初級的、元素性的、自然的、富有生命力的等多種含義。在奧福音樂教育體系中,無論是課程設置、教學組織形式、教學方法,還是教材和教學工具等諸方面,一切重要特徵都可以從這一詞彙的各種含義中找到其根源。

二 教學內容與教學方法簡介

(一)教學內容

奧福體系的教學內容主要包括嗓音訓練活動、動作練習活動和樂器演奏活動三個方面。

嗓音訓練活動可細分為歌唱活動和節奏朗誦活動。節奏朗誦活動的內容除童謠、遊戲兒歌、小詩以外，還有謎語、諺語、鑒言、詞彙或者無意義的單音與多音音節。節奏朗誦活動被奧福稱作最接近兒童音樂天性的教學內容之一，是奧福體系在教學內容方面的一大獨創。節奏朗誦可根據不同的難度讓各年齡段的兒童學習。其中，作品結構的大小、聲部的多少及肢體、節奏和語言的複雜程度是區別其難度的一般標誌。下面是兩個中等難度的多聲部節奏朗誦作品的片斷。

動作練習活動又可分為律動、舞蹈、戲劇表演，它們過去一般不是音樂教學的內容，奧爾夫則認為，它們都是兒童音樂教學內容中不可缺少的部分。其理由是：對兒童來說，動作、語言、音樂是一個統一的、不能分割的行為領域。在動作造型活動中，聲勢活動被認為是奧福兒童音樂教學內容體系中的又一獨創。聲勢活動是一種用最簡單的身體動作發出各種有節奏聲音的活動。其中最基本的四種動作是跺腳、拍腿、拍手和撚指。奧福體系把這種活動稱為演奏身體樂器的活動，他在實際教學中，讓兒童做不同的身體動作，發出不同的聲音和音色，引導兒童去探索和感受音高、音色等方面的差異。聲勢活動也可根據其不同難度提供給不同年齡的兒童學習，其難度的標誌主要體現在節奏的複雜程度、動作的難度、動作種類的多少、動作變換的頻度、聲勢作品結構的大小、聲部的多少，以及肢體的複雜程度等方面。下面是兩個中等程度的多聲部聲勢作品的片斷。

樂器演奏活動所用樂器有奧福樂器，也有其他樂器。奧福創設這些樂器的目的，是為了讓兒童更容易地通過奏樂方式，對音樂世界進行全面探索、全面享受。其中，音條樂器（木琴、鐘琴、鋼片琴）可以靈活拆裝，不僅可以用來演奏簡單、樸實的旋律或固定音型，還可以演奏複雜而具有藝術性的多聲部大型作品。下面是用音條樂器演奏的兩個中等難度的多聲部作品的片斷。

高音鐘琴
中音鐘琴
高音鋼片琴
中音鋼片琴
高音木琴
中音木琴
低音大提琴
梅 牡 丹 迎 春 花 愛 煞 人 美 不 勝 收
蛇 駿 馬 孺 子 牛 熊 瞎 子 龜 兔 賽 跑
爹 大 嬸 乖 乖 兒 胖 阿 嫂 親 親 熱 熱
山 長 江 海 南 島 大 草 原 錦 繡 河 山

在以上全部教學內容中，節奏學習是最基本和最重要的內容。奧福認為這種音樂、舞蹈語言三位一體而又注重節奏的課程內容，不僅符合人類音樂生活的原始性、原本性，也符合兒童的自然天性。

(二)教學組織形式

奧福體系的教學組織形式可從兩個方面來描述：首先是“集體教學”，其次是“綜合教學”。集體教學的主要目的是創造出交流、分享審美體驗的機會與合作，營造平等競爭的機會；而綜合教學既體現在創作、表演、欣賞中，又體現在歌唱（包括節奏朗誦）、舞蹈、奏樂中。綜合教學的目的是創造全面、完整的綜合性審美體驗。奧福體系的觀念認為：以上這些教學組織形式，對於處在個體發展原始（初級）狀態的兒童來說，不僅是十分適宜的，而且也是十分必要的。

(三)教學方法

在不斷創新中獲得新的生命力是奧福體系的核心理念之一。奧福體系的教學方法主要是"引導創作法"。引導創作法是指："教師在教學中，只向學生提供一些元素性材料。如最基本的節奏、最基本的動作方式、最基本的結構組成方式等。而學習則主要是通過範例和教師的啟發，在集體創作過程中進行的音樂學習。"此外，奧福體系並不絕對排斥模仿學習的方法，承認模仿學習是一切完整音樂體系必須具有的內容。下面僅以節奏教學為例具體說明引導創作法在奧福式課堂教學中的實施。

1.節奏單元提取

讓兒童從順口溜、童謠、詩歌或兒童熟悉的事物名稱中提取出最簡單的節奏單元。這些單元的最小規模可以是兩拍，也可以是三拍。它們最初一般由四分、八分或二分音符組成。這些最簡單的元素性節奏單元被奧福稱作"節奏基石"，"節奏基石"是一種最容易被掌握的材料，可供兒童建造屬於他們自己的音樂大廈。

下例是一首中國北方童謠：

羊羊　　跳花牆，　抓把草　喂你娘。你娘不在家，喂你們小哥仨，小哥仨。

上面這首童謠中，可以引導兒童提取出以下五種最基本的2/4拍節奏單元：

2.節奏單元鞏固

教師用範例引導兒童用各種替換詞來連續朗誦這些節奏單元，如：

教師：蛇　蛇　蛇　蛇
學生：　　　　　　　蛇　蛇　蛇　蛇

教師：孺子牛 孺子牛 孺子牛 孺子牛
學生：　　　　　　　　　　孺子牛 孺子牛 孺子牛 孺子牛

引導兒童用"回聲遊戲"的方法繼續鞏固這些節奏，訓練兒童的反應能力和協作能力。如：

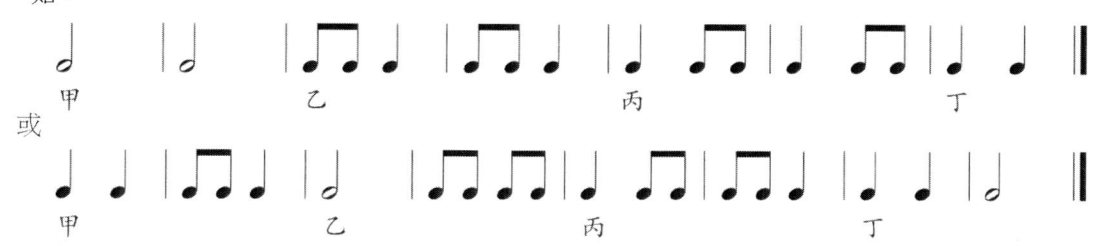

[節奏譜例：甲 乙 丙 丁]

或

[節奏譜例：甲 乙 丙 丁]

最初可用一種節奏單元進行遊戲，教師領誦時變化替換詞。練熟後可任意使用一種或幾種節奏單元，並加入強弱和快慢變化，最後，教師的領誦也讓兒童來代替。在兒童領誦時，教師要及時鼓勵、引導兒童有更多的創造。

此外，教師還要指導兒童熟悉這些節奏單元的記譜法，並逐步要求兒童按譜即興填詞，或按自己朗誦的節奏去記譜。

3.節奏單元的遷移

教師用範例來引導兒童用聲勢動作連續表現這些節奏單元。最初可做"回聲遊戲"，而且只用一種動作，如拍手。熟練後可任意跺腳或撚指，甚至做其他兒童自己想出來的能發出響聲的簡單身體動作。在上述基礎上，可進一步用"接龍"遊戲的方法來進行練習。

"接龍"遊戲依其複雜程度的不同，一般可分成以下三種：

一般接龍：

[節奏譜例]

"咬尾巴"接龍：

[節奏譜例]
布　谷　告诉我　春　天　有　多　美？

"卡農式"接龍：

[節奏譜例：甲 乙 丙 丁]

"爭領袖"遊戲是一種難度較大的節奏反應訓練遊戲。由教師連續做一種節奏動作，學生模仿並與教師一起做同樣的動作，接著，學生中任何一個人要想當"領袖"，就要做出一種與教師不同的節奏動作，並設法引起大家的注意，全體師生須敏銳注意到這種變化並立即響應這一創舉。如此不斷進行遊戲，熟練後可加入速度和力度的變化。

4.節奏單元的發展

教師引導兒童按教師提供的模式及規模將掌握的節奏單元結成節奏短句。如：

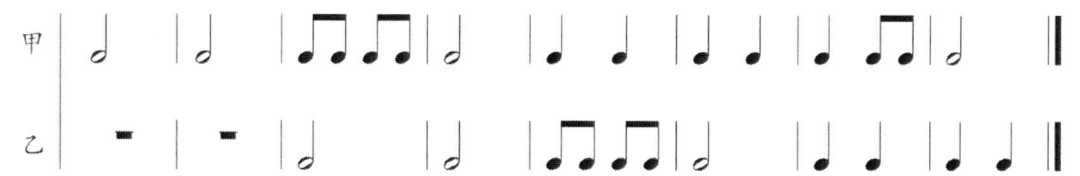

[節奏譜例：甲、乙兩聲部]

教師引導兒童為自己創作的短句填詞，或創編聲勢動作。

在這種活動中，教師也須引導兒童去細心感受和欣賞不同嗓音在音色上的變化，如亮、暗、沙、脆、圓、扁等。還加入聲勢後可能是：

♩　♩　｜♪♪♪♪｜♪♪♪♪｜♩　　‖
大鼓　　　木鱼　　　铃鼓　　　钗

在這種活動中，教師還須引導兒童去細心感受和欣賞不同身體動作所發出的音色效果，或不同動作序列所發出的音色序列。

在分組或個別創作活動中，教師須組織兒童展示、交流他們的作品，並引導兒童學會積極評價和分享。

熟練後可加入"接龍""爭領袖"和問答遊戲，還可加入速度、力度、音色的變化。請注意，問答遊戲與"接龍"遊戲的區別，不僅在於形式上的甲問乙答、丙問丁答，其要求的核心在於：使節奏的對答真正成為從內心情感到外部體態表情及音響表情的交流，使節奏獲得一種真正的藝術生命力。

在此基礎上，教師還可進一步引導兒童，讓他們用打擊樂器或音條樂器演奏這些節奏短句，進行即興節奏創造遊戲（如接龍、問答、爭領袖等）。在小組活動中，還可以通過不同樂器的合作，對創作出的節奏短句進行更豐富的處理。如：

♩　♩　｜♪♪♪♪｜♪♪♪♪｜♩　　‖
踩脚　　　拍手　　　拍腿　　　捻指

在這種活動中，教師須引導兒童感受和欣賞不同樂器、不同組合方式所產生的不同音色效果及其趣味。

5. 節奏單元的應用和更大規模的發展

教師用範例引導兒童按自己創作的節奏短句，為韻文朗誦、歌唱、舞蹈、戲劇表演和教師演奏的樂曲伴奏。具體可用節奏朗誦聲勢動作、打擊樂器或音樂樂器演奏等多種不同方式。在伴奏時，教師應充分引導兒童將各種表演和伴奏加以變化。如韻文朗誦的變化可能有：

全體、小組和單獨朗誦的變化或交替進行；

女孩和男孩朗誦的變化或交替進行；

明亮和暗濁的朗誦音色變化或交替進行；

有伴奏和無伴奏的朗誦變化或交替進行；

特定情況下的速度、力度變化；

為朗誦編配適合的表演動作等。

教師可通過範例來引導兒童，將這些結構比較短小、簡單的短句發展成為規模更大一些的作品。

如將下例短句按 a+a+b+a 的模式組合，這就成了單樂段。

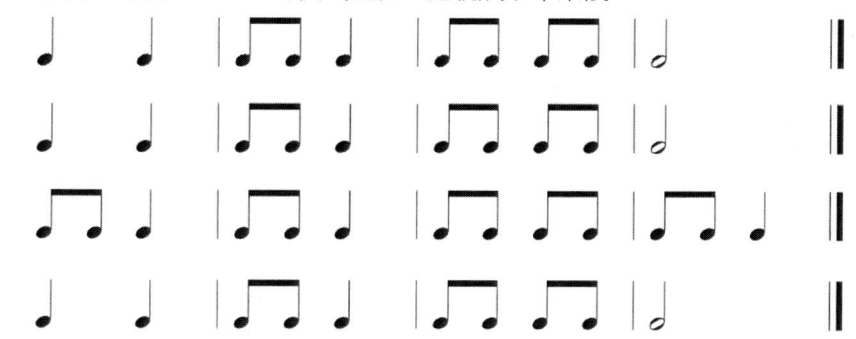

為上面的節奏樂段加上歌詞、聲勢動作或打擊演奏，甚至加上音高（運用兒童在此時已掌握的音，兩三個音即可）就可以構成一段相當完整、相當美妙的音樂。如果把該樂曲作為 A 段，加上由教師或學生用另一種方式即興創作的 B 段，就可以構成更複雜的 AB 二段結構或 ABA 三段結構。如果再加上由學生即興表演的更多的中段（這些中段可以是節奏朗誦、情境表演、聲勢動作、打擊樂演奏、即興歌唱等，結構可以規定，也可以自由），還可以構成一首迴旋曲。當然，發展方案必須根據兒童的年齡和音樂水準去加以設計。

(四)教材和教學工具簡介

奧福體系的教材可以由奧福本人寫作的五卷《學校音樂教材》作為代表。它的內容主要來自德國的兒童遊戲、童謠和民歌。奧福認為，只有來自兒童生活的教材，才可能成為最符合兒童天性的、最自然的、最富有生命力的教材。《學校音樂教材》的編排順序，除了節奏由簡單的基本節奏開始，然後逐步複雜化以外，旋律也從兩個音開始，然後逐步完善五聲音階，最後才發展到完整的大小調音階。

全書的具體內容如下：

第一卷　五音範圍內
　第一部分：韻律與遊戲歌曲
　第二部分：節奏—旋律練習（第一部分）
　第三部分：樂曲
第二卷　大調波爾動/各級音
　第一部分：波爾動
　第二部分：各級音
第三卷　大調屬和絃
　第一部分：波爾動
　第二部分：各級音
　第三部分：屬和絃
第四卷　小調波爾動/各級音
　第一部分：波爾動
　第二部分：各級音

第五卷　小調屬和絃：節奏—旋律練習（第二部分）
　第一部分：波爾動
　第二部分：節奏—旋律練習
　第三部分：屬和絃

奧福特別指出，他提供這套教材的目的僅僅是提供一種"教育應該如何順應兒童本性"的思路。因此，不同中國和地區，不同學校和班級的教師，應該按照這種思路，為他們所教的特定兒童群體選擇更適合他們的教材，而不是照搬奧福的教材。

奧福體系的獨特教學工具是奧福樂器。但在奧福式的課堂中，並非只使用奧福樂器。奧福樂器從理論上講，應該是指一切具有原始樂器特徵的樂器，它們既可用簡單的大肌肉動作來演奏，又易於為初學兒童所掌握。而特指的奧福樂器，則是指那些由奧福機構認可的研製性樂器。這些奧福樂器一般可分為兩大類：一類是無固定音高的打擊樂器，另一類是有固定音高並靈活拆裝的音條樂器。

三、小結

奧福的貢獻在於：他創造了一種理論和實踐的體系，使兒童能夠以最自然的方式進入音樂世界的一切領域，並從中獲得最完整、最全面的音樂享受。他創造的這一體系，使孩子們獲得了許多交流、分享和共同創造的積極而又愉快的體驗，在音樂教育領域內，比較系統地解決了近代教育所共同關心的一些實際的教育問題，如有關兒童個性、社會性健康發展等，為音樂教育的未來發展開創了重要的新思路。

第四節 (日本)鈴木音樂教學法簡介

鈴木音樂教學法是日本現代教育家鈴木鎮一提出來的。鈴木認為，教育包含兩個意思：一是"誘發"，就是把潛伏的、暫時隱而不現的狀態提示出來，發展起來；二是教學，即按照兒童生理狀態和心理狀態有效地傳授知識技能。鈴木認為，教學是促進才能發展的途徑，教學的目的就是要探索和發展人的潛力，也就是進行才能教育。鈴木教學法主要強調三個東西。一是重複，他在教學中強調"重複，重複，再重複"。二是訓練記憶。他說："記憶是一種極為寶貴的東西"，有了"記憶作為基礎才有體驗，有了體驗，才有推理"。學習優秀的學生都是記憶能力得到發展的學生。所謂差生，只是因為他們的記憶能力沒有得到發展。良好的記憶能力是訓練的結果。三是直覺。他認為直覺是沉睡在理性經驗的溫床上的一尊可靠的神祇。當人們需要的時候，它會在一刹那間清醒過來，直覺也像別的能力一樣是可以鍛煉的。

鈴木的才能教育有五個原則：更早的教育、更好的環境、更好的指導方法、更多的訓練和更高水準的指導者。

鈴木教學法在具體實施中有以下特點：

1. 才能教育越早越好

鈴木曾說過，當嬰兒剛生下的那一天，我們就應該將唱片掛上唱機，讓他聆聽最美好、最高尚的音樂。他主張音樂教育從出生開始。自小孩出生後，就應開始接受教育，如讓小孩反覆聽某些聲音及語言，經常刺激他。雖然嬰兒時期不進行系統的學習、訓練，但是音樂聽覺的培養、美好音樂的薰陶，將為兒童以後的音樂能力發展打下基礎。

2. 創造優良的音樂環境

美好的音樂氛圍，能使學生自然而然、潛移默化地接受音樂的崇高洗禮，形成他們的"音樂之耳"，尤其對幼齡階段的孩子影響更加深遠。鈴木先生反復強調要創造學習環境，讓兒童自幼接觸音樂、培養樂趣。在他的教學理論中，家庭音樂環境的建設被置於和學校音樂環境的建設同等重要的地位。鈴木認為，應該提供好的音樂錄音帶給父母和家庭，讓美好的音樂成為兒童生活的一部分。小孩出生後從四周環境接受聲音，大部分是先從家庭中開始，再擴大到家庭以外的。小孩音樂發展的能力是從家庭這最主要的場合中得到的，因此父母要負擔最重要的任務，在經濟上，如買唱片、錄音機、錄音帶等，今天的父母完全有條件購置這些，以提供特殊的音樂環境。總之，設法使優美的音樂充滿著整個家庭，在孩子的生活中擴大聽力環境。

3. 充分利用模仿、重複的方法，堅持不懈地大量練習

傳統的教學往往總是要求兒童先學會看譜再演奏，常常是這些困難的讀譜扼殺了兒童對音樂的興趣，使兒童不能享受演奏的樂趣。當聽到一個優秀的演奏時，所彈的曲子正好是小孩自己正在學習的，可讓他指出分句、跳音彈奏等，這樣去鼓勵兒童模仿，聽他人演奏都很有益處。

不要認為小孩會厭煩反復練習，其實通過不斷地模仿、大量的重複練習，才能提高兒童對音樂的敏銳反應和音樂記憶。鈴木所強調的重複不是機械的單純重複，而是不斷提出更高的要求，使兒童總是有新的學習目標的重複。

4. 用聽覺引導兒童的學習

正如鈴木先生所說："音樂的耳朵可在聽力訓練中得到，而不是天賦或固有的，以後多練習就會多出效果。它是人類的適應性在聽力訓練上的發展。"如同學習語言是由"聽"開始的一樣，學習音樂也應從從傾聽優秀的音樂的實際音響開始，而不是從辨認音樂符號、學習概念開始。在最初的聽力環境中，最好選擇一首簡單的曲子，為特別發展聽力的"記憶的音樂"，曲子不能太長，結構要比較簡明易懂。

視譜在教學中也是重要的，單獨演奏的進度不依賴於識譜能力，應該根據兒童的心理、生理特點安排進度。

5. 母親直接參與兒童的學習活動

鈴木教學活動中母親的參與具有十分重要的作用。母親應當在未上課之前就要做准備，她應當閱讀基本的書籍，這樣可以懂得教學過程，或者和兒童一起參加學習，以自己對音樂的熱愛和練習的認真來鼓勵幫助兒童掌握課程要點，成為兒童最直接的榜樣。

6. 創造集體教學和觀摩的機會

鈴木認為，在集體的學習環境中，兒童之間可以獲得更接近於自身水準的技術榜樣和精

神榜樣。適當的競爭也會激勵更強的上進心，如在 3 歲左右通過比賽激發其爭強好勝的願望，使之努力學習奮發向上。如果有機會觀摩教師在琴房裡的教學也是很有價值的，在學校裡，學生們在上課時不僅可以演奏他們充分準備過的曲子，在室內，還可看到和聽到教師怎樣教不同程度的學生，怎樣組織課程，怎樣對家長說明要點以及其他。

7.高品質的教材和高水準的教師

鈴木教育體系的教材選擇標準嚴格，要求通過富於藝術感染力的優秀小品和世界名曲的主題、片段來發展初學兒童的音樂技能；要求讓兒童學習各國的民歌、童謠和各個時代的著名作品，而不讓兒童接觸格調不高的音樂，目的是提高兒童的音樂趣味。

鈴木十分重視教師的素質。音樂教師是美的傳播者，鈴木認為要請學識淵博、感覺敏銳、道德高尚的優秀人才來擔任。要求教師必須對兒童有極大的愛心和耐心，教師應該具有高尚的情操、淵博的知識、精湛的專業技能和嚴格認真的作風，才能成為高水準的指導者。鈴木說："要使小黃鶯學會美妙的鳴響，在生下的一個月內，就要給它找個好老師。這只黃鶯的未來，實際上是由那個老師的聲音和調子的好壞決定的。生命活動就是以極強的生命力去適應外界環境的，黃鶯為掌握完善的發聲能力，要適應生理條件的變化，體驗美妙啼囀的音韻，它的鳴叫才能如此動人。"

第五節　其他音樂教學法

一、美國綜合音樂感教學法(綜合音樂素質教育)

綜合音樂素質教育是指學科綜合性的音樂教育，是通過構成音樂的共同性因素進行音樂教育的一種總體的、綜合性的教學方法。它是 20 世紀 60 年代由美國福特基金會贊助的音樂教育研究專案"當代音樂教育計畫"的研究成果之一。針對美國當時傳統音樂課程中，以彼此割裂的學科內容進行教學，學生只能對音樂獲得支離破碎的印象的問題，提出這種學習方式使學生瞭解所學習的音樂作品與特定的歷史時期、風格等聯繫，有助於發展學生對音樂的洞察、理解能力。

綜合音樂素質教育課程所採用的教學方法是以學生的立體的發展學生創造力的教學方法。培養創造力，只能靠教師引導學生主動地去探索、發現、掌握和創造性地運用知識。因此，素質教育課程被分為五大基本環節：自由探索、引導探索、即興創作、有計劃的即興創造、鞏固概念。目的是讓學生成為音樂課上的探索者，主動探索聲音、節奏的奧妙，去探索真正令人神往的"音樂"的境界。

綜合音樂素質教育的核心是：音樂學習的各個方面應當互相關聯，綜合為一個整體。綜合音樂素質訓練的目的在於：解決以往音樂教學中音樂知識與技能互不聯繫、互不融合的分割孤立狀態，通過對音樂的共同性因素的綜合學習，培養充分感知音樂的能力和交流音樂作品內容的能力，全面發展學生的音樂態度和音樂素質。綜合音樂素質教育的基本原則可以歸納為三個方面：音樂共同性因素原則、音樂的實踐性原則和綜合性教學原則。

總而言之，綜合音樂素質教育的意義在於它不僅強調音樂教學內容到形式的綜合性，使學生理解音樂要素之間的聯繫，獲得較完整的音樂概念和結構框架；更重要的是，它使學生在作為表演者、欣賞者和創作者的音樂學習中，分享、交流、參與音樂實踐活動，在獲得知識和技能的同時，使音樂素質得到全面提高。

二、卡巴列夫斯基的新音樂教學大綱

卡巴列夫斯基（1904～1987年），蘇聯著名作曲家、音樂教育家、音樂活動家。早年就讀於莫斯科音樂學院，後任該院教授。1929年、1930年分別師從米亞斯科夫斯基和戈利堅維澤學習作曲和鋼琴。1973年卡巴列夫斯基70歲時，辭去了莫斯科音樂學院教授的職務，到普通小學任教，從一年級一直教到八年級，親自試驗他的"新音樂教學大綱"中的每一個項目。在大量實驗的基礎上，他終於確定了一套普通學校音樂教學大綱。現在這套大綱成為俄羅斯官方認可的學校音樂教學大綱。

卡巴列夫斯基的音樂教育觀念深受蘇霍姆林斯基的教育思想和美育思想的影響。蘇霍姆林斯基的音樂審美思想和教育目的可歸結為這樣一句話：音樂教育並不是音樂家的教育，而首先是人的教育。這對卡巴列夫斯基改革學校音樂教育的工作給予了巨大的幫助和支持，堅定了他在音樂教育改革方面的觀點，促使他進行探索和改革。

卡巴列夫斯基明確指出，新大綱的教學目的不是要求掌握某些技能技巧，而是要真正提高學生的藝術修養。新大綱注重音樂與文學、造型藝術以及人類文明歷史之間的聯繫，尤其是感受音樂與生活的關係，要使學生理解音樂就是生活本身。新課程教育的核心是歌曲、舞曲和進行曲三種形式。

這套教學大綱是由一系列課題組成的，也就是專題性地進行教學。教學內容既相對獨立又有內在的連續性。教師可以在學季或全年的大綱範圍內將教學內容靈活掌握，創造性地進行課堂教學。各年級的主要課題即大綱的主要內容為：

一年級：三根支柱——歌曲、舞曲、進行曲，音樂表達什麼，音樂的語言是什麼。

二年級：歌曲、舞蹈、進行曲發展為歌曲性、舞蹈特點、進行曲風格，音調，音樂的發展，音樂的結構。

三年級：祖國的音樂；中國各民族的音樂是沒有疆界的；世界是各民族的，音樂是互相影響的；作曲家、演奏家、聽眾。

四年級：音樂與文學、美術之間的內在聯繫。

五年級：我們是否可以看見音樂，音樂的改造力量，音樂的力量何在。

六年級：音樂的形象，音樂的戲劇性。

七年級：音樂與當代生活。

八年級：音樂的評價。

這套教學大綱充分體現了"學校音樂課的一切形式都應當旨在發展學生的精神生活"這一原則，體現培養學生對音樂的熱愛和鑒賞力，發展學生的音樂審美能力和形成他們的藝術觀、世界觀的目的。

以上所介紹的國外音樂教育體系在一定程度上體現了20世紀的主流，並在新的世紀中不斷向前發展。達爾克羅茲等音樂教育體系雖然產生自不同的中國、不同的文化背景，所採用的教學方法、教學內容、教學物件不同，但是它對音樂教育本質的認識卻驚人的一致，那就是它們都明確提出音樂教育的目的是為了人的全面發展、為了社會的發展進步。

教育要面向現代化，面向世界，面向未來。借鑒和吸取外國音樂教育的成功經驗與失敗教訓，推動中國音樂教育新的發展，已成為必然的趨勢。隨著新世紀的到來，中國的基礎教育發展史也翻開了新的一頁！國務院召開的全國基礎教育工作會議和國務院關於基礎教育改革和發展的決定標誌著中國基礎教育已經進入了一個新階段，中國基礎教育已經實現了教育發展的三個轉變：從重視體制改革到重視人才培養模式改革；從重視規範速度到重視質量效益；從重視知識傳授到"育人為本"，全面提高素質。同時，音樂教育作為素質教育的一部分也提升到了一個新的層面，頒佈了新的音樂課程標準，並發行了一系列用新理念編寫的音樂教材。這些新理念就融合了以上幾種教學理念的特點。達爾克羅茲、奧福及柯大宜音樂教學體系自從引進中國後，都逐漸發展壯大，在中國的音樂教育中扮演了重要的角色。

目前，中國主要採用一種建構主義的學習觀，主張學生是學習的主體，強調學生的主動性與創造性，強調"生—生""師—師""生—師"之間的合作關係，這與以上幾個教學體系的思想是一脈相承的。

中國基礎教育改革目前取得了一些成績，積累了一些經驗，然而我們的音樂教師在繼承本民族優點的基礎上，還應大膽借鑒外國的先進經驗，"洋為中用"，促進音樂教學，以加快基礎教育改革的進程。

附錄一：教學案例

一、《音的強弱》

一、教學年級

小學一年級

二、教學目標

1. 通過各種音樂活動，說明學生感受、體驗音的強弱。

2. 創設良好的音樂課堂氛圍，引導學生在身心愉悅中獲得豐富的情感體驗，提高對音樂的表現力和創造能力。

3. 運用現代化教學手段，鼓勵學生積極參與音樂活動，敢於表現自我，關鍵在活動中學會與他人合作、交流、討論。

三、教學重點

感受音的強弱。

四、教學難點

音的強弱對此，學生對音的強弱感知。

五、教學準備

多媒體教學課件、CD、錄音帶、打擊樂器、頭飾若干。

六、教學過程

1. 組織教學。

韻律活動。

2. 感受音的強弱。

（1）探索聲音活動。

導語：隨著歡快的樂曲，我們來到一片森林。瞧！這有一座通往樹林的大門（多媒體出示），門上有兩種圖形，看哪個小朋友最聰明，能夠想出用什麼聲音表現它們，敲開這個大門。

提示：a. 生活中有哪些聲音與它相似？

b. 用手勢引導學生發出漸弱漸強的聲音。

c. 引導學生發出強弱不同的聲音。

（2）兒歌朗誦。

要求：用聲音表現音的漸弱、漸強。

導語：大門打開了，動物們正在開音樂會，你們看，遠處走來一群可愛的鴨子。（多媒體由動物音樂會轉換成小鴨子畫面）

（3）聆聽活動。

聆聽三首樂曲，感受不同的音樂形象，獲得情感體驗。

導語：我們安靜地聽音樂（多媒體顯示河水的畫面）。

①《天鵝》。

提問：你們想到了什麼？心情是怎樣的？

②複聽（多媒體顯示天鵝遊動），引導學生用動作表現音樂形象。

③《獅王進行曲》。

提問：與剛才的音樂有什麼不同？為什麼？

④《我是人民的小騎兵》。

總結：這三段樂曲由於強弱不同，描繪了動物的不同形象，也使我們體驗到了不同的情緒。

（4）遊戲活動——吹泡泡。

目的：通過遊戲，使學生對音的強弱變化做出體態反應，並能控制、協調自己的行為。

玩法：教師敲鼓，學生圍成圓圈，依鼓點的節奏快慢，強弱不同，大圓圈表示強，小圓圈表示弱，鼓點休止，保持不動，鼓點越來越強，到最強一個音時，學生模擬泡泡破裂時發出的"啪"的聲音，固定一個造型姿態。

重複遊戲，學生打出與老師不同的鼓聲。

（5）演唱活動。

要求：通過指揮的手勢，學生用自然的歌聲表現歌曲的速度、力度變化。

導語：動物們和小朋友們正玩得開心時，突然下起了大雨，我們學過一首歌曲《大雨和小雨》，一起來唱好嗎？

大雨和小雨

$1=C\ \frac{2}{4}$

| 5 3 4 2 | 3 - | 5 3 4 2 | 3 - | 5 3 4 2 |
| 大雨嘩啦啦， | | 小雨淅瀝瀝， | | 嘩啦啦， |

| 5 3 4 2 | 5 3 4 2 | 1 1 1 | 6 6 | 5 5 5 4 |
| 淅瀝瀝， | 大雨 小雨 | 快快下。 | 大雨 | 嘩啦啦， |

| 3 3 3 4 | 5 - | 6 6 | 5 5 5 4 | 3 3 3 4 | 2 - |
| 小雨淅瀝瀝， | | 大雨 | 嘩啦啦， | 小雨淅瀝瀝， |

弱　　　　　　　　　　　　弱
| 5 5 5 3 | 5 5 5 3 | 4 4 4 2 | 4 4 4 2 |
| 嘩啦啦， | 嘩啦啦， | 淅瀝瀝， | 淅瀝瀝， |

漸弱
| 5 3 4 2 | 1 1 | 1 0 ‖
| 大雨 小雨 快 快 下。 |

①輕聲隨電子琴唱一遍。

②重點練習"嘩啦啦，嘩啦啦，淅瀝瀝，淅瀝瀝"的歌聲強弱對比。

③分大雨、小雨兩組，根據教師指揮手勢演唱。

3.創編實踐活動。

導語：小動物和小朋友們玩得正高興時，突然天空中響起雷聲下起大雨（多媒體呈現雷電、雨聲）。從森林深處"咚咚咚"傳來沉重的腳步聲，哎呀，誰來了，你們想知道嗎？

請小朋友們討論：誰來了。

（1）學生個別回答後，教師講故事：動物們開音樂會時，突然，天空中響起一聲炸雷"，嘩啦啦"下起了大雨，從森林深處"咚咚咚"傳來了沉重的腳步聲，啊，原來是一頭大獅子，小動物們緊張極了，獅子說"：我是被你們的音樂吸引來的。""籲——"小動物們鬆了一口氣，雨漸漸地停了，動物們也進入了睡夢中，星星眨著眼跳了出來。

（2）學生用聲音模擬雷聲、雨聲和"咚咚咚"漸強的腳步聲。

（3）請學生表演故事，分角色：獅子、小動物、星星。人聲模仿並加入打擊樂器伴奏。

（4）分組輔導，練習排練。

（5）請每個小組展示，根據學生表現提出要求。

（6）請一個學生來講故事，各組配合表演，注意引導突出腳步聲的漸強和雨聲漸強漸弱的模仿。

（7）完整表演故事內容。

4.結束活動。

（1）聽舒伯特《搖籃曲》體驗音樂安靜、優美的情緒。

（2）導語：靜靜的夜空中，星星眨著眼睛，給小朋友們、小動物們送來了一首《搖籃曲》（多媒體播放）。

導語：睡夢中，星星帶著小動物飛呀飛，輕輕地飛上了天空。

二、《火車開啦》

一、教學年級

小學一年級

二、、教學目標

1.進一步體驗二分節奏、四分節奏、八分節奏，用多種樂器和聲勢進行演繹，並獨立地、自信地、有表情地演唱歌曲《火車開啦》，體驗樂曲歡快、活潑的情緒。

2.以"火車"為載體，通過"乘火車""造火車""開火車"等音樂遊戲，滲透多元文化和各種音樂要素，從而訓練學生的創造性思維，激勵學生個性化的自主學習，培養學生的團結、協作精神。

三、教學重點

1.體會歌曲《火車開啦》的情緒，並能獨立地有表情地演唱。

2.二分、四分、八分節奏的進一步感受，音樂基本要素：速度、力度的體會與表現，並在此基礎上多管道、多形式地進行節奏演繹。

四、教學難點

"開火車"音樂遊戲內涵的挖掘和遊戲中創新意識的培養。

五、教學準備

CAI課件，多媒體電腦，多種樂器，四十件頭飾，鋼琴。

六、教學過程

程式		教學內容	教學設計意圖	教的活動	學的活動
準備			創設情景 激發興趣 使教學在音樂化的課堂中開始。		在《鐵膽火車俠》的音樂聲中"開著火車"進教室。
教學活動流程	乘火車	在"火車"上遊戲 唱歌 跳舞、演奏音樂。	1. 歌曲《開火車啦》共有四個樂句 將學生分成四個組 圍成四個圈 每個圓圈為一個車廂 湊成"東辰號"列車 2. 將歌曲《火車開啦》四個樂句的節奏用相應的兒歌代替。以兒歌為載體從模仿學習入手 進行多形式 多管道的節奏演繹 培養學生的音樂記憶能力和創新意識 使"乘火車"的旅途與歌聲 舞蹈 器樂演奏相伴。	1.模仿學習入手 進行節奏練習。 2.引導學生探索同一樂器的不同音色 並為歌曲伴奏。	1.模仿學習兒歌。 2.節奏練習加入聲勢伴奏。 3.用瓶子 報紙 快餐盒 瓶蓋探索音色 並為歌曲伴奏。4.唱、奏 跳相結合。
	造火車	展示不同時期的火車和不同種類的火車。	瞭解火車的發展歷史 滲入多元文化 讓學生明白"美是創造的力量" 激勵學生努力學習 勇攀高峰 從而實現音樂教育的藝術性和思想性的完美統一。	1.讓學生展示自己的作業。 2.向學生介紹不同時期、不同種類的火車。	討論 展示和介紹火車。
	開火車	火車開動時聲音的模仿。	教學中滲入地理知識 隱含速度 力度的概念 初步感知多聲部的和諧美。	啟發學生模仿火車開動時的聲響 滲入多聲部教學 使學生體會速度 力度的變化。	討論和彙報： 1.火車由遠到近 再由近及遠聲音變化的模仿。 2.從火車鳴笛啟動、飛馳 進站逐一模仿 最後達到多聲部的和諧統一。
	遊戲"開火車"。		充分調動和發揮學生的積極性 主動參與 創造性地學習 寓音樂教育於遊戲活動之中。	學生開著火車翻山越嶺 過大橋 鑽山洞 以從平原"綿陽"到"北京"為例。	1.分組討論。 2.創設情景 搭建大山 大橋 平原 山洞 開著火車從"綿陽"到"北京"。
結尾		結束教學。	在音樂聲中走出教室 首尾呼應 渾然一體。	評價教學 進行獎勵。	在《開火車啦》《火車波爾卡》的音樂聲中開著"東辰號"火車走出教室。

火車開啦

匈牙利兒童歌曲
吳靜 譯詞
歐陽斌 配歌

$1=C$ $\frac{2}{4}$

1 1 3 1	5 5 6 5	4 3 2	1 -
咔嚓 咔嚓 咔嚓 咔嚓	火車 開	啦，

1 1 3 1	5 5 6 5	4 3 2	1 -
咔嚓 咔嚓	火車 跑得	多麼	好。

4 5 6	6 -	1 7 6	5 -
火車 司機		開著 火	車，

1 1 3 1	5 5 6 5	4 3 2	1 -
咔嚓 咔嚓 咔嚓 咔嚓	向前 奔	跑。

七、綜合訓練

(1) 認一認、敲一敲。

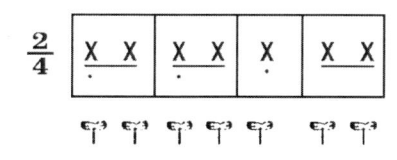

$\frac{2}{4}$ | X X | X X | X X | X X |

低 高　低 高　低　高 高

(2) 邊唱《火車開啦》，邊做跺腳拍手的動作。

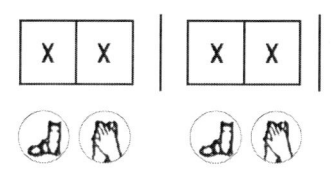

| X X | X X |

(3) 聽老師彈幾組音，用手指表示高和低。

1　3 ‖ 5 2 ‖ 3 3 ‖ 5 1 ‖

(4) 為歌曲《火車開啦》伴奏。

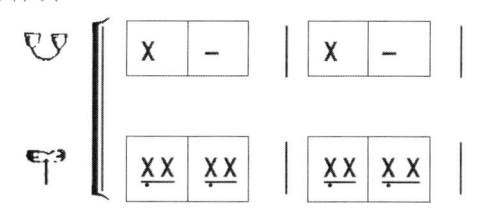

| X - | X - |
| xx xx | xx xx |

三、《東北好》

一、教學年級

小學三年級

二、教學目標

1.學生通過本課學習，充分感受東北音樂的風格特點，並通過聽唱、自學等形式學習歌曲《東北好》，激發學生瞭解家鄉、熱愛家鄉的感情，從而喜歡上東北音樂。

2.充分調動學生學習的興趣和積極性，引導學生有創造性地參與音樂實踐活動。

3.引導學生探索、體驗不同風格特點的東北音樂，根據《東北好》的音調創編《瀋陽好》，提高學生想像力、創造力和表現力。

三、教學重點

1.各小組用不同的方式有創造性地表現歌曲《東北好》。

2.根據《東北好》的音調創編《瀋陽好》。

四、教學難點歌曲的節奏，節拍的把握。

五、教學準備

1.教材選自《遼寧省九年義務教育五六年制小學實驗課本〈音樂〉》第五冊第一課。

2.鋼琴、錄音機、打擊樂、彩棒、手絹、多媒體教學課件等。

六、課時

一課時。

七、教學過程

（一）感受東北音樂風格

1.師生共同聆聽音樂《東北好》，扭著東北大秧歌進入教室。

師：同學們，這節課我要和同學們一起去瞭解我們的家鄉東北，那麼你能談一談你所知道的東北嗎？

（學生談到東北的地理位置、風土人情、四季變化等。）

2.教師介紹東北。

師：東北有遼寧、吉林、黑龍江三省，這三省可謂是地大物博，漫長的冬季給高山峻嶺披上了銀裝。然而春天一到，冰雪消融，萬物復蘇，春風又把大地、森林吹得像大海翻騰的綠浪。炎熱的夏季，萬物在陽光雨露的滋潤下，處處都呈現出一派生機和活力。瑟瑟的秋風又把東北的山野吹成了色彩斑斕的"五花山"。俗語說"：一方水土養一方人，一方人養一方藝。"東北所特有的地理環境塑造了一批自豪、樸實、爽朗、火爆的東北人，正是東北人的這種性格特點孕育出了具有東北風格的藝術形式，如東北的小品、東北的地方戲二人轉、東北的歌舞、東北的大秧歌等。

3.體會東北地區的語言特點。

師：提起東北小品，有很多演員相繼在全國走紅，你們知道哪些演員是東北的嗎？

（學生舉例趙本山、潘長江、鞏漢林等。）

師：同學們，你們認為一段東北人演的小品最令觀眾感興趣的是什麼？

（幽默風趣的東北話。）

師：作為東北人，你能說上一兩句東北話嗎？

4.欣賞東北歌舞。

師：東北人的性格與東北音樂有著非常密切的聯繫，下面我請同學們分別欣賞東北的地方戲二人轉、東北歌舞及東北的大秧歌。大家注意體會其東北的風格特點。

（學生總結東北音樂、歌舞具有熱情奔放、活潑風趣、熱烈紅火等風格特點。）

（二）在節奏遊戲中瞭解東北特產和美景

1.教師導言。

師：剛才我和同學們瞭解了東北的音樂，一會兒我們還要唱一首描寫我們東北的歌，值得驕傲的是這首歌是我們家鄉的一位教師編寫的，你們先聽一聽、想一想這首歌會描寫東北的什麼呢？

（學生展開想像，發表各自的觀點、見解。）

2.節奏遊戲。

（1）老山參，水貂，還有那暖呼呼的靰鞡草。

師：介紹三件寶的用途：老山參是一種珍貴的藥材，對人體有滋補作用；水貂的毛皮珍貴，可製作大衣；靰拉草曬乾後墊在鞋子裡可保暖。

師：小組商量選擇一定的節拍、節奏讀這句話。

（學生活動。）

（2）鏡泊湖，長白山，還有那美麗的棒棰島。

師：東北不但有特產三件寶，還有許多美景，比如黑龍江的鏡泊湖，湖上大大小小的島嶼和四周群山交相輝映，複雜奇特，風景絕佳；吉林省的長白山天池被稱為人間仙境；遼寧大連的棒棰島，島上有許許多多海珍品，海水清澈見底。

（三）新授歌曲《東北好》

1.教師範唱。

師：這些特產和美景都是剛才這首歌中所描寫的，老師唱一遍這首歌，你們想一想為這首歌取個什麼名最合適呢。

（學生發表各自的觀點，如：東北好、好東北、東北棒、富饒的東北、東北真美麗。隨後師總結歌名。）

2.學習歌曲。

（1）觀察曲譜。師：聽老師彈一遍這首歌曲的旋律，你們仔細觀察曲譜有什麼特別的地方。（學生瞭解到這首歌曲是 C 調、四二拍、共有四個樂句，除第四樂句是 5 小節外，其餘的都是 4 小節，第三樂句只有節奏而沒有音符，等。）

（2）模唱曲譜。

師：同學們試著隨琴模唱這首歌曲。

（3）聽錄音範唱。

師：同學們再聽一遍東北孩子們唱的這首歌，試著把歌詞唱出來。

（4）自學歌曲。

（學生小組自學歌曲，教師輔導學生自學。）

（5）彙報。

（分組彙報學習情況，教師指導學生處理歌曲。）

（6）選用第一、二樂句唱譜。

師：跟老師換一種方式唱第一、第二樂句，跟不上的用'啦啦啦'唱。

3.表現歌曲。

師：各小組商量用什麼樣的方式表現這首歌曲呢？

（學生選擇扭秧歌、用打擊樂伴奏、用彩棒伴奏等。）

（四）欣賞《月牙五更》，感受不同風格特點的東北音樂

（學生聽到音樂自由發表他們各自的想像。）

（五）創編師：同學們，東北真是個好地方，東北的音樂更是豐富多彩，真為我們生活在東北這片黑土地感到驕傲，更令我們自豪的是我們的家鄉瀋陽如今也發生了翻天覆地的變化，各小組商量一下用《東北好》的音調創編一首《瀋陽好》。

（六）總結師：瀋陽真好，東北更好，真誠歡迎全國各地的小朋友來瀋陽玩，來東北做客。

（師生在歌曲《東北好》中結束本課。）

四、《擊鼓傳樂》

一、教學年級

小學四年級

二、教學內容

（一）認：中國民族打擊樂器。

（二）聽：（1）欣賞民間打擊樂曲《鴨子拌嘴》片段。

（2）欣賞民間打擊樂曲《老虎磨牙》。

（三）動：（1）用小鑔即興表演《鴨子拌嘴》。

（2）分組討論鼓的演奏方法。

教材分析：民間打擊樂是中國民族音樂不可分割的一部分，而打擊樂器聲部可以說豐富多彩，每一件都獨具特色。抓住學生喜愛"敲敲打打"的心理特點，我設計了以欣賞民間打擊樂為主要內容的音樂課，目的是使學生能從最基本的辨認中國民族打擊樂器到瞭解鼓的演奏方法，讓學生在"敲敲打打"中學到知識，做到寓教於樂。並且依據學生的年齡特徵，試將低年級的《鴨子拌嘴》、高年級的《老虎磨牙》這兩首民間打擊樂欣賞素材有機結合，貫穿起來。從前者的引發興趣到後者由淺入深地自主學習，始終留給學生創新的天地，並定課題為"擊鼓傳樂"。"鼓"字意在概括所有的打擊樂器"，樂"字可以是打擊樂、音樂，也可是音樂給我們帶來的快樂、樂趣。

三、教學目標

1.能夠辨認民族打擊樂器，聽辨其音色。

2.能夠用小鑔進行簡單的命題即興演奏。

3.通過討論，能夠說出鼓的多種演奏方法。

4.通過欣賞，拓寬音樂視野，初步瞭解世界各地民間打擊樂器及其音色特點。

四、教學重點

通過欣賞—討論—聽辨三個環節聽賞民間打擊樂曲《老虎磨牙》。

五、教學難點

1.用打擊樂器（鑔）描繪《鴨子拌嘴》的情景。

2.分組討論鼓的演奏方法。

六、教學過程

共分三大塊：第一塊通過聽辨、表演激發學生興趣；第二塊通過討論、實際操作完成教學重點、難點；第三塊延伸學習。

1.聽辨—聽賞—表演（教學時間10分鐘）。

（1）以"擊鼓傳花"的遊戲導入，依次出示三件最基本的打擊樂器：鼓、鑼、鑔，在遊戲過程中讓三位學生"敲敲打打"模仿演奏，由此走進中國民族打擊樂器大家族，並聆聽其音色：大鼓、小鼓、排鼓、雲鑼、十面鑼、中面鑼、編鐘、編磬、木魚、梆子等。

（2）請學生欣賞一首由鑔演奏的打擊樂曲，由此引入第二個環節：聽賞《鴨子拌嘴》片斷"小鴨集合走路"，並配合音樂律動。

（3）提問引發學生討論和即興表演。問題：如果讓你演奏小鑔，能否表現出"鴨子吵架"的情景呢？

（練習方法：兩組用手掌模擬小鑔自編自演。表演方式：任選一組持小鑔進行即興表演，其餘學生做觀眾。）

由聽辨打擊樂曲《老虎磨牙》的主奏樂器導入第二部分。

2.欣賞—討論—聽辨（教學時間20分鐘）。

欣賞《老虎磨牙》，解決兩個問題。

首先讓學生聽一遍樂曲，但不告知曲名，出示問題：

①主要演奏樂器是什麼？還聽到哪些樂器聲音？

②樂曲讓你聯想到什麼場景？然後揭示曲名，回答出主奏樂器。根據學生的回答逐一出示樂器並聆聽音色。

（2）圍繞主奏樂器鼓，進入第二環節展開討論。

①討論問題：鼓的構造特點以及你能用多少種方法讓鼓發出不同的音色？（提示學生可用敲的方法，與眾不同的方法更好。）

②討論方式：將學生分成四大組，每組擺放一面中號太平鑼鼓，組員可以輪流敲打嘗試，由組長公佈討論結果，全體交流。

③討論時間：5～6分鐘，教師到學生中瞭解討論情況。

④討論結果的交流：組長上臺邊講邊演示本組討論結果，學生通過討論得出結論：鼓有敲在不同部位獲得不同音色以及用鼓槌在鼓幫上摩擦等多種演奏方法（此處介紹，為聽賞"刮奏"做鋪墊）。

（3）欣賞精彩片段"磨牙"，要求學生聽辨出"刮奏"這一演奏形式。由此導入第三部分。

3. 測試—延伸學習（教學時間10分鐘）。

（1）以測試練習的形式進行練習情況的回饋：要求學生在多種打擊樂器中找出4件中國民族打擊樂器，找對後，用樂器奏出聲音（中國鑼、雙響、編鐘、雲鑼）。

（2）課外知識。

①瞭解少數民族民間打擊樂器（例如讓學生看"藏鼓"的表演）。

②瞭解世界各地民間打擊樂器。（例如歐洲：西班牙響板；非洲：非洲木琴；南美洲：康加鼓；東亞：日本長鼓；南亞：缸鼓。）

最後，在鼓樂中結束教學。

五、《合唱與合奏的音色》

一、教學年級

七年級（初中一年級）

二、教學目標

1. 通過聽、唱、奏、創等綜合性音樂活動，讓同學們在自由探索的學習過程中，理解合唱、合奏的含義，並對合唱、合奏的音色特點及和聲的立體感有初步的體驗。

2. 在《回聲》及《小樂隊》的創作及改編活動中，獲得學習音樂的樂趣與成就感。

三、教學重點、難點

1. 合唱、合奏與特定音樂內容的緊密聯繫。

2. 以合唱的形式進行"回聲"的即興創作活動，並進行演唱和表演。

3. 將《小樂隊》這首歌曲的旋律改編成合奏曲的形式並進行演奏。

四、教學準備

電子琴、打擊樂器、音樂卡片、多媒體教學設備。

五、教學過程

（一）導入

1. 師生以獨唱、重唱的形式演唱《歡樂頌》，並欣賞貝多芬第九交響曲中合唱形式的《歡樂頌》，由學生引出合唱的概念，並出示課題《合唱與合奏的音色》。

2. 請同學們由重唱的形式引申出合唱的形式。

說明：通過學生與老師的共同活動，感受、比較、體驗，由學生自己引出合唱的概念，使新舊知識融為一體，簡潔、自然、明瞭。

（二）欣賞合唱《回聲》

1. 聽《回聲》的片段，引出曲名。

2. 欣賞拉索的《回聲》，激發同學們的想像與聯想，在感受歌曲合唱魅力的同時想像山谷回聲的美妙意境。

3. 分別採用齊唱、合唱的形式，模唱《回聲》的主旋律片段，體驗合唱特有的藝術效果。

4. 創作活動：請同學們根據回聲意境，以合唱的形式進行4小節樂句的簡單創作，配上相應的歌詞，並進行演唱和表演。

說明：在聽、唱《回聲》的基礎上，讓同學們通過親身的體驗與感受，以合唱的形式即興創作"回聲"，充分發揮了同學們的想像力和創造力，在創作活動中不斷體驗和深化新的知識，並從中獲得樂趣和成就感。

（三）欣賞管弦樂合奏《春節序曲》

1.聽《春節序曲》的前奏。

（1）讓同學們通過合奏片段的欣賞及合唱的概念引申出合奏的概念。

師：請問在這段器樂合奏中出現了哪些樂器？這些樂器是在同一聲部還是在不同聲部上演奏？

（2）讓同學們對不同樂器組成的合奏形式進行分類，並簡要介紹常見合奏類型。

2.全曲分段（片段）欣賞。體會作品中音樂情緒的變化和音樂所描繪的內容，並用語言進行描述。

3.全曲完整欣賞。

師：讓我們一起來感受一下合奏中的音色變化在音樂情緒渲染中的重要作用。

（1）採用小組競賽的方式請大家聽辨合奏中的音色變化。

（2）當音樂進入第三部分的時候，請同學們用形體、打擊樂等手段即興表現《春節序曲》。

（3）公佈聽辨結果。

說明：讓同學們通過有層次的欣賞，結合以前所學的知識，引出合奏的概念與合奏的形式，逐步加深對合奏及其音色的感受與理解，並通過《春節序曲》的即興表演，讓同學們親身感受合奏的藝術魅力，激發同學們的表演欲望。

（四）實踐與創作：改編《小樂隊》

1.以齊奏的形式複習《小樂隊》。

2.請同學們自由組合聲部，進行2~5個聲部的練習。

3.以合奏的形式，再次完整地演奏《小樂隊》，並感受多聲部合奏與齊奏的不同效果。

說明：將新學的合奏知識在《小樂隊》的改編活動中加以運用，並通過學生自己的演奏，加深對合奏的體驗，增強學生的創造與活動能力，在創作中體現自我價值。

（五）小結、下課

六、《走進曲藝音樂》

一、教學年級

八年級（初中二年級）

二、教學內容

1.欣賞。

曲藝音樂（說唱音樂）。

2.音樂知識。

曲藝音樂。

曲藝音樂的藝術特點。

三、教學課時

2課時。

四、教材與學生情況分析
（一）教材的作用
1.說唱藝術與說唱音樂。
說唱藝術是中國特有的一種文學與音樂相結合的表演藝術的總稱，它以帶有表演動作的說、唱來敘述故事、塑造人物、表達思想感情、反映社會生活，包括說故事、說笑話、說唱故事和唱故事，其中前兩類只說不唱，後兩類有唱有音樂伴奏，具有音樂性，稱為說唱音樂，又稱曲藝音樂。它是中國民族音樂的重要組成部分。

2.說唱音樂的藝術特徵。
（1）文辭：以敘事體為主。
（2）音樂：說與唱高度結合，音樂具有較強的吟誦性。運用地方方言演唱，結合地方民間音調。
（3）演出形式：多數由演唱者自操樂器邊唱邊表演。

3.說唱音樂的歷史發展概況。
（1）唐代以前——說唱音樂的萌芽和孕育期。
（2）唐代——說唱音樂的形成期。
（3）宋代——說唱音樂的成熟期。
（4）清代——說唱音樂的鼎盛期。

4.說唱音樂的分類。
據《中國大百科全書》戲曲、曲藝卷統計，中國現有 345 個曲種，該怎樣分類，一直是有爭議難以統一的問題。1964 年中國音樂研究所編《民族音樂概論》一書，把說唱音樂分為七類：鼓詞、彈詞、漁鼓（道情）、牌子曲雜曲、琴書、走唱、板誦。本教案以此為准，其中鼓詞類主要盛行於中國北方，有山東的梨花大鼓、膠東大鼓，河北的京韻大鼓、西河大鼓、樂亭大鼓及長沙大鼓、江西大鼓等。演出形式：一人擊鼓板站唱。伴奏樂器以大三弦為主，另有四胡、琵琶。主要流派有：劉派、白派、駱派。

（二）學生情況分析
我們學校的初中學生一般對曲藝音樂接觸不多，比較陌生。初二年級的學生正處於人生觀、審美觀的萌芽期，他們容易受到外來意識的影響。加之曲藝音樂的故事內容變化不大，與現在青年人的生活有一定的差距。拉近民族藝術與現代生活的距離，繼承民族文化瑰寶，是音樂教育工作者義不容辭的責任。經課前調查，80%的學生不喜歡或不瞭解曲藝音樂。他們甚至不會區分戲曲與曲藝，他們課前普遍認為曲藝音樂的內容比較陳舊。課中我們應該激發學生對曲藝音樂的節奏和旋律的興趣，培養學生鑒賞民族音樂文化的能力。

五、教學內容
1.音樂欣賞——鼓詞類、琴書類、板誦類。
2.音樂知識——曲藝音樂、曲藝音樂的特點。

六、教學目標
1.學生通過參與、瞭解、感受、體會曲藝音樂的藝術特點，增強對民族藝術的興趣。
2.學生通過自己搜集資料，拓寬學習音樂的管道，既培養綜合能力，又激發求知欲。

3.通過實踐活動培養學生的創新思維和審美能力。

七、教學重點與難點

1.學生與老師共同體驗曲藝音樂的藝術魅力。

2.瞭解曲藝音樂的特點和對曲藝音樂類別的區分。

八、教學設計說明

（一）音響

1.用電腦製作課件（文字與音像）。

2.用 VCD 選錄三種曲藝音樂種類輸入電腦。

3.將教材中《重整河山待後生》錄製兩遍。

（二）板書設計 打破傳統的板書形式，用電腦顯示文字及圖片。

（三）時間設計

1.導入曲藝音樂的概念（學生的展示），5分鐘。

2.曲藝音樂的三個種類的欣賞，20分鐘。

3.課堂回饋及小結，5分鐘。 九、教學方法

以做節目的形式運用對比、討論、現場參與、競賽等各種方法激發全體學生的興趣，讓學生在輕鬆、愉快的氛圍中學習。

十、教學過程

教學階段目標	教學過程	學生活動	備課說明
一 導入	1.螢幕顯示"歡迎來到曲苑雜壇"教師開場白。（為3組分彩條） 2.教師請各組展示資料搜集的情況。 3.教師表揚各組 並請學生聽一段音樂（螢幕顯示音像片段）引出"什麼是曲藝音樂？" 4.師生共同瞭解何謂曲藝音樂。（螢幕顯示） 說唱藝術 說故事　說笑話　唱故事　說唱故事 ↓ 說唱藝術 （曲藝音樂）	1.學生揮舞彩條 氣氛活躍 輕鬆。 2.各組自由派代表展示並講解共同製作的演示文稿。 3.學生看片段後回答教師的提問，表示感興趣。 4.學生先自由說出自己對曲藝音樂的理解，後通過圖表瞭解說唱藝術與說唱音樂的關係。	說明： 1.讓學生親自去查找有關曲藝音樂的資料並製作成演示文稿，能充分體現他們的學習自主性，提高實踐探索能力。 2.在相互合作中培養謙虛、團結的優良品質。

(續表)

教學階段目標	教學過程	學生活動	備課說明
二、欣賞曲藝音樂的幾種類別	教師展示製作的曲藝音樂片段 1. 鼓詞類——京韻大鼓。 （1）教師播放《醜末寅初》並提出問題："這個片段的演唱形式是什麼？"（請學生以小組為單位回答問題） （2）教師介紹京韻大鼓的代表人物：駱玉笙及其代表作，播放兩個小段子《金門潮》《劍閣聞鈴》。 （3）教師與學生共同評說駱派唱腔特點，引出教材中的選曲。 （4）教師播放錄音《重整河山待後生》。 （5）教師簡介《四世同堂》的故事內容，並請大家一起演唱，共同感受京韻大鼓的藝術魅力（強調咬字與尾音的處理）。 （6）教師演唱一段西河大鼓（請學生協助敲鼓，師生合作）。 2. 琴書類——北京琴書。 （1）教師播放《東坡與小妹》，提出問題："琴書與鼓詞的相同點與不同點。" （2）教師請某一組回答問題。 （3）教師肯定學生的回答，引出下一片段。 3. 板誦類——快板。 （1）教師播放《句句黑》並提出問題："請你猜想這個片段是否屬於曲藝音樂？" （2）教師請學生分組討論板誦是否屬於曲藝音樂。 （3）教師鼓勵各小組闡述觀點。 （4）教師請大家打開教材第9頁，用概念 說明真相。（螢幕顯示板誦音樂特點及卡通人物） （5）教師唱一段山東快書。	1. 學生欣賞。 （1）觀看並思考問題（某組回答：京韻大鼓——《醜末寅初》）。 （2）學生傾聽駱玉笙的精彩片段。 （3）學生瞭解駱派獨特的唱腔。 （4）學生看書聽唱。 （5）學生共唱《重整河山待後生》，體會鼓詞的演唱特點。 （6）學生聽老師唱。（笑……） 2. 進一步瞭解鼓詞類的特點。 （1）學生認真傾聽北京琴書片段（分析鼓詞與琴書的區別）。 （2）某組回答：不同點——琴書以揚琴為主，鼓詞以三弦為主，琴書說中夾唱，鼓詞唱中帶說；相同點——同屬曲藝音樂（有說有唱）。 3. 學生分組。 （1）學生欣賞。 （2）學生討論後產生兩個觀點。 （3）各組代表激烈表述觀點。 （4）學生看書，聽教師演唱，明確概念。（笑、鼓掌）	1. 根據北京地方特點選擇曲藝音樂的曲種——京韻大鼓。 2. 因為教材選取配樂為《重整河山待後生》，所以選擇駱玉笙的作品來欣賞。 3. 通過學生的學唱與教材的演唱激發大家對曲藝音樂的興趣，拉近曲藝交響樂與現實的距離。 4. 學生對琴書平時接觸不多，選擇北京琴書的原因：其一，關學曾老師的演唱有特點，有觀眾緣。其二，琴書、鼓詞、板誦剛好代表曲藝音樂的三種唱腔： （1）以唱為主，說唱結合（鼓詞）。 （2）邊說邊唱、唱中夾說（琴書）。 （3）似說似唱、音樂性不強（板誦）。 5. 分組討論是目前比較實用的教學方法，它能激發學生的參與熱情，讓學生在爭論中加深對板誦類的理解。

（續表）

教學階段目標	教學過程	學生活動	備課說明
三 學生的表演	1. 教師請各組派代表表演一段曲藝音樂。 2. 教師簡介其他類別，提示學生以後再瞭解。（螢幕顯示）曲藝音樂的七大類別：鼓詞類、琴書類、板誦類、走唱類、牌子曲雜曲類、彈詞類、漁鼓類。 3. 請學生總結曲藝音樂的特點。（螢幕顯示） （1）說唱結合。 （2）敘事性。 （3）運用地方語言演唱，起源於民間音樂。	1. 學生表演（笑、鼓掌）。 2. 學生認真傾聽。 3. 學生一起答。（能夠準確掌握曲藝音樂的藝術特點）	8. 學生的表演是一周前的作業，同學們對參與創作演出積極性很高，他們在學唱中更能體會曲藝音樂獨特的藝術魅力。
四 課堂回饋及小結	1. 教師播放電影《防守反擊》中的片段，提出問題。 2. 師生共同總結這節課的最大收穫。	1. 學生踴躍搶答。（對曲藝音樂的常識掌握牢固） （1）學生搶答：板誦類。（氣氛熱烈） （2）學生搶答：鼓詞類。 2. 學生感覺自己漸漸喜歡上曲藝音樂。 3. 學生意猶未盡地離開教室。	9. 《防守反擊》是前不久播放的電影，節選其中片段，學生對此反響熱烈，實踐證明曲藝音樂正在與姊妹藝術相結合，以適應時代的發展。

十一、教學設計思路及教學特色

（一）變被動為主動巴班斯基指出"：課堂教學法任務確定之後，教師就應著手選擇最合理的課堂結構。"可見，選擇優化的課堂教學結構和方法，對於教學極為重要。曲藝音樂（說唱音樂）是初二下學期第二單元的欣賞課，這冊教材還編入了戲曲、舞劇等內容，是初中音樂學科的重要教材。以往的音樂教學，在對待戲曲、民歌、曲藝等民族音樂題材時，更多的是教師的強制灌輸，現在，怎樣講好這個單元，使中學生瞭解民族的優秀音樂文化歷史，增強他們對民族音樂的熱愛至關重要。教材選編的音響資料只有《重整河山待後生》《蝶戀花·答李淑一》，這兩首樂曲分別代表北方的鼓詞類與南方的彈詞類。

教學媒體的迅速發展迫使每一個熱愛教育的工作者在課前要搜集大量的文字資料與音像資料。初二的學生已經開設電腦課，大部分學生家裡都有電腦"。賜人以魚，不如教人以漁。"針對這種情況，我給學生佈置了家庭作業：分小組上網或去圖書館、書店、音像店查找關於曲藝音樂的一些資料，總結、歸納並在課堂上與同學們共用。我還把《曲苑雜壇》的播出時間告訴學生，讓每人回去模仿一段曲藝音樂的片段。學生們愉快地接受了任務，積極分頭行動"，知之者不如好之者，好之者不如樂之者"。

（二）經典與精選

曲藝音樂的種類有三百多種，遍佈全國各個民族。要想在短時間裡瞭解全部，是天方夜譚。我想讓學生瞭解曲藝的基本特點、主要曲種的風格。抱著這一觀點，我開始查找音像、文字的大量資料。我把北京地區的曲藝音樂放在了第一位，它貼近學生的生活。聽過無數作品之後，選了又選，換了又換，最後，我選錄了三段音樂，因為它恰好代表曲藝音樂的三種唱腔類型。

1．《醜末寅初》，京韻大鼓（歌唱性強的唱腔）。

2．《東坡與小妹》，北京琴書（半說半唱或唱中夾說的唱腔）。

3．《句句黑》，板誦（似說似唱的唱腔）。

這三個片段都是名家名段，是喜聞樂見的經典片段。好的作品經得起時代的選擇。我又親自製作了 60 多幅幻燈片，逐一篩選，最後定稿為 16 幅。在背景、顏色、插圖、版式設計上我力求美觀、連貫。

（三）歡迎來到《曲苑雜壇》

在教學環節上，受《曲苑雜壇》這個欄目的啟發，我把整節課設計成全員參與節目的形式讓學生有身臨其境的感受。激發學生的參與意識，力求營造一種輕鬆的環境，使音樂課變成演播室，音樂教室變成一個展示學生才華的大舞臺，讓每一個人都充滿自信地表現自己，真正達到寓教於樂。

七、《豐富多彩的進行曲》

一、教學年級

八年級（初中二級）

二、教學內容

1. 進行曲。

2. 欣賞：《中國人民解放軍進行曲》管樂曲；

　　　　《拉德茨基進行曲》管弦樂曲；

　　　　《婚禮進行曲》管弦樂曲；

　　　　《紅星歌》童聲合唱。

三、教學目標

1. 讓學生瞭解進行曲這一音樂體裁。

2. 聽辨管樂、弦樂和管風琴的音色特點。

3. 通過幾首進行曲不同的音色、力度、速度和情感的對比欣賞，讓學生們體會不同題材內容的進行曲風格各異，進一步感受不同風格的進行曲所表達的不同情感，擴大學生的欣賞視野，提高獨立分析樂曲的能力。

四、教學重點

瞭解進行曲的基本特徵，感受不同題材、不同風格的中外進行曲的藝術魅力。通過感性—理性—感性的再現過程，體驗進行曲的行進步伐節奏。

五、教學難點學生對不同形式的進行曲所表達的不同情感的認知。

六、教學方法

1. 多媒體課件，視聽結合。

2. 發揮欣賞教學的"通感"作用引導學生積極參與，體驗不同的樂意。

七、教學用具

多媒體課件、錄音機、磁帶。

八、教學過程

步驟	內　容	方　式	目　的
課間曲	《檢閱進行曲》	學生走進教室，便感受到那威武、雄壯的氣勢。	創設良好的教學氛圍，導入課題。
欣賞	《中國人民解放軍進行曲》 1. 該曲是根據公木填詞、鄭律成譜曲的《中國人民解放軍軍歌》寫成的銅管樂曲。樂曲從容不迫、堅定有力，體現了中共軍隊勇往直前的氣勢和威武雄壯的軍威。 2. 進行曲知識： 進行曲是以行進步伐演奏寫成的音樂作品。一般在隊伍行進時演奏，用來統一步伐。多為偶數拍子。	1. 提問相關知識。 2. 樂曲由什麼樂器演奏？該樂器音樂有什麼特點？ 3. 樂曲的行進節奏和基本情緒給人一種什麼樣的感覺？ 4. 隨著節拍原地踏步。	1. 邊聽、邊看、邊思考，可以訓練學生的思維能力，充分發揮多媒體教學"視聽"相結合的優勢，發揮欣賞教學的"通感"作用。 2. 體驗行進步伐的感覺。
欣賞	《拉德茨基進行曲》 作者是被譽為"圓舞曲之王"的約翰·施特勞斯的父親，人們稱之老約翰·施特勞斯。在這首輕巧明快的進行曲中，我們能感受到跌宕起伏的力度和華麗流暢的旋律，以及不失英雄氣概的軍隊進行曲的風格，表現了拉德茨基騎在馬上的威武形象。	1. 從社會音樂知識入手設問。 2. 樂曲除銅管樂器外，還有什麼樂器？ 3. 請學生談談兩首進行曲的情緒風格的異同。	1. 從社會音樂入手培養其興趣。 2. 將《拉德茨基進行曲》與《中國人民解放軍進行曲》進行對比，培養學生獨立分析作品的能力。 3. 提高對管弦樂曲及其音色的感受能力，從而更好地欣賞更多的管弦樂作品。
欣賞	《婚禮進行曲》 在外國被廣泛用於婚禮儀式。該曲風格宏偉、莊嚴，富有歌唱性，表現了婚禮場面愉悅、和諧的氣氛。	1. 管風琴音色特點。 2. 該曲也是行進節奏，和前兩首有什麼不同？	從速度方面來與前兩首樂曲進行對比，再次引發學生對欣賞世界名曲的興趣。

（續表）

步驟	內　容	方　式	目　的
欣賞	《紅星歌》 1. 該曲是故事片《閃閃的紅星》的主題歌，是一首雄壯而帶有抒情的佇列合唱曲。歌曲完整統一，進行曲的節奏非常鮮明，曲調明朗舒展，充分展示了中國紅軍小戰士對紅星的深情和對革命的忠誠。 2. 進行曲知識： 進行曲體裁的音樂作品非常豐富，有器樂作品，也有聲樂作品。	該曲在體裁上和前三首進行曲的明顯區別在哪裡？	1. 讓學生瞭解進行曲不僅有器樂作品也有聲樂作品。 2. 與現實相結合，激發學生的愛國熱情和奮發向上的精神。
創編	《中國人民解放軍進行曲》《拉德茨基進行曲》《婚禮進行曲》和《紅星歌》。 通過各組對各作品的不同理解，對其不同的情感進行體驗。	1. 分成四組，複聽一遍。 2. 各組派一名代表談談該曲表現了什麼樣的形象或場景，以及表達了何種情感。 3. 學生對進行曲已具備感性認識之後，運用集體討論的方式，讓學生自己感受音樂、創編動作。	積極調動學生正確地用創編活動來感受和體驗音樂。培養學生個性、思維及創造力的發展。 師生互動，共同提高。

	《中國人民解放軍進行曲》	《拉德茨基進行曲》	《婚禮進行曲》	《紅星歌》
體裁	進行曲	進行曲	進行曲	進行曲
音色	管樂	管弦樂	管弦樂	聲樂
力度	始終保持在強音力度上	強弱分明 跌宕起伏	由弱到強 由強至弱	始終保持在強音力度上
速度	中速	中速	緩慢	中速
情緒	威武雄壯 堅定有力	威武雄壯 輕巧明快	神聖輝煌 溫和愉悅	雄壯有力 堅定活潑
小結	進行曲知識要點	師生小結有關進行曲的知識		鞏固進行曲知識
下課	《拉德茨基進行曲》	師生共同擊掌 哼唱《拉德茨基進行曲》踏著歡快的節奏走出教室		讓學生們將感受到的音樂情緒帶到學習中去

八、《神奇的音樂要素——〈瑤族舞曲〉》

授課教師：張恒

一、教學年級八年級

二、教學目標

通過欣賞、分析《瑤族舞曲》，能夠從音樂的速度、節奏、力度、節拍、音色等不同角度感受和體驗音樂情緒及其在音樂表現中的作用。

三、教學重點理解作曲家是如何運用音樂要素來表達情感、塑造音樂形象的。

四、教學過程

（一）導入

1.音樂熱身活動。

師：授課之前，請大家根據我下面的要求來欣賞一段音樂。

（1）邊聽音樂邊和著音樂打節奏。

（2）根據教師的提示，快速變換敲擊節奏的方式。

（3）邊做動作的同時邊哼唱旋律。

（具體做法：教師隨著音樂節奏、速度、力度、拍子的變化，不斷變換引導學生體驗音樂的方式，如撚指、彈舌、拍手、跺腳、拍書、敲桌子等。）

播放《快樂的囉唆》。

【教學意圖：1.創設情景，活躍氣氛，激發學生學習音樂的熱情；2.培養學生聆聽音樂的習慣，提高學生感受音樂的能力。】

2.作品探討。

師：音樂給你什麼樣的感覺？它的情緒是什麼樣的？它屬於哪一種體裁？

生討論。

3.導入新課。

師：剛才我們欣賞了雲南民族管弦樂曲《快樂的囉唆》，它是舞曲體裁。接下來我們再一起欣賞一首同樣來自雲南、同一類型的音樂作品——《瑤族舞曲》。

（二）新課教學

1.初聽《瑤族舞曲》。

（1）思考：

①樂曲的情緒與《快樂的囉唆》是否相同？如果不同，區別在哪？

②全曲的音樂情緒是否有變化？如果有，它是怎樣變的？（要求學生做記錄。）

（2）播放《瑤族舞曲》。生討論。

【教學意圖：用問題引導學生聆聽音樂，使音樂欣賞更有目的性。】

師：通過作品欣賞，大家已感受到不同音樂主題情緒上的差異，那麼是什麼造成這種差異的呢？下面，讓我們一起走進《瑤族舞曲》去探個究竟。

2.比較賞析《瑤族舞曲》三個音樂主題。

（1）演唱 a，b 主題，認識速度、節奏在樂曲中的作用。

①哼唱 a，b 主題，思考：兩個主題的音樂情緒是否相同？不同在哪？為什麼？

生討論。（教師可通過提示性的肢體動作，引導學生從兩個主題的速度角度去探討音樂情緒。）

小結引入：通過比較大家已經發現速度是影響音樂情緒的一個重要因素，那麼，還有什麼會影響音樂情緒？

②師：請大家哼唱 a，b 主題，並注意老師雙手擊拍的方式，思考：

A.老師兩手擊拍的方式是否相同？區別在哪？

B.老師右手拍擊 a，b 主題的頻率不同，為什麼？a，b 主題節奏分別有什麼特點？

師：請大家總結節奏、速度與音樂情緒之間的關係。

【教學意圖：採用演唱的方式引導學生體驗音樂情緒變化，因為演唱比聆聽的體驗更為直觀，更易於感受音樂情緒的變化。運用形象的擊拍方式，引導學生在觀察、比較擊拍動作快慢中，發現和體會節奏差異對樂曲情緒的影響。】

（2）欣賞 b 主題樂段，感受音色、力度在樂曲中的作用：

①師：b 主題在本樂段中一共出現了兩次，你能聽出兩次主題音樂分別是用什麼樂器演奏的嗎？作曲家為何要做此選擇？樂器使用與音樂表現之間存在什麼關係？（請學生邊聽音樂邊用動作模仿樂器的演奏方式。）

②播放 b 主題。

學生討論：樂曲第一次出現 b 主題是以琵琶為主奏樂，第二次出現加入了打擊樂……不同的樂器因為音色不同、音響的力度不同，表現的音樂情緒也不相同。例：第二次出現 b 主題，由於加入打擊樂器，隨力度增強，音樂情緒因此變得更熱烈、歡快。

③師：想一想還有哪些樂器具有這樣的特點？

生討論。

師：請同學們總結力度、音色與音樂情緒之間的關係。

（3）欣賞 b，c 主題樂段，瞭解節拍、速度在樂曲表現中的作用。

①師：請大家邊劃拍邊聆聽 b，c 主題音樂，看看你們還能發現什麼。（播放音樂。）

提問：

A.這兩個主題的音樂情緒一樣嗎？不同在哪？形成音樂情緒不同的原因是什麼？

B.b，c 主題分別是幾拍子？請說出二拍子與三拍子的強弱關係。不同的拍子所表現的音樂是否相同？

C.c 主題為什麼給人以柔美的感覺？其原因是什麼？（教師引導學生用不同速度演唱 c 主題音樂，進而探究與思考節拍與音樂情緒關係的問題。）

②結論：拍子與速度結合方式的不同會產生不同的音樂效果。（請同學們一起再次劃拍演唱 c 主題，感受不同節拍帶來的不同感覺。）

③學生小結：速度、拍子對音樂情緒的影響。

【教學意圖：學生是音樂的參與者，應該讓他們通過聽、唱、討論來體驗音樂，並通過發現結論—推翻結論—補充完善結論這一學習過程，促進對知識的理解。】

（三）實踐與探索

1.改編主題音樂。

（1）導入。

師：通過賞析《瑤族舞曲》，大家進一步體驗和認識了節奏、速度、力度、音色、節拍等音樂要素對音樂作品情緒的影響。那麼大家能否運用今天所學嘗試改編 a，b，c 的主題，改變音樂情緒呢？

（具體做法：A.根據本班學生的音樂能力，嘗試邀請個別會樂器的同學，按照老師的設計，進行即興試奏，體驗主題音樂改編後的音效；B.課堂剩餘時間如果足夠，請全體同學自由創編，後展示。）

（2）討論：

①改編的是哪個主題？它與原來相比發生了哪些變化？

②分別運用了哪些音樂要素使音樂情緒發生了這樣的變化？

2.教師與學生的合作。

師：看了你們精彩的表演，激起我參與你們探究活動的欲望，下面我也嘗試改編一個主題，請同學們用不同的擊拍方式為我伴奏，並注意我改動了哪個主題，音樂發生了什麼變化。

【教學意圖：用實踐活動鞏固所學的知識，並通過實踐活動培養學生實踐、探究與創造的能力。】

（四）總結。

通過欣賞和實踐創作，我們進一步體驗了節奏、力度、音樂、節拍、速度這五個音樂要素對音樂情緒所產生的重要作用，同時認識了音樂要素。希望今後大家在享受繽紛多彩的音樂時，不要忘了它身後那神奇、美妙的音樂要素。

【教學反思】

這是一節在課改實施過程中以新課標理念作為指引的音樂欣賞課，作為一線教師，長期以來我一直有以下幾個困惑：

1.學生興趣與教材選擇。很多教師為了迎合學生的興趣，回避教材的使用，特別是篇幅較長的器樂曲作品，而熱衷於課外材料的使用。如何進行器樂曲欣賞教學，挖掘音樂內在美，引發學生情感共鳴，激發學習興趣？

2.音樂審美體驗與知識技能的學習。知識技能的學習長久以來都以滿堂灌，教師主導講授、學生被動接受為主，單調枯燥，如何取得學生的審美體驗與知識技能的統一？

3.音樂課到底應該上什麼？很多時候可以看到我們的音樂課堂上充斥著教師喋喋不休的講授、大量豐富多彩但無實質意義的實踐活動，什麼是學生真正需要的、屬於他們的音樂課？

帶著以上問題我進行了這節《神奇的音樂要素》的創作，在創作過程中我以《瑤族舞曲》為載體，深刻地挖掘音樂的核心——音樂要素在這個作品中所發揮的作用，剖析音樂情緒與音樂要素之間的緊密關聯，在以下幾個方面做了積極的探索與嘗試：

以聆聽為基礎。

音樂首先應該是聽覺的藝術，音樂教育的首要任務是發展學生的聽覺。這也是一切音樂活動的基礎和前提。每個教學環節的設計都是從對音樂的聆聽中開始，從引導學生對音樂的感受開始，強調所有的知識學習首先建立在聆聽的基礎上，重視音樂的泛聽與深度聆聽的結合。如在《快樂的囉唆》與《瑤族舞曲》完整聆聽中感受音樂作品情緒的區別（統一的情緒與變化的情緒）；從樂曲主題有目的的聆聽（帶著問題聆聽）中感受音樂要素的表現作用。建立在聆聽、有目的的聆聽基礎上的知識技能教學才會更有效、更順利。

2.以對比為手段。

對比教學對於義務教育階段學生來說是最直觀、最感性、最具效果的教學手段之一，在本課中我大量使用對比手法，每一個知識點的學習與認知都離不開對比的使用，並結合聽的、唱的、律動等不同音樂感知的對比，使得知識技能的學習更加豐富、多樣，易於學生接受。

3.引導學生主動參與音樂的感受與體驗。

（1）每一個要素的學習都是教師引導、學生主動發現的過程。如在"節拍、節奏"的教學中用左手拍節拍，右手拍節奏的方法引導學生發現節拍與節奏的存在及不同。過程中沒有教師直白的理論教學，一切都遵循教師合理引導下的學生聽、看、唱——分辨——思考——學生得出結論的科學過程。

（2）盡可能地為學生提供參與音樂實踐的機會，引導和鼓勵學生運用音樂的形式去表達情感。通過師生互評的方式引導學生參與教學實踐活動。在課外的實踐活動中，由於採用了學生互評，活動不再是個別學生的演出，而是在教師引導下的全體同學的積極主動的參與、分工合作：個別同學負責演奏樂器，其他同學認真地聽、思考、回答，在積極的活動參與中完成知識的鞏固。

九、《永遠的莫札特》

授課教師：沈蕾

一、教學年級初中一年級

二、教學目標

1.情感態度與價值觀。

拓寬學生的音樂視野，讓他們從流行歌曲中走出來。為學生打開另一扇古典音樂的大門，使其感受古典音樂至真、至善、至美的本體與相關的音樂文化知識。

2.過程與方法。

聆聽、體驗、分辨、比較、探究、自主學習。

3.知識與技能。

（1）簡單瞭解偉大的音樂家莫札特的生平及其代表作品。

（2）聆聽《g小調第四十交響曲》，感受弦樂的音色。

（3）聆聽、體驗《G大調弦樂小夜曲》，能夠感受樂曲樂句不同的情緒，在教師引導下自主地用各種形式去參與表現音樂。

（4）認識音樂記號倚音、顫音。

三、教學重點

1.感受和體驗《G大調弦樂小夜曲》。

2.認識莫札特，喜愛莫札特和他的作品。

四、教學難點

1.拉近學生與古典音樂的距離。

2.加強學生自主學習的主體地位的引導。

五、教學準備

自製多媒體課件、鋼琴。

六、教學過程

（一）導入

聽唱流行歌曲S.H.E的《不想長大》，再和莫札特《g小調第四十交響曲》做比較，發現如此前衛時尚的流行歌曲竟源自兩百多年前的古典音樂，出自音樂神童莫札特之手。

（二）欣賞

1.欣賞《g小調第四十交響曲》片段，反復聆聽，提出不同要求（對比聲樂作品與器樂作品不同的表現力，聽辨主奏樂器，進一步熟悉名家名作）。

2.欣賞《G大調弦樂小夜曲》第一樂章。

（1）初聽呈示部音樂，讓學生感受。

（2）通過各種形式引導學生反復聆聽其中四個最主要的樂句旋律，帶領學生積極參與音樂體驗，關注音樂本體。

（3）欣賞再現部，深入體驗。

（4）完整聆聽，觀摩現場音樂會版《G大調弦樂小夜曲》，讓學生充分聆聽，感悟作品。

（三）總結莫札特是永遠的，古典音樂也將永恆存在。

教學流程圖

步驟	教師	學生	意圖
（一）導入	播放S.H.E《不想長大》。邊拍邊唱。播放《g小調第四十交響曲》片段。	聽音樂進教室，和老師一起拍唱、聆聽。	營造輕鬆氣氛，拉近師生距離，放鬆心情，拉近流行音樂與古典音樂距離，使學生產生興趣。
（二）欣賞《g小調第四十交響曲》	師：《不想長大》與《g小調第四十交響曲》片段有何異同？第二次播放《g小調第四十交響曲》片段。師：主奏樂器是什麼？	聆聽、回答問題，關注主奏樂器。	針對不同的問題引導學生有目的地欣賞，以提高學生的鑑賞能力，養成良好的欣賞習慣。
（三）認識莫札特	你對莫札特瞭解多少？請學生把課前準備的資料展示出來。播放電影《莫札特傳》片段，展現莫札特的才華。	學生展示，瞭解莫札特的生平與代表作。學生觀看電影《莫札特傳》片段。	瞭解音樂家。發現他的偉大之處，從而喜歡並且敬佩他，對他的作品感興趣。

(續表)

步驟	教師	學生	意圖
(四)欣賞《G大調弦樂小夜曲》	1.播放第一段。 師：給你印象最深刻的是哪一句？ 2.播放第一句。 教師用琴彈奏，請男生表現。 3.播放第二句。 教師用琴彈奏，請女生表現。 4.播放第三句。 教師用形體來領同學表現音樂。 5.播放第四句。 提醒學生注意哪個地方比較特別。 6.播放作品第二部分。 用手勢引導學生關注音樂本身。 7.播放視頻《G大調弦樂小夜曲》。	聆聽，學生回答，學生聆聽，男聲演唱並用手錶現力度。 女聲演唱。 學習倚音。 聆聽，用形體動作來感受。 學生回答，學習顫音。 複聽音樂，用手勢表達對音樂的感受。 完整欣賞。	聆聽、分角色演唱，幫助學生理解音樂不同的情緒，培養學生敏銳的感知力。 採用多種形式引導學生積極參與音樂體驗，培養合作意識，培養學生的觀察能力並引導學生關注音樂本體。會哼唱並且記住經典樂句。 引導學生參與音樂、表現音樂，培養其傾聽音樂的能力。 引領學生完整欣賞作品，充分體驗作品的魅力。
(五)小結	師：你能談談對本堂課的感觸嗎？ 結語：莫札特是永遠的，古典音樂也將永恆存在。	學生暢談。	不僅師評，也可自評、互評、他評，進一步提高學生的主體地位。 提升課的立意，為學生奠定終身喜愛和享受古典音樂的基礎。

十、《爵士樂》

一、教學年級

高中一年級

二、教學理念

音樂是一種民族文化。本課選定美國黑人的爵士音樂為主要的教學內容，旨在通過讓學生感受、體驗爵士音樂的風格特點及瞭解相關文化，幫助學生以開放的心態，正確地認識和理解爵士音樂的內涵及藝術價值，以及其對世界音樂文化所產生的影響。增強學生對多元文化的接納和包容的意識，以達到開拓學生文化視野，提高學生人文素質的教育目的。

根據建構主義理論：知識不是通過老師傳授得到的，而是學習者在一定的環境下，借助其他人（包括老師和學習夥伴）的幫助，利用必要的學習資料，通過意義建構方式來獲得的。故此，本課讓學生圍繞"什麼是爵士樂"進行了研究性學習的嘗試。教師不再是學生獲取知識的唯一途徑，而是要求學生在課前通過多種管道尋找、搜集有關爵士音樂的音響資料與相關文化的資料、資訊等，並分成小組進行篩選和整理，最後通過各種形式進行展示。學生通過製作課件、手抄報、網頁文稿、小冊子、畫報、錄音製品等來介紹"什麼是爵士樂"。作業文字精練、設計新穎、制作精美、圖文並茂，很有創意，極大地激發了學生學習的積極性和創造性，培養了學生從多管道獲取知識、整理知識的能力及動手能力。學生在準備過程中不僅加深了對爵士樂的瞭解和認識，更重要的是從中掌握了學習的方法，學會學習。

本課的作業展示與交流環節，突出了學生學習的主導地位，實現了師生角色的轉換。學生自選代表在課堂上進行展示和介紹，並根據自己的理解各抒己見：從爵士樂的起源、演奏樂器和形式、音樂的風格特點、發展流派、代表人物以及對爵士音樂的感受等，運用不同的形式進行交流。此環節不僅能反映出學生對知識的掌握與理解，也能充分發揮學生的各種潛能（值得一提的是學生對現代多媒體電化手段的運用和操作能力），培養其自信心和勇氣，以及與他人合作的能力。而教師只需要根據學生的介紹適當做出補充和交流，如引導學生尋找音樂的特點、提出理性的思考、交流自己的觀點……成為與學生共同探討的學習夥伴。

創造是發揮學生想像和思維潛能的音樂學習領域之一。創作的環節結合爵士音樂的節奏特點與即興特點，並提供簡單的方法，鼓勵學生進行即興創作的嘗試，讓學生利用一種簡單的、超越譜面的、滿足自我的方式進行即興創作和表演，享受表現音樂和創作音樂帶來的成功感與愉悅。

三、教學目標

讓學生自主搜集整理有關爵士音樂文化的資料（文字、音響），在課堂上進行展示與交流，共同探討爵士音樂的風格特點，並瞭解其相關文化及藝術價值；引導學生用開放的心態，正確審視美國黑人爵士音樂文化，增強學生對多元文化的接納與包容的意識。

四、教學重點、難點

由於某些歷史的原因，學生對爵士音樂接觸比較少，沒有太多的感性認識，雖然做了大量的資料搜集工作，但仍缺乏對音樂本身的感受和理解。在教學過程中要特別注重引導學生感受和體驗音樂，讓學生初步瞭解爵士樂的音樂特點（特別是即興性），鼓勵學生嘗試進行簡單的即興創作和表演活動。

五、教學準備

（1）要求學生以小組為單位，多管道（互聯網、書籍、報刊、傳播媒體、音響城等）搜集有關"爵士樂"的資料，並自選展示作業的形式（手抄報、文稿設計、網頁、課件製作等），用文字和音響配合說明"什麼是爵士樂"。

（2）教師需準備一些有關資料，並製成相關課件，方便隨時與學生進行交流或補充。

（3）學生以小組為單位圍坐，方便隨時進行討論、交流和補充。

六、教學過程

（一）聽辨導入（3分鐘）

1.對比聽賞。

（1）管弦樂《北風吹》。

（2）爵士樂《北風吹》。

師：請大家分辨一下，兩段音樂有什麼不同？

2.談對音樂的理解。

師：為什麼感覺它是爵士樂？（樂器、節奏、憑感覺……）

3.引出課題：什麼是爵士樂？

【教學意圖：對比聽賞可以反饋出學生經過自學後對爵士音樂的理解，並自然地導入課題。】

（二）交流與探討（25分鐘）

1.學生的交流。

（1）學生展示出各自的作業（手抄報、網頁資料、小冊子、課件及喜愛的爵士音樂），並互相進行交流。

（2）由課代表主持，按組自選介紹的內容，並選出代表進行作業展示：關於爵士樂的起源、使用的樂器、發展與流派、演奏的形式、風格與特點、代表人物及其作品……

【教學意圖：此環節可以讓學生相互瞭解彼此的作業情況。】

2.學生分組展示並進行介紹（可分成四或五個小組）。

由於沒有在介紹的內容上做硬性的規定，教師應根據學生介紹的情況靈活反應，及時地進行交流、切磋和補充，並著重在以下三個方面做出適當的引導與交流：

（1）感受、體驗布魯斯與拉格泰姆的音樂特點。

①"空虛"布魯斯（1923年"布魯斯女王"貝西·史密斯原版錄音）

A.學生根據派發的歌譜，隨音樂哼唱，並模仿長號的吹奏。

B.學生談感受：憂鬱、悲傷；難唱、變化音多、節奏複雜、難掌握。

C.學唱一兩句，體驗黑人宣洩情感的方式。

D.引導學生對比哼唱課件展示的譜例，感受降3音、降7音的音樂色彩。

E.引導學生總結布魯斯的風格特點。

②"楓葉"拉格泰姆（作者"：拉格泰姆之王"斯科特·喬普林）

A.說出聆聽的感受——適合跳舞的舞曲音樂。

B.引導學生隨音樂進行律動，找出重音和基本節奏。

C.學唱主題音樂，說明學生掌握和體驗拉格泰姆的節奏。

D.引導學生總結拉格泰姆的風格特點。

總結：布魯斯的音調與拉格泰姆的節奏形成了爵士音樂的基本語彙。

（2）關於爵士樂的即興性。

①讓學生嘗試解釋為什麼爵士樂被稱為"靈魂音樂""陳述心靈的本能音樂"，表現在哪些方面？能否用一段音樂來說明？

②師：即興演奏（演唱）是爵士樂的靈魂，是它的生命所在。它自由的即興風格，要求爵士樂手必須具有豐富的想像力與創造力，所以這些無法準確記譜的美妙音樂，只能用錄音的方式把它們記載下來。有人說：一張張爵士唱片匯成了一部爵士的音樂史。

③對比聽賞：《What a wonderful world》兩個不同的版本。

（3）關於爵士樂的發展流派：

①簡單總結各流派的音樂特點，引導學生嘗試進行音樂流派的聽辨。

②教師談談自己的看法：在爵士音樂的發展史中，總有一個群體在推翻另一個群體使爵士音樂不斷地在否定—創新的過程中發展，使爵士音樂充滿活力與生機。

【教學意圖：此環節既充分地體現學生的主體性，也顯示出教師的指導作用。教師要根據學生展示與介紹的情況，靈活、及時地做出反應，同時應允許學生從不同角度、不同方式去表達他們的學習成果，尊重其學習的過程。】

3.爵士樂的藝術價值。

（1）爵士樂的產生——《藍色狂想曲》。

最大的價值在於：把通俗音樂與嚴肅音樂有機地融合在一起。

（2）複習主題音樂並模仿樂器演奏哼唱。

（3）欣賞洛杉磯奧運會百台鋼琴演奏《藍色狂想曲》的盛況。

（4）師：為什麼美國要在洛杉磯奧運會上演奏《藍色狂想曲》？這說明瞭什麼？設想一下，中國2008年奧運會會向全世界人民獻上什麼音樂呢？

【教學意圖：提出一些理性的思考，使學生對知識的理解從感性上升到理性。】

（三）思考與創作（10分鐘）

1.爵士樂在中國。

（1）欣賞電影片段：20世紀三四十年代上海的舞廳中以爵士音樂做背景的場面。

師：在這個電影片段中你們看到了什麼？聽到了什麼？想到了什麼？

（2）學生交流看法，並根據自己的理解，談談對爵士樂在中國音樂中的影響。

（3）師：爵士樂在中國的影響由來已久，當這種由美國黑人貧民創造的民間音樂征服了白人後，也傳到了東方，20世紀三四十年代的上海百老匯舞廳、和平飯店等，其音樂演奏形式與歌曲創作都表現出當時對爵士樂的吸收與借鑒。

（4）欣賞《薔薇薔薇處處開》。

師：由於歷史的原因，爵士樂在很長的時間內，與頹廢甚至反動這些詞語聯繫在一起，成為"靡靡之音"和腐朽生活的背景音樂。我們通過瞭解知道：爵士樂本是美國黑人創造的，是美國黑人情感的宣洩與流露，表達的是勞動人民的心聲。只是某些因素的影響，使人們對美國的這種音樂缺乏正確的、全面的瞭解與認識……但在現代開放的中國，我們沒有理由拒絕外來的音樂文化，而應以開放的心態來瞭解、學習多元的音樂文化，開拓自己的視野。

【教學意圖：結合中國的實際，讓學生再次進行理性的思考，並匯出本課的學習目的——學會用審視的眼光對待外來的音樂文化，體現對多元文化的接納和包容。】

2.中國的爵士樂現狀。

師：步入開放的中國，爵士樂已逐漸走進人們的生活，日益受到大眾的喜愛，故此我們可以從各種不同的管道搜集到許多有關爵士音樂的資料。

（1）欣賞具有爵士音樂風格的中國民歌《採茶舞曲》片段。

（2）分析與交流。

師：這首由中國民歌改編的爵士樂主要在哪些方面體現了爵士樂的特點？（布魯斯音調的和聲、切分音的節奏以及演奏的即興的技術發揮）

【教學意圖：再次歸納爵士樂主要的音樂特點，並為以下的即興創作環節做鋪墊。】

3.創作和表演。

鼓勵學生進行簡單的創作與表演。

①可做簡單的旋律風格改編（教師稍做示範，並提供一定的範圍）。

②可為旋律配爵士節奏的伴奏。

③可表演一段學過的爵士音樂。

④可模擬爵士手的演奏……

【教學意圖：通過實踐，讓學生真正體驗"什麼是爵士樂"。】

（四）總結與歸納（7分鐘）

1.再次提出課題：什麼是爵士樂？

引言"：若你非問不可，你是永遠不會知道的。"——路易士·阿姆斯壯。

2.師：你們認為，老師組織這次學習的目的是什麼呢？

與學生交流和總結學習的感受與收穫。

3.師：今天，我們通過音樂瞭解了一種文化，通過文化又讓我們更好地理解了音樂。我很感謝大家，是你們的作業給了我許多靈感，是你們讓我瞭解了"什麼是爵士樂"，是你們讓我看到了"什麼是爵士樂"，讓我真正領悟到"什麼是爵士樂"，謝謝大家。

【教學意圖：讓學生理解教師的教學意圖，是本課的點睛之處，也是對本次學習的總結與提升。更重要的是，讓學生瞭解老師也是一個有限的主體，整個學習的過程應是師生雙向互動和教學相長的過程。】

七、教學後記

爵士音樂對我們來說，既熟悉又陌生。

此課的靈感來自雷默先生關於"靈魂音樂"的一番話，能觸動美洲人靈魂的音樂究竟是怎樣的呢？當做出決定時，好友、同行以及領導均流露出不解和詫異的眼光。

我感謝我的學生，是他們的作業給了我信心，給了我許多靈感，給我提供了所有的素材……最終讓我瞭解到這種能觸動人"靈魂"的音樂。

"人無完人，課無完課"，課中始終留下了許多遺憾，但我相信，學生在整個學習過程中，已獲得了許多，當他們聽到爵士音樂時，他們會懂得分辨，會產生更多、更新的感受，會有更多可以與人交流的話題。

而收穫最大的應該是我，課中對研究性學習的嘗試、對教法與學法的突破、對學生潛能的挖掘以及師生交流所產生的良好效應，使我嘗到了甜頭。我再次感謝我的學生！

十一、《鼓樂鏗鏘》

一、教學年級

高中一年級二、教學目標

1.情感態度與價值觀。瞭解打擊樂的悠久歷史，對比中外打擊樂的不同表現內容與形式，理解音樂的多元與大同。

2.過程與方法。欣賞代表作品，讓學生在音樂氛圍中體驗打擊樂的感染力。學生通過律動的實踐活動，體驗節奏與情境之間的聯繫，進而理解創作與欣賞之間的關係，奠定欣賞器樂作品的基礎。

3.知識與技能。學生通過欣賞，瞭解中國打擊樂的代表形式及風格特徵，初步掌握頭、身、尾作品結構並進行創作。

三、教學重點

作品結構頭、身、尾，理解情境與節奏的內在聯繫。

四、教學難點

探究運用節奏表現的多種形式進行創作，體驗創作過程進而掌握欣賞過程，理解藝術源於生活又高於生活。

五、教學準備

打擊樂器、鋼琴、多媒體等。

六、教學過程與內容

1.課間音樂。

《將進酒》詞：李白；曲：張松（八中學生）。《大連八中》詞曲：張松。

營造音樂氛圍，用學生創作的作品可以拉近學生與創作的距離。

2.導入：節奏練習。

OX X | OX X | OX OXX | OXX X ‖

（選自《滾核桃》的主幹節奏，在演奏過程中可以先由後兩小節入手，由簡到繁，根據學生課堂的反應做調整。）

節奏屬於音樂要素的一種，和聲樂作品相比，在器樂作品中，由於缺少歌詞的詮釋，所以器樂作品往往通過音樂本身特有的語言即音樂要素來表達一定的情境和意義。在眾多音樂要素中，節奏具有更為重要的地位。打擊樂就是把節奏作為主要表現手段的音樂形式，現在讓我們邁出器樂欣賞的第一步，首先來領略一下中國鼓樂的魅力。（欣賞視頻，鼓樂片花）

3.節奏與情境。

我們看到了中國不同地域、不同民族的許多打擊樂器及其表演形式，你們在那鏗鏘有力的節奏中體驗到什麼了嗎？你們知道那些古老的樂器正在訴說著怎樣的故事嗎？節奏與情境、情感之間到底存在著怎樣的聯繫呢？

探究與實踐：

方案一：教師講故事（小白兔與大灰狼），學生在鋼琴上按照教師的情境描述來做即興彈奏。教師引導情境發展，注意體現出音色、速度、節奏、力度等音樂要素的對比變化，體會節奏音響給人的情境體驗帶來的影響，教師進行引導性歸納總結。

方案二：課後探究訓練（龜兔賽跑），學生可以利用教師提供的打擊樂器以小組形式進行以節奏為主的創作活動，並加以展示。

師：剛剛我們通過創作這一過程，體會到了節奏與情境之間的聯繫，接下來讓我們欣賞一首作品，看看我們能不能在作品中提煉主題，聯想情境。

4.《滾核桃》。

（1）《滾核桃》是根據山西絳州鼓樂改編的一首作品，通過欣賞感受音樂情緒色彩觀察演奏技法以便於用到今後的小組節奏練習中。

師：思考作品的結構，全曲可分為幾個部分？（欣賞視頻）

欣賞過後，師生交流作品表現的內容——作品表現了農民秋收時節在房頂晾曬核桃的情景以及他們豐收時的喜悅心情。

（2）結構：頭、身、尾。（重點）

學生分析作品結構，教師問題設置關注頭尾相似之處，與身的部分對比之處。明確頭尾部分具有散板特點，無明顯規律的律動，中間身的部分才具有明顯的節奏感。分段欣賞三個部分片斷，進一步明確作品段落。

實踐：小組活動，學生可以利用樂器，也可以自己發現其他發音物體創造頭、身、尾結構的短小的節奏作品。表演。（創作過程中，注意引導段落的區分，可以用音色、節奏等對比體現。）

（3）教師引導學生完成創作活動——《袖珍滾核桃》。（關鍵）

首先，再次欣賞"身"的片斷，學生聽辨節奏，即：

OX X OX X | OX OXX OXX X ‖

教師利用跺腳聲表現空拍 0，用拍手聲表現 X，把這段節奏迴圈作為"身"。然後，欣賞一段視頻——《破銅爛鐵》片斷，體會高潮部分氣氛的營造，運用到"身"中，通過加速、力度變化、節奏變化達到中間部分的高潮。最後，教師利用手勢引導學生完成作品：

頭——弱起的跺腳聲，隨著小組的依次進入先增強然後漸弱。

身——《滾核桃》骨幹節奏為主不斷反復、加速、增強，最後達到高潮。

尾——與頭相似。

（表演過程可以用 goldwave 軟體錄製下來，根據時間決定本節課欣賞或下節課欣賞。提高學生參與的積極性。）

5.提煉：生活—情境—主題—作品。

創作過程是在生活中尋找感動的瞬間，通過作者的視角提煉主題，利用專業技能形成作品。第一個環節是客觀的，第二個環節是靈感的，第三個環節是技術的。只有理解創作過程，才能透過作品超時空地和作曲家交流，這也是音樂欣賞的樂趣所在。音樂源於生活，為體現其自律美所以又高於生活。

6.深化與小結。

我們從創作過程的實踐體驗中瞭解到音樂要素與音樂情境之間的關係（難點），在欣賞過程中可以通過對這些音樂要素的感知，張開感官的觸角，體驗音樂中的律動美，聯繫自己的生活經驗展開想像。同時，音樂的段落（重點）可以運用音樂要素的對比來體現。

7.拓展與探究。（作業）

師：中國傳統的打擊樂器的風格是鮮明的，具有我們民族特色，那麼其他中國的人們是如何表現它們的律動美，如何把節奏與情境相融合的呢？欣賞《破銅爛鐵》視頻片斷《雨天》。

方案一：根據《雨天》給你的啟發，利用多種聲音，自設情境，以小組合作的方式排演與自然主題有關的作品。

方案二：創設情境（課件圖片、動畫展示），秋天的落葉隨著嗚嗚秋風沙沙作響，清泉叮咚，不時還會傳來鳥鳴聲，美麗的景色把天使也引來唱著好聽的歡樂頌。根據不同的音響小組排練，完成作品《秋天交響》。

七、教學反思

1.本課是在第六節《鼓樂鏗鏘》的內容基礎上，提煉出來的一節課，把這節課作為第三單元《鼓舞弦動——豐富的民間器樂》欣賞的開端。由於前兩個單元內容多為聲樂作品，故在引導學生初步進入器樂欣賞的時候，用該課為學生做一個銜接與鋪墊，所以該課在內容的選擇上針對性較強，也比較自由。

2.探究是需要鼓勵與耐心的。在教學實踐過程中，小組活動這一環節，學生在較少的時間裡要按照老師的要求來完成作品是相對比較困難的，尤其表現在最初的那幾節音樂課。組員之間需要默契配合，要訓練如何進行創作，組長要組織進行表演（組長是輪班制）。這導致最初幾節課上的小組活動時間較長，作品品質低，需要老師再耐心一點，要求再到位一點，不要吝嗇小組活動的時間，慢慢建立學生的信心。這節課學生的實踐探究表現得較好，組員之間已經很默契了，學生與老師之間也很默契，其實有時音樂就是一種默契，一種心領神會。

3.方案備選。在一些環節中我設計了一些不同的方案，根據每個班學生不同的情況，隨時調整。儘量地體現學生的主體性。蘇霍姆林斯基說過：教學的技藝不在於事先確定好課堂上的一切細節，而在於巧妙地、不為學生所察覺地根據具體情況做出修改。一個好的教師，儘管不知道他的課將如何發展的一切詳情細節，但他善於在課堂上依照思維的邏輯和規律性的提示採用最必需的方法。

十二、《歡樂頌》

授課教師：朱海其

一、教學年級

高中一年級

二、教學目標

1.通過《歡樂頌》作品欣賞，讓學生進一步體會維也納古典樂派後期的風格特徵，培養學生熱愛古典音樂的情懷。

2.通過《歡樂頌》作品賞析，讓學生初步瞭解"歡樂"主題的發展變化，以及主題重複與變奏等創作手法的表現作用。

3.通過聆聽、演唱、創編、討論等方法，讓學生在音樂實踐活動中認識主題重複與變奏的作用，培養學生分析、評價音樂作品的能力。

三、教學重點

《歡樂頌》音樂主題賞析。

四、教學難點

分辨音樂主題的重複與變化。

五、教學準備

多媒體課件等。

六、教學過程

（一）尋找"歡樂"足跡——"歡樂"音樂主題賞析

1.作品引入。

師：請大家仔細聆聽一段音樂，聽到你熟悉的旋律時，舉手示意。（課件出示問題，同時播放音樂，1分鐘）

有幾個同學在歡樂動機出現時舉起了手，也有隨即放下的。

師：（音樂畢，提問舉手的學生）請告訴我，你聽到的是什麼作品？生：我聽到了《歡樂頌》。

師：對，你剛才聽到的是《歡樂頌》的歡樂動機，我們一起來看一下。

（課件出示動機樂譜）

師：這個動機是一閃而過的，所以剛才很多同學手舉起來，然後又放下了。現在請你介紹一下你知道的《歡樂頌》是怎麼樣的。

學生面露難色，沒有回答。

師（提示）：這是誰的作品？

生（全體）：貝多芬。

2.出示課題。

師：原來大家都知道啊，今天我們的課題就是《歡樂頌》。（出示課題）

課件的背景是大紅色的舞臺演出圖片"，歡樂頌"三個金色的大字從螢幕右上方出現並移動到中間。

師：這個作品長達72分鐘，集中展現了這個主題。（出示主題樂譜）

教師範唱第一句後，要求學生一起演唱這個主題。

師：同學們都會唱，問一下，它的難度係數大概是多少？（學生笑）這個難度係數應該是很低的，小到幼稚園的小朋友都能唱出來。我知道同學們對交響樂有一種天生的"敬畏"，認為交響樂非常崇高、非常偉大。是否我等凡夫俗子不能去聽呢？其實並不是。貝多芬的《第九（合唱）交響曲》第四樂章，共23分鐘，我在反復聆聽之後，將這個作品以"歡樂"為中心，分成"尋找歡樂""確認歡樂""發展歡樂""昇華歡樂"四個部分（出示課件）。今天，我們就一起循著這個思路，去瞭解貝多芬這部偉大的作品吧！

3.尋找"歡樂"。

師：首先我們來聽一聽"尋找歡樂"的過程，同學們只要看這段視頻就會明白。

"尋找歡樂"這段視頻，是用會聲會影軟體製作的，主要介面就是一張舞臺背景圖片，音訊部分使用托斯卡尼尼版的CD，隨音樂進行配上解說字幕：

（1）號角主題。

嘹亮雄偉，像狂風暴雨般，瓦格納稱之為"恐怖的號角聲"。

（2）宣敘調主題。

這段用大提琴和低音提琴演奏的宣敘調，貝多芬最初的構思是在這裡加入人聲，但後來又覺得還不是時候，於是他把唱詞樂段向後推移。不過這些原稿中留下來的唱詞，有助於我們理解貝多芬的構思"：不，這會使我們想到過去的苦難。今天是勝利的日子。應該用歌舞來慶祝。"

（3）第一樂章節奏型 $\underline{XX}\cdot\;|\;\underline{XX}\cdot\;|$ 。

（4）宣敘調毫不客氣地打斷"哦，不，不要這個，我要更愉快一些的！"

（5）第二樂章諧謔曲主題，管樂器演奏三連音的節奏型 $\overset{\frown{3}}{XXX}\;\overset{\frown{3}}{XXX}\;|\;\overset{\frown{3}}{XXX}\;\overset{\frown{3}}{XXX}\;|$ 。

（6）宣敘調馬上回答"：不行！也不要這個，這只是戲謔，要更好的，更高尚的……"

（7）第三樂章——慢板主題。

（8）宣敘調回答"：這還是老樣子，太纖柔了。一定要找出一些強有力的東西。"這次的拒絕，速度慢了，略顯含蓄，然而態度堅決！

（9）歡樂動機一閃而過。

（10）宣敘調迅速回答"：對了！這才對了，終於找到了！"

師：在聽這段音樂之前，你們還都是普通人，現在還是普通人嗎？

生：不是！

師：為什麼不是了？

生：因為我聽了《歡樂頌》以後，有不一樣的感受。

師：同學們是聽懂了。為什麼這段音樂總是有一段用低音提琴演奏的宣敘調旋律（老師唱），又經常出現一些新的主題元素？這就是貝多芬非常經典的一個做法，在音樂中把這個故事表現出來。這就是這段音樂中"尋找歡樂"的一個過程，採取主題對比的方法，將"歡樂"尋找到。（課件出示"尋找歡樂"的結構圖）同學們如果沒有上過我的課，那麼就是普通人，現在大家已經是什麼人了，知道嗎？是愛樂者。

4.確認"歡樂"。

師：大家是怎樣學會一首歌的？

生：跟著唱。

師：聽多了就學會了。多聽，這是一種重複的手法，因為它的獨特魅力，你反覆聆聽，不會感到厭煩。我們來看看貝多芬在"確認歡樂"的過程中，是如何確認下來的？（課件出示問題：《歡樂頌》主題分別由什麼樂器主奏？力度是怎樣變化的？）

聆聽器樂重複部分（3分30秒）。

全體同學聆聽音樂，教師請同學們在課本第 111 頁上空白的地方邊聽邊記錄。請一位同學在課件上操作，將樂器和力度圖示拖動到相應的數字序號後面。操作課件的同學經歷了一個思索的過程，幾次修改，最後決定將"？"拖到第二遍力度標記的地方，表示她不能確定；第四遍的演奏樂器留了空白。

師：同學們聽得非常認真，我剛才聽著音樂，不由自主地揮拍，很感動。（提問操作課件的同學）你剛才是不是經歷了一個非常糾結的過程？

生：是的。

師：因為從來沒幹過這樣的活是不是？你一共聽到幾遍？

生：四遍。

師：力度是怎樣的？

生：從弱到強。

师：音区呢？

生：由低到高。

师：非常好，我覺得你就是一個標準的"愛樂者"！我剛才看到同學們寫得也非常好，直接在書上寫了"大提琴，中提琴"等。（指大螢幕上學生空著的部分）第四個應該是什麼？（做揮拍動作）第四個應該是大樂隊合奏。她還給我們在第二段留了個問題，我覺得從力度的角度來說，第一段的力度的確是比較弱的（播放大提琴演奏的部分）：很低的音區"，歡樂"好像一顆小小的種子，在被我們找到以後，慢慢地生長，直至完整地呈現出來。聽到第二次中提琴的時候（播放中提琴演奏的部分），重心是不是感覺起來了？到小提琴出來的時候（播放小提琴演奏的部分，手勢舒展起來），具有鮮明的歌唱性。最後一遍的時候（手勢更大）斬釘截鐵地告訴你，我將"歡樂"找到了，而且已經正式確定下來。這就是第二部分——"確認歡樂"，它採取了主題重複的方法。

5.發展歡樂。

師：接下來，我們看貝多芬是如何"發展歡樂"的。給大家聽一段音樂，然後我採訪一位同學，請他談談聽完這段音樂的真實想法。

欣賞宣敘調的男中音部分。

師（提問學生）：從你的眼神裡我看到你非常認真，告訴我你的真實感受。

生：很有激情。

師：有沒有被嚇一跳？生：是的。

師：我們把時間追溯到1824年5月7日"，貝九"首演當天，人們驚奇地發現在交響樂隊演出過程中，很多人一動不動地站在那裡，已經站了一個多小時，突然間，（宣敘調）這個聲音一出來，所有人被驚呆了。因為在人們傳統印象中交響樂和合唱是沒有關係的，從來沒想過貝多芬會這麼幹。貝多芬為什麼會這麼做呢？在他的印象中，光靠器樂，已經無法將他那雄偉的樂思表達出來，於是他毫不猶豫地將著名詩人席勒的詩《歡樂頌》譜上了曲，然後由合唱隊和交響樂隊共同演繹。第一次創下這個記錄的，就是這個男中音宣敘調。其實同學們仔細聽，和剛才的大提琴是不是一樣的旋律"？確認歡樂"，以這樣一個令人目瞪口呆的方式開場。接下來，人們會有懷疑和猜忌，但最後這所有的一切，都被貝多芬的音樂所化解了。我們來看下歌詞（出示歌譜並朗誦歌詞）：啊，朋友！別唱那老調，快讓我們唱出更愉快的歌聲，更歡樂的歌聲吧！

欣賞原文演唱的男中音獨唱部分（22秒），課件出示歌譜；接著欣賞男中音獨唱之後的合唱部分（15秒），課件出示歌譜。

師：剛才唱的是德文，我們可能聽不懂，但在首演當天，音樂進行到這裡，很多人不由自主地流下了眼淚，因為這個"歡樂"來得太不容易了。接下來我們進行一次合作，今天是個千載難逢的機會，臺上有非著名的男中音音樂教師朱海其，有非常好的高一（8）班合唱隊，台下還有我的親友團，黑壓壓一片，兩千多人，我們一起合作，再現《歡樂頌》。

全體同學一起演唱"你的威力……"部分，在節奏及情緒上進行指導之後，教師演唱獨唱部分，學生和台下聽課的老師一起演唱合唱部分。

師：非常好"，歡樂"久久地回蕩在我們腦海中。我們知道聲樂除了獨唱和合唱，還有哪些演唱形式？

生：重唱。

師：對了，貝多芬也是按照我們的理解發展他的音樂的，我們來聽重唱部分。

欣賞重唱部分（1分47秒）。（課件出示解說詞：在男中音獨唱與合唱完整演唱一遍《歡樂頌》後，女高音、女中音、男高音、男中音四重唱與合唱隊合作，將《歡樂頌》進行多聲部變奏，各聲部彼此獨立又相互關聯地交織在一起的多聲部展開手法，將"歡樂"發展到了新的高度。）

師（音樂結束時，雙手手心向上做抬起的動作並定格）：同學們看我的手勢，是什麼意思？通過重唱與合唱的方式，將音樂"托舉"到了一個新的高度，一個嶄新的高度！接著，貝多芬又繼續發揮他高超的作曲技法，將歡樂頌進行了變奏。

欣賞變奏部分（1分34秒）。

以課件形式出現解說——

變奏：是在原旋律的基礎上加上一些修飾或者圍繞原旋律做一些變形，使樂曲具有更豐富的表現形式，聽起來和演奏起來更多變，有利於樂曲更好地表現感情。

這次變奏，把壯麗的頌歌變成了雄偉的軍隊進行曲，由管樂器和打擊樂器演奏具有土耳其風格的進行曲，出現在降B大調上。男高音演唱的旋律與樂隊演奏的進行曲同時進行，採用複調的手法發展歡樂。

請同學們思考一下，如果你是作曲家，你還會用什麼方法進行變奏？師：你覺得這個變奏和剛才我們演唱的有什麼不同？

生：我覺得比較有新意。

師：因為節奏變化了，拍子也變化了，打擊樂中大鼓和三角鐵的加入，帶有土耳其風格，給人一種耳目一新的感覺，但是我們都知道，這還是不是《歡樂頌》啊？

生（齊聲）：是的。

師：這就是變奏的手法。我再拋出一個問題，如果你是作曲家，你會變奏嗎？

生：**3333 4455 | 5544 3322 | 1111 2233 |** ……

師：非常好，儘管貝多芬當年沒這麼做，但這是一種非常寶貴的創作思路。她不僅僅說出了想法，還唱出來了。《歡樂頌》自1824年問世之後，被改編、變奏了無數次，同學們課後也可以自己去查查看。

師：音樂到這裡，已經到達了一個嶄新的高度，接下來我們聽聽這段音樂帶給我們什麼樣的感覺？

欣賞第一個高潮部分（39秒）。

課件解說：經過一系列器樂化變奏發展之後，合唱隊與樂隊一起以輝煌的氣勢共同將"歡樂"推向了新的高度。同學們可以和《歡樂頌》第一次以大提琴獨奏完整出現的音樂形象對比一下，感受音樂在力度、速度、和聲、音色、音區等音樂要素改變之後，帶給我們全然不同的感受。

師：同學們還記得這段音樂嗎？（播放《歡樂頌》第一次在大提琴上出現的音樂）和剛才聽到的對比，這就是經過鬥爭，經過發展，達到了全曲的一個高潮部分。音樂到這裡有沒有結束？

生：沒有結束。

6.昇華歡樂。

師：這是貝多芬晚年的最後一個作品，我們再聽這段音樂，你感覺到好像到了哪裡？欣賞"聖詠"部分（1分鐘）。師：你感覺到了哪裡？是不是感覺到了教堂，帶有宗教音樂的感覺？為什麼會出現這樣一段全新的音樂呢？同學們知不知道貝多芬的故事？貝多芬的性格是怎樣的？

生：比較狂熱的。

師：對，比較狂熱，比較暴躁的。那麼他的經歷是幸福的還是痛苦的？

生：痛苦的。

師：他有哪些痛苦呢？

生：他的眼睛失明。

師：我第一次聽說。（現場眾人笑，換學生回答）

生：耳聾，他的事業處於高峰的時候就開始耳聾，這是最大的不幸。

師：貝多芬活了57歲，在他事業高峰期，什麼時候開始耳聾呢？大家看看我，就是我這樣的年紀，如果我耳聾了，我只有去死了。（學生驚訝）因為我熱愛的音樂聽不到了，活著還有什麼意思呢？他的理想，他追求的自由、平等、博愛的理想，大家看歌詞"：億萬人民擁抱起來，大家相親又相愛！"這樣一種烏托邦式的美好理想，到今天我們都沒有實現，但是在他的音樂中已經實現了！這是晚年的貝多芬，在經歷了一系列痛苦之後，超凡脫俗的神來之筆。這段聖詠，也是這部作品的最大價值。

師：接下來我們來聆聽這部作品的高潮部分帶給大家什麼樣的震撼。

欣賞結尾高潮部分（15秒）。

師：這段音樂具有典型的"貝氏"風格，所有樂器以同一個節奏演奏整和絃，可以用"轟鳴"形容，連續25個整和絃結束。（演唱並示範指揮手勢）我希望今天我們能用身體來參與一下這個過程，想像你是個指揮大師。大家起立，跟著老師做做，看能不能把這個感覺做出來動作不標準沒關係，只需你用心參與到音樂中，體會一下這個高潮的來之不易。（學生跟老師一起隨音樂揮拍。）

師：（手勢停止不動）大家看我，有沒有停止？必須要有一個收拍並定格的動作，手不要馬上放下。

師生再做一次揮拍動作，老師不再數拍子，讓學生自己感覺。

師：非常好，其實我們在音樂廳裡，是沒有機會揮拍的，但是在家裡，完全可以實現。

師：接下來，我們認真聆聽這段音樂。

（二）再現"歡樂"盛典——《歡樂頌》作品欣賞

欣賞電影《複製貝多芬》中貝多芬《第九（合唱）交響曲》首演場景（12分鐘）。

影片藝術化地再現了1824年首演的場景，合唱隊、交響樂隊與演員的表演合作完美，給予人們絕佳的視聽覺審美體驗以及心靈的震撼。

教師對影片視頻進行了編輯，影片背景及音樂段落提示以滾動字幕的形式出現，並配上樂譜，說明學生更好地理解音樂。借助高品質的投影及音響設備，再現了"歡樂"盛典。

欣賞過程中，教師始終安靜地坐在鋼琴前，一起和學生享受這段美好的心靈之旅。在讓很多人情不自禁掉下眼淚的"歡樂頌"高潮段落出現之後，音樂進入"聖詠"部分，教師閉上了眼睛，雙手舉過頭頂，隨著音樂揮拍……這是字幕裡欣賞提示的要求，此時攝像師捕捉到了教師的動作和表情，給了大大的特寫鏡頭，螢幕上教師的畫面疊加在所有同學的畫面之下，所有人都被深深地感動了。這一刻，大家都更深入地體會到了貝多芬音樂的偉大之處。

（三）分享"歡樂"感言——《歡樂頌》精彩感言

影片欣賞完後，隨之出現滾動字幕，內容是杭州高級中學學生在欣賞這部作品後的"歡樂"感言，期待引起大家的思考。字幕中留下了老師的微博及聯繫方式，期待課後與同學分享歡樂。以下摘自部分同學在微博及網站上的留言。

1. 雖然《歡樂頌》是貝多芬耳聾時的創作，但在樂曲中聽不到半點憂傷，我們感受到的是無比的歡樂和熱血澎湃的激情。我聽到的是對於自由，對於和平，對於光明的追求。歡樂的旋律貫穿始終，直到全曲終了後還讓人沉醉在最後 25 拍震撼的音樂之中。不愧為經典之作。（夏兆）"

2. 貝九"讓我從耳朵接收到聲音震顫的那一刻起，進入了幽深、充滿未知歡樂的叢林。隨著全曲愈來愈高昂的情緒，我的心也開始加快節奏跳動，一心想要合上那歡快的節拍。可愈渴望，愈困難；愈困難，愈渴望能仔細聆聽，渴望能親身體驗那未知的歡樂！（洪甘霖）

3. 尋找歡樂的過程生動有趣，重複歡樂振奮人心！（黃怡葭）

4. 感受那動人心弦的歡樂，體會那感人至深的幸福。（金琴）

5. 當我看著他站在指揮臺上，憑藉著那位女主角的提示指揮著音樂時，心裡產生了難以抑制的激動。他是那麼的堅強，即便聽力喪失也不放棄對音樂的熱愛。我由衷地佩服這位母音樂大師——貝多芬。（徐剛）

國家圖書館出版品預行編目（CIP）資料

音樂教學法：含中國音樂課程標準 / 雍敦全 著. -- 第一版.
-- 臺北市：崧燁文化, 2019.06
　　面；　公分
POD版

ISBN 978-957-681-867-7(平裝)

1.音樂教育 2.中小學教育

523.37　　　　　　108009084

書　　名：音樂教學法：含中國音樂課程標準
作　　者：雍敦全 著
發 行 人：黃振庭
出 版 者：崧燁文化事業有限公司
發 行 者：崧燁文化事業有限公司
E - m a i l：sonbookservice@gmail.com
粉 絲 頁：　　　　　網　址：
地　　址：台北市中正區重慶南路一段六十一號八樓 815 室
8F.-815, No.61, Sec. 1, Chongqing S. Rd., Zhongzheng
Dist., Taipei City 100, Taiwan (R.O.C.)
電　　話：(02)2370-3310　傳　真：(02) 2370-3210
總 經 銷：紅螞蟻圖書有限公司
地　　址：台北市內湖區舊宗路二段 121 巷 19 號
電　　話：02-2795-3656 傳真 :02-2795-4100　網址：
印　　刷：京峯彩色印刷有限公司（京峰數位）

　　本書版權為西南師範大學出版社所有授權崧博出版事業股份有限公司獨家發行電子
　　書及繁體書繁體字版。若有其他相關權利及授權需求請與本公司聯繫。

定　　價：500 元
發行日期：2019 年 06 月第一版
◎ 本書以 POD 印製發行